Die Wirksamkeit der Risikoausschlüsse für wissentliche und vorsätzliche Pflichtverletzungen in der D&O-Versicherung

AF733522

**Europäische Hochschulschriften**

European University Studies

Publications Universitaires Européennes

Reihe II **Rechtswissenschaft**

Series II Law

Série II Droit

Band/Volume **5692**

Johannes Dilling

# Die Wirksamkeit der Risikoausschlüsse für wissentliche und vorsätzliche Pflichtverletzungen in der D&O-Versicherung

PL ACADEMIC RESEARCH

**Bibliografische Information der Deutschen Nationalbibliothek**
Die Deutsche Nationalbibliothek verzeichnet diese Publikation in der Deutschen Nationalbibliografie; detaillierte bibliografische Daten sind im Internet über http://dnb.d-nb.de abrufbar.

Zugl.: Köln, Univ., Diss., 2014

D 38
ISSN 0531-7312
ISBN 978-3-631-65523-8 (Print)
E-ISBN 978-3-653-04907-7 (E-Book)
DOI 10.3726/978-3-653-04907-7

© Peter Lang GmbH
Internationaler Verlag der Wissenschaften
Frankfurt am Main 2015
Alle Rechte vorbehalten.
PL Academic Research ist ein Imprint der Peter Lang GmbH.
Peter Lang – Frankfurt am Main · Bern · Bruxelles · New York · Oxford · Warszawa · Wien

Das Werk einschließlich aller seiner Teile ist urheberrechtlich geschützt. Jede Verwertung außerhalb der engen Grenzen des Urheberrechtsgesetzes ist ohne Zustimmung des Verlages unzulässig und strafbar. Das gilt insbesondere für Vervielfältigungen, Übersetzungen, Mikroverfilmungen und die Einspeicherung und Verarbeitung in elektronischen Systemen.

Diese Publikation wurde begutachtet.

www.peterlang.com

Johannes Dilling

# Die Wirksamkeit der Risikoausschlüsse für wissentliche und vorsätzliche Pflichtverletzungen in der D&O-Versicherung

PL ACADEMIC RESEARCH

**Bibliografische Information der Deutschen Nationalbibliothek**
Die Deutsche Nationalbibliothek verzeichnet diese Publikation in der Deutschen Nationalbibliografie; detaillierte bibliografische Daten sind im Internet über http://dnb.d-nb.de abrufbar.

Zugl.: Köln, Univ., Diss., 2014

D 38
ISSN 0531-7312
ISBN 978-3-631-65523-8 (Print)
E-ISBN 978-3-653-04907-7 (E-Book)
DOI 10.3726/978-3-653-04907-7

© Peter Lang GmbH
Internationaler Verlag der Wissenschaften
Frankfurt am Main 2015
Alle Rechte vorbehalten.
PL Academic Research ist ein Imprint der Peter Lang GmbH.
Peter Lang – Frankfurt am Main · Bern · Bruxelles · New York · Oxford · Warszawa · Wien

Das Werk einschließlich aller seiner Teile ist urheberrechtlich geschützt.
Jede Verwertung außerhalb der engen Grenzen des Urheberrechtsgesetzes ist ohne Zustimmung des Verlages unzulässig und strafbar.
Das gilt insbesondere für Vervielfältigungen, Übersetzungen, Mikroverfilmungen und die Einspeicherung und Verarbeitung in elektronischen Systemen.

Diese Publikation wurde begutachtet.

www.peterlang.com

*„La lutte elle-même vers les sommets suffit à remplir un cœur d'homme.*
*Il faut imaginer Sisyphe heureux.“*

A. Camus

Für Joachim Steinert

# Vorwort

Die hier zu untersuchenden Risikoausschlüsse für wissentliche und vorsätzliche Pflichtverletzungen sind Standardklauseln in den am Markt erhältlichen D&O-Versicherungsbedingungen. Zugleich sind sie für die D&O-Versicherer von zentraler Bedeutung, erlauben sie es diesen doch, einer Deckungsanfrage den Einwand einer im Bereich der Managerhaftung häufig in Frage kommenden wissentlichen oder vorsätzlichen Pflichtverletzung entgegenzuhalten. Die ganz h. M. geht dabei von der Wirksamkeit dieser Risikoausschlüsse aus. Ziel dieser Arbeit soll es sein, diese Annahme kritisch zu hinterfragen und dabei auch die Interessen der versicherten Organe einzubeziehen. Die Debatte über die Reform der Organhaftung auf dem 70. Deutschen Juristentag zeigt, dass dieses Thema von großer Aktualität ist.

Die vorliegende Arbeit ist die überarbeitete Fassung meiner Dissertation, die von der rechtswissenschaftlichen Fakultät der Universität zu Köln im Sommersemester 2014 angenommen wurde. Die Nachweise zu Rechtsprechung und Literatur sind auf dem Stand von September 2014. Während des Promotionsvorhabens erschien die Arbeit von Frau Dr. Eva Maria Schweitzer mit dem Thema „Zulässigkeit der Ausschlussklauseln für Vorsatz und wissentliches Handeln in der D&O-Versicherung", die ein ähnliches Anliegen verfolgt, allerdings andere Schwerpunkte setzt und zu anderen Ergebnissen kommt; sie wurde an zentralen Stellen berücksichtigt.

Mein erster und herzlichster Dank gilt meiner Doktormutter Frau Professor Dr. Barbara Dauner-Lieb für ihre großartige Unterstützung und Betreuung dieser Arbeit, zu der sie auch den Anstoß gegeben hat.

Frau Professor Dr. Barbara Grunewald danke ich sehr herzlich für die zügige Erstellung des Zweitgutachtens.

Danken möchte ich meinen lieben Freunden, die mir die notwendige moralische Unterstützung für dieses Vorhaben haben zukommen lassen. Hervorheben möchte ich Herrn Marc Reimer, ohne den diese Arbeit nicht möglich gewesen wäre.

Den beiden D&O-Experten und Versicherungsmaklern Herrn Philipp Franke und Herrn Martin Krippner danke ich für den fachlichen Austausch und die vielen Einblicke, die sie mir in ihre Praxis gewährt haben und die für mich von großem Nutzen waren.

Meiner Familie danke ich, dass sie meine Ausbildung stets wohlwollend und großzügig begleitet und damit ebenfalls wesentlich zum Gelingen dieses Vorhabens beigetragen hat.

Herrn Joachim Steinert, Lehrer, Vorbild und Freund, ist diese Arbeit in tiefer Zuneigung, Bewunderung und Dankbarkeit gewidmet.

Köln, im Oktober 2014 Johannes Dilling

# Vorwort

Die hier zu untersuchenden Risikoausschlüsse für wissentliche und vorsätzliche Pflichtverletzungen sind Standardklauseln in den am Markt erhältlichen D&O-Versicherungsbedingungen. Zugleich sind sie für die D&O-Versicherer von zentraler Bedeutung, erlauben sie es diesen doch, einer Deckungsanfrage den Einwand einer im Bereich der Managerhaftung häufig in Frage kommenden wissentlichen oder vorsätzlichen Pflichtverletzung entgegenzuhalten. Die ganz h. M. geht dabei von der Wirksamkeit dieser Risikoausschlüsse aus. Ziel dieser Arbeit soll es sein, diese Annahme kritisch zu hinterfragen und dabei auch die Interessen der versicherten Organe einzubeziehen. Die Debatte über die Reform der Organhaftung auf dem 70. Deutschen Juristentag zeigt, dass dieses Thema von großer Aktualität ist.

Die vorliegende Arbeit ist die überarbeitete Fassung meiner Dissertation, die von der rechtswissenschaftlichen Fakultät der Universität zu Köln im Sommersemester 2014 angenommen wurde. Die Nachweise zu Rechtsprechung und Literatur sind auf dem Stand von September 2014. Während des Promotionsvorhabens erschien die Arbeit von Frau Dr. Eva Maria Schweitzer mit dem Thema „Zulässigkeit der Ausschlussklauseln für Vorsatz und wissentliches Handeln in der D&O-Versicherung“, die ein ähnliches Anliegen verfolgt, allerdings andere Schwerpunkte setzt und zu anderen Ergebnissen kommt; sie wurde an zentralen Stellen berücksichtigt.

Mein erster und herzlichster Dank gilt meiner Doktormutter Frau Professor Dr. Barbara Dauner-Lieb für ihre großartige Unterstützung und Betreuung dieser Arbeit, zu der sie auch den Anstoß gegeben hat.

Frau Professor Dr. Barbara Grunewald danke ich sehr herzlich für die zügige Erstellung des Zweitgutachtens.

Danken möchte ich meinen lieben Freunden, die mir die notwendige moralische Unterstützung für dieses Vorhaben haben zukommen lassen. Hervorheben möchte ich Herrn Marc Reimer, ohne den diese Arbeit nicht möglich gewesen wäre.

Den beiden D&O-Experten und Versicherungsmaklern Herrn Philipp Franke und Herrn Martin Krippner danke ich für den fachlichen Austausch und die vielen Einblicke, die sie mir in ihre Praxis gewährt haben und die für mich von großem Nutzen waren.

Meiner Familie danke ich, dass sie meine Ausbildung stets wohlwollend und großzügig begleitet und damit ebenfalls wesentlich zum Gelingen dieses Vorhabens beigetragen hat.

Herrn Joachim Steinert, Lehrer, Vorbild und Freund, ist diese Arbeit in tiefer Zuneigung, Bewunderung und Dankbarkeit gewidmet.

Köln, im Oktober 2014 Johannes Dilling

# Inhaltsverzeichnis

# Abkürzungsverzeichnis

| | |
|---|---|
| a. A. | anderer Ansicht |
| a. a. O. | am angegebenen Ort |
| a. E. | am Ende |
| a. F. | alte Fassung |
| Abs. | Absatz |
| Abschn. | Abschnitt |
| AcP | Archiv für die civilistische Praxis |
| AG | Aktiengesellschaft oder Die Aktiengesellschaft (Zeitschrift) |
| AG-Report | Die Aktiengesellschaft Rechtsprechungsreport |
| AGB | Allgemeine Geschäftsbedingungen |
| AGBG | Gesetz zur Regelung des Rechts der Allgemeinen Geschäftsbedingungen (AGB-Gesetz) in der bis 31.12.2001 geltenden Fassung |
| AktG | Aktiengesetz |
| Anh. | Anhang |
| Anm. | Anmerkung |
| AO | Abgabenordnung |
| AR | Der Aufsichtsrat |
| arg. ex | argumentum ex (folgt aus) |
| Art. | Artikel |
| Aufl. | Auflage |
| AVB | Allgemeine Versicherungsbedingungen |
| BAFin | Bundesanstalt für Finanzdienstleistungsaufsicht |
| BAG | Bundesarbeitsgericht |
| BAV | Bundesaufsichtsamt für das Versicherungswesen |
| BB | Betriebsberater |
| Bd. | Band |
| BegrRefE | Begründung des Referentenentwurfes |
| Beschl. | Beschluss |
| Bespr. | Besprechung |
| BFH | Bundesfinanzhof |
| BGB | Bürgerliches Gesetzbuch |
| BGBl. | Bundesgesetzblatt |
| BGH | Bundesgerichtshof |
| BGHSt | Entscheidungen des Bundesgerichtshofes in Strafsachen (Amtliche Sammlung) |

| | |
|---|---|
| BGHZ | Entscheidungen des Bundesgerichtshofes in Zivilsachen (Amtliche Sammlung) |
| BR-Drs. | Bundesratsdrucksache |
| BT-Drs. | Bundestagsdrucksache |
| BVerfG | Bundesverfassungsgericht |
| bzw. | beziehungsweise |
| c.i.c. | culpa in contrahendo |
| Cornell L. Rev. | Cornell Law Review |
| D&O | Directors and Officers (Liability Insurance) |
| DAR | Deutsches Autorecht |
| DAX | Deutscher Aktienindex |
| DB | Der Betrieb |
| DCGK | Deutscher Corporate Governance Kodex |
| ders. | derselbe |
| d. h. | das heißt |
| dies. | dieselbe |
| DStR | Deutsches Steuerrecht |
| etc. | et cetera |
| evtl. | eventuell |
| EGBGB | Einführungsgesetz zum Bürgerlichen Gesetzbuch |
| EGGVG | Einführungsgesetz zum Gerichtsverfassungsgesetz |
| EMRK | Europäische Menschenrechtskonvention |
| f./ ff. | folgende (Seite) / (Seiten) |
| FamFG | Gesetz über das Verfahren in Familiensachen und Angelegenheiten der freiwilligen Gerichtsbarkeit |
| FAZ | Frankfurter Allgemeine Zeitung |
| FS | Festschrift |
| GA | Goltdammer's Archiv |
| GDV | Gesamtverband der Deutschen Versicherungswirtschaft e.V. |
| GesR | Gesellschaftsrecht |
| GG | Grundgesetz |
| ggf. | gegebenenfalls |
| grds. | grundsätzlich |
| GmbH | Gesellschaft mit beschränkter Haftung |
| GmbHG | Gesetz betreffend die Gesellschaften mit beschränkter Haftung |
| GmbHR | GmbH-Rundschau |
| GroßKomm | Großkommentar |

| | |
|---|---|
| HB | Handelsblatt |
| Hdb. | Handbuch |
| HGB | Handelsgesetzbuch |
| h. L. | herrschende Lehre |
| h. M. | herrschende Meinung |
| Hrsg., hrsg. | Herausgeber, herausgegeben |
| i. d. F. | in der Fassung |
| i. E. | im Ergebnis |
| i. H. v. | in Höhe von |
| i. R. v. | im Rahmen von |
| i. S. | im Sinne |
| i. S. d. | im Sinne des / im Sinne der |
| i. S. v. | im Sinne von |
| i. V. m. | in Verbindung mit |
| InsO | Insolvenzordnung |
| Jura | Jura (Zeitschrift) |
| GVG | Gerichtsverfassungsgesetz |
| JZ | Juristenzeitung |
| KG | Kammergericht |
| KK | Karlsruher Kommentar |
| KölnKomm | Kölner Kommentar |
| KonTraG | Gesetz zur Kontrolle und Transparenz in Unternehmen |
| lfd. | laufend(e) |
| lit. | litera, Buchstabe |
| LG | Landgericht |
| LK | Leipziger Kommentar |
| LS | Leitsatz |
| m. E. | meines Erachtens |
| m. w. N. | mit weiteren Nachweisen |
| Mio. | Millionen |
| MoMiG | Gesetz zur Modernisierung des GmbH-Rechts und zur Bekämpfung von Missbräuchen |
| Münch. | Münchener |
| MünchKomm | Münchener Kommentar |
| n. F. | neue Fassung |
| NJW | Neue Juristische Wochenschrift |
| NJW-RR | NJW-Rechtsprechungs-Report Zivilrecht |
| NK | Nomos Kommentar |

| | |
|---|---|
| NStZ | Neue Zeitschrift für Strafrecht |
| Nr. | Nummer |
| NVersZ | Neue Zeitschrift für Versicherung und Recht |
| NZA | Neue Zeitschrift für Arbeitsrecht |
| NZG | Neue Zeitschrift für Gesellschaftsrecht |
| OLG | Oberlandesgericht |
| PHi | Produkt- und Umwelthaftpflicht international |
| r+s | Recht und Schaden |
| RGZ | Entscheidungen des Reichsgerichts in Zivilsachen |
| Rspr. | Rechtsprechung |
| Rz. | Randziffer |
| S. | Seite |
| SMG | Schuldrechtsmodernisierungsgesetz |
| s. o. | siehe oben |
| sog. | sogenannte(r) |
| SpV | Spektrum für Versicherungsrecht |
| st. Rspr. | ständige Rechtsprechung |
| StGB | Strafgesetzbuch |
| StPO | Strafprozessordnung |
| TransPuG | Transparenz- und Publizitätsgesetz |
| TU | Technische Universität |
| u. a. | unter anderem |
| UMAG | Gesetz zur Unternehmensintegrität und Modernisierung des Anfechtungsrechts |
| Urt. | Urteil |
| USA | Vereinigte Staaten von Amerika |
| v. | von |
| VersR | Versicherungsrecht |
| vgl. | vergleiche |
| VN | Versicherungsnehmer |
| VorstAG | Gesetz zur Angemessenheit von Vorstandsvergütungen |
| VR | Versicherung / Versicherer |
| VW | Versicherungswirtschaft |
| VVG | Versicherungsvertragsgesetz |
| wistra | Zeitschrift für Wirtschafts- und Steuerstrafrecht |
| wiwo | Wirtschaftswoche |
| WM | Wertpapiermitteilungen |
| WRP | Wettbewerb in Recht und Praxis |

| | |
|---|---|
| z. B. | Zum Beispiel |
| ZfS | Zeitschrift für Schadensrecht |
| ZfV | Zeitschrift für Versicherungswesen |
| ZGR | Zeitschrift für Unternehmens- und Gesellschaftsrecht |
| ZHR | Zeitschrift für das gesamte Handels- und Gesellschaftsrecht |
| Ziff. | Ziffer |
| ZIP | Zeitschrift für Wirtschaftsrecht und Insolvenzpraxis |
| zit. | zitiert |
| ZPO | Zivilprozessordnung |
| ZSR | Zeitschrift für Schweizerisches Recht |
| ZStW | Zeitschrift für die gesamte Strafrechtswissenschaft |

# A. Beschreibung des Problems

Will man einer in der Literatur vertretenen Auffassung glauben, hat die Rechtsprechung „in langjähriger Kontinuität" „ein völlig klar konturiertes Verständnis" des Risikoausschlusses für wissentliche Pflichtverletzungen „entwickelt, das keinen – jedenfalls keinen wesentlichen – Interpretationsspielraum belässt" bzw. „für theoretische Interpretationen insofern nahezu kein Raum verbleibt."[1] Zwar gibt es nach Kenntnis des Verfassers bisher keine einschlägigen ober- oder höchstrichterlichen Entscheidungen, welche die Wirksamkeit dieses Ausschlusses speziell in der D&O-Versicherung behandeln. Soweit es jedoch um (Vermögensschaden-)Haftpflichtversicherungen geht, wurde die Wirksamkeit dieser Klausel tatsächlich stets einhellig von der Rechtsprechung bejaht, wenn sie sie überhaupt problematisiert hat.[2] Auch in der Literatur werden nur vereinzelt Zweifel an der Wirksamkeit dieser Klausel und deren „kleiner Schwester", der Ausschlussklausel für vorsätzliche Pflichtverletzungen geäußert.[3] Die ganz h. M. geht von der Wirksamkeit dieser Risikoausschlüsse in der D&O-Versicherung aus.[4] *Schweitzer* kommt in der bereits im Vorwort erwähnten Arbeit „Zulässigkeit der Ausschlussklauseln für Vorsatz und wissentliches Handeln in der D&O-Versicherung" ebenfalls zu dem Ergebnis, dass die hier untersuchten Risikoausschlüsse für wissentliche und vorsätzliche Pflichtverletzungen bis auf (gestalterisch zu überwindende) Bedenken hinsichtlich deren Transparenz grundsätzlich wirksam sind.[5] Einzig bei der hier nicht gesondert überprüften[6]

---

1 *Vothknecht*, PHi 2006, 52, 56; *ders.*, VW 2006, 488.

2 BGH NJW-RR 1991, 145, 147; BGH NJW-RR 2001, 1311, 1312; OLG Karlsruhe ZfS 2003, 247, 248; OLG Köln NVersZ 2002, 521; OLG Hamm r+s 2007, 434, 435; OLG Karlsruhe NJW-RR 2010, 1043, 1044; vgl. auch OLG Hamm VersR 1988, 1122, 1123; OLG Düsseldorf VersR 1981, 769.

3 *Olbrich*, D&O-Versicherung, S. 180; *Jula*, FS Baumann, 119, 125; *Steinkühler*, VW 2003, 1734; *Vorrath*, VW 2006, 151 f.; *Koch*, WM 2007, 2173, 2180; *Rohde-Liebenau*, ZfV 1998, 288, 289; für die Ausschlussklausel für vorsätzliche Pflichtverletzungen: *Gädtke* in: Bruck/Möller, VVG, AVB-AVG 2011/2013 Ziff. 5 Rz. 43, 46.

4 zuletzt *Lange*, D&O-Versicherung und Managerhaftung, § 11 Rz. 57, 62 m. w. N.

5 *Schweitzer*, Zulässigkeit der Ausschlussklauseln, S. 193 ff., 197: „Die Verwendung der Begriffspaare „wissentliche Pflichtverletzung" und „vorsätzliche Pflichtverletzung" ist an sich nicht intransparent.", 215, 254, 295 f.

6 Diese von *Schweitzer* so bezeichnete Kombinationsklausel wird hier als Unterfall der Ausschlussklausel für wissentliche Pflichtverletzungen behandelt, vgl. Abschn. B VI 4 e).

und von *Schweitzer* so bezeichneten „Kombinationsklausel“[7] wegen vorsätzlicher Schadensverursachung und (sonstiger) wissentlicher Pflichtverletzung verneint *Schweitzer* ganz grundsätzlich die Wirksamkeit.[8]

Die praktische Bedeutung dieser für die D&O-Versicherer „zentralen“[9] Klauseln ist erheblich. Mit der vor allem durch die *ARAG-Garmenbeck-*Entscheidung[10] ausgelösten Zunahme der Organhaftungsfälle in Deutschland stieg auch die Bedeutung der D&O Versicherung und damit die der Risikoausschlüsse für wissentliche und vorsätzliche Pflichtverletzungen, sind diese doch „das Nadelöhr“[11] für die Versicherer, ihrer Leistungspflicht doch noch entgehen zu können.[12] Eine Studie zur D&O-Versicherung aus dem Jahre 2007[13] nennt den Ausschluss für wissentliche Pflichtverletzungen und Vorsatz mit Abstand an erster Stelle aller Streitpunkte in Deckungsfragen.[14] Im sog. „Zehn-Punkte-Abwehrplan der Versicherer“ wird der Ausschluss für wissentliche Pflichtverletzungen ebenfalls an erster Stelle genannt.[15] „Alles nicht so schlimm“, möchte

---

7 *Schweitzer*, Zulässigkeit der Ausschlussklauseln, S. 93, 95, 192, 199, 237.

8 *Schweitzer*, Zulässigkeit der Ausschlussklauseln, S. 193, 197, 238, 254, 295 ff.

9 vgl. *Lange*, D&O-Versicherung und Managerhaftung, § 11 Rz. 12: „Der praktisch bedeutsamste Risikoausschluss in der D&O-Versicherung ist der „Wissentlichkeitsausschluss“.“; *Klinkhammer*, VP 2006, 22, 27: „Der Ausschluß für Haftpflichtansprüche wegen vorsätzlicher Schädigung und wissentlicher bzw. vorsätzlicher Pflichtverletzung ist ein zentraler Deckungsausschluß in der D&O-Versicherung.“; *Schweitzer*, Zulässigkeit der Ausschlussklauseln, S. 13 ff.

10 BGH, Urt. v. 21.04.1997 – II ZR 175/95, BGHZ 135, 244 = NJW 1997, 1926 ff.

11 vgl. *Lange*, DStR 2002, 1674, 1676; zuletzt *Hopt*, ZIP 2013, 1793, 1801; dies ebenfalls hervorhebend: *Schweitzer*, Zulässigkeit der Ausschlussklauseln, S. 94.

12 vgl. auch *Jahn*, FAZ v. 24.09.2014, S. 16: „Auch sei es [laut der Münchner Rechtsanwältin Viola Sailer-Coceani] möglich, dass die Assekuranz wegen eines Risikoausschlusses nicht zahle. […] Auch führt es - was Sailer-Coceani nicht ansprach - dazu, dass die Assekuranz ein Interesse daran hat, Betroffenen schweres Verschulden anzulasten, weil sie dann gar nicht zahlen muss.“

13 *Towers Perrin/Ihlas & Köberich*, „Directors and Officers Liability – Erste D&O-Versicherungsstudie Deutschland 2007“ zitiert bei *Ihlas*, D&O-Versicherung, S. 127 ff.

14 Nachweis bei *Ihlas*, D&O-Versicherung, S. 647 f.; vgl. hierzu auch *Schweitzer*, Zulässigkeit der Ausschlussklauseln, S. 13 ff.; vgl. auch *Ihlas*, D&O-Versicherung, S. 454: „Zusammen mit dem Kenntnisausschluss steht dieser Ausschluss in der D&O-Schadensregulierung unangefochten an der Spitze.“

15 *Tödtmann*, HB Nr. 190 vom 30.09.2008, 18 unter der Überschrift „Zehn Ausreden der D&O-Versicherer, um nicht zahlen zu müssen.“; kritisch: *Ihlas*, D&O-Versicherung, S. 649; vgl. hierzu auch *Schweitzer*, Zulässigkeit der Ausschlussklauseln, S. 14.

man meinen, wenn immer wieder darauf verwiesen wird, dass es nur wenig Gerichtsverfahren in diesem Bereich gibt und üblicherweise sämtliche Beteiligten schließlich doch dazu in der Lage sind, sich zu einigen.

In der Praxis geht es häufig jedoch nicht ganz so einvernehmlich zu. So wird mit den Versicherern teilweise heftig und „bis zur letzten Patrone"[16] darüber gestritten und gefeilscht, ob und in welcher Höhe der Versicherer für einen durch einen Manager verursachten Schaden einzustehen hat. In diesen Verhandlungen ist immer wieder festzustellen, dass die Versicherer geradezu reflexartig und sei es auch nur „rein vorsorglich" bei jedwedem potentiell pflichtwidrigen Organhandeln die Risikoausschlüsse für wissentliche und/oder vorsätzliche Pflichtverletzungen bemühen, häufig nicht ohne darauf hinzuweisen, dass es sich hierbei eben um von der höchstrichterlichen Rechtsprechung anerkannte und „völlig klar konturierte" Tatbestände handelt.[17] Vorhalte, dass das Vorliegen der Voraussetzungen dieser Tatbestände von den Versicherern zu beweisen ist, kontern diese häufig mit Hinweisen auf eine etablierte Rechtsprechung, welche sich mit Indizien wie der von dem Manager in Rede stehenden schweren Pflichtverletzung zu behelfen wisse und das daraus für diesen folgende Prozess- und Insolvenzrisiko.

---

16 *Fassbach*, AR 2013, 26, 28: „Leider ist festzustellen, dass das Regulierungsverhalten der D&O-Versicherer zunehmend dadurch geprägt ist, dass in der Abwehr begründeter Schadenersatzansprüche „bis zur letzten Patrone geschossen wird", Druck auf die Anwaltshonorare ausgeübt wird und nur eine deutlich reduzierte Vergleichsbereitschaft besteht."; *ders.*, AR 2013, 142, 143: „Da sich das Prämienniveau im Jahr 2013 auf einem historischen Tiefstand bewegt, sind die D&O-Prämien de facto auf Basis einer reinen Rechtsschutzdeckung kalkuliert. Der Versicherer wehrt die Ansprüche in der Regel ab."

17 *Tödtmann*, HB Nr. 190 vom 30.09.2008, 18: „Managerhaftpflichtversicherungen ziehen sich oft auf Standardfloskeln zurück, wenn sie die Zahlung verweigern."; *Lichter/Tödtmann*, HB Nr. 050 vom 11.03.2005, k01: „Tritt der Schadensfall ein und Managerhaftpflichtversicherungen sollen zahlen, liefern sie immer dieselben Argumente, mit denen sie die Zahlung verweigern."; vgl. hierzu auch der jüngst von der TU Dresden veröffentlichte Deckungsvergleich in der Sache Siemens, http://tu-dresden.de/die_tu_dresden/fakultaeten/juristische_fakultaet/jfzivil3/lv_pdf_dateien/10.pdf, S. 92: „Die Versicherer sehen Indizien dafür, dass die Deckung sowohl bezüglich des unter Abs. 2 aufgeführten Schadenskomplexes als auch bezüglich der unter Abs. 3 und 4 genannten Sachverhalte u.a. wegen vorvertraglicher Kenntnis und/oder wissentlichen/absichtlichen Pflichtverletzungen möglicherweise dem Grunde nach abgelehnt werden kann und/oder dass Gestaltungsrechte ausgeübt werden können, die zur rückwirkenden Beseitigung der D&O-Versicherung führen würden.", gesehen am 07.10.2014.

Denn klar ist: Sollte eine solche gerichtliche Auseinandersetzung mit dem D&O-Versicherer verloren gehen, wird die wirtschaftliche Existenz des Managers in den allermeisten Fällen vernichtet sein.[18] Hierzu bedarf es gar keiner „schwindelerregenden Schadenssummen";[19] schon die Führung des Haftungs- und ggf. des Deckungsprozesses mit geeigneten Anwälten über mehrere Jahre dürfte die finanziellen Möglichkeiten der meisten Manager übersteigen.[20]

Wie aktuell dieses Thema ist, zeigt auch das Programm des 70. Deutschen Juristentages 2014. Dort heißt es zum Thema „Reform der Organhaftung? – Materielles Haftungsrecht und seine Durchsetzung in privaten und öffentlichen Unternehmen" auf S. 14: „Was die materiell-rechtliche Seite anbelangt, so haben zahlreiche Sachverhalte deutlich werden lassen, dass selbst bei geringfügigem Verschulden Schäden in Millionenhöhe entstehen können, die durch eine D&O-Versicherung auch nicht annähernd gedeckt werden können, so dass sich die Organmitglieder dem Risiko einer existenzbedrohenden persönlichen Haftung ausgesetzt sehen."[21] In einem aktuellen Beitrag weist *Dauner-Lieb* darauf hin: „Die Haftungsfrage trifft aber nicht nur Organe von DAX-Unternehmen,

18 vgl. hierzu *Schmitt*, Organhaftung und D&O-Versicherung, S. 117: „Die geltend gemachten Ansprüche erreichen nicht selten eine Höhe, die die wirtschaftliche Leistungsfähigkeit von Privatpersonen bei weitem überschreitet. Selbst bei Jahresgehältern von Spitzenmanagern ist die Relation zu dem durch ihr Handeln verbundenen Schädigungspotential nicht annähernd gewahrt."; *Hopt*, ZIP 2013, 1793, 1799: „Die in Organhaftungsprozessen geltend gemachten Schäden können [...] riesig sein und weit über das hinausgehen, was auch ein mit üppigsten Boni gesegneter Vorstand präsentieren kann. Falls sie bei Obsiegen der Gesellschaft tatsächlich erhoben werden, bedeutet sie das Ende der wirtschaftlichen Existenz des Organs."; *Fassbach*, BOARD 2014, 156: „Auch für leichtestes Verschulden droht haftpflichtigen Vorstandsmitgliedern bei exorbitant hohen Schadenssummen die wirtschaftliche Existenzvernichtung (§ 93 Abs. 2 AktG)."; *Dauner-Lieb*, BOARD 2014, 182: „Angesichts ständig steigender Schadenssummen wächst unter den Führungskräften die Sorge vor einer existenzbedrohenden persönlichen Haftung, vor einer „wirtschaftlichen Todesstrafe"."

19 *Vorrath*, VW 2006, 151; vgl. hierzu auch *Beier-Thomas*, VP 2003, 214, 216; *Hopt*, ZIP 2013, 1793, 1799; *Bayer*, NJW 2014, 2546, 2548 „wirtschaftliche Todesstrafe".

20 so auch *Schweitzer*, Zulässigkeit der Ausschlussklauseln, S. 233.

21 vgl. hierzu auch *Bachmann*, Reform der Organhaftung, E 1 ff.; *Wagner*, ZHR 178 (2014), 227, 231; *Dauner-Lieb*, BOARD 2014, 182 ff. m. w. N.; *Jahn*, FAZ v. 24.09.2014, S. 16: „Schon Gutachter Gregor Bachmann von der Freien Universität Berlin hatte für eine solche Neuregelung plädiert. Auch die Münchner Rechtsanwältin Viola Sailer-Coceani machte sich als Ko-Referentin dafür stark. Die Angst der Manager vor einer „existenzvernichtenden Haftung" sieht sie nicht nur in den strengen Gesetzesregelungen begründet. Auch die Berufshaftpflichtversicherer trügen dazu bei: „Die

die regelmäßig von ausreichend Ressourcen, Beratern und Experten umgeben sind, um ihre Tätigkeit weit möglichst abzusichern, sondern auch die nicht im Lichte der Öffentlichkeit stehenden Vorstände und Geschäftsführer nicht ganz so großer Unternehmen mit nicht ganz so hohen Vergütungen, bei denen Haus, Studium der Kinder und Altersversorgung auf dem Spiel stehen." Diese äußerst strapaziöse Situation geht somit auch an den Familien der Manager nicht spurlos vorbei, was den Druck weiter erhöht, den drohenden Ruin abzuwenden und sich mit dem Unternehmen aber auch mit dem D&O-Versicherer selbst irgendwie zu einigen.[22]

Vielen Managern wird dabei die Tragweite dieser Risikoausschlussklauseln erst im Nachhinein klar, auch und gerade, weil sie „gutgläubig" dachten, im Interesse des Unternehmens gehandelt zu haben.[23] So ist immer noch festzustellen, dass vielen Unternehmen und deren Organen nicht klar ist, wie eine D&O-Versicherung funktioniert und wovor sie schützt, wenn sie überhaupt Kenntnis von den jeweiligen Versicherungsbedingungen haben.[24]

---

Deckungssumme ist beschränkt und kann bei den üblichen konzernweiten Gruppenversicherungen bereits durch andere Haftungsfälle ausgeschöpft sein."

22 vgl. hierzu auch: *Ihlas*, VW 2007, 660, 661: „Parallel können Trennungen vom Arbeitgeber und Ehepartner die Lage weiter eintrüben."; vgl. auch *Dauner-Lieb*, BOARD 2014, 182.

23 vgl. auch *Tödtmann*, wiwo v. 17.03.2011: „„Die Manager wiegen sich in trügerischer Sicherheit und meinen, eine D&O-Versicherung wäre ein Rundum-sorglos-Paket", beobachtet Wirtschaftsstrafrechtler Jürgen Wessing aus Düsseldorf.", in: http://blog.wiwo.de/management/2011/03/17/managerhaftpflicht-auf-versicherer-rollt-klagewelle-zu/, gesehen am 04.01.2014.

24 *Sieg* in: Münchener Anwaltshandbuch Versicherungsrecht, § 17 Rz. 16; *Schweitzer*, Zulässigkeit der Ausschlussklauseln, S. 171; *Lier*, VW 2006, 1531: „D&O wird oft falsch verstanden."; *Lange*, AG 2005, 459: „Die D&O-Versicherung ist – das bestätigt sich in der Praxis täglich aufs Neue – eine weithin unbekannte Materie. Dies gilt zwar nicht mehr für ihre Existenz, wohl aber immer noch für ihre Funktionsweise,…"; *Lattwein/Dettler*, VW 2010, 1352, 1354: „Zwar ist die Gesellschaft Versicherungsnehmer und handelt durch ihre Organe, aber das bedeutet nicht, dass auch jedem Vorstandsmitglied die Inhalte der Unternehmens-D&O bekannt sind."; *Tödtmann*, wiwo v. 17.03.2011: „Viele Führungskräfte kennen nicht mal den Namen des D&O-Versicherers, wissen nicht, wie hoch die Deckungssumme ist oder welche Risiken schon im Versicherungsvertrag ausdrücklich oder verklausuliert ausgeschlossen sind - zumal der Vertrag jedes Jahr neu verhandelt wird.", in: http://blog.wiwo.de/management/2011/03/17/managerhaftpflicht-auf-versicherer-rollt-klagewelle-zu/, gesehen am 04.01.2014.

Managerhaftung ist wichtig und richtig. Manager sollen zur Verantwortung gezogen werden, wenn sie das Unternehmen pflichtwidrig schädigen. Um die Manager und im Übrigen auch das Unternehmen selbst vor den Folgen von solchen ggf. existenzvernichtenden Fehlern zu schützen, wurde die D&O-Versicherung geschaffen. Doch nützt und schützt sie auch nur dann, wenn im Schadensfall tatsächlich Deckung bereitsteht und der Versicherer dieser nicht durch das „Nadelöhr" einer wissentlichen oder vorsätzlichen Pflichtverletzung entgehen kann.

Die Versicherer verdienen Schutz davor, Deckung für mutwillig herbeigeführte Schäden leisten zu müssen. Deshalb heißt es in § 103 VVG, dass derjenige den Versicherungsschutz verliert, der den Schaden vorsätzlich herbeiführt. Demgegenüber stellen die zu untersuchenden Ausschlussklauseln für wissentliche und vorsätzliche Pflichtverletzungen darauf ab, dass nicht erst der Schaden wissentlich oder vorsätzlich herbeigeführt werden muss, sondern schon die Pflichtverletzung, welche den Schaden auslöst. Demgemäß entfällt der Versicherungsschutz bereits dann, wenn es dem Versicherer gelingt, dem Manager eine wissentliche oder vorsätzliche Pflichtverletzung nachzuweisen.[25] Folglich kann sich der Manager im Rahmen dieser Klauseln nicht mehr damit entlasten, er habe zum Wohle des Unternehmens handeln und dieses gerade nicht schädigen wollen.

Fraglich ist deshalb, ob ein legitimes Interesse der Versicherer an dieser Ausdehnung des Deckungsausschlusses über § 103 VVG hinaus besteht, das so groß ist, dass die ggf. berechtigten Interessen des Versicherungsnehmers bzw. der versicherten Person dahinter zurücktreten.

Soweit dies im Schrifttum bejaht wird, kann häufig eine gewisse Nähe zur Versicherungswirtschaft festgestellt werden, sei es, dass die befürwortenden Stimmen bei den Versicherern angestellt sind oder von diesen mandatiert werden. Dass von dieser Seite vergleichsweise wenig Zweifel an der Wirksamkeit dieser Klauseln vorgebracht werden, überrascht daher nicht.[26]

Ziel der vorliegenden Arbeit soll es sein, die These, dass diese Klauseln wirksam sind, kritisch zu hinterfragen und dabei nicht nur die Interessen der Versicherer angemessen zu berücksichtigen, sondern auch diejenigen derer, die eine

25 *Sieg* in: Münchener Anwaltshandbuch Versicherungsrecht, § 17 Rz. 149 f.

26 vgl. auch *Ihlas*, D&O-Versicherung, S. 47: „Viele Beiträge zur D&O-Versicherung werden natürlich von Marktteilnehmern geschrieben. [...] Nur ein Insider erkennt, welcher Marktteilnehmer dahinter steckt. [...] Wer sich solchen Beiträgen mit objektivem akademischen Interesse und nicht als Marktteilnehmer nähert, wird verzweifeln."

D&O-Versicherung abschließen oder hiervon begünstigt werden sollen, also die der Unternehmen und ihrer Organe.

Dabei sollen in einem ersten Grundlagenteil die Entwicklung und die rechtlichen Rahmenbedingungen der D&O-Versicherung und der Organhaftung beschrieben werden, um sodann in einem zweiten Teil jeweils für die Ausschlussklausel für wissentliche Pflichtverletzungen und für die Ausschlussklausel für vorsätzliche Pflichtverletzungen zu untersuchen, ob diese die Versicherungsnehmer bzw. die versicherten Personen unangemessen i. S. d. § 307 Abs. 1, 2 BGB benachteiligen und damit ggf. unwirksam sind. Aufgezeigt werden wird, dass die These bei dem Risikoausschluss für wissentliche Pflichtverletzungen handele es sich um einen „völlig klar konturierten Tatbestand“ so nicht haltbar ist und darüber hinaus erhebliche Zweifel bestehen, ob diese Klauseln überhaupt dazu geeignet sind, einen so komplexen Bereich wie die Managerhaftung in rechtlich zulässiger Weise zu erfassen.

# B. Grundlagen

## I. Begriff der D&O-Versicherung

Sofern Organmitglieder von Kapitalgesellschaften im Rahmen ihrer Tätigkeit für die Gesellschaft pflichtwidrig und schuldhaft einen Schaden verursachen, haften sie hierfür gegenüber der Gesellschaft persönlich und unbeschränkt mit ihrem Privatvermögen, § 93 Abs. 2 S. 1 AktG, § 43 Abs. 2 GmbHG.[27] Hierdurch entstand der Bedarf, dieses Risiko einer persönlichen und unbeschränkten Haftung für Vermögensschäden durch eine sog. D&O-Versicherung absichern zu lassen.[28] Dieser weltweit und auch im deutsch-sprachigen Raum fest etablierte Name ist US-amerikanischen Versicherungsprodukten entnommen.[29] D&O wird mit Directors and Officers übersetzt, welche den Organen, Vorstände, Geschäftsführer und Aufsichtsräten hierzulande entsprechen.[30] In Deutschland ist die D&O-Versicherung weiter unter den Bezeichnungen „Vermögensschaden-Haftpflichtversicherung für Unternehmensleiter", „Allgemeine Versicherungsbedingungen für die Vermögensschaden-Haftpflichtversicherung von Aufsichtsräten, Vorständen und Geschäftsführern (AVB-AVG)" oder „Vermögensschaden-Haftpflichtversicherung für Organe und leitende Angestellte" bekannt.[31]

27 *Mertens/Cahn* in: KölnKomm, AktG, § 93 Rz. 6, 241; *Spindler* in: MünchKommAktG, § 93 Rz. 3 ff.; ausführlich *Johannsen-Roth* in: Wilsing, DCGK, Ziff. 3.8 Rz. 27 ff.; *Wiesner* in: Münch. Hdb. GesR IV, § 26 Rz. 2; *Schmitt*, Organhaftung und D&O-Versicherung, S. 61; *Lenz*, D&O-Versicherung, § 26 Rz. 1; *Beckmann* in: Beckmann/Matusche-Beckmann, Versicherungsrechts-Handbuch, § 28 Rz. 1; *Terno*, SpV 2014, 2.

28 *Hopt* in: GroßKomm, AktG, § 93 Rz. 518; *Mertens/Cahn* in: KölnKomm, AktG, § 93 Rz. 241; *Paefgen* in: Ulmer/Habersack/Winter, GmbHG, § 43 Rz. 157; *Wiesner* in: Münch. Hdb. GesR IV, § 26 Rz. 44; *Lenz*, D&O-Versicherung, § 26 Rz. 1.

29 *Mertens/Cahn* in: KölnKomm, AktG, § 93 Rz. 241; *Fleischer* in: MünchKommGmbHG, § 43 Rz. 374; *Johannsen-Roth* in: Wilsing, DCGK, Ziff. 3.8 Rz. 37; *Beckmann* in: Beckmann/Matusche-Beckmann, Versicherungsrechts-Handbuch, § 28 Rz. 1; *Lenz*, D&O-Versicherung, § 26 Rz. 1; *Ihlas*, D&O-Versicherung, S. 43.

30 *Sieg* in: Münchener Anwaltshandbuch Versicherungsrecht, § 17 Rz. 1; *Schillinger*, VersR 2005, 1484, 1485.

31 *Beckmann* in: Beckmann/Matusche-Beckmann, Versicherungsrechts-Handbuch, § 28 Rz. 1; *Ihlas* in: MünchKommVVG, D&O, Rz. 1; *Lenz*, D&O-Versicherung, § 26 Rz. 1; *Schillinger*, VersR 2005, 1484, 1485.

## II. Zwecke der D&O-Versicherung

Die D&O-Versicherung hat nach allgemeiner Auffassung im wesentlichen vier Funktionen zu erfüllen, nämlich das Organ einerseits gegen eine Inanspruchnahme durch das Unternehmen und das Unternehmens anderseits gegen einen möglichen Forderungsausfall bei einer solchen Inanspruchnahme des Organs wirtschaftlich abzusichern, die Findung von geeignetem Führungspersonal zu erleichtern und schließlich die unternehmerische Risikobereitschaft dieses Führungspersonals zu stärken.[32]

### 1. Wirtschaftliche Absicherung des Organs

Bestimmt ist die D&O-Versicherung zu allererst für die Organmitglieder und leitenden Angestellten von Unternehmen, also für Vorstände, Geschäftsführer, Aufsichtsräte und Prokuristen. Die D&O-Versicherung dient dem Schutz des Privatvermögens dieser Personen, wenn diese ihrem Unternehmen oder einem Dritten einen Schaden ersetzen sollen, den sie bei Ausübung ihrer Tätigkeit pflichtwidrig verursacht haben.[33]

### 2. Wirtschaftliche Absicherung des Unternehmens

Auch das Unternehmen selbst ist üblicherweise daran interessiert, seine Organe über eine D&O-Versicherung zu versichern.[34] So erreicht der geltend gemachte Schaden häufig Beträge, die das Privatvermögen eines Managers übersteigen.[35] Für das Unternehmen besteht deshalb der Bedarf, das hieraus folgende

---

32 Besonders prägnant, allgemein zu diesen Zwecken vgl. *Ulmer*, FS Canaris, 451, 460 m. w. N.

33 OLG München VersR 2005, 540, 541; OLG Düsseldorf r+s 2013, 599, 600; OLG Düsseldorf r+s 2014, 122, 124; *Ihlas* in: MünchKommVVG, D&O, Rz. 14; *Dauner-Lieb* in: Henssler/Strohn, AktG, § 93 Rz. 55; *Sieg* in: Münchener Anwaltshandbuch Versicherungsrecht, § 17 Rz. 38; *Schmitt*, Organhaftung und D&O-Versicherung, S. 98; *Schillinger*, VersR 2005, 1484, 1485 f.

34 *Mertens/Cahn* in: KölnKomm, AktG, § 93 Rz. 242; *Paefgen* in: Ulmer/Habersack/Winter, GmbHG, § 43 Rz. 257; *Dauner-Lieb* in: Henssler/Strohn, AktG, § 93 Rz. 55; *Wiesner* in: Münch. Hdb. GesR IV, § 26 Rz. 46; *Johannsen-Roth* in: Wilsing, DCGK, Ziff. 3.8 Rz. 41; *Sieg* in: Münchener Anwaltshandbuch Versicherungsrecht, § 17 Rz. 39; *Beier-Thomas*, VP 2003, 214; *Säcker*, VersR 2005, 10; *Fassbach*, BOARD 2014, 156, 157.

35 *Mertens/Cahn* in: KölnKomm, AktG, § 93 Rz. 242; *Schweitzer*, Zulässigkeit der Ausschlussklauseln, S. 233; *Hopt*, ZIP 2013, 1793, 1799; *Wagner*, ZHR 178 (2014), 227, 234.

Ausfall- und Insolvenzrisiko abzusichern.[36] Die D&O-Versicherung soll das Unternehmen demnach davor bewahren, mit seiner Forderung auszufallen, wenn es das Organ in Anspruch nimmt.[37]

### 3. Rekrutierungsinteresse des Unternehmens

Die D&O-Versicherung dient auch dazu, qualifiziertes Personal für das Unternehmen zu gewinnen, da in Anbetracht des Risikos der bestehenden Haftung viele Führungskräfte mittlerweile darauf bestehen, dass eine solche Versicherung abgeschlossen wird.[38]

### 4. Stärkung der unternehmerischen Risikobereitschaft

Schließlich wird die Gefahr gesehen, dass die Organe wegen der bestehenden Haftungsrisiken zu einer für das Unternehmen nachteiligen Zurückhaltung bzw. zu „risikoaversem Verhalten“ neigen, das „objektiv unter betriebswirtschaftlichen Gesichtspunkten nicht stets als geboten erscheine.“[39] Die D&O-Versicherung soll deshalb nach *Dreher* „unternehmerische Kräfte freisetzen, die angesichts der heutigen Haftungssituation für Organmitglieder sonst verschüttet werden könnten,“ denn „ab einem bestimmten Punkt schlägt Haftung bei per se risikobehaftetem Verhalten nämlich in eine Verhaltenssteuerung um, die zu defensivem Verhalten und sonstigen Absicherungsstrategien führt.“[40] So ist die

---

36 *Paefgen* in: Ulmer/Habersack/Winter, GmbHG, § 43 Rz. 257; *Dauner-Lieb/Tettinger*, ZIP 2009, 1555; *Lange*, DStR 2002, 1626, 1629; *Loritz/Hecker*, VersR 2012, 385, 386, 390; *Weiß*, GmbHR 2014, 574 f.

37 *Baumann* in: Bruck/Möller, VVG, AVB-AVG 2011/2013 Einf Rz. 13; *Arnold*, Die Steuerbarkeit des Vorstandshandelns, S. 183; *Säcker*, VersR 2005, 10, 11; *Mertens*, AG 2010, 447, 451; *Loritz/Hecker*, VersR 2012, 385, 386; vgl. hierzu auch *Hoffmann*, NJW 2012, 1393 ff.

38 OLG München VersR 2005, 540, 542; *Paefgen* in: Ulmer/Habersack/Winter, GmbHG, § 43 Rz. 257; *Johannsen-Roth* in: Wilsing, DCGK, Ziff. 3.8 Rz. 41; *Schmitt*, Organhaftung und D&O-Versicherung, S. 98; *Schweitzer*, Zulässigkeit der Ausschlussklauseln, S. 230; vgl. auch *Henssler* in: Henze/Hoffmann-Becking, Gesellschaftsrecht 2001, S. 136; *Ulmer*, FS Canaris, 451, 460; *Dreher*, ZHR 165 (2001), 293, 310; *Kuntz*, GmbHR 2008, 121, 122; *Weiß*, GmbHR 2014, 574, 575.

39 OLG München VersR 2005, 540, 542; vgl. auch *Kuntz*, GmbHR 2008, 121, 122; *Harzenetter*, DStR 2010, 653; vgl. zur Risikoaversion: *Küpper-Dirks*, Managerhaftung und D&O-Versicherung, S. 124; *Wagner*, VersR 1999, 1441, 1445.

40 *Dreher*, AG 2008, 429, 432; ihm folgend: *Paefgen* in: Ulmer/Habersack/Winter, GmbHG, § 43 Rz. 257; *Schmitt*, Organhaftung und D&O-Versicherung, S. 116; vgl. auch *Beier-Thomas*, VP 2003, 214.

D&O-Versicherung deshalb auch als „konstitutives Element der Sicherung unternehmerischer Handlungsfreiheit“ bezeichnet worden.[41]

Ein weiterer Aspekt, der in diesem Zusammenhang für den Abschluss einer D&O-Versicherung spricht ist, dass sich die Organe bei einem Haftungsfall im Interesse des Unternehmens weiter auf ihre originären Geschäftsleitungs- und Überwachungsaaufgaben konzentrieren sollen.[42] So besteht die Gefahr, dass diese Konzentration nachlassen würde, wenn die Organe im Haftungsfall damit beschäftigt wären, über Rechtsprobleme nachzudenken und sich finanzielle Sorgen zu machen.[43]

## III. Historische Entwicklung der D&O-Versicherung[44]

### 1. Die Anfänge in Deutschland

Die ersten Versuche, gegen Ende des 19. Jahrhunderts eine Form der Managerhaftpflichtversicherung in Deutschland zu etablieren, scheiterten noch an deren fehlender Akzeptanz in der Öffentlichkeit.[45] Dies gilt bereits für die „Versicherung gegen die Folgen der Haftpflicht von Aufsichtsraths-Mitgliedern und Directoren von Actiengesellschaften, Genossenschaften und dgl. mehr“ des Allgemeinen Deutschen Versicherungsvereins aus dem Jahre 1895, mit welcher dieser auf die Einführung des Aktien- (1884), des Genossenschafts- (1889) und des GmbH-Gesetzes (1892) reagieren wollte.[46] Die Reaktionen der Öffentlichkeit gingen von

---

41 *Dreher*, ZHR 165 (2001), 293, 310; ähnlich *Schmitt*, Organhaftung und D&O-Versicherung, S. 116; vgl. auch *Ulmer*, FS Canaris, 451, 460; *Mertens*, AG 2010, 447, 451.

42 OLG München VersR 2005, 540, 541; *Sieg* in: Münchener Anwaltshandbuch Versicherungsrecht, § 17 Rz. 39.

43 OLG München VersR 2005, 540, 541; *Sieg* in: Münchener Anwaltshandbuch Versicherungsrecht, § 17 Rz. 39; *Schmitt*, Organhaftung und D&O-Versicherung, S. 116; *Dreher*, ZHR 165 (2001), 293, 310.

44 Die nachfolgenden historischen Ausführungen in diesem Abschnitt B III beruhen im Wesentlichen auf den Arbeiten von *Ihlas* in: MünchKommVVG, D&O, Rz. 2 ff.; *Sieg* in: Münchener Anwaltshandbuch Versicherungsrecht, § 17 Rz. 15 ff.; *Beckmann* in: Beckmann/Matusche-Beckmann, Versicherungsrechts-Handbuch, § 28 Rz. 2 ff.; *Lenz*, D&O-Versicherung, § 26 Rz. 2 ff.; *Wollny*, D&O-Versicherung, S. 1 ff. und *Schillinger*, VersR 2005, 1484, 1486 ff.

45 *Baumann* in: Bruck/Möller, VVG, AVB-AVG 2011/2013 Einf Rz. 1; *Ihlas* in: MünchKommVVG, D&O, Rz. 2.

46 *Baumann* in: Bruck/Möller, VVG, AVB-AVG 2011/2013 Einf Rz. 1; *Ihlas* in: MünchKommVVG, D&O, Rz. 2; *Wollny*, D&O-Versicherung, S. 1; *Schmitt*, Organhaftung und D&O-Versicherung, S. 99; *Schillinger*, VersR 2005, 1484, 1486.

„Versicherungsutopie" über „Bequemlichkeitsversicherung", „systematische Demoralisirung" bis zur „Prämiirung der Leichtfertigkeit und Fahrlässigkeit"[47] und führten schließlich dazu, dass der Verein von diesem Vorhaben Abstand nahm.[48]

## 2. Die Weltwirtschaftskrise

Mit dem Zusammenbruch des Aktienmarktes an der Wall Street am „Schwarzen Freitag", dem 25.10.1929, stellte sich auch die Frage nach der Haftung der Verantwortlichen für die entstandenen Kursverluste.[49] Als Folge dieses Ereignisses wurde in den USA mit dem „Securities Act of 1933" und dem „Securities Exchange Act of 1934" die gesetzliche Haftung von Leitungsorgangen gegenüber den Anteileignern verschärft.[50] In der Folge wurden ab dem Jahre 1933 bei Lloyds die ersten D&O-Versicherungen angeboten.[51] Ab den 60er Jahren bis Mitte der 80er Jahre etablierte sich die D&O-Versicherung in den USA weiter.[52] Die Besonderheiten des US-amerikanischen Justizsystems brachten es mit sich, dass in der Folge die Anzahl der Haftungsklagen gegen Manager zunahm.[53]

## 3. Die ersten D&O-Versicherungen in Deutschland

In Deutschland bestand bis Mitte der 90er Jahre des letzten Jahrhunderts noch die Pflicht, D&O-Versicherungen durch das Bundesaufsichtsamt für das Versicherungswesen (BAV), das Vorläuferamt der BaFin, genehmigen zu

---

47 *Wollny*, D&O-Versicherung, S. 1; *Ihlas* in: MünchKommVVG, D&O, Rz. 2; *Georgii*, Veröffentlichungen des Deutschen Vereins für Versicherungs-Wissenschaft, Heft VIII (März 1906), 17; *Schillinger*, VersR 2005, 1484, 1486.

48 *Wollny*, D&O-Versicherung, S. 1; *Ihlas* in: MünchKommVVG, D&O, Rz. 2; *Schillinger*, VersR 2005, 1484, 1486.

49 *Baumann* in: Bruck/Möller, VVG, AVB-AVG 2011/2013 Einf Rz. 1; *Ihlas* in: MünchKommVVG, D&O, Rz. 3; *Schmitt*, Organhaftung und D&O-Versicherung, S. 97; *Lenz*, D&O-Versicherung, § 26 Rz. 2; *Schillinger*, VersR 2005, 1484, 1487; vgl. hierzu auch *Jackson*, Atlantikfieber, S. 599.

50 *Ihlas* in: MünchKommVVG, D&O, Rz. 3; *Lenz*, D&O-Versicherung, § 26 Rz. 2; *Schillinger*, VersR 2005, 1484, 1487; *Fleischer*, WM 2005, 909, 911; *Daftari/Franzen*, VW 2011, 340.

51 *Ihlas* in: MünchKommVVG, D&O, Rz. 3; *Sieg* in: Münchener Anwaltshandbuch Versicherungsrecht, § 17 Rz. 15; *Beckmann* in: Beckmann/Matusche-Beckmann, Versicherungsrechts-Handbuch, § 28 Rz. 2; *Lenz*, D&O-Versicherung, § 26 Rz. 2; *Schillinger*, VersR 2005, 1484, 1487.

52 *Ihlas* in: MünchKommVVG, D&O, Rz. 3; *Beckmann* in: Beckmann/Matusche-Beckmann, Versicherungsrechts-Handbuch, § 28 Rz. 2; *Lenz*, D&O-Versicherung, § 26 Rz. 2.

53 *Ihlas* in: MünchKommVVG, D&O, Rz. 3.

lassen.[54] Zwei deutsche Tochtergesellschaften US-amerikanischer Versicherer, die Chubb Insurance Company und AIG, erreichten diese Genehmigung durch das BAV und brachten 1986 mit den Allgemeinen Bedingungen für die Vermögensschaden-Haftpflichtversicherung von Unternehmensleitern (AVBU 86) erstmals eine D&O-Versicherung in Deutschland auf den Markt.[55] Diese AVBU 86 hatten ihren Ursprung in den AVB-Vermögen und wurden ausdrücklich noch als „Berufshaftpflichtversicherung" angeboten, obwohl es sich streng genommen bei der D&O-Versicherung nicht um eine solche, sondern um eine Organhaftpflichtversicherung handelt.[56] Das BAV setzte allerdings durch, dass ausgerechnet Ansprüche im Zusammenhang mit „unternehmerischen Fehlentscheidungen" von der Deckung ausgeschlossen waren.[57] So kam bereits in diesem Zusammenhang das Argument auf, bestehender Versicherungsschutz würde überhaupt erst dazu führen, dass Ansprüche geltend gemacht werden.[58] Dies hatte zur Folge, dass die Akzeptanz einer solchen Versicherung bei den Unternehmen und deren Organgen zunächst noch vergleichsweise gering war.[59]

## 4. Die Etablierung der D&O-Versicherung in Deutschland

Die Aufhebung der Genehmigungspflicht für Allgemeine Versicherungsbedingungen in Deutschland am 01.07.1994 im Zuge der Dienstleistungsfreiheit

---

54 *Ihlas* in: MünchKommVVG, D&O, Rz. 5; *Schmitt*, Organhaftung und D&O-Versicherung, S. 99; *Lenz*, D&O-Versicherung, § 26 Rz. 3.

55 *Baumann* in: Bruck/Möller, VVG, AVB-AVG 2011/2013 Einf Rz. 1; *Ihlas* in: MünchKommVVG, D&O, Rz. 5; *Beckmann* in: Beckmann/Matusche-Beckmann, Versicherungsrechts-Handbuch, § 28 Rz. 4a; *Sieg* in: Münchener Anwaltshandbuch Versicherungsrecht, § 17 Rz. 15; *Lenz*, D&O-Versicherung, § 26 Rz. 3; *Schillinger*, VersR 2005, 1484, 1487.

56 *Ihlas* in: MünchKommVVG, D&O, Rz. 5, *ders.*, D&O-Versicherung, S. 63: „Den Organ-Beruf gibt es aber nicht. Das Risiko folgt aus der Vertretungsfunktion für die juristische Person."; vgl. auch *Schweitzer*, Zulässigkeit der Ausschlussklauseln, S. 132.

57 *Baumann* in: Bruck/Möller, VVG, AVB-AVG 2011/2013 Einf Rz. 1; *Ihlas* in: MünchKommVVG, D&O, Rz. 5; *Schmitt*, Organhaftung und D&O-Versicherung, S. 99; *Beckmann* in: Beckmann/Matusche-Beckmann, Versicherungsrechts-Handbuch, § 28 Rz. 4a; *Sieg* in: Münchener Anwaltshandbuch Versicherungsrecht, § 17 Rz. 15.

58 *Lenz*, D&O-Versicherung, § 26 Rz. 3.

59 vgl. *Ihlas*, D&O-Versicherung, S. 108.

ermöglichte frei verhandelbare und marktgerechtere D&O-Versicherungsbedingungen.[60] Die Nachfolgeregelungen der AVBU 1986 waren die „Allgemeinen Bedingungen zur Vermögensschadenhaftpflichtversicherung für Organe und leitende Angestellte" (AVB OLA 93), welche ihrerseits in die AVB-AVG mündeten.[61] Der Gesamtverband der Deutschen Versicherungswirtschaft e.V. (GDV) brachte erstmals im Jahre 1997 die D&O-Musterbedingungen (AVB-AVG) heraus, die in den Jahren 1997, 2005, 2007, 2008, 2010, 2011 und zuletzt im Mai 2013 jeweils umfassend aktualisiert wurden.[62]

International tätige Großkonzerne in Deutschland erkannten einen entsprechenden Bedarf zuerst, inzwischen dürfte die D&O-Versicherung dort als Standardversicherung etabliert sein.[63] Es wird geschätzt, dass mittlerweile nahezu alle DAX-100-Unternehmen D&O-Versicherungs-Policen abgeschlossen haben.[64] Auch im Mittelstand setzt sich die D&O-Versicherung zunehmend durch, wobei hier noch eine stärkere Abhängigkeit von der Branche und dem spezifischen Risiko des Unternehmens zu beobachten ist.[65] Gerade bei nicht

60 *Baumann* in: Bruck/Möller, VVG, AVB-AVG 2011/2013 Einf Rz. 2; *Ihlas* in: MünchKommVVG, D&O, Rz. 5; *Sieg* in: Münchener Anwaltshandbuch Versicherungsrecht, § 17 Rz. 15; *Schillinger*, VersR 2005, 1484, 1488; *Vothknecht*, PHi 2006, 52.

61 *Ihlas* in: MünchKommVVG, D&O, Rz. 5; *ders.*, D&O-Versicherung, S. 108 ff.; *Beckmann* in: Beckmann/Matusche-Beckmann, Versicherungsrechts-Handbuch, § 28 Rz. 4a f.; *Lenz*, D&O-Versicherung, § 26 Rz. 3.

62 *Baumann* in: Bruck/Möller, VVG, AVB-AVG 2011/2013 Einf Rz. 2; vgl. *Ihlas* in: MünchKommVVG, D&O, Rz. 7; *Beckmann* in: Beckmann/Matusche-Beckmann, Versicherungsrechts-Handbuch, § 28 Rz. 5, 19; *Schmitt*, Organhaftung und D&O-Versicherung, S. 99; *Lenz*, D&O-Versicherung, § 26 Rz. 4.

63 *Sieg* in: Münchener Anwaltshandbuch Versicherungsrecht, § 17 Rz. 16; *Ihlas*, D&O-Versicherung, S. 167 ff.; *Schmitt*, Organhaftung und D&O-Versicherung, S. 97 f.; *Beckmann* in: Beckmann/Matusche-Beckmann, Versicherungsrechts-Handbuch, § 28 Rz. 7; *Schillinger*, VersR 2005, 1484, 1488; *Dreher/Thomas*, ZGR 2009, 31, 32; *Loritz/Hecker*, VersR 2012, 385, 386.

64 *Ihlas*, D&O-Versicherung, S. 183 f.; *Wiesner* in: Münch. Hdb. GesR IV, § 26 Rz. 44; *Johannsen-Roth* in: Wilsing, DCGK, Ziff. 3.8 Rz. 39; *Beckmann* in: Beckmann/Matusche-Beckmann, Versicherungsrechts-Handbuch, § 28 Rz. 7; *Schilling*, VW 2000, 788; *Daftari/Franzen*, VW 2011, 340.

65 *Sieg* in: Münchener Anwaltshandbuch Versicherungsrecht, § 17 Rz. 16; *Schmitt*, Organhaftung und D&O-Versicherung, S. 98; *Lenz*, D&O-Versicherung, § 26 Rz. 12; *Henssler* in: Henze/Hoffmann-Becking, Gesellschaftsrecht 2001, S. 133; *Beier-Thomas*, VP 2003, 214; *Schillinger*, VersR 2005, 1484, 1488; *Lier*, VW 2006, 1531, 1532; *Dreher*, AG 2008, 429; *Loritz/Hecker*, VersR 2012, 385, 386.

inhabergeführten mittelständischen Unternehmen ist aber abzusehen, dass die D&O-Versicherung künftig weite Verbreitung finden wird.

Schätzungen zufolge betrug das Prämienvolumen für D&O-Versicherungen in Deutschland im Jahr 1998 noch 20 Mio. DM.[66] Für das Jahr 2014 wird in Deutschland ein Marktprämienvolumen von 750 Mio. € geschätzt.[67] Prognosen zufolge werden die Prämienaufkommen auch weiter steigen.[68]

Die Wirtschaftskrise führte zu einem Anstieg der Schadensfälle und damit auch zu restriktiveren Bedingungswerken und steigenden Prämien.[69] Mittlerweile soll sich der Markt etwas erholt haben und zwar sowohl im Hinblick auf die Prämien als auch in Bezug auf die einzelnen Regelungen.[70] Die „Goldgräber-Stimmung" der ersten Jahre ist jedoch vorbei, haben auch die Versicherer erkannt, dass bereits ein regulierter Schadensfall die vereinnahmten Prämien aufzehren und sogar übersteigen kann.[71] Ob alle derzeit im Markt tätigen D&O-Versicherer diesem erhalten bleiben, ist daher offen.[72]

---

66 *Sieg* in: Münchener Anwaltshandbuch Versicherungsrecht, § 17 Rz. 16.

67 *Fassbach*, BOARD 2014, 156, 158; vgl. auch *Sieg* in: Münchener Anwaltshandbuch Versicherungsrecht, § 17 Rz. 16: „Aktuelle Schätzungen bewegen sich im Bereich zwischen 500 Mio. und 1 Mrd. EUR."; *Hopt*, ZIP 2013, 1793, 1800.

68 *Mertens/Cahn* in: KölnKomm, AktG, § 93 Rz. 243; *Sieg* in: Münchener Anwaltshandbuch Versicherungsrecht, § 17 Rz. 16; *Beckmann* in: Beckmann/Matusche-Beckmann, Versicherungsrechts-Handbuch, § 28 Rz. 7.

69 *Sieg* in: Münchener Anwaltshandbuch Versicherungsrecht, § 17 Rz. 17.

70 *Sieg* in: Münchener Anwaltshandbuch Versicherungsrecht, § 17 Rz. 17.

71 vgl. hierzu: *Schilling*, VW 2000, 788, 790: „Allein ein regulierter Schaden bei Flowtex oder Holzmann würde die D&O-Prämieneinnahmen des gesamten Marktes in Deutschland aufzehren."; *Lier*, VW 2006, 1531, 1532: „Zwischen „grauenhaft und Goldgrube" […] „immer noch ein gutes Geschäft gemacht"."; *Beier-Thomas*, VP 2003, 214, 216: „Mehrere bereits gemeldete Schäden sind geeignet, das derzeit auf 250 Mio EUR bis 300 Mio EUR geschätzte jährliche D&O-Prämiensvolumen zu verbrauchen."; *Tödtmann*, wiwo v. 17.03.2011: „Zwar sind die Deckungssummen seit 2009 um 50% gestiegen. Das ergab eine Umfrage von Hendricks und Co., bei der 120 Unternehmen Auskunft gaben. Dennoch warnt der Anwalt: „Das D&O-Prämienvolumen in Deutschland von 500 Millionen Euro jährlich kann durch zwei bis drei Großschäden verbraucht werden. Versichert sind aber gut 30.000 Unternehmen.", in: http://blog.wiwo.de/management/2011/03/17/managerhaftpflicht-auf-versicherer-rollt-klagewelle-zu/, gesehen am 04.01.2014.

72 vgl. zu dieser Entwicklung insgesamt: *Bachmann*, Reform der Organhaftung, E 14; *Schmitt*, Organhaftung und D&O-Versicherung, S. 113 f.; *Schweitzer*, Zulässigkeit der Ausschlussklauseln, S. 249.

## IV. Entwicklung der Organhaftung in Deutschland[73]

Dass sich die D&O-Versicherung in Deutschland etablieren konnte, hat seine Ursache vor allem in einer nachhaltigen Verschärfung der Organhaftung in den letzten zwei Jahrzehnten.[74] Kam *Wiedemann* noch im Jahr 1980 zu der Erkenntnis, dass „die Haftungsvorschriften kein lebendes Recht verkörpern, da Haftungsklagen in Großunternehmen und Publikumsgesellschaften in der Bundesrepublik Deutschland nicht erhoben werden",[75] haben die Rechtsprechung und der Gesetzgeber ab dem Ende der neunziger Jahre die rechtlichen Rahmenbedingungen erleichtert, Schadenersatzansprüche gegen Manager geltend zu machen und durchzusetzen.[76] Hierdurch ist ein Markt an entsprechenden Versicherungsprodukten entstanden.[77]

---

73 Die nachfolgenden Ausführungen zur Darstellung der Organhaftung in Deutschland in diesem Abschnitt B IV beruhen im Wesentlichen auf den Arbeiten von *Ihlas*, D&O-Versicherung, S. 148 ff.; *Sieg* in: Münchener Anwaltshandbuch Versicherungsrecht, § 17 Rz. 19 ff.; *Beckmann* in: Beckmann/Matusche-Beckmann, Versicherungsrechts-Handbuch, § 28 Rz. 4 ff.; *Lenz*, D&O-Versicherung, § 26 Rz. 7 ff. und *Schillinger*, VersR 2005, 1484, 1485 ff.

74 vgl. BGH ZIP 2010, 1988 ff.; BGH NJW 2006, 830 ff.; OLG Brandenburg DB 2009, 784 ff.; OLG Stuttgart ZIP 2009, 2386 ff.; *Mertens/Cahn* in: KölnKomm, AktG, § 93 Rz. 241; vgl. *Wiesner* in: Münch. Hdb. GesR IV, § 26 Rz. 44; *Sieg* in: Münchener Anwaltshandbuch Versicherungsrecht, § 17 Rz. 19 f.; *Lenz*, D&O-Versicherung, § 26 Rz. 7 ff.; *Derleder/Fauser*, BB 2006, 949 ff.; *Dreher/Thomas*, ZGR 2009, 31, 32; *Fleischer*, NJW 2009, 2337; *Hopt*, ZIP 2013, 1793: „Klagewelle vor Zivil-, Straf- und Schiedsgerichten".

75 *Wiedemann*, Gesellschaftsrecht, Bd. I, S. 624; dies ebenfalls hervorhebend: *Vetter*, AG 2000, 453.

76 *Lenz*, D&O-Versicherung, § 26 Rz. 5, 8; in: Münchener Anwaltshandbuch Versicherungsrecht, § 17 Rz. 19 ff.; *Beckmann* in: Beckmann/Matusche-Beckmann, Versicherungsrechts-Handbuch, § 28 Rz. 4; *Olbrich*, D&O-Versicherung, S. 10 ff.; *Lenz*, D&O-Versicherung, § 26 Rz. 8; *Schweitzer*, Zulässigkeit der Ausschlussklauseln, S. 13; *Dreher*, ZHR 165 (2001), 293, 294; *Fleischer*, WM 2005, 909; vgl. auch *Louven/Ernst*, VersR 2014, 151 f.

77 *Lenz*, D&O-Versicherung, § 26 Rz. 5 ff.; *Mertens/Cahn* in: KölnKomm, AktG, § 93 Rz. 241; *Johannsen-Roth* in: Wilsing, DCGK, Ziff. 3.8 Rz. 39; *Beckmann* in: Beckmann/Matusche-Beckmann, Versicherungsrechts-Handbuch, § 28 Rz. 4; *Lenz*, D&O-Versicherung, § 26 Rz. 5 ff.; *Henssler* in: Henze/Hoffmann-Becking, Gesellschaftsrecht 2001, S. 132; *Schillinger*, VersR 2005, 1484, 1485; *Heitmann*, VW 1999, 1076.

### 1. Die ARAG/Garmenbeck-Entscheidung des Bundesgerichtshofes

Die *ARAG/Garmenbeck*-Entscheidung des Bundesgerichtshofes[78] wird üblicherweise als Ausgangspunkt dieser Entwicklung genannt.[79] Nach dieser Entscheidung trifft den Aufsichtsrat die Pflicht, „im Rahmen seines gesetzlichen Aufgabenkreises die Interessen der Gesellschaft in eigener Verantwortung sachgemäß wahrzunehmen und Bestehen und Durchsetzbarkeit des Schadensersatzanspruches zu prüfen sowie eine eigenständige Entscheidung über die gerichtliche Geltendmachung zu treffen."[80] Diese Entscheidung stellte damit u. a. die Klagemöglichkeit und Klagepflicht des Aufsichtsrates bei Pflichtverletzungen des Vorstandes heraus, wenn (ausnahmsweise) nicht gewichtige Gründe dafür sprechen, von einer Inanspruchnahme abzusehen.[81] Dies hat dazu geführt, dass Aufsichtsratsmitglieder sich verstärkt dazu aufgefordert fühlen, Entscheidungen von Vorständen auf Pflichtverletzungen zu überprüfen und ggf. Schadensersatz zu fordern und auch einzuklagen, um nicht Gefahr zu laufen, selbst in Anspruch genommen zu werden.[82]

---

78 BGH, Urt. v. 21.04.1997 – II ZR 175/95, BGHZ 135, 244 ff. = NJW 1997, 1926 ff.

79 vgl. *Lenz*, D&O-Versicherung, § 26 Rz. 7; *Hoffmann*, NJW 2012, 1393, 1394; *Hopt*, ZIP 2013, 1793 f.; *Grunewald*, AG 2013, 813; *Wagner*, ZHR 178 (2014), 227, 235.

80 BGH NJW 1997, 1926, 1927.

81 *Mertens/Cahn* in: KölnKomm, AktG, § 93 Rz. 20; *Schröer* in: MünchKommAktG, § 147 Rz. 16; *Röhricht* in: Hommelhoff/Röhricht, Gesellschaftsrecht 1997, S. 201 ff.; *Cahn*, Aufsichtsrat und Business Judgment Rule, S. 8 ff.; *Ihlas*, D&O-Versicherung, S. 224 ff.; *Olbrich*, D&O-Versicherung, S. 36 f.; *Lenz*, D&O-Versicherung, § 26 Rz. 7; *Arnold*, Die Steuerbarkeit des Vorstandshandelns, S. 189; *Schmitt*, Organhaftung und D&O-Versicherung, S. 70 f.; *Goette*, FS 50 Jahre Bundesgerichtshof, 123, 139 f; *Spindler*, AG 2013, 889, 898; *Grunewald*, AG 2013, 813, 814; *Fleischer*, ZIP 2014, 1305, 1308; *Fassbach*, Board 2014, 156, 158; vgl. auch *Baumann* in: Bruck/Möller, VVG, AVB-AVG 2011/2013 Ziff. 1 Rz. 68.

82 vgl. auch BGH VersR 2009, 1635, 1637; *Sieg* in: Münchener Anwaltshandbuch Versicherungsrecht, § 17 Rz. 22; vgl. zur Geschäftschancenlehre *Fleischer* in: Spindler, AktG, § 93 Rz. 136 ff.; *Paefgen* in: Ulmer/Habersack/Winter, GmbHG, § 43 Rz. 45 ff.

## 2. Weitere bekannte Organhaftungsfälle[83]

Weitere prominente Organhaftungsfälle waren der Vergleich der Philipp Holzmann AG in Höhe von ca. 19, 5 Mio. € aus dem Jahre 2001,[84] die Fälle EM.TV,[85] Comroad[86] und Infomatec[87] im Zusammenhang mit dem Zusammenbruch des neues Marktes,[88] die Korruptionsaffären Siemens,[89] Ferrostaal[90] und Volkswagen sowie die Fälle Arcandor[91] und Kirch.[92] Durch die mit all diesen Fällen verbundene Berichterstattung wurde in der so sensibilisierten Öffentlichkeit die Erwartungshaltung geweckt, nicht mehr nur personelle Konsequenzen zu ziehen, wenn Manager für ihr Unternehmen einen Schaden verursacht haben, sondern diese auch finanziell in Anspruch zu nehmen.[93] Der vor *ARAG/Garmenbeck* verbreitete „Ehrenkodex", einen verdienten Manager nicht persönlich in Anspruch zu nehmen, gilt somit so nicht mehr.[94]

---

83 vgl. zu diesen und weiteren Fällen auch *Sieg* in: Münchener Anwaltshandbuch Versicherungsrecht, § 17 Rz. 19; *Ihlas*, D&O-Versicherung, S. 113 ff., 603 ff.; *Lenz*, D&O-Versicherung, § 26 Rz. 8; *Schweitzer*, Zulässigkeit der Ausschlussklauseln, S. 53; *Olbrich*, D&O-Versicherung, S. 11; *Derleder/Fauser*, BB 2006, 949 ff.; *Hoffmann*, NJW 2012, 1393 ff.; *Koch*, AG 2012, 429 f.; vgl. auch *Sieg/Schramm*, PHi 2007, 216.

84 vgl. hierzu *Hansen*, AG-Report 2002, R50.

85 vgl. hierzu *Daftari/Franzen*, VW 2011, 340, 343.

86 BGH ZIP 2008, 829 ff.; OLG Düsseldorf VersR 2006, 785 ff.; OLG München ZIP 2005, 901 ff.; *Schmitt*, Organhaftung und D&O-Versicherung, S. 14.

87 BGH NJW 2004, 2664 ff.; vgl. hierzu *Schmitt*, Organhaftung und D&O-Versicherung, S. 16; *Fleischer*, NJW 2009, 2337, 2341.

88 vgl. hierzu *Ihlas*, D&O-Versicherung, S. 148 ff.

89 vgl. hierzu auch *Krüger*, NStZ 2011, 369, 370; *Tödtmann*, wiwo v. 17.03.2011, in: http://blog.wiwo.de/management/2011/03/17/managerhaftpflicht-auf-versichererrollt-klagewelle-zu/, gesehen am 04.01.2014; *Daftari/Franzen*, VW 2011, 340, 343; *Koch*, AG 2012, 429, 430; *Armbrüster*, VersR 2014, 1.

90 *Tödtmann*, wiwo v. 17.03.2011, in: http://blog.wiwo.de/management/2011/03/17/managerhaftpflicht-auf-versicherer-rollt-klagewelle-zu/, gesehen am 04.01.2014.

91 *Tödtmann*, wiwo v. 17.03.2011, in: http://blog.wiwo.de/management/2011/03/17/managerhaftpflicht-auf-versicherer-rollt-klagewelle-zu/, gesehen am 04.01.2014; *Daftari/Franzen*, VW 2011, 340.

92 BGHZ 166, 84 ff.; OLG München ZP 2013, 558; vgl. zu dem Fall Breuer/Kirch auch *Koch*, AG 2012, 429 f.; *Grunewald*, AG 2013, 813.

93 *Sieg* in: Münchener Anwaltshandbuch Versicherungsrecht, § 17 Rz. 21; *Schmitt*, Organhaftung und D&O-Versicherung, S. 95; *Schillinger*, VersR 2005, 1484, 1485.

94 *Schilling*, VW 1999, 1074; *Olbrich*, D&O-Versicherung, S. 10: „Eine solche Praxis gehört heute nicht mehr zur Regel."; zu der in der Praxis gleichwohl teilweise zu beobachtenden „Beißhemmung" des Aufsichtsrates vgl. *Habersack*, ZHR 177 (2013),

### 3. Die Organhaftung verschärfende Gesetzgebungsinitiativen

Parallel zu dieser Entwicklung in der Rechtsprechung hat auch eine im Hinblick auf die Organhaftung zunehmend restriktivere Gesetzgebung die Pflichten der Organmitglieder und deren Risiken, persönlich haften zu müssen, verschärft.[95] Beispielhaft können hier das Gesetz zur Kontrolle und Transparenz in Unternehmen (KonTraG, 1998),[96] das Transparenz- und Publizitätsgesetz (TransPuG, 2002),[97] das Gesetz zur Modernisierung des GmbH-Rechts und zur Bekämpfung von Missbräuchen (MoMiG, 2008)[98] und das Gesetz zur Restrukturierung und geordneten Abwicklung von Kreditinstituten, zur Errichtung eines Restrukturierungsfonds für Kreditinstitute und zur Verlängerung der Verjährungsfrist der aktienrechtlichen Organhaftung (Restrukturierungsgesetz, 2010)[99] genannt werden.[100] Durch letzteres Gesetz hat § 93 Abs. 6 AktG eine Änderung erfahren; die ehedem geltende Verjährungsfrist für die Vorstandshaftung bei börsennotierten Aktiengesellschaften wurde von 5 Jahren auf 10 Jahre verdoppelt.[101] Durch Art. 1 Nr. 2 des Gesetzes zur Angemessenheit von Vorstandsvergütungen (VorstAG, 2009)[102] wurde in § 93 Abs. 2 S. 3 AktG ein verpflichtender Selbstbehalt

---

782, 785 ff.; *Wagner*, ZHR 178 (2014), 227, 239 aber auch *Jahn*, FAZ v. 24.09.2014, S. 16: „Auch die Münchner Rechtsanwältin Viola Sailer-Coceani [...] warnte vor dem Trugschluss, noch immer gebe es bei Aufsichtsräten eine „Beißhemmung", Vorstände zu verklagen. Die Prüfung und Geltendmachung von Organhaftungsansprüchen seien vielmehr mittlerweile fast „tägliches Brot"."; vgl. hierzu auch *Schweitzer*, Zulässigkeit der Ausschlussklauseln, S. 49.

95 vgl. *Sieg* in: Münchener Anwaltshandbuch Versicherungsrecht, § 17 Rz. 20; *Ihlas*, D&O-Versicherung, S. 188 ff.; *Beckmann* in: Beckmann/Matusche-Beckmann, Versicherungsrechts-Handbuch, § 28 Rz. 4; *Schmitt*, Organhaftung und D&O-Versicherung, S. 73 ff.; *Olbrich*, D&O-Versicherung, S. 10 ff., 36: „Trend zur Haftungsverschärfung"; *Lenz*, D&O-Versicherung, § 26 Rz. 6; *Dauner-Lieb*, FS Röhricht, 83, 92: „Damit kann kein Zweifel daran bestehen, dass die Konsequenz einer Vemehrung von Organhaftungsprozessen billigend in Kauf genommen wird oder sogar beabsichtigt ist." kritisch *Wagner*, ZHR 178 (2014), 227, 236 ff.

96 in Kraft getreten am 01.05.1998, BGBl. I 1998, S. 786.

97 in Kraft getreten am 01.07.2002, BGBl. I 2002, S. 2010.

98 in Kraft getreten am 01.11.2008, BGBl. I 2008, S. 2026.

99 überwiegend in Kraft getreten am 01.01.2011, BGBl. I 2010, S. 1990.

100 so auch *Sieg* in: Münchener Anwaltshandbuch Versicherungsrecht, § 17 Rz. 20.

101 *Lenz*, D&O-Versicherung, § 26 Rz. 6; *Sieg/Schramm*, PHi 2010, 202; *Louven/Ernst*, VersR 2014, 151 f.; *Wagner*, ZHR 178 (2014), 227, 245.

102 in Kraft getreten am 05.08.2009, BGBl. I, S. 2479; vgl. hierzu *Johannsen-Roth* in: Wilsing, DCGK, Ziff. 3.8 Rz. 50; *Wagner*, ZHR 178 (2014), 227, 229; zum VorstAG insgesamt: *Dauner-Lieb/Preen/Simon*, DB 2010, 377 ff.

aufgenommen, sollte eine Aktiengesellschaft eine D&O-Versicherung abschließen. Dieser Selbstbehalt soll dazu beitragen, die Vorstände zu motivieren, das Unternehmen nachhaltiger zu führen.[103] Denn trotz D&O-Versicherungsschutz haften die Vorstände in Höhe des Selbstbehaltes persönlich mit ihrem Privatvermögen, wodurch Pflichtverletzungen präventiv verhindert werden sollen.[104]

### 4. Corporate Governance

Die Corporate Governance-Diskussion hat ebenfalls zu einer Verschärfung der Organhaftung beigetragen.[105] Hierbei ist insbesondere die in Kapitel 2 Ziff. IV 3 lit. c) (Innenhaftung: Verfolgungsrecht gemäß § 147 AktG) des Abschlussberichtes der Regierungskommission „Corporate Governance" vom 14.08.2011 genannte Initiative zu nennen, die Möglichkeiten der Aktionäre zu verbessern, Vorstands- und Aufsichtsratsmitglieder auf Schadensersatz zu verklagen.[106] Mit dem Inkrafttreten des UMAG[107] am 01.11.2005 wurde dieses „wesentliche Element guter Corporate Governance"[108] zumindest teilweise in den §§ 147, 148 AktG umgesetzt.[109]

---

103 *Mertens/Cahn* in: KölnKomm, AktG, § 93 Rz. 247 f.; *Lenz*, D&O-Versicherung, § 26 Rz. 6; *Dauner-Lieb/Tettinger*, ZIP 2009, 1555 ff.; *Harzenetter*, DStR 2010, 653 ff.; *Gädtke*, VersR 2009, 1565 ff.; *Fiedler*, MDR 2009, 1077 ff.; *Thüsing*, AG 2009, 517 ff.; *Olbrich/Kassing*, BB 2009, 1659 ff.; *Wagner*, ZHR 178 (2014), 227, 231.

104 BT-Drs. 16/13433, S. 11: „Zugleich hat die Regelung verhaltenssteuernde Wirkung. Die Haftung mit dem Privatvermögen wirkt Pflichtverletzungen von Vorstandsmitgliedern präventiv entgegen."; *Mertens/Cahn* in: KölnKomm, AktG, § 93 Rz. 247 f.; *Hüffer/Koch*, AktG, § 93 Rz. 58; *Johannsen-Roth* in: Wilsing, DCGK, Ziff. 3.8 Rz. 50; vgl. *Dauner-Lieb/Tettinger*, ZIP 2009, 1555 m. w. N.

105 *Fleischer* in: Spindler, AktG, § 93 Rz. 46 m. w. N.; *Sieg* in: Münchener Anwaltshandbuch Versicherungsrecht, § 17 Rz. 20, 27 ff.

106 BT-Drs. 14/7515, S. 51, vgl. auch: *Schröer* in: MünchKommAktG, § 147 Rz. 13; *Sieg* in: Münchener Anwaltshandbuch Versicherungsrecht, § 17 Rz. 28.

107 Gesetz zur Unternehmensintegrität und Modernisierung des Anfechtungsrechts vom 22.09.2005, BGBl. I 2005, S. 2802.

108 so der Abschlussbericht, vgl. BT-Drs. 14/7515, S. 51.

109 *Hopt/Roth* in: GroßKomm, AktG, § 93 Abs 1 Satz 2, 4 nF Rz. 8; *Schröer* in: MünchKommAktG, § 147 Rz. 14; *Spindler* in: Karsten Schmidt/Lutter, AktG, § 147 Rz. 2; *Sieg* in: Münchener Anwaltshandbuch Versicherungsrecht, § 17 Rz. 28; vgl. auch *Wiesner* in: Münch. Hdb. GesR IV, § 26 Rz. 44; *Schmitt*, Organhaftung und D&O-Versicherung, S. 67 f.; *Lange*, VW 2004, 968 f.; *Spindler*, NZG 2005, 865 ff.

## 5. Globalisierung und shareholder-value-Gedanke

Als ein weiterer die Organhaftung begünstigender Faktor wird die Globalisierung genannt, die ebenfalls zu einer stärkeren Inanspruchnahme der Manager und D&O-Versicherungen führen soll, da sie den weltweiten Wettbewerb um Märkte antreibt.[110] Zudem erwarten Gesellschafter und Aktionäre Kurssteigerungen und immer höhere Dividendenausschüttungen, sog. shareholder-value-Gedanke.[111] All dies hat zur Folge, dass Manager sich immer häufiger dazu veranlasst sehen, unternehmerische Risiken einzugehen, um Chancen wahrzunehmen und den Unternehmenswert zu steigern.[112] Hinzu kommt, dass sie in einem schwierigen wirtschaftlichen Umfeld immer mehr wichtige Entscheidungen unter einem großen Zeitdruck treffen müssen, was das Haftungsrisiko ebenfalls erhöht.[113]

## 6. Weite des Untreuetatbestandes, § 266 StGB

Für die Haftungssituation des Organs als misslich erweist sich auch die Weite des Untreuetatbestandes, § 266 StGB.[114] Prominente Beispiele aus diesem Bereich

---

110 *Johannsen-Roth* in: Wilsing, DCGK, Ziff. 3.8 Rz. 39; *Lenz*, D&O-Versicherung, § 26 Rz. 10; *Schilling*, VW 1999, 1074; *Kästner*, AG 2000, 113, 114; *Schillinger*, VersR 2005, 1484, 1485; vgl. auch *Dauner-Lieb*, Unternehmen in Sondervermögen, S. 25: „Das typische unternehmerische Risiko besteht im Kern darin, daß die angebotene Ware oder Dienstleistung vom Markt überhaupt nicht oder jedenfalls nicht zu mindestens kostendeckenden Preisen angenommen wird und infolgedessen die Erträge die Aufwendungen nicht decken. Dieses Risiko ist nicht beherrschbar und wächst mit der zunehmenden Globalisierung der Märkte."

111 *Lenz*, D&O-Versicherung, § 26 Rz. 10; *Olbrich*, D&O-Versicherung, S. 44 f.; *Schilling*, VW 1999, 1074; *ders.*, VW 2000, 788; *Heitmann*, VW 1999, 1076; *Schillinger*, VersR 2005, 1484, 1485; vgl. auch *Ihlas*, D&O-Versicherung, S. 57; *ders.*, VW 2007, 660, 664.

112 *Lenz*, D&O-Versicherung, § 26 Rz. 10; vgl. auch *Fleischer*, NZG 2011, 521, 522.

113 *Schillinger*, VersR 2005, 1484, 1485; *Heitmann*, VW 1999, 1076; *Fleischer*, NZG 2011, 521, 522; vgl. auch *Fleischer*, NJW 2005, 3525, 3528.

114 vgl. auch *Johannsen-Roth* in: Wilsing, DCGK, Ziff. 3.8 Rz. 39; *Schilling*, VW 1999, 1074; *Nack*, NJW 1980, 1599; *Sieg/Schramm*, PHi 2006, 64; *Hopt*, ZIP 2013, 1793, 1804: „Gummiparagraphen"; *Spindler*, AG 2013, 889, 902; *Louven/Ernst*, VersR 2014, 151, 159 f.; vgl. auch *Schmitt*, Organhaftung und D&O-Versicherung, S. 95: „Staatsanwälte drohen Kontrollaufgaben wahrzunehmen, die originär den Aufsichtsräten zugewiesen sind."; vgl. insbesondere für die im Bereich der Managerhaftung einschlägigen Risikogeschäfte *Waßmer*, Untreue bei Risikogeschäften, S. 5 ff., S. 103 ff., S. 135 ff.

sind die Fälle Kinowelt[115] und Mannesmann.[116] Laut *Wessing/Krawczyk* kann „unter dem Blickwinkel der Untreue potenziell jede unternehmerische Entscheidung in das Visier von Staatsanwaltschaften und Strafjustiz geraten."[117] Um sich nicht dem ggf. als Untreue zu bewertenden Vorwurf auszusetzen, nicht alle Rechte der Gesellschaft gewahrt zu haben, werden Vorstände wie Aufsichtsräte eher geneigt sein, Inanspruchnahmen der Leitungsorgane zu prüfen und durchzusetzen.[118] Des Weiteren muss davon ausgegangen werden, dass auch bei Leitungswechseln die Arbeit des früheren Managements standardmäßig daraufhin überprüft werden wird, ob dieses haftungsträchtige Pflichtverletzungen begangen hat, was demzufolge die Anzahl der Inanspruchnahmen künftig weiter steigen lässt.

## 7. Bedeutung für die D&O-Versicherung

Die vorgenannten Entwicklungen in der Rechtsprechung, Gesetze und Begleitumstände haben dazu geführt, dass Leitungsorgane sich mittlerweile ihrer Haftungsrisiken bewusst sind, was dementsprechend zu einer weiten Verbreitung der D&O-Versicherung in Deutschland geführt hat.[119]

Es leuchtet daher ohne Weiteres ein, dass Manager auf einer D&O-Versicherung bestehen, um ihr Privatvermögen zu schützen aber auch, um im täglichen Geschäft die unternehmerisch gebotenen Risiken eingehen zu können.[120] Die Verschärfung der rechtlichen Rahmenbedingungen der Vorstandshaftung in einer immer komplexer werdenden Wirtschaftswelt hat damit dazu geführt, dass die D&O-Versicherung als „Gegengewicht"[121] bzw. „Korrektiv"[122] zu den hieraus folgenden Haftungsrisiken etabliert wurde.[123]

---

115 BGH NJW 2006, 453 ff.; vgl. hierzu auch *Fleischer*, DB 2006, 542, 544; *Sieg/Schramm*, PHi 2006, 64.

116 BGH NJW 2006, 522 ff.

117 *Wessing/Krawczyk*, NZG 2010, 1121; vgl. auch *Hellmuth Mayer* zitiert bei *Fleischer*, DB 2006, 542, 545: „Kein Gericht und keine Anklagebehörde weiß jenseits der klassischen Fälle von vornherein, ob Untreue vorliegt oder nicht."

118 vgl. hierzu auch *Spindler* in: MünchKommAktG, § 93 Rz. 60; *Fleischer* in: Spindler, AktG, § 93 Rz. 88 f. m. w. N.

119 vgl. *Mertens/Cahn* in: KölnKomm, AktG, § 93 Rz. 241; *Wiesner* in: Münch. Hdb. GesR IV, § 26 Rz. 44.

120 vgl. *Henssler* in: Henze/Hoffmann-Becking, Gesellschaftsrecht 2001, S. 136; *Schmitt*, Organhaftung und D&O-Versicherung, S. 98; *Kuntz*, GmbHR 2008, 121, 122.

121 *Dreher*, AG 2008, 429, 432.

122 *Ihlas*, D&O-Versicherung, S. 48.

123 *Dreher*, AG 2008, 429, 432.

## V. Rechtliche Rahmenbedingungen der D&O-Versicherung[124]

### 1. Zulässigkeit der D&O-Versicherung

Spezielle gesetzliche Regelungen zur D&O-Versicherung gibt es in Deutschland nicht.[125] Die ganz h. M.[126] bejaht jedoch die Zulässigkeit der D&O-Versicherung und auch die Rechtsprechung setzt diese voraus.[127] Gleiches gilt für den Deutschen Corporate Governance Kodex, welcher in Ziff. 3.8 Abs. 2 DCGK empfiehlt, einen angemessenen Selbstbehalt zu vereinbaren, wenn Vorstand und Aufsichtsrat durch eine D&O-Versicherung versichert sind und welcher dementsprechend ebenfalls davon ausgeht, dass der Abschluss einer D&O-Versicherung zulässig ist.[128]

---

124 Die nachfolgenden Ausführungen über die rechtlichen Rahmenbedingungen der D&O-Versicherung in diesem Abschnitt B V beruhen im Wesentlichen auf den Arbeiten von *Ihlas* in: MünchKommVVG, D&O, Rz. 15; *Sieg* in: Münchener Anwaltshandbuch Versicherungsrecht, § 17 Rz. 3 ff.; *Beckmann* in: Beckmann/Matusche-Beckmann, Versicherungsrechts-Handbuch, § 28 Rz. 6 ff., 18 ff. und *Lenz*, D&O-Versicherung, § 26 Rz. 38 ff.

125 *Ihlas* in: MünchKommVVG, D&O, Rz. 15; *Sieg* in: Münchener Anwaltshandbuch Versicherungsrecht, § 17 Rz. 2; *Beckmann* in: Beckmann/Matusche-Beckmann, Versicherungsrechts-Handbuch, § 28 Rz. 18.

126 *Fleischer* in: Spindler/Stilz, AktG, § 93 Rz. 226: „Die aktienrechtliche Zulässigkeit einer gesellschaftsfinanzierten Haftpflichtversicherung steht inzwischen außer Zweifel. […] Frühere Einwände, sie sei mit der Steuerungsfunktion der Vorstandshaftung unvereinbar oder verstoße als faktischer Haftungsverzicht gegen den Grundgedanken des § 93 Abs. 4 Satz 3, sind damit überholt und wirken nur noch in der rechtspolitischen Grundsatzdiskussion fort."; *Mertens/Cahn* in: KölnKomm, AktG, § 93 Rz. 244; *Hüffer/Koch*, AktG, § 84 Rz. 22; *Baumann* in: Bruck/Möller, VVG, AVB-AVG 2011/2013 Einf Rz. 28, 40; *Ihlas* in: MünchKommVVG, D&O, Rz. 15; *Wiesner* in: Münch. Hdb. GesR IV, § 26 Rz. 45; *Beckmann* in: Beckmann/Matusche-Beckmann, Versicherungsrechts-Handbuch, § 28 Rz. 8, 27; *Schmitt*, Organhaftung und D&O-Versicherung, S. 110 ff.; *Habersack*, ZHR 177 (2013), 782, 796; *Weiß*, GmbHR 2014, 574.

127 BGH NJW 2009, 2454, 2456; BGH NJW 2012, 3723 ff.; OLG Düsseldorf ZIP 2006, 1677 ff.; OLG Düsseldorf VersR 2013, 1525 ff.; OLG Düsseldorf r+s 2014, 122 ff.; OLG Frankfurt/M. r+s 2010, 61 ff.; OLG Franfurt/M. r+s 2013, 329 ff.; OLG München VersR 2005, 540 f.; OLG München r+s 2009, 327 ff.; LG München VersR 2005, 543 f.; LG Wiesbaden VersR 2005, 545 f.; LG Marburg DB 2005, 437 f.; LG Köln Urt. v. 23.05.2006 - 24 O 391/04, BeckRS 2008, 23279.

128 vgl. hierzu *Baumann* in: Bruck/Möller, VVG, AVB-AVG 2011/2013 Einf Rz. 9; *Johannsen-Roth* in: Wilsing, DCGK, Ziff. 3.8 Rz. 50 ff.; *Beckmann* in: Beckmann/Matusche-Beckmann, Versicherungsrechts-Handbuch, § 28 Rz. 6; *Lenz*,

## 2. D&O-Versicherung als Vermögensschaden-Haftpflichtversicherung

Bei der D&O-Versicherung handelt es sich um eine besondere Form der Vermögensschaden-Haftpflichtversicherung.[129] Für diese gelten die allgemeinen Bestimmungen des VVG, vor allem die Regelungen über die Haftpflichtversicherung gemäß §§ 100 ff. VVG und über die Versicherung für fremde Rechnung gemäß §§ 43 ff. VVG, der Allgemeine Teil des BGB und auch die Bestimmungen des AGB-Rechts gemäß §§ 305 ff. BGB.[130] So handelt es sich bei D&O-Versicherungsbedingungen regelmäßig und unproblematisch um Allgemeine Geschäftsbedingungen i. S. v. § 305 Abs. 1 BGB.[131] Des Weiteren hat das Gesellschaftsrecht, namentlich die Haftungsnormen des Aktien- und GmbH-Rechts, Bedeutung für die D&O-Versicherung, da diese darüber entscheiden, ob überhaupt ein Haftungsfall vorliegt.[132]

## 3. Freiwillige Haftpflichtversicherung

Die D&O-Versicherung ist eine freiwillige Haftpflichtversicherung i. S. v. §§ 100 ff. VVG.[133] Die D&O-Versicherung ist somit keine Pflichtversicherung gemäß §§ 113 ff. VVG; die Organmitglieder sind also nicht dazu verpflichtet,

---

D&O-Versicherung, § 26 Rz. 32; *Messmer*, VW 2002, 1384 ff.; *Lange*, VersR 2009, 1011, 1018.

129 *Baumann* in: Bruck/Möller, VVG, AVB-AVG 2011/2013 Einf Rz. 5; *Beckmann* in: Beckmann/Matusche-Beckmann, Versicherungsrechts-Handbuch, § 28 Rz. 1; *Gruber/Mitterlechner/Wax*, D&O-Versicherung, § 1 Rz. 12; *Dreher*, ZHR 165 (2001), 293, 296; *Weiß*, GmbHR 2014, 574.

130 OLG Köln VersR 2008, 1673, 1674; OLG München VersR 2005, 540; *Ihlas* in: MünchKommVVG, D&O, Rz. 15; *Lange*, D&O-Versicherung und Managerhaftung, § 3 Rz. 1 ff.; *Sieg* in: Münchener Anwaltshandbuch Versicherungsrecht, § 17 Rz. 3; *Beckmann* in: Beckmann/Matusche-Beckmann, Versicherungsrechts-Handbuch, § 28 Rz. 18; *Lenz*, D&O-Versicherung, § 26 Rz. 39; *Loritz/Hecker*, VersR 2012, 385; *Armbrüster*, VersR 2014, 1, 3; *Weiß*, GmbHR 2014, 574, 575.

131 *Sieg* in: Krieger/Schneider, Handbuch Managerhaftung, § 15 Rz. 6; *Beckmann* in: Beckmann/Matusche-Beckmann, Versicherungsrechts-Handbuch, § 10 Rz. 1; vgl. auch *Baumann* in: Bruck/Möller, VVG, AVB-AVG 2011/2013 Einf Rz. 21 ff.; *Schmitt*, Organhaftung und D&O-Versicherung, S. 156 f.

132 vgl. *Beckmann* in: Beckmann/Matusche-Beckmann, Versicherungsrechts-Handbuch, § 28 Rz. 18.

133 OLG München VersR 2005, 540, 541; *Beckmann* in: Beckmann/Matusche-Beckmann, Versicherungsrechts-Handbuch, § 28 Rz. 7a, 18; *Lenz*, D&O-Versicherung, § 26 Rz. 30.

eine D&O-Versicherung abzuschließen.[134] Auch die Einführung des VorstAG und die damit verbundene Änderung von § 93 Abs. 2 S. 3 AktG durch die der sog. Pflicht-Selbstbehalt eingeführt wurde, haben nicht zu einer Versicherungspflicht des Unternehmens oder seiner Organe geführt.[135]

## 4. Versicherung für fremde Rechnung

Üblicherweise handelt es sich bei der D&O-Versicherung um eine Versicherung für fremde Rechnung gemäß §§ 43 ff. VVG bzw. um einen Vertrag zugunsten Dritter i. S. v. § 328 BGB.[136] Gemäß § 43 Abs. 1 VVG kann der Versicherungsnehmer den Versicherungsvertrag im eigenen Namen für einen anderen, den Versicherten, mit oder ohne Benennung des Versicherten abschließen.

### *a) Versicherungsnehmer*

Versicherungsnehmer bei der D&O-Versicherung ist typischerweise das Unternehmen selbst, das die Versicherung im eigenen Namen für ihre Organe und ggf. leitenden Angestellten abschließt.[137] Dem Versicherungsschein kann entnommen werden, wer der Versicherungsnehmer ist, § 3 VVG.[138]

---

134 BGH NJW 2009, 2454, 2456; *Mertens/Cahn* in: KölnKomm, AktG, § 93 Rz. 243; *Fleischer* in: Spindler, AktG, § 93 Rz. 235 ff.; *Baumann* in: Bruck/Möller, VVG, AVB-AVG 2011/2013 Einf Rz. 7; *Ihlas* in: MünchKommVVG, D&O, Rz. 16; *Wiesner* in: Münch. Hdb. GesR IV, § 26 Rz. 46; *Johannsen-Roth* in: Wilsing, DCGK, Ziff. 3.8 Rz. 50; *Ihlas*, D&O-Versicherung, S. 56 f.; *Sieg* in: Münchener Anwaltshandbuch Versicherungsrecht, § 17 Rz. 3; *Lenz*, D&O-Versicherung, § 26 Rz. 30; *Henssler* in: Henze/Hoffmann-Becking, Gesellschaftsrecht 2001, S. 150 f.; *Koch*, GmbHR 2004, 160, 169.

135 BT-Drs. 16/13433, S. 16 f.; *Johannsen-Roth* in: Wilsing, DCGK, Ziff. 3.8 Rz. 50; *Lenz*, D&O-Versicherung, § 26 Rz. 31 m. w. N.

136 OLG München VersR 2005, 540, 541; LG Marburg DB 2005, 437, 438; *Paefgen* in: Ulmer/Habersack/Winter, GmbHG, § 43 Rz. 259; *Baumann* in: Bruck/Möller, VVG, AVB-AVG 2011/2013 Einf Rz. 11; *Schmitt*, Organhaftung und D&O-Versicherung, S. 100; *Beckmann* in: Beckmann/Matusche-Beckmann, Versicherungsrechts-Handbuch, § 28 Rz. 48; *Sieg* in: Münchener Anwaltshandbuch Versicherungsrecht, § 17 Rz. 61; *Lenz*, D&O-Versicherung, § 26 Rz. 41; *Schweitzer*, Zulässigkeit der Ausschlussklauseln, S. 240; *Kästner*, AG 2000, 113, 114; *Vetter*, AG 2000, 453, 457; *Koch*, GmbHR 2004, 18, 23; *Graf von Westphalen*, VersR 2011, 145, 149; *Schimikowski*, r+s 2014, 125, 126; *Terno*, SpV 2014, 2, 3; *Weiß*, GmbHR 2014, 574, 575.

137 *Wiesner* in: Münch. Hdb. GesR IV, § 26 Rz. 44; *Sieg* in: Münchener Anwaltshandbuch Versicherungsrecht, § 17 Rz. 68; *Lenz*, D&O-Versicherung, § 26 Rz. 44; *Beckmann* in: Beckmann/Matusche-Beckmann, Versicherungsrechts-Handbuch, § 28 Rz. 48; *Lange*, AG 2005, 459, 460; *Mertens*, AG 2010, 447, 448, *Weiß*, GmbHR 2014, 574.

138 *Beckmann* in: Beckmann/Matusche-Beckmann, Versicherungsrechts-Handbuch, § 28 Rz. 48; *Lenz*, D&O-Versicherung, § 26 Rz. 44.

Die Organmitglieder können auch selbst Versicherungsnehmer werden, indem sie eine D&O-Versicherung als sog. Einzelpolice abschließen.[139] Durch die Änderung des § 93 Abs. 2 S. 3 AktG und den damit eingeführten Selbstbehalt ist abzusehen, dass künftig häufiger solche Einzelpolicen durch die Organmitglieder selbst abgeschlossen werden.[140]

### b) *Versicherte Personen*

Sofern es sich nicht um eine der vorgenannten Einzelpolicen handelt, bei denen nicht das Unternehmen, sondern das Organ selbst Versicherungsnehmer wird, werden die Organmitglieder als versicherte Personen i. S. d. §§ 43 ff. VVG in den Versicherungsvertrag einbezogen. Gemäß Ziff. 1.1 der – unverbindlichen und nicht repräsentativen – GDV-Musterbedingungen 2013 handelt es sich bei den versicherten Personen um die gegenwärtigen und ehemaligen Mitglieder des Vorstandes, des Aufsichtsrates und der Geschäftsführung der Versicherungsnehmerin und deren Tochtergesellschaften. Häufig werden – abweichend von den GDV-Musterbedingungen 2013 – in D&O-Bedingungen auch leitende Angestellte als versicherte Personen erfasst.[141] Die versicherten Personen werden in der Regel pauschal in den Vertrag einbezogen, d. h. sie werden im Versicherungsschein nicht namentlich benannt.[142] Es reicht aus, dass die versicherten Personen hinreichend bestimmbar sind, was schon dann gewährleistet ist, wenn sie schlicht als Organe bezeichnet werden.[143] Sofern die Police auch für ehemalige und zukünftige Organe gilt, sind diese ebenfalls versichert.[144]

---

139 *Baumann* in: Bruck/Möller, VVG, AVB-AVG 2011/2013 Einf Rz. 6; *Lenz*, D&O-Versicherung, § 26 Rz. 45; *Lange*, r+s 2010, 92, 93 ff.

140 *Lenz*, D&O-Versicherung, § 26 Rz. 47; *Hendricks*, AR 2012, 108, 109; zu den Risiken solcher Einzelpolicen vgl. *Lange*, r+s 2010, 92, 93 ff.

141 vgl. hierzu: *Mertens/Cahn* in: KölnKomm, AktG, § 93 Rz. 241; *Sieg* in: Münchener Anwaltshandbuch Versicherungsrecht, § 17 Rz. 78; *Beckmann* in: Beckmann/Matusche-Beckmann, Versicherungsrechts-Handbuch, § 28 Rz. 52, 59 f. m. w. N.; *Weiß*, GmbHR 2014, 574.

142 *Ihlas* in: MünchKommVVG, D&O, Rz. 14; *Lenz*, D&O-Versicherung, § 26 Rz. 48.

143 *Beckmann* in: Beckmann/Matusche-Beckmann, Versicherungsrechts-Handbuch, § 28 Rz. 56.

144 *Beckmann* in: Beckmann/Matusche-Beckmann, Versicherungsrechts-Handbuch, § 28 Rz. 56; *Lenz*, D&O-Versicherung, § 26 Rz. 49.

Gemäß § 44 Abs. 1 S. 1 VVG stehen der versicherten Person die Rechte aus dem Versicherungsvertrag zu, auch wenn der insoweit verfügungsberechtigte Versicherungsnehmer gemäß § 45 VVG dazu berechtigt ist, den Anspruch geltend zu machen, sog. „Spaltung der materiellen Inhaberschaft der Rechte aus dem Versicherungsvertrag und der formell-materiellen Befugnis, sie gerichtlich geltend zu machen und über sie zu verfügen."[145] Hieran wird deutlich, dass die Versicherung für fremde Rechnung (auch) dem Schutz der versicherten Personen dient, indem die D&O-Versicherung deren persönliche Haftungsrisiken gegenüber der Gesellschaft und Dritten übernimmt.[146] Der Freistellungsanspruch steht dementsprechend der versicherten Person zu.[147] Der durch die VVG-Novelle im Jahr 2008 neu eingeführte § 108 Abs. 2 VVG bestimmt, dass die in den AVB enthaltenen Abtretungsverbote unwirksam sind. Die versicherte Person hat deshalb die Möglichkeit, ihren Befreiungsanspruch an den Versicherungsnehmer abzutreten.[148] Von dieser Möglichkeit wird insbesondere in den sog. Innenhaftungsfällen Gebrauch gemacht, wenn die Gesellschaft als Versicherungsnehmerin auch die Geschädigte ist.[149]

## 5. Versicherungsvertrag

Die D&O-Versicherung basiert neben diesen gesetzlichen Rahmenbedingungen auf dem Versicherungsvertrag, vgl. § 1 VVG.[150] Der Vertragsin-

---

145 *Rixecker* in: Römer/Langheid, VVG, § 44 Rz. 1; *Sieg* in: Münchener Anwaltshandbuch Versicherungsrecht, § 17 Rz. 62; *Lenz*, D&O-Versicherung, § 26 Rz. 43; vgl. *Henssler* in: Henze/Hoffmann-Becking, Gesellschaftsrecht 2001, S. 139; *Kästner*, AG 2000, 113, 114; *Koch*, GmbHR 2004, 18, 23; *Säcker*, VersR 2005, 10; *Dreher*, AG 2008, 429, 436; *Dreher/Thomas*, ZGR 2009, 31, 35; *Graf von Westphalen*, VersR 2011, 145, 149; *Terno*, SpV 2014, 2, 3; vgl. hierzu auch *Schweitzer*, Zulässigkeit der Ausschlussklauseln, S. 240.

146 OLG München VersR 2005, 540, 541; OLG Köln VersR 2008, 1673, 1674; vgl. hierzu Lenz, D&O-Versicherung, § 26 Rz. 44.

147 *Mertens/Cahn* in: KölnKomm, AktG, § 93 Rz. 245; *Paefgen* in: Ulmer/Habersack/Winter, GmbHG, § 43 Rz. 260; *Rixecker* in: Römer/Langheid, VVG, § 44 Rz. 7; *Graf von Westphalen*, VersR 2011, 145, 149; *Ulmer*, FS Canaris, 451, 457.

148 OLG Düsseldorf r+s 2014, 122, 123 f.; *Mertens/Cahn* in: KölnKomm, AktG, § 93 Rz. 245; *Fleischer* in: Spindler, AktG, § 93 Rz. 231; *ders.* in: MünchKommGmbHG, § 43 Rz. 377; *Schneider* in: Scholz, GmbHG, § 43 Rz. 436a; *Kleindiek* in: Lutter/Hommelhoff, GmbHG, § 43 Rz. 7; *Baumann* in: Bruck/Möller, VVG, AVB-AVG 2011/2013 Einf Rz. 53; *Dreher/Thomas*, ZGR 2009, 31, 41 f.; *Terno*, SpV 2014, 2, 4 ff.; *Weiß*, GmbHR 2014, 574, 576; vgl. auch Ziff. 10.2 S. 2 GDV-Musterbedingungen 2013.

149 *Mertens/Cahn* in: KölnKomm, AktG, § 93 Rz. 245; vgl. auch OLG Düsseldorf r+s 2014, 122, 123 f.

150 *Baumann* in: Bruck/Möller, VVG, AVB-AVG 2011/2013 Einf Rz. 5; *Sieg* in: Münchener Anwaltshandbuch Versicherungsrecht, § 17 Rz. 4; *Beckmann* in: Beckmann/

halt ergibt sich regelmäßig aus dem Versicherungsschein, den Allgemeinen Versicherungsbedingungen (AVB) sowie den zusätzlichen Besonderen Bedingungen der jeweiligen Versicherung.[151] Ein Standardmodell hat sich dabei bisher nicht durchsetzen können.[152] Vielmehr ergeben sich bei den auf dem Markt angebotenen Allgemeinen Versicherungsbedingungen (AVB) mitunter erhebliche Unterschiede und zwar auch innerhalb der Segmente für kleinere, mittlere oder größere Unternehmen.[153] Begünstigt wird diese Diversität noch durch den vorhandenen Verhandlungsspielraum, der vor allem in Bezug auf den Umfang des Versicherungsschutzes aber auch hinsichtlich der Prämien besteht.[154] Viele Versicherer ändern ihre Bedingungen jährlich.[155]

## 6. Das Trennungsprinzip

In der Haftpflichtversicherung – und so auch in der D&O-Versicherung – ist das Trennungsprinzip zu beachten.[156] Das Trennungsprinzip beruht darauf, dass

---

Matusche-Beckmann, Versicherungsrechts-Handbuch, § 28 Rz. 19; *Weiß*, GmbHR 2014, 574, 575.

151 *Sieg* in: Münchener Anwaltshandbuch Versicherungsrecht, § 17 Rz. 4; *Ihlas*, D&O-Versicherung, S. 53; vgl. auch *Beckmann* in: Beckmann/Matusche-Beckmann, Versicherungsrechts-Handbuch, § 28 Rz. 19.

152 *Kleindiek* in: Lutter/Hommelhoff, GmbHG, § 43 Rz. 7: „Bedingungen der am Markt angebotenen Versicherungen sind nach wie vor nicht einheitlich;"; *Johannsen-Roth* in: Wilsing, DCGK, Ziff. 3.8 Rz. 39; *Sieg* in: Münchener Anwaltshandbuch Versicherungsrecht, § 17 Rz. 4; *Ihlas*, D&O-Versicherung, S. 53: „kein Standard feststellbar."; *Lenz*, D&O-Versicherung, § 26 Rz. 4, 43; *Schmitt*, Organhaftung und D&O-Versicherung, S. 61.

153 *Schneider* in: Scholz, GmbHG, § 43 Rz. 435: „Die am Markt angebotenen Bedingungen variieren vielmehr zum Teil erheblich je nach Versicherer und Zielgruppe."; *Sieg* in: Münchener Anwaltshandbuch Versicherungsrecht, § 17 Rz. 4; *Ihlas*, D&O-Versicherung, S. 53.

154 *Sieg* in: Münchener Anwaltshandbuch Versicherungsrecht, § 17 Rz. 4; *Ihlas*, D&O-Versicherung, S. 53.

155 *Sieg* in: Münchener Anwaltshandbuch Versicherungsrecht, § 17 Rz. 4; *Ihlas*, D&O-Versicherung, S. 53, 109 f.

156 vgl. BGH VersR 2001, 1103, 1104; BGH NJW 2006, 289, 290; OLG Köln VersR 2002, 1371; OLG Köln VersR 2008, 1673, 1675; *Paefgen* in: Ulmer/Habersack/Winter, GmbHG, § 43 Rz. 261; *Kleindiek* in: Lutter/Hommelhoff, GmbHG, § 43 Rz. 7; *Baumann* in: Bruck/Möller, VVG, AVB-AVG 2011/2013 Einf Rz. 52; *Heinrichs* in: FAKomm-VersR, § 100 Rz. 29; *Sieg* in: Münchener Anwaltshandbuch Versicherungsrecht, § 17 Rz. 157; *Dreher/Thomas*, ZGR 2009, 31, 36; *Schweitzer*, Zulässigkeit der Ausschlussklauseln, S. 70; *Graf von Westphalen*, VersR 2011, 145, 149; *Weiß*, GmbHR 2014, 574, 576.

zwischen dem Haftpflichtverhältnis einerseits, das zwischen dem geschädigten Dritten und dem Versicherungsnehmer besteht und dem Deckungsverhältnis andererseits, das zwischen dem Versicherungsnehmer und dem Versicherer besteht, zu unterscheiden ist.[157] Ob und ggf. in welcher Höhe es dabei zu einer Haftung des Versicherungsnehmers gegenüber dem Dritten kommt, wird dabei im Haftpflichtprozess entschieden.[158] Sofern es sich wie häufig bei der D&O-Versicherung um eine Versicherung für fremde Rechnung handelt, die Innenansprüche des Unternehmens abdeckt, wird im Haftpflichtprozess folglich eine Entscheidung darüber herbeigeführt, ob das versicherte Organ gegenüber dem Unternehmen haftet. Dagegen geht es im Deckungsprozess um die Frage, ob der Versicherer diesen Schaden zu übernehmen hat.[159]

Das Trennungsprinzip erfährt eine Ergänzung dadurch, dass das rechtskräftige Haftpflichturteil für den nachfolgenden Deckungsrechtsstreit Bindungswirkung entfaltet.[160] Allerdings folgt diese Bindungswirkung nicht etwa daraus, dass das Haftpflichturteil rechtskräftig ist; gegenüber dem Versicherer, der keine Partei des Haftpflichtprozesses war, kann es insofern keine Rechtskraft entfalten.[161] Vielmehr folgt diese Bindungswirkung aus der Leistungsabrede, zu der sich der Versicherer gegenüber dem Versicherungsnehmer im Versicherungsvertrag verpflichtet hat.[162] Hieraus folgt, dass das im vorangegangenen Haftpflichtprozess gefundene Ergebnis auch im Deckungsverhältnis „bindend" zu beachten ist.[163] Hierdurch soll vermieden werden, dass es im Deckungspro-

157 BGH VersR 2001, 1103, 1104; BGH NJW 2006, 289, 290; OLG Köln VersR 2002, 1371; *Baumann* in: Bruck/Möller, VVG, AVB-AVG 2011/2013 Einf Rz. 52; *Dreher/Thomas*, ZGR 2009, 31, 36.

158 BGH VersR 2001, 1103, 1104; BGH NJW 2006, 289, 290 f.; OLG Köln VersR 2002, 1371; *Dreher/Thomas*, ZGR 2009, 31, 36.

159 BGH VersR 1992, 568, 569; BGH VersR 1992, 1504 f.; BGH VersR 2001, 1103, 1104; BGH NJW 2006, 289, 291; OLG Köln VersR 2002, 1371; *Dreher/Thomas*, ZGR 2009, 31, 36.

160 BGH VersR 2001, 1103, 1104; BGH NJW 2006, 289, 291; OLG Köln VersR 2002, 1371; *Koch* in: Bruck/Möller, VVG, § 103 Rz. 95; *Baumann* in: Bruck/Möller, VVG, AVB-AVG 2011/2013 Einf Rz. 52; *Heinrichs* in: FAKomm-VersR, § 100 Rz. 30.

161 BGH VersR 2001, 1103, 1104; BGH NJW 2006, 289, 291; OLG Köln VersR 2002, 1371; *Schweitzer*, Zulässigkeit der Ausschlussklauseln, S. 70.

162 BGH VersR 1992, 1504, 1505; BGH VersR 2001, 1103, 1104; BGH NJW 2006, 289, 291; OLG Köln VersR 2002, 1371; *Heinrichs* in: FAKomm-VersR, § 100 Rz. 30; *Schweitzer*, Zulässigkeit der Ausschlussklauseln, S. 70.

163 BGH VersR 2001, 1103, 1104; BGH NJW 2006, 289, 291; OLG Köln VersR 2002, 1371; *Sieg* in: Münchener Anwaltshandbuch Versicherungsrecht, § 17 Rz. 157.

zess zu einer erneuten Prüfung derjenigen Fragestellungen kommt, die schon im Haftpflichtprozess zu entscheiden waren.[164]

Diese Bindungswirkung ändert indessen nicht daran, dass es dem Versicherer im Deckungsprozess unbenommen bleibt, etwaige versicherungsrechtliche Einwendungen vorzubringen; so ist es ihm beispielsweise möglich, Obliegenheitsverletzungen oder Risikoausschlüsse geltend zu machen.[165] Hierfür kommen insbesondere die in den AVB standardmäßig enthaltenen subjektiven Risikoausschlüsse für wissentliche und vorsätzliche Pflichtverletzungen in Betracht.[166] Darüber hinaus werden im Deckungsprozess all jene für das Deckungsverhältnis relevanten Tat- und Rechtsfragen entschieden, die im Haftpflichtprozess offen geblieben sind.[167] Bedeutsam ist dies insbesondere für die Frage, welche Verschuldensform dem Versicherungsnehmer anzulasten ist und insbesondere, ob er wissentlich oder vorsätzlich gehandelt hat.[168] Denn auch wenn es im Haftpflichtprozess zunächst darum gehen mag, ob der Versicherungsnehmer vorsätzlich gehandelt hat, wird die Verschuldensform in den Entscheidunggründen im Ergebnis häufig mit dem Hinweis, dass „jedenfalls Fahrlässigkeit" vorliegt, offen gelassen.[169]

Die Bindungswirkung des Haftpflichturteils geht jedoch so weit als der nachfolgende Deckungsprozess den Haftungstatbestand selbst betrifft.[170] Hierbei handelt es sich um diejenigen tatsächlichen Elemente, aufgrund derer der Tatrichter im Haftpflichtprozess die Haftung des Versicherungsnehmers – bzw. der versicherten Person – angenommen hat.[171]

---

164 BGH VersR 1992, 568, 569; BGH VersR 1992, 1504 f.; BGH VersR 2001, 1103, 1104; BGH NJW 2006, 289, 291; OLG Köln VersR 2002, 1371.

165 BGH VersR 1958, 361; BGH VersR 1978, 1105; BGH VersR 2001, 1103, 1104; OLG Köln VersR 2002, 1371.

166 *Sieg* in: Münchener Anwaltshandbuch Versicherungsrecht, § 17 Rz. 158.

167 BGH VersR 1962, 557; BGH VersR 2001, 1103, 1104; OLG Köln VersR 2002, 1371; *Heinrichs* in: FAKomm-VersR, § 100 Rz. 30; *Schweitzer*, Zulässigkeit der Ausschlusklauseln, S. 70.

168 *Ihlas* in: MünchKommVVG, D&O, Rz. 389; *Lenz*, D&O-Versicherung, § 26 Rz. 142.

169 BGH VersR 1992, 1504, 1505; OLG Nürnberg, VersR 1990, 375; OLG Düsseldorf, DB 1990, 475, 476; OLG Frankfurt/M. VersR 2012, 432, 434; *Lenz*, D&O-Versicherung, § 26 Rz. 142; *Ihlas*, D&O-Versicherung, S. 465; *Schweitzer*, Zulässigkeit der Ausschlussklauseln, S. 86.

170 BGH VersR 1992, 1504 f.; BGH VersR 2001, 1103, 1104; BGH NJW 2006, 289, 291; OLG Köln VersR 2002, 1371; *Schweitzer*, Zulässigkeit der Ausschlussklauseln, S. 70 f.

171 BGH VersR 2001, 1103, 1104; BGH NJW 2006, 289, 291; OLG Köln VersR 2002, 1371.

Eine weitere Einschränkung der Bindungswirkung folgt aus der sog. „Voraussetzungsidentität"; diese besagt, dass eine im Deckungsprozess relevante Frage sich auch im Haftungsprozess als entscheidungserheblich erwiesen haben muss.[172] Soweit es im Haftpflichtprozess z. B. auf die Frage einer wissentlichen Pflichtverletzung nicht ankommt, weil dort gemäß § 276 Abs. 1 S. 1 BGB bereits einfache Fahrlässigkeit zur Haftungsbegründung ausreicht, entfaltet eine im Haftpflichtprozess gleichwohl „überschießend" festgestellte wissentliche Pflichtverletzung somit kein rechtliches Präjudiz für den Deckungsprozess.[173] Da auch im Rahmen der Organhaftung nach §§ 93, 116 S. 1 AktG, § 43 GmbHG oder § 823 BGB regelmäßig einfache Fahrlässigkeit zur Haftungsbegründung ausreicht, geht von überschießend getroffene Feststellungen zur Verschuldensform im Haftungsprozess für den Deckungsprozess somit jedenfalls im Grundsatz keine Bindungswirkung aus.[174] Ob das Organ in Bezug auf die Pflichtverletzung oder den Schaden wissentlich oder vorsätzlich gehandelt hat, ist deshalb unabhängig vom Haftungsprozess im Deckungsprozess festzustellen.[175]

## VI. Gegenstand der D&O-Versicherung

### 1. Die GDV-Musterbedingungen 2013 (AVB-AVG)

Die Musterbedingungen des Gesamtverbandes der Deutschen Versicherungswirtschaft e.V. (GDV), welche erstmals im Jahr 1997 erstellt und zuletzt im Jahr 2013 aktualisiert worden sind, enthalten typische Regelungspunkte einer D&O-Versicherung.[176] Bei diesen Bedingungen handelt es sich um die Allgemeinen

---

172 BGH VersR 2004, 590; BGH NJW 2006, 289, 291; OLG Düsseldorf r+s 2005, 155, 156; *Koch* in: Bruck/Möller, VVG, § 103 Rz. 95; *Gädtke* in: Bruck/Möller, VVG, AVB-AVG 2011/2013 Ziff. 5 Rz. 47; *Heinrichs* in: FAKomm-VersR, § 100 Rz. 30; *Sieg* in: Münchener Anwaltshandbuch Versicherungsrecht, § 17 Rz. 157; *Schweitzer*, Zulässigkeit der Ausschlussklauseln, S. 70.

173 vgl. BGH NJW-RR 2004, 676; BGH NJW 2006, 289, 291; BGH NJW-RR 2007, 827, 828; BGH VersR 2011, 203, 204; *Gädtke* in: Bruck/Möller, VVG, AVB-AVG 2011/2013 Ziff. 5 Rz. 47; *Heinrichs* in: FAKomm-VersR, § 100 Rz. 30; *Langheid* in: Römer/Langheid, VVG, § 100 Rz. 38; *Sieg* in: Münchener Anwaltshandbuch Versicherungsrecht, § 17 Rz. 159; *Schweitzer*, Zulässigkeit der Ausschlussklauseln, S. 71.

174 so auch *Gädtke* in: Bruck/Möller, VVG, AVB-AVG 2011/2013 Ziff. 5 Rz. 47.

175 vgl. BGH NJW 2006, 289, 291; BGH NJW 2007, 827, 828; OLG Köln r+s 2012, 172, 173; *Gädtke* in: Bruck/Möller, VVG, AVB-AVG 2011/2013 Ziff. 5 Rz. 47.

176 *Schneider* in: Scholz, GmbHG, § 43 Rz. 435; *Sieg* in: Münchener Anwaltshandbuch Versicherungsrecht, § 17 Rz. 5.

Versicherungsbedingungen des GDV für die Vermögensschadenhaftpflichtversicherung von Aufsichtsräten, Vorständen und Geschäftsführern (AVB-AVG).[177] Die AVB-AVG wurden seit ihrer Ursprungsfassung bis zur aktuellen Version von Mai 2013 mehrfach überarbeitet.[178]

Darauf hinzuweisen ist jedoch, dass auch die zuletzt im Jahre 2013 veröffentlichten Musterbedingungen nicht den aktuellen Stand des D&O-Versicherungsmarktes in Deutschland darstellen und daher auch nur bedingt repräsentativ für die am Markt erhältlichen D&O-Versicherungen sind; diese unterscheiden sich teilweise ganz erheblich von den GDV-AVB.[179] So sollen die ohnehin unverbindlichen GDV-Musterbedingungen den Versicherungen vor allem Anregungen liefern, wie bestimmte für eine D&O-Versicherung relevante Punkte umgesetzt werden können.[180] Keine der in den Jahren 1997, 2005, 2007, 2008, 2010, 2011 und 2013 aktualisierten Versionen des GDV hat sich dabei aber als Marktstandard etablieren können.[181] Allerdings führte die letzte Fassung von Mai 2013 insbesondere durch die Abdeckung der zuvor ausgeschlossenen Innenhaftungsansprüche zu einer Annäherung des GDV-Modells an den diesbezüglich bestehenden Marktstandard.[182] Diese Schadensersatzansprüche der Gesellschaft

---

177 *Schneider* in: Scholz, GmbHG, § 43 Rz. 435; *Sieg* in: Münchener Anwaltshandbuch Versicherungsrecht, § 17 Rz. 5.

178 vgl. hierzu: *Baumann* in: Bruck/Möller, VVG, AVB-AVG 2011/2013 Einf Rz. 3; *Schneider* in: Scholz, GmbHG, § 43 Rz. 435; *Lenz*, D&O-Versicherung, § 26 Rz. 14 ff.; *Beckmann* in: Beckmann/Matusche-Beckmann, Versicherungsrechts-Handbuch, § 28 Rz. 19.

179 vgl. *Mertens/Cahn* in: KölnKomm, AktG, § 93 Rz. 241; *Baumann* in: Bruck/Möller, VVG, AVB-AVG 2011/2013 Einf Rz. 15; *Sieg* in: Münchener Anwaltshandbuch Versicherungsrecht, § 17 Rz. 5; *Lenz*, D&O-Versicherung, § 26 Rz. 38; *Beckmann* in: Beckmann/Matusche-Beckmann, Versicherungsrechts-Handbuch, § 28 Rz. 5, 19; *Klinkhammer*, VP 2006, 22: „Die Mehrzahl der D&O-Versicherer orientiert sich erfahrungsgemäß an eigenständig entwickelten Bedingungen, die meistens einen deutlich über die Verbandsempfehlungen hinausreichenden Versicherungsschutz bieten."

180 *Baumann* in: Bruck/Möller, VVG, AVB-AVG 2011/2013 Einf Rz. 4, 15; *Sieg* in: Anwaltshandbuch Versicherungsrecht, § 17 Rz. 5; *Schmitt*, Organhaftung und D&O-Versicherung, S. 99; vgl. auch *Lenz*, D&O-Versicherung, § 26 Rz. 38.

181 *Schneider* in: Scholz, GmbHG, § 43 Rz. 435; *Sieg* in: Münchener Anwaltshandbuch Versicherungsrecht, § 17 Rz. 5; *Lenz*, D&O-Versicherung, § 26 Rz. 4, 38; vgl. auch *Johannsen-Roth* in: Wilsing, DCGK, Ziff. 3.8 Rz. 39 m. w. N.

182 *Baumann* in: Bruck/Möller, VVG, AVB-AVG 2011/2013 Einf Rz. 3.

gegen ihre Organe waren bereits zuvor von den gängigen am Markt erhältlichen Bedingungen grundsätzlich abgedeckt.[183]

Bei den am Markt angebotenen D&O-Versicherungsbedingungen gibt es auch weitere wesentliche Übereinstimmungen.[184] So ist z. B. der im Rahmen dieser Arbeit zu untersuchende Ausschluss für wissentliche Pflichtverletzungen nicht nur in Ziff. 5.1 der GDV-Musterbedingungen 2013 enthalten, sondern mit diesem oder einem ähnlichen Wortlaut auch in sämtlichen dem Verfasser bekannten am Markt erhältlichen Produkten.[185]

## 2. Voraussetzungen des Versicherungsschutzes

Gemäß Ziff. 1.1 der GDV-Musterbedingungen 2013 besteht Versicherungsschutz für den Fall, dass ein gegenwärtiges oder ehemaliges Mitglied des Aufsichtsrates, des Vorstandes oder der Geschäftsführung der Versicherungsnehmerin oder einer Tochtergesellschaft (versicherte Personen) wegen einer bei

---

183 *Mertens/Cahn* in: KölnKomm, AktG, § 93 Rz. 241; gemäß Ziff. 1.1 i. V. m. Ziff. 1.3 der GDV-Musterbedingungen 2011 war dies nur ausnahmsweise der Fall.

184 vgl. *Beckmann* in: Beckmann/Matusche-Beckmann, Versicherungsrechts-Handbuch, § 28 Rz. 19; *Lenz*, D&O-Versicherung, § 26 Rz. 38.

185 vgl. auch *Gädtke* in: Bruck/Möller, VVG, AVB-AVG 2011/2013 Ziff. 5 Rz. 3, 32: „In einer der entsprechenden Fassung ist S. 1 Bestandteil jeder D&O-Police."; *Lange*, D&O-Versicherung und Managerhaftung, § 11 Rz. 12: „nahezu standardmäßig vereinbart"; vgl. hierzu auch *Schweitzer*, Zulässigkeit der Ausschlussklauseln, S. 5 ff.; siehe § 3 Ziff. 6.1 Abs. 1 AVB-VOV 2012; § 4 Abs. 1 Allianz AVB zur Vermögensschaden-Haftpflichtversicherung für Organe juristischer Personen – AVB-O HV 40/11; Ziff. III. 1. Abs. 1 WÜBA D&O BusinessGuard Premier (Stand 06/2010); Ziff. IV.1 Abs. 1 Markel Pro D&O 04.2013 SME; Ziff. 6.1 Allgemeine Versicherungsbedingungen für die Vermögensschadenhaftpflichtversicherung für die Organe von juristischen Personen (D&O-Versicherung) – Premiumschutz – Württembergische (Stand 01.06.2013); Ziff. 6.1 Allgemeine Versicherungsbedingungen für die Vermögensschadenhaftpflichtversicherung für die Organe von juristischen Personen (D&O-Versicherung) – Kompaktschutz – Württembergische (Stand 01.06.2013); Ziff. 7.1.1 Chubb OLA 2011 Prime Line; § 4 Abs. 5 AVB 2009 R+V Allgemeine Versicherung AG; Ziff. 6 Abs. 1 Allgemeine Versicherungsbedingungen für die Vermögensschaden-Haftpflichtversicherung von Unternehmensleitern und Leitenden Angestellten (ULLA) – Ausgabe Januar 2012 – R+V; Ziff. 4.1 HDI Gerling AVB-D&O 2011 Comfort; Ziff. VI.1 a) ZURICH D&O Plus Entscheiderhaftpflicht Ausgabe 05.2013; vgl. auch Ziff. 5.1 AVBDO 2011 DUAL Deutschland; Ziff. II Abs. 1 D&O by Hiscox Bedingungen 06/2011 und Ziff. III. 1. Abs. 1 DOMCURA D&O, die auf die direkte vorsätzliche Pflichtverletzung (*dolus directus*) abstellen, was der Wissentlichkeit entspricht.

Ausübung dieser Tätigkeit begangenen Pflichtverletzung aufgrund gesetzlicher Haftpflichtbestimmungen für einen Vermögensschaden auf Schadenersatz in Anspruch genommen wird.

### *a) Gesetzliche Haftpflichtbestimmungen*

Die meisten am Markt erhältlichen Produkte und nun auch Ziff. 1.1 der GDV-Musterbedingungen 2013 enthalten keine Beschränkung dahingehend, dass die Haftungsnorm privatrechtlichen Inhaltes sein muss.[186] Solche Policen decken daher auch die Haftung aus öffentlich-rechtlichen Normen ab und damit auch Ansprüche aus § 69 AO.[187] Gleiches gilt für den dann ebenfalls einbezogenen Anspruch gemäß § 823 Abs. 2 BGB i. V. m. § 266a StGB.[188]

Bei den die Haftung des Organs auslösenden gesetzlichen Haftpflichtbestimmungen kann es sich um solche der Innen- und um solche der sog. Außenhaftung handeln.[189] Da es mangels originärer vertraglicher Beziehungen zu Dritten nur vergleichsweise selten zu einer Außenhaftung der Organe kommt, bildet deren Innenhaftung gegenüber der Gesellschaft den Regelfall.[190]

#### aa) Innenhaftung

Die meisten am Markt erhältlichen D&O-Versicherungsbedingungen und nun auch Ziff. 1.1 der GDV-Musterbedingungen 2013 erfassen auch sog. Innenan-

---

186 anders noch Ziff. 1.1 der GDV-Musterbedingungen 2011; vgl. *Beckmann* in: Beckmann/Matusche-Beckmann, Versicherungsrechts-Handbuch, § 28 Rz. 73; *Schweitzer*, Zulässigkeit der Ausschlussklauseln, S. 40 ff.

187 BFH BB 1988, 2234; BFH DStR 1991, 1014, 1015; *Baumann* in: Bruck/Möller, VVG, AVB-AVG 2011/2013 Ziff. 1 Rz. 36, 42; *Ihlas*, D&O-Versicherung, S. 298 ff.; *Beckmann* in: Beckmann/Matusche-Beckmann, Versicherungsrechts-Handbuch, § 28 Rz. 73; *Hoffmann*, NJW 2012, 1393, 1394; *Terno*, SpV 2014, 2, 3; vgl. hierzu auch *Paefgen* in: Ulmer/Habersack/Winter, GmbHG, § 43 Rz. 227 ff.

188 *Ihlas*, D&O-Versicherung, S. 54; *Heitmann*, VW 1999, 1076.

189 *Mertens/Cahn* in: KölnKomm, AktG, § 93 Rz. 241; *Paefgen* in: Ulmer/Habersack/Winter, GmbHG, § 43 Rz. 259; *Fleischer* in: MünchKommGmbHG, § 43 Rz. 376; *Wiesner* in: Münch. Hdb. GesR IV, § 26 Rz. 44; *Johannsen-Roth* in: Wilsing, DCGK, Ziff. 3.8 Rz. 49; *Sieg* in: Münchener Anwaltshandbuch Versicherungsrecht, § 17 Rz. 9; *Lenz*, D&O-Versicherung, § 26 Rz. 71 ff.; *Schweitzer*, Zulässigkeit der Ausschlussklauseln, S. 42; *Wagner*, ZHR 178 (2014), 227, 234; *Terno*, SpV 2014, 2; *Weiß*, GmbHR 2014, 574.

190 *Paefgen* in: Ulmer/Habersack/Winter, GmbHG, § 43 Rz. 198 ff.; *Fleischer* in: MünchKommGmbHG, § 43 Rz. 340; *Sieg* in: Münchener Anwaltshandbuch Versicherungsrecht, § 17 Rz. 14; *Schweitzer*, Zulässigkeit der Ausschlussklauseln, S. 47; *Terno*, SpV 2014, 2, 4.

sprüche der Gesellschaft gegen ihre Organe.[191] Den Vermögensschaden muss also gerade nicht ausschließlich ein außenstehender Dritter erlitten haben; zu den potentiell geschützten Geschädigten zählt folglich auch die Gesellschaft selbst.[192]

Unter der sog. Innenhaftung wird die (gesellschaftsinterne) Haftung des Organs gegenüber der Gesellschaft aus der Verletzung organschaftlicher, vertraglicher oder deliktischer Pflichten verstanden.[193]

*(1) Organschaftliche Anspruchsgrundlagen der Innenhaftung*

Auf der Organstellung der jeweiligen Organe beruhende Anspruchsgrundlagen für die Innenhaftung sind § 93 Abs. 2 S. 1 AktG für den Vorstand einer Aktiengesellschaft, § 43 Abs. 2 GmbHG für den Geschäftsführer einer GmbH[194] oder § 34 Abs. 2 GenG für den Vorstand einer Genossenschaft.[195] Die Haftung der Aufsichtsratsmitglieder ist in §§ 116, 117 AktG, aus § 41 GenG oder aus § 52 Abs. 1 GmbHG i. V. m. § 116 AktG geregelt.[196]

Die gleichsam an die Organstellung anknüpfenden Berichtspflichten der Unternehmensleiter, die sich für den Vorstand einer Aktiengesellschaft aus § 90 Abs. 1 AktG ergeben, sind ebenfalls von Bedeutung.[197] Das KonTraG hat zudem

191 anders noch Ziff. 1.1 der GDV-Musterbedingungen 2011.

192 *Mertens/Cahn* in: KölnKomm, AktG, § 93 Rz. 241; *Lenz*, D&O-Versicherung, § 26 Rz. 43, 56; *Vetter*, AG 2000, 453, 454; nach Ziff. 1.1 GDV-Musterbedingungen 2011 muss den Vermögensschaden grundsätzlich vielmehr ein Dritter erlitten haben und damit gerade nicht die Gesellschaft als Versicherungsnehmerin („…also nicht von der Versicherungsnehmerin oder einer Tochtergesellschaft oder einer anderen Person auf Schadenersatz in Anspruch genommen wird.“).

193 vgl. OLG München VersR 2005, 540, 541; *Henzler* in: Bruck/Möller, VVG, AVB-AVG 2011/2013 Anh Ziff. 1 Rz. 2; *Beckmann* in: Beckmann/Matusche-Beckmann, Versicherungsrechts-Handbuch, § 28 Rz. 74; *Lenz*, D&O-Versicherung, § 26 Rz. 74; *Schweitzer*, Zulässigkeit der Ausschlussklauseln, S. 42 ff.; *Lutter*, GmbHR 2000, 301, 302.

194 vgl. zu den einzelnen Pflichten eines GmbH-Geschäftsführers: *Lutter*, GmbHR 2000, 301, 302 ff.

195 vgl. hierzu *Lenz*, D&O-Versicherung, § 26 Rz. 74.

196 vgl. hierzu *Lenz*, D&O-Versicherung, § 26 Rz. 76.

197 *Beckmann* in: Beckmann/Matusche-Beckmann, Versicherungsrechts-Handbuch, § 28 Rz. 32; *Mertens/Cahn* in: KölnKomm, AktG, § 90 Rz. 1 ff.; *Krieger/Sailer-Coceani* in: Karsten Schmidt/Lutter, AktG, § 90 Rz. 1 ff.; *Fleischer* in: Spindler, AktG, § 90 Rz. 1 ff.; *Rohde-Liebenau*, ZfV 1998, 288 f.; *Graf von Westphalen*, VersR 2006, 17, 21.

in § 91 Abs. 2 AktG die gesetzliche Pflicht verankert, ein internes Risikomanagement- und Überwachungssystem einzurichten.[198]

Des Weiteren sind die Leitungsorgane verpflichtet, das Gesellschaftskapital gemäß § 93 Abs. 3 Nr. 1 AktG bzw. § 30 GmbHG zu erhalten; auch sind Verschwiegenheitspflichten und das Wettbewerbsverbot zu beachten.[199] Letztere Pflichten ergeben sich für den Vorstand einer Aktiengesellschaft aus § 93 Abs. 1 S. 3 AktG bzw. aus § 88 AktG und für den Geschäftsführer einer GmbH jeweils aus der Treue- oder dessen Sorgfaltspflicht.[200]

Soweit die für die Organe geltenden Pflichten keine spezielle gesetzliche Regelung erfahren haben, greifen die Generalklauseln des § 93 Abs. 2 AktG und des § 43 Abs. 2 GmbHG als Auffangtatbestände.[201]

*(2) (Dienst-)Vertragliche und deliktische Anspruchsgrundlagen*

Im Übrigen kommen Schadensersatzansprüche gegen die Organe aus deliktischer Haftung in Betracht.[202] Einschlägig sind hier vor allem § 826 BGB und

---

198 *Mertens/Cahn* in: KölnKomm, AktG, § 91 Rz. 13; *Spindler* in: MünchKommAktG, § 91 Rz. 15 ff.; *Krieger/Sailer-Coceani* in: Karsten Schmidt/Lutter, AktG, § 91 Rz. 6 ff.; *Beckmann* in: Beckmann/Matusche-Beckmann, Versicherungsrechts-Handbuch, § 28 Rz. 33; *Fleischer*, AG 2003, 291, 298; vgl. hierzu auch *Dauner-Lieb* in: Henssler/Strohn, AktG, § 91 Rz. 6 ff.; *Schweitzer*, Zulässigkeit der Ausschlussklauseln, S. 52; *Vogler/Gundert*, DB 1998, 2377 ff.; *Hahn/Weber/Friedrich*, BB 2000, 2620 ff.; *Lutter*, GmbHR 2000, 301, 305; *Binder*, AG 2012, 885, 886; vgl. hierzu auch OLG Celle AG 2008, 711, 712.

199 vgl. *Krieger/Sailer-Coceani* in: Karsten Schmidt/Lutter, AktG, § 93 Rz. 17, 44 f.; *Fleischer* in: Spindler, AktG, § 93 Rz. 160 ff., 175, 260 f.; *Habersack* in: Ulmer/Habersack/Winter, GmbHG, § 30 Rz. 1 ff.; *Dauner-Lieb* in: Henssler/Strohn, AktG, § 93 Rz. 10 ff.; *Paefgen* in: Ulmer/Habersack/Winter, GmbHG, § 43 Rz. 143; *Fleischer* in: MünchKommGmbHG, § 43 Rz. 286; *Grunewald*, Gesellschaftsrecht, § 10 Rz. 57, § 13 Rz. 64; *Wiesner* in: Münch. Hdb. GesR IV, § 26 Rz. 20; *Beckmann* in: Beckmann/Matusche-Beckmann, Versicherungsrechts-Handbuch, § 28 Rz. 34.

200 *Mertens/Cahn* in: KölnKomm, AktG, § 93 Rz. 113 ff.; *Paefgen* in: Ulmer/Habersack/Winter, GmbHG, § 43 Rz. 74; *Fleischer* in: MünchKommGmbHG, § 43 Rz. 199; *Diekmann/Marsch-Barner* in: Münch. Hdb. GesR III, § 46 Rz. 62; *Beckmann* in: Beckmann/Matusche-Beckmann, Versicherungsrechts-Handbuch, § 28 Rz. 34; *Kerst*, WM 2010, 594, 595.

201 *Wiesner* in: Münch. Hdb. GesR IV, § 26 Rz. 5; *Beckmann* in: Beckmann/Matusche-Beckmann, Versicherungsrechts-Handbuch, § 28 Rz. 36; vgl. zu den einzelnen Pflichten eines GmbH-Geschäftsführers: *Lutter*, GmbHR 2000, 301, 302 ff.

202 *Johannsen-Roth* in: Wilsing, DCGK, Ziff. 3.8 Rz. 49; *Beckmann* in: Beckmann/Matusche-Beckmann, Versicherungsrechts-Handbuch, § 28 Rz. 39.

§ 823 Abs. 2 BGB i. V. m. Schutzgesetzen wie § 263 StGB (Betrug), § 266 StGB (Untreue) oder § 266a StGB (Nichtabführen von Sozialversicherungsbeträgen).[203] Die Haftung wegen der Verletzung von dienstvertraglichen Pflichten aus dem Anstellungsvertrag tritt dagegen hinter der gesetzlichen Organhaftung zurück.[204]

### bb) Außenhaftung

Sofern die Organmitglieder nicht von der Gesellschaft selbst, sondern von Dritten in Anspruch genommen werden, liegt ein Fall der sog. Außenhaftung vor.[205] Als solche Dritten kommen vor allem Gesellschafter, Mitarbeiter, Kunden der Gesellschaft oder sonstige Personen in Betracht, die einen möglichen Schaden erlitten haben.[206] Da in der Regel zwischen dem Organ und diesen Dritten keine vertraglichen Beziehungen bestehen, betrifft die Außenhaftung vor allem die deliktische Haftung des Organs gemäß §§ 823 ff. BGB, insbesondere in Verbindung mit Schutzgesetzen i. S. v. § 823 Abs. 2 BGB (in Betracht kommt hier neben den einschlägigen Straftatbeständen §§ 263, 266, 266a StGB auch die Wiedergabe fehlerhafter Kapitalmarktinformationen; die §§ 331 Nrn. 1 und 2 HGB sind insoweit als Schutzgesetze i. S. v. § 823 Abs. 2 BGB anerkannt[207]) sowie gemäß § 826 BGB.[208] Praktisch bedeutsam ist auch die Insolvenzhaftung gegenüber dem

---

203 *Fleischer* in: MünchKommGmbHG, § 43 Rz. 332, 337; *Beckmann* in: Beckmann/Matusche-Beckmann, Versicherungsrechts-Handbuch, § 28 Rz. 44 f.; *Terno*, SpV 2014, 2, 3; vgl. zur Haftung des Gesellschafters gegenüber der Gesellschaft nach § 826 BGB im Wege der Innenhaftung *Dauner-Lieb*, DStR 2006, 2034, 2041 und *dies.*, ZGR 2008, 34, 40 ff.

204 BGH ZIP 1989, 1390, 1392; BGH NJW 1997, 741, 742; BGH GmbHR 2008, 144, 145; OLG Brandenburg NZG 1999, 210, 211; *Paefgen* in: Ulmer/Habersack/Winter, GmbHG, § 43 Rz. 5; *Zöllner/Noack* in: Baumbach/Hueck, GmbHG, § 43 Rz. 4; *Grunewald*, Gesellschaftsrecht, § 13 Rz. 62; *Diekmann/Marsch-Barner* in: Münch. Hdb. GesR III, § 46 Rz. 62.

205 hierzu ausführlich: *Paefgen* in: Ulmer/Habersack/Winter, GmbHG, § 43 Rz. 188 ff.; *Fleischer* in: MünchKommGmbHG, § 43 Rz. 339 ff.; *Baumann* in: Bruck/Möller, VVG, AVB-AVG 2011/2013 Ziff. 1 Rz. 54; *Henzler* in: Bruck/Möller, VVG, AVB-AVG 2011/2013 Anh Ziff. 1 Rz. 73 ff.; *Sieg* in: Münchener Anwaltshandbuch Versicherungsrecht, § 17 Rz. 11; *Lenz*, D&O-Versicherung, § 26 Rz. 73; *Schweitzer*, Zulässigkeit der Ausschlussklauseln, S. 46 f.

206 *Sieg* in: Münchener Anwaltshandbuch Versicherungsrecht, § 17 Rz. 11.

207 LG Bonn AG 2001, 484, 486; *Merkt* in: Baumbach/Hopt, HGB, § 331 Rz. 1; *Wiesner* in: Münch. Hdb. GesR IV, § 26 Rz. 43.

208 vgl. hierzu BGH NJW 2004, 2664, 2666; *Krieger/Sailer-Coceani* in: Karsten Schmidt/Lutter, AktG, § 93 Rz. 64 ff.; *Fleischer* in: Spindler, AktG, § 93 Rz. 313 ff.; *Paefgen* in: Ulmer/Habersack/Winter, GmbHG, § 43 Rz. 209 ff.; *Fleischer* in: MünchKommGmbHG,

Insolvenzverwalter, den Gläubigern und den Sozialversicherungsträgern gemäß § 823 Abs. 2 BGB i. V. m. § 15a InsO (Verletzung der Insolvenzantragspflicht) bzw. gemäß § 92 Abs. 2 AktG und § 64 S. 1 GmbHG.[209] In der Praxis werden solche Außenhaftungsfälle vor allem dann relevant, wenn der Anspruch gegen die Gesellschaft, die sich das Verhalten ihres Organs gemäß § 31 BGB zurechnen lassen muss, nicht durchgesetzt werden kann.[210]

Auch ohne originäre vertragliche Bindung zum Dritten sind im Rahmen der Außenhaftung vertragsähnliche Ansprüche aus *culpa in contrahendo* (§§ 241 Abs. 2, 311 Abs. 2 und 3, 280 BGB) möglich, wenn das Organ bei den Vertragsverhandlungen besonderes Vertrauen für sich in Anspruch genommen hat oder am Abschluss eines Geschäftes ein besonderes wirtschaftliches Eigeninteresse hat.[211]

### *b) Vermögensschäden*

Der Versicherungsschutz von D&O-Versicherungen beschränkt sich auf Vermögensschäden.[212] Die meisten D&O-Bedingungswerke definieren Vermögensschäden

---

§ 43 Rz. 352 ff.; *Grunewald*, Gesellschaftsrecht, § 13 Rz. 77 ff., 83; *Johannsen-Roth* in: Wilsing, DCGK, Ziff. 3.8 Rz. 49; *Diekmann/Marsch-Barner* in: Münch. Hdb. GesR III, § 46 Rz. 74 ff.; *Ihlas*, D&O-Versicherung, S. 252, 276 ff.; *Sieg* in: Münchener Anwaltshandbuch Versicherungsrecht, § 17 Rz. 11 f.; *Lenz*, D&O-Versicherung, § 26 Rz. 73; *Beckmann* in: Beckmann/Matusche-Beckmann, Versicherungsrechts-Handbuch, § 28 Rz. 44; *Rohde-Liebenau*, ZfV 1998, 288; *Kerst*, WM 2010, 594, 595; *Hoffmann*, NJW 2012, 1393, 1394; *Fleischer*, NJW 2009, 2337, 2340 f.

209 *Zöllner/Noack* in: Baumbach/Hueck, GmbHG, § 64 Rz. 110; *Grunewald*, Gesellschaftsrecht, § 13 Rz. 79 ff.; *Diekmann/Marsch-Barner* in: Münch. Hdb. GesR III, § 46 Rz. 75; *Wiesner* in: Münch. Hdb. GesR IV, § 26 Rz. 36; *Ihlas*, D&O-Versicherung, S. 250, 276 ff.; *Beckmann* in: Beckmann/Matusche-Beckmann, Versicherungsrechts-Handbuch, § 28 Rz. 44; *Schweitzer*, Zulässigkeit der Ausschlussklauseln, S. 56; *Grunewald*, GmbHR 1994, 665 f.; *Fleischer*, NJW 2009, 2337, 2341; *Terno*, SpV 2014, 2, 3.

210 *Sieg* in: Münchener Anwaltshandbuch Versicherungsrecht, § 17 Rz. 11; vgl. auch *Lutter*, GmbHR 2000, 301, 310.

211 vgl. *Fleischer* in: Spindler, AktG, § 93 Rz. 310; *ders.* in: MünchKommGmbHG, § 43 Rz. 342 ff.; *Grunewald*, Gesellschaftsrecht, § 13 Rz. 72 ff.; *Wiesner* in: Münch. Hdb. GesR IV, § 26 Rz. 34; *Diekmann/Marsch-Barner* in: Münch. Hdb. GesR III, § 46 Rz. 69 ff.; *Baumann* in: Bruck/Möller, VVG, AVB-AVG 2011/2013 Ziff. 1 Rz. 31; *Beckmann* in: Beckmann/Matusche-Beckmann, Versicherungsrechts-Handbuch, § 28 Rz. 43; *Lenz*, D&O-Versicherung, § 26 Rz. 73; *Kerst*, WM 2010, 594, 595.

212 OLG München WM 2006, 452, 453; *Mertens/Cahn* in: KölnKomm, AktG, § 93 Rz. 241; *Paefgen* in: Ulmer/Habersack/Winter, GmbHG, § 43 Rz. 259; *Baumann* in:

in etwa wie folgt: „Solche Schäden, die weder Personenschäden (Tötung, Verletzung des Körpers oder Schädigung der Gesundheit von Menschen) noch Sachschäden (Beschädigung, Verderben, Vernichtung oder Abhandenkommen von Sachen) sind, noch sich als sog. unechte Vermögensschäden bzw. Vermögensfolgeschäden aus solchen Schäden herleiten."[213] Diese Begrifflichkeit des Vermögensschadens orientiert sich an den AHB sowie den AVB-Vermögen.[214] Auch Geld und geldwerte Zeichen fallen nicht unter diesen Vermögensbegriff, sondern werden als Sachen eingeordnet.[215]

Dass der Schutz der D&O-Versicherung sich lediglich auf Vermögensschäden reduziert, liegt an ihrer Subsidiarität gegenüber den ihr grundsätzlich vorrangigen Betriebshaftpflichtversicherungen, Produkthaftpflichtversicherungen oder Umwelthaftpflichtversicherungen, welche auch Personen- und Sachschäden abdecken.[216]

### c) *Pflichtverletzung*[217]

Üblicherweise setzen die am Markt erhältlichen D&O-Versicherungsbedingungen – und so auch Ziff. 1.1 der GDV-Musterbedingungen 2013 – eine Pflichtverletzung

---

Bruck/Möller, VVG, AVB-AVG 2011/2013 Ziff. 1 Rz. 43; *Ihlas*, D&O-Versicherung, S. 63; *Sieg* in: Münchener Anwaltshandbuch Versicherungsrecht, § 17 Rz. 88; *Lenz*, D&O-Versicherung, § 26 Rz. 57 ff.; *Beckmann* in: Beckmann/Matusche-Beckmann, Versicherungsrechts-Handbuch, § 28 Rz. 19, 66; *Johannsen-Roth* in: Wilsing, DCGK, Ziff. 3.8 Rz. 49; *Schmitt*, Organhaftung und D&O-Versicherung, S. 102, 143 ff.; *Weiß*, GmbHR 2014, 574; vgl. hierzu auch *Schweitzer*, Zulässigkeit der Ausschlussklauseln, S. 64 ff.

213 *Paefgen* in: Ulmer/Habersack/Winter, GmbHG, § 43 Rz. 259; *Baumann* in: Bruck/Möller, VVG, AVB-AVG 2011/2013 Ziff. 1 Rz. 43; *Schmitt*, Organhaftung und D&O-Versicherung, S. 102; *Beckmann* in: Beckmann/Matusche-Beckmann, Versicherungsrechts-Handbuch, § 28 Rz. 67; *Dreher*, ZHR 165 (2001), 293, 296.

214 *Baumann* in: Bruck/Möller, VVG, AVB-AVG 2011/2013 Ziff. 1 Rz. 43; *Sieg* in: Münchener Anwaltshandbuch Versicherungsrecht, § 17 Rz. 88; *Beckmann* in: Beckmann/Matusche-Beckmann, Versicherungsrechts-Handbuch, § 28 Rz. 67; *Lenz*, D&O-Versicherung, § 26 Rz. 58.

215 *Lenz*, D&O-Versicherung, § 26 Rz. 58.

216 *Mertens/Cahn* in: KölnKomm, AktG, § 93 Rz. 241; *Baumann* in: Bruck/Möller, VVG, AVB-AVG 2011/2013 Einf Rz. 47 ff.; *Ihlas*, D&O-Versicherung, S. 63 f.; *Beckmann* in: Beckmann/Matusche-Beckmann, Versicherungsrechts-Handbuch, § 28 Rz. 66, 15; *Olbrich*, D&O-Versicherung, S. 136 f.; vgl. hierzu auch: *Lenz*, D&O-Versicherung, § 26 Rz. 61 ff.

217 Die nachfolgenden Ausführungen zur Pflichtverletzung und insbesondere zur Business Judgment Rule und deren Voraussetzungen in diesem Abschnitt B VI 2

des Organs voraus.[218] Soweit in den Bedingungen teilweise von einem „Verstoß" des Organs die Rede ist, ergibt sich hieraus zu dem Begriff „Pflichtverletzung" kein inhaltlicher Unterschied.[219]

Geschäftsführer einer GmbH haben gemäß § 43 Abs. 1 GmbHG in den Angelegenheiten der Gesellschaft die Sorgfalt eines ordentlichen Kaufmannes anzuwenden. Verletzen die Geschäftsführer ihre gegenüber der Gesellschaft persönlich obliegenden Sorgfaltspflichten, haften Sie gegenüber der Gesellschaft gemäß § 43 Abs. 2 GmbHG für den daraus entstehenden Schaden. Für die Vorstände und Aufsichtsräte einer Aktiengesellschaft gilt entsprechendes gemäß §§ 93 Abs. 1 S. 1, Abs. 2 S. 1, 116 AktG. Eine Pflichtverletzung des handelnden Organs ist damit Voraussetzung für den Schadensersatzanspruch der Gesellschaft.

Zu den vorrangigen Pflichten eines Vorstands/Geschäftsführers gehören die Legalitätspflicht, die Treuepflicht, die Verschwiegenheitspflicht und vor allem die Pflicht zur ordnungsgemäßen Unternehmensleitung, vgl. § 76 Abs. 1 AktG.[220] Die Pflicht zur ordnungsgemäßen Unternehmensleitung wird allgemein dahingehend beschrieben, „im Rahmen des Gesetzes, des Gesellschaftsvertrages, der für

---

c) beruhen insbesondere auf den Arbeiten von *Hopt* in: GroßKomm, AktG, § 93 Rz. 72 ff.; *Hopt/Roth* in: GroßKomm, AktG, § 93 Abs 1 Satz 2, 4 nF Rz. 1 ff.; *Mertens/Cahn* in: KölnKomm, AktG, § 93 Rz. 64 ff.; *Spindler* in: MünchKommAktG, § 93 Rz. 50 ff.; *Paefgen* in: Ulmer/Habersack/Winter, GmbHG, § 43 Rz. 60 ff.; *Haas/Ziemons* in: Michalski, GmbHG, § 43 Rz. 2 ff.; *Zöllner/Noack* in: Baumbach/Hueck, GmbHG, § 43 Rz. 22 ff.; *Grunewald*, Gesellschaftsrecht, § 10 Rz. 59 ff.; *Dauner-Lieb*, FS-Röhricht, 83 ff.; *Brömmelmeyer*, WM 2005, 2065 ff.; *Fleischer*, ZIP 2004, 685 ff.; *ders.*, NJW 2005, 3525; *ders.*, NZG 2011, 521 ff.; *Heermann*, ZIP 1998, 761 ff.; *Hauschka*, GmbHR 2007, 11 ff.; *Ihrig*, WM 2004, 2098 ff.; *Koch*, ZGR 2006, 769, 782 ff.; *Kuntz*, GmbHR 2008, 121 ff.; *Paefgen*, AG 2004, 245 ff.; *Redeke*, NZG 2009, 496, ff.; *Roth*, BB 2004, 1066 ff. und *Ulmer*, DB 2004, 859 ff.

218 *Beckmann* in: Beckmann/Matusche-Beckmann, Versicherungsrechts-Handbuch, § 28 Rz. 78; *Lenz*, D&O-Versicherung, § 26 Rz. 86; vgl. hierzu auch *Schweitzer*, Zulässigkeit der Ausschlussklauseln, S. 40.

219 *Beckmann* in: Beckmann/Matusche-Beckmann, Versicherungsrechts-Handbuch, § 28 Rz. 78; *Ihlas*, D&O-Versicherung, S. 365; vgl. hierzu auch *Lenz*, D&O-Versicherung, § 26 Rz. 86.

220 *Hopt* in: GroßKomm, AktG, § 93 Rz. 72 ff.;*Mertens/Cahn* in: KölnKomm, AktG, § 93 Rz. 64 ff.; *Dauner-Lieb* in: Henssler/Strohn, AktG, § 93 Rz. 7; *Krieger/Sailer-Coceani* in: Karsten Schmidt/Lutter, AktG, § 93 Rz. 5 ff.; *Paefgen* in: Ulmer/Habersack/Winter, GmbHG, § 43 Rz. 72 ff.; *Fleischer* in: MünchKommGmbHG, § 43 Rz. 12; *Haas/Ziemons* in: Michalski, GmbHG, § 43 Rz. 2; *Goette*, FS 50 Jahre Bundesgerichtshof, 123, 125; *Schweitzer*, Zulässigkeit der Ausschlussklauseln, S. 42 ff.; *Rohde-Liebenau*, ZfV 1998, 288; vgl. hierzu auch *Lutter*, GmbHR 2000, 301, 302 ff.

die Geschäftsführung verbindlichen Beschlüsse anderer Organe der Gesellschaft und unter Berücksichtigung öffentlicher Interessen an dem von der Gesellschaft betriebenen Unternehmen den Vorteil der Gesellschaft zu wahren und Schaden von ihr abzuwenden."[221] Haftungsrisiken ergeben sich für einen Manager vor allem daraus, dass ihm bei der Leitung der Unternehmens ein Fehler unterläuft und dem Unternehmen hierdurch ein Schaden entsteht (s. o.). Dass ein Geschäft fehlschlägt, bedeutet aber noch nicht, dass der Manager auch einen Fehler begangen hat.[222] Denn sofern die von dem Manager zu treffenden Entscheidungen ein wirtschaftliches Risiko in sich tragen, besteht von vornherein immer die Gefahr, dass dieses Risiko sich im Nachhinein verwirklicht und ein Schaden eintritt.[223] Pflichtwidrig ist das Eingehen dieser Risiken damit noch nicht; es gehört vielmehr zum Wesen der unternehmerischen Tätigkeit.[224] Zu Recht weist *Paefgen* deshalb darauf hin: „Risikoreiche Geschäfte, auch das Eingehen von Wagnissen, die für die Gesellschaft von existenzieller Bedeutung sind, können nicht von vornherein als pflichtwidrig angesehen werden. Sie entsprechen vielmehr ihrer

---

221 OLG Zweibrücken NZG 1999, 506, 507; *Paefgen* in: Ulmer/Habersack/Winter, GmbHG, § 43 Rz. 22; *Haas/Ziemons* in: Michalski, GmbHG, § 43 Rz. 42; vgl. auch *Grunewald*, BB 1981, 581, 583.

222 *Hüffer/Koch*, AktG, § 93 Rz. 7: „Geschäftliche Risiken sind unvermeidbar, ihre Übernahme also nicht per se sorgfaltswidrig."; *Paefgen* in: Ulmer/Habersack/Winter, GmbHG, § 43 Rz. 70; *Diekmann/Marsch-Barner* in: Münch. Hdb. GesR III, § 46 Rz. 10; *Scharpf*, DB 1997, 737, 739; *Dauner-Lieb*, BOARD 2014, 182, 183: „Genau dies wird aber der Eigenart unternehmerischer Tätigkeit nicht gerecht, man mag Schäden/Verluste, in denen sich ein unternehmerisches Risiko realisiert hat zwar im Alltagssprachgebrauch als „Fehlentscheidung/falsche Entscheidung" bezeichnen; dies bedeutet freilich nicht, dass man dem Organ ohne weiteres auch im Rechtssinn einen Vorwurf machen kann."

223 *Hopt/Roth* in: GroßKomm, AktG, § 93 Abs 1 Satz 2, 4 nF Rz. 8; *Haas/Ziemons* in: Michalski, GmbHG, § 43 Rz. 64; *Hommelhoff*, Die Konzernleitungspflicht, S. 174: „Vor allem aber: Jede noch so sorgfältig vorbereitete Entscheidung vermag nicht gänzlich das Fehlschlagsrisiko auszuschließen, das in der Wettbewerbswirtschaft angelegt ist und das diese gerade will: Sorgfalt schützt vor Fehlschlag nicht."; *Scharpf*, DB 1997, 737, 739: „Es gilt grundsätzlich: Ohne Risiko keine Gewinnchance."; *Lutter*, GmbHR 2000, 301, 305; *Ihrig*, WM 2004, 2098.

224 vgl. auch *Haas/Ziemons* in: Michalski, GmbHG, § 43 Rz. 64; *Schweitzer*, Zulässigkeit der Ausschlussklauseln, S. 56; *Hahn/Weber/Friedrich*, BB 2000, 2620, 2628; *Brömmelmeyer*, WM 2005, 2065, 2066: „Tatsächlich lebt die Marktwirtschaft von der Risikobereitschaft der Marktakteure [...] Unternehmerische Fehlentscheidungen des Vorstands sind Teil des unternehmerischen Risikos der Aktionäre; sie können dieses Risiko steuern, sie können es aber nicht i.S. einer Erfolgshaftung auf den Vorstand abwälzen."

Natur gemäß dem unternehmerischen Mandat des Geschäftsführers."[225] Die hieraus folgenden Konsequenzen zeigt u. a. *Röhricht* auf: „Fehlt dem Vorstand die für eine erfolgreiche Unternehmensführung erforderliche glückliche Hand, so kann er bei nächster Gelegenheit abberufen werden. Schadensersatzpflichten können daraus nicht hergeleitet werden."[226]

Diese Eigenarten der unternehmerischen Tätigkeit berücksichtigend hat der Bundesgerichtshof in Sache *ARAG/Garmenbeck* in Anlehnung an die Business Judgment Rule des US-amerikanischen Rechts entschieden, „daß dem Vorstand einer AG bei der Leitung der Geschäfte des Gesellschaftsunternehmens ein weiter Handlungsspielraum zugebilligt werden muss, ohne den eine unternehmerische Tätigkeit schlechthin nicht denkbar ist."[227] Dazu gehöre „neben dem bewußten Eingehen geschäftlicher Risiken grundsätzlich auch die Gefahr, dass der Vorstand diese Risiken falsch einschätzt und beurteilt, wobei diese Gefahr auch dann besteht, wenn der Vorstand verantwortungsbewusst handelt."[228] Solange sich die Entscheidung des Vorstands innerhalb dieses ihm zustehenden Ermessensspielraums bewege, entfalle der Vorwurf schuldhaft pflichtwidrigem Handelns und damit auch die Möglichkeit, diese gerichtlich überprüfen zu lassen.[229] *Röhricht* stellt hierzu fest: Der verwaltungsrechtliche Ermessensbegriff ist damit das Produkt einer weit fortgeschrittenen Verrechtlichung staatlichen Handelns. In diametralem Gegensatz dazu muß unternehmerisches Handeln dagegen vor Verrechtlichung und gerichtlicher Nachprüfung gerade bewahrt werden. Gesetz- und satzungsmäßiges, von Verantwortungsbewußtsein getragenes, ausschließlich am Wohl des Gesellschaftsunternehmens ausgerichtetes, lege artis auf sorgfältiger Ermittlung der Entscheidungsgrundlagen beruhendes unternehmerisches Handeln kann auch dann, wenn es nicht den erwünschten geschäftlichen Erfolg zeitigt oder sich sogar im nachhinein als verlustbringend

---

225 *Paefgen* in: Ulmer/Habersack/Winter, GmbHG, § 43 Rz. 70; vgl. auch *Goette*, FS 50 Jahre Bundesgerichtshof, 123, 135: „Zum unternehmerischen Handeln gehört die Inkaufnahme von Risiken ebenso wie die Gefahr eines Fehlschlags."; *Bachmann*, ZHR 177 (2013), 1, 4 m. w. N.

226 *Röhricht* in: Hommelhoff/Röhricht, Gesellschaftsrecht 1997, S. 205.

227 BGH, Urt. v. 21.04.1997 – II ZR 175/95 = NJW 1997, 1926, 1927.

228 BGH NJW 1997, 1926, 1927; zu der Einordnung der *ARAG/Garmenbeck*-Entscheidung vgl. *Paefgen* in: Ulmer/Habersack/Winter, GmbHG, § 43 Rz. 60; *Dauner-Lieb* in: Henssler/Strohn, AktG, § 93 Rz. 17; *Röhricht* in: Hommelhoff/Röhricht, Gesellschaftsrecht 1997, S. 201 ff.; *Fleischer*, NZG 2011, 521, 523.

229 BGH NJW 1997, 1926, 1927; BGH NJW 2013, 1958, 1959.

erweist, grundsätzlich überhaupt nicht Gegenstand rechtlicher Überprüfung und damit gerichtlicher Kontrolle sein."[230]

Dass den Leitungsorganen im Rahmen von unternehmerischen Entscheidungen ein weiter, nicht justiziabler Handlungsspielraum zugestanden werden muss, wurde mit Inkrafttreten des Gesetzes zur Unternehmensintegrität und Modernisierung des Anfechtungsrechts (UMAG) am 01.11.2005 auch in § 93 Abs. 1 S. 2 AktG n. F. umgesetzt.[231] In dieser Vorschrift wurde wiederum teilweise nach dem Vorbild US-amerikanischen Rechts[232] die sog. Business Judgment Rule kodifiziert, die in Deutschland allerdings spätestens durch die *ARAG/Garmenbeck*-Entscheidung auch schon vorher grundsätzlich anerkannt war (s. o.).[233]

Gemäß § 93 Abs. 1 S. 2 AktG liegt eine Pflichtverletzung nicht vor, wenn das Vorstandsmitglied bei einer unternehmerischen Entscheidung vernünftigerweise annehmen durfte, auf der Grundlage angemessener Informationen zum Wohle der Gesellschaft zu handeln. Das Fehlschlagen eines Geschäftes führt somit dann nicht zu einer Haftung, wenn das Organ den ihm zustehenden

---

230 *Röhricht* in: Hommelhoff/Röhricht, Gesellschaftsrecht 1997, S. 204 f.; kritisch zum Ermessensbegriff auch *Dauner-Lieb* in: Henssler/Strohn, AktG, § 93 Rz. 18.

231 *Hopt/Roth* in: GroßKomm, AktG, § 93 Abs 1 Satz 2, 4 nF Rz. 1 ff.; *Mertens/Cahn* in: KölnKomm, AktG, § 93 Rz. 12; *Dauner-Lieb* in: Henssler/Strohn, AktG, § 93 Rz. 17; *Hüffer/Koch*, AktG, § 93 Rz. 12; *Cahn*, Aufsichtsrat und Business Judgment Rule, S. 1; *Schmitt*, Organhaftung und D&O-Versicherung, S. 63 ff.; *Ulmer*, DB 2004, 859 ff.

232 vgl. hierzu: *Hopt/Roth* in: GroßKomm, AktG, § 93 Abs 1 Satz 2, 4 nF Rz. 2; *Mertens/Cahn* in: KölnKomm, AktG, § 93 Rz. 14; *Dauner-Lieb* in: Henssler/Strohn, AktG, § 93 Rz. 17; *Cahn*, Aufsichtsrat und Business Judgment Rule, S. 1; *Schweitzer*, Zulässigkeit der Ausschlussklauseln, S. 57; Lutter, GmbHR 2000, 301, 308.

233 *Hopt/Roth* in: GroßKomm, AktG, § 93 Abs 1 Satz 2, 4 nF Rz. 2; *Mertens/Cahn* in: KölnKomm, AktG, § 93 Rz. 12 m. w. N.; *Dauner-Lieb* in: Henssler/Strohn, AktG, § 93 Rz. 18: „Da der haftungsfreie unternehmerische Entscheidungsspielraum (geradezu sachnotwendig) bereits vor der Kodifizierung in § 93 Abs. 1 S. 2 anerkannt war (BGH 21.4.1997, BGHZ 135, 244, 253 = NJW 1997, 1926), kommt der Regelung vor allem Klarstellungsfunktion zu."; *Paefgen* in: Ulmer/Habersack/Winter, GmbHG, § 43 Rz. 22, 52; *Grunewald*, Gesellschaftsrecht, § 10 Rz. 61; Wiesner in: Münch. Hdb. GesR IV, § 25 Rz. 9; zu Recht wies *Spindler* (NZG 2005, 865, 871) dabei darauf hin: „Entgegen dem ersten Eindruck handelt es sich dabei nicht um eine grundlegende Neuerung im deutschen Recht, da schon lange Zeit vorher anerkannt und von der höchstrichterlichen Rechtsprechung explizit bestätigt worden war, dass dem Vorstand ein unternehmerischer, nicht der gerichtlichen Kontrolle unterliegender Freiraum zugestanden werden muss."; *Druey*, FS Goette, 57, 60.

Handlungsspielraum fehlerfrei ausgeübt hat.[234] Riskante und auch fehlgeschlagene Geschäfte sind daher nicht pflichtwidrig, wenn sie sich im Rahmen des erlaubten Risikos bewegen.[235]

### aa) Funktionen der Business Judgment Rule

Der Business Judgment Rule kommen ähnliche Funktionen zu, wie der D&O-Versicherung auch, nämlich zum einen die unternehmerische Risikobereitschaft zu stärken und zum anderen den Unternehmen zu Personal zu verhelfen, das dazu bereit ist, unternehmerische Risiken einzugehen.[236] Laut *Paefgen* besteht insofern „ein direkter Zusammenhang zwischen der D&O-Versicherung und der Haftungsfreistellung des Geschäftsführers bei unternehmerischen Entscheidungen nach der Business Judgment Rule."[237]

#### *(1) Stärkung der unternehmerischen Risikobereitschaft*

Die Business Judgment Rule dient zum einen dazu, den Organen einen Freiraum zu schaffen, in dem sie nicht persönlich haften, wenn unternehmerische Risiken sich realisieren, um sie hierdurch zu motivieren, solche Risiken einzugehen, was aus unternehmerischer und volkswirtschaftlicher Sicht gewünscht ist.[238] Wie die D&O-Versicherung auch, soll die Business Judgment Rule also ein risikoaverses Verhalten der Leitungsorgane verhindern, damit ihnen durch die Gefahr einer persönlichen Inanspruchnahme nicht „jeder Mut zur Tat genommen" wird.[239] *Cahn* stellt hierzu fest: „Das Bedürfnis für eine derartige Regel ergibt sich nach

---

234 BGH NJW 1997, 1926, 1927; BGH NJW 2013, 1958, 1959; *Röhricht* in: Hommelhoff/Röhricht, Gesellschaftsrecht 1997, S. 205.

235 *Zöllner/Noack* in: Baumbach/Hueck, GmbHG, § 43 Rz. 22; *Henzler* in: Bruck/Möller, VVG, AVB-AVG 2011/2013 Anh Ziff. 1 Rz. 19; *Dauner-Lieb*, FS-Röhricht, 83, 92 f.

236 s. o., Abschn. B II.

237 *Paefgen* in: Ulmer/Habersack/Winter, GmbHG, § 43 Rz. 257; vgl. hierzu auch *Lange*, VW 2004, 968, 971.

238 *Hopt/Roth* in: GroßKomm, AktG, § 93 Abs 1 Satz 2, 4 nF Rz. 8; *Mertens/Cahn* in: KölnKomm, AktG, § 93 Rz. 13; *Röhricht* in: Hommelhoff/Röhricht, Gesellschaftsrecht 1997, S. 205; *Koch*, ZGR 2006, 769, 782; *Paefgen*, AG 2004, 245, 247; *Brömmelmeyer*, WM 2005, 2065, 2066; *Fleischer*, NJW 2005, 3525, 3527; *ders.*, ZIP 2004, 685 f.; *Wagner*, ZHR 178 (2014), 227, 276; vgl. auch *Goette*, FS 50 Jahre Bundesgerichtshof, 123, 124 m. w. N.

239 *Hopt/Roth* in: GroßKomm, AktG, § 93 Abs 1 Satz 2, 4 nF Rz. 8; *Mertens/Cahn* in: KölnKomm, AktG, § 93 Rz. 13; *Arnold*, Die Steuerbarkeit des Vorstandshandelns, S. 174; *Koch*, AG 2012, 429, 438; *Spindler*, AG 2013, 889, 890; vgl. hierzu auch *Goette*, FS 50 Jahre Bundesgerichtshof, 123, 124; *Ihrig*, WM 2004, 2098 und *Fleischer*, ZIP 2004, 685 jeweils mit Hinweis auf die Gesetzesbegründung von § 84 AktG 1937.

h.M. daraus, dass bei konsequenter Anwendung des strengen Pflichtenmaßstabes des § 93 Abs. 1 Satz 1 AktG und angesichts der Neigung, Fehleinschätzungen über die Zukunft im Nachhinein als Ergebnis unzulänglicher Entscheidungsfindung einzustufen, die Gefahr bestünde, dass unternehmerische Misserfolge im Nachhinein als Sorgfaltspflichtverstöße sanktioniert werden könnten und die Vorstandshaftung im Ergebnis wie eine Erfolgshaftung gehandhabt würde. Die Folge einer derartigen Handlungspraxis ware ein erheblicher Anreiz für Vorstandsmitglieder, unternehmerische Risiken, die auch bei sorgfältigstem Verhalten in Musserfolgen resultieren können, so weit wie möglich zu vermeiden."[240]

*(2) Rekrutierungsinteresse des Unternehmens*

Zum anderen soll die Business Judgment Rule den Unternehmen durch den durch sie eröffneten Haftungsfreiraum dabei behilflich sein, überhaupt geeignetes Führungspersonal zu finden, das ohne eine entsprechende Begrenzung des persönlichen Haftungsrisikos weit weniger dazu bereit wäre, eine solche Position zu bekleiden.[241] Dies deckt sich ebenfalls mit einem der Zwecke der D&O-Versicherung (s. o.).[242]

### bb) Eingeschränkte richterliche Überprüfbarkeit unternehmerischer Entscheidungen

Auch liegt der Business Judgment Rule die Erkenntnis zugrunde, dass unternehmerische Entscheidungen und Risiken nur bedingt justitiabel sind.[243] Die Entscheidungswirklichkeit eines Managers ist eine andere als die eines Richters, der eben nicht unternehmerisch tätig und sich daher auch nur sehr bedingt in die Lage eines Managers hineinversetzen kann.[244] Um es mit *Dauner-Lieb* zu sagen: „Es sind kaum unterschiedlichere Berufe, Arbeits- und Denkweisen und damit Lebenswirklichkeiten vorstellbar als die des Unternehmers (sei er Eigenunternehmer oder Fremdmanager) und die des Richters."[245] Laut *Hopt* soll die

---

240 *Cahn*, Aufsichtsrat und Business Judgment Rule, S. 2.

241 *Hopt/Roth* in: GroßKomm, AktG, § 93 Abs 1 Satz 2, 4 nF Rz. 9; *Paefgen*, AG 2004, 245, 247 m. w. N.; *Ulmer*, DB 2004, 859, 860.

242 Abschn. B II 3.

243 *Hopt/Roth* in: GroßKomm, AktG, § 93 Abs 1 Satz 2, 4 nF Rz. 8; *Paefgen* in: Ulmer/Habersack/Winter, GmbHG, § 43 Rz. 64; *Koch*, ZGR 2006, 769, 782; *Paefgen*, AG 2004, 245, 247 f.; *Fleischer*, NJW 2005, 3525, 3528; *Spindler*, AG 2013, 889, 890.

244 *Hopt/Roth* in: GroßKomm, AktG, § 93 Abs 1 Satz 2, 4 nF Rz. 9; *Koch*, ZGR 2006, 769, 782; *Paefgen*, AG 2004, 245, 247 f.; kritisch *Kuntz*, GmbHR 2008, 121 f.

245 *Dauner-Lieb*, FS Röhricht, 83; vgl. auch *Röhricht* in: Hommelhoff/Röhricht, Gesellschaftsrecht 1997, S. 204 f.

„größere Expertise der Unternehmensleiter im Vergleich zu Richtern" zu einer „richterlichen Zurückhaltung" („judicial self restraint") führen.[246] *Röhricht* weist dabei auf den Zusammenhang mit der erwünschten und erforderlichen Stärkung der unternehmerischen Risikobereitschaft hin: „Die Haftung des Vorstands für innerhalb der aufgezeigten Grenzen getroffene unternehmerische Entscheidungen kann schon deshalb kein geeignetes Sicherungsmittel gegen geschäftliche Fehlentscheidungen sein, weil sie letztlich die Beurteilung unternehmerischen Handelns in die Hände der dazu weder berufenen noch vorbereiteten Richter legen und hemmend auf die unverzichtbare Initiativ- und Risikobereitschaft der Unternehmensvorstände wirken müßte."[247]

Hinzu kommt, dass Gerichte in Angesicht des Schadens ex post tendenziell „vom bösen Ende"[248] eher dazu neigen, den Eintritt des Schadens als wahrscheinlicher einzuschätzen, als die sich aus der ex-ante-Perspektive dargestellte Realisierung einer Gewinnchance.[249] *Fleischer* hat dabei herausgestellt, dass Studien in den USA ergeben haben, dass auch erfahrene Richter einem solchen sog. Rückschaufehler unterliegen.[250] Dieser sog. *outcome* oder *hindsight bias*[251] äußert sich

---

246 *Hopt/Roth* in: GroßKomm, AktG, § 93 Abs 1 Satz 2, 4 nF Rz. 8 m. w. N.

247 *Röhricht* in: Hommelhoff/Röhricht, Gesellschaftsrecht 1997, S. 205; so ähnlich *Wagner*, ZHR 178 (2014), 227, 258: „Im Kontext der Geschäftsleiterhaftung steht die Fähigkeit der Gerichte im Zweifel, betriebswirtschaftliche Entscheidungen zu beurteilen und dabei besser abzuschneiden als diejenigen Akteure, die für solche Entscheidungen ausgebildet sind und über entsprechende praktische Erfahrungen verfügen."

248 *Roth*, BB 2004, 1066, 1068.

249 *Mertens/Cahn* in: KölnKomm, AktG, § 93 Rz. 13; *Zöllner/Noack* in: Baumbach/Hueck, GmbHG, § 43 Rz. 22a; *Dauner-Lieb*, FS Röhricht, 83, 84, 89: „Die Neigung im Hinblick auf eingetretene Verluste *ex post* zu erklären, dass man es *ex ante* besser hätte wissen können und müssen, ist ebenso populär wie naiv und inzwischen sogar Gegenstand wissenschaftlicher Untersuchungen."; *Cahn*, Aufsichtsrat und Business Judgment Rule, S. 2; *Roth*, BB 2004, 1066, 1068; *Koch*, ZGR 2006, 769, 782, 787 f.; vgl. auch *Redeke*, NZG 2009, 496, 497; *Bachmann*, ZHR 177 (2013), 1, 4; *Spindler*, AG 2013, 889, 890; *Hopt*, ZIP 2013, 1793, 1798, 1801; *Wagner*, ZHR 178 (2014), 227, 232, 258; kritisch *Kuntz*, GmbHR 2008, 121, 122.

250 *Fleischer*, ZIP 2004, 685, 686; *ders.*, NZG 2011, 521, 522 unter Hinweis auf: *Hastie*/Schkade/*Payne*, 23 Law and Human Behaviour (1999), S. 597 und *Guthrie/Rachlinski/Wistrich*, 86 Cornell L. Rev. (2000/01), S. 777, 799 ff.

251 *Guthrie/Rachlinski/Wistrich*, 86 Cornell L. Rev. (2000/01), S. 777, 799 f.: „People overstate their own ability to have predicted the past and believe that others should have been able to predict events better than was possible. Psychologists call this tendency for people to overestimate the predictability of past events the „hindsight

darin, dass der bereits eingetretene Geschehensverlauf schon deshalb für wahrscheinlicher gehalten wird als ein (genauso) möglicher anderer, weil er eben eingetreten ist und der (genauso) mögliche andere eben nicht („Hinterher ist man immer schlauer.").[252] Sofern einer unternehmerischen Chance ein Risiko gegenübersteht und dieses Risiko sich verwirklicht, muss also befürchtet werden, dass das Gericht den Eintritt dieses Risikos von vornherein für wahrscheinlicher hält als die Realisierung der Chance. Diese Gefahr besteht bei Managern umso mehr, als sie „von Amts wegen" dazu verpflichtet sind, ständig solche Risiken einzugehen, womit aber zwangsläufig auch Fehlschläge verbunden sein können (s. o.).[253] *Wagner* weist dabei zu Recht darauf hin: „Die deutsche Version der *Business Judgment Rule* soll die Geschäftsleiter zwar vor eben dieser Urteilsverzerrung schützen, doch ob dies in der Praxis auch gelingt, ist eine offene Frage."[254]

### cc) Analoge Anwendung von § 93 Abs. 1 S. 2 AktG auf die GmbH

Anerkannt ist, dass nicht nur dem Vorstand einer Aktiengesellschaft, sondern auch dem Geschäftsführer einer GmbH der durch die Business Judgment Rule vermittelte Handlungsspielraum zusteht; § 93 Abs. 1 S. 2 AktG ist somit auf den GmbH-Geschäftsführer analog anwendbar.[255]

---

bias." It occurs because learning an outcome causes people to update their beliefs about the world. People then rely on these new beliefs to generate estimates of what was predictable, but they ignore the change in their beliefs that learning the outcome inspired. [...] Several studies have demonstrated that the hindsight bias influences judgments of legal ability. [...] Because courts usually evaluate events after the fact, they are vulnerable to the hindsight bias."

252 *Hopt/Roth* in: GroßKomm, AktG, § 93 Abs 1 Satz 2, 4 nF Rz. 8; *Spindler* in: MünchKommAktG, § 93 Rz. 40; *Paefgen* in: Ulmer/Habersack/Winter, GmbHG, § 43 Rz. 59; *Arnold*, Die Steuerbarkeit des Vorstandshandelns, S. 174; *Brömmelmeyer*, WM 2005, 2065, 2068; *Dauner-Lieb*, BOARD 2014, 182, 183: „Auch wenn ihm [dem Juristen] theoretisch die Gefahr einer *hindsight bias* bekannt ist, neigt er doch dazu, im Hinblick auf Krisen und Verluste *ex post* zu erklären, dass man es *ex ante* hätte besser wissen müssen und dementsprechend vom Schaden auf die Pflichtverletzung zurück zu schließen."; vgl. auch *Ulmer*, DB 2004, 859, 860: „Mit Recht besteht daher Einigkeit darüber, dass sich die Haftung von Unternehmensleitern nicht auf einen ex post konstatierten Misserfolg stützen darf, wenn die handelnden Personen ihrer unternehmerischen Aufgabe nicht gerecht werden."

253 Abschn. B VI 2 c), vgl. auch *Schweitzer*, Zulässigkeit der Ausschlussklauseln, S. 56, 235.

254 *Wagner*, ZHR 178 (2014), 227, 258.

255 *Paefgen* in: Ulmer/Habersack/Winter, GmbHG, § 43 Rz. 52 unter Hinweis auf BGHZ 152, 280, 284: „Die Anwendung der Business Judgment Rule als rechtsformübergreifendes Prinzip des Kapitalgesellschaftsrechts entspricht auch dem Trend

### dd) Dogmatische Einordnung der Business Judgment Rule

Dogmatisch handelt es sich bei der Business Judgment Rule um einen Tatbestandsausschluss bzw. um eine unwiderledigliche Rechtsvermutung, welche, wenn deren Voraussetzungen erfüllt sind, als „safe harbour" die Annahme einer Pflichtverletzung von vornherein entfallen lassen.[256]

### ee) Voraussetzungen der Business Judgment Rule

Die *Business Judgment Rule* greift ein, wenn deren fünf Tatbestandsvoraussetzungen vorliegen; so muss das Organ 1. eine unternehmerische Entscheidung treffen, die es 2. auf Grundlage angemessener Informationen vorbereitet hat, dabei 3. zum Wohle der Gesellschaft und 4. ohne Sonderinteressen handeln und schließlich 5. gutgläubig sein.[257] Dabei ist darauf hinzuweisen, dass nicht alle der vorgenannten Tatbestandsmerkmale dieselbe Gewichtung haben und sich auch nicht alle am Wortlaut des § 93 Abs. 1 S. 2 AktG festmachen lassen.[258] Von Bedeutung sind insbesondere die ersten beiden Voraussetzungen, d. h. die

---

der Rechtsprechung, wie er in einem neueren Grundsatzurteil des BGH zur Beweislastverteilung bei der Haftung nach § 43 Abs. 2 zum Ausdruck kommt, das der BGH ausdrücklich auch auf die AG und die Genossenschaft bezogen hat."; *Grunewald*, Gesellschaftsrecht, § 13 Rz. 62; *Schweitzer*, Zulässigkeit der Ausschlussklauseln, S. 59; *Hauschka*, GmbHR 2007, 11, 12; *Fleischer*, NZG 2011, 521, 527; *Kuntz*, GmbHR 2008, 121, 122 ff., 128; *Redeke*, NZG 2009, 496, 497; *Koch*, AG 2012, 429, 438; vgl. auch BT-Drs. 15/5092, S. 12, „wonach der Grundgedanke des Geschäftsleiterermessens im Bereich unternehmerischer Entscheidungen nicht nur auf den Haftungstatbestand des § 93 Abs. 1 S. 2 AktG und nicht auf die Aktiengesellschaft beschränkt, sondern sich auch ohne positivrechtliche Regelung in allen Formen unternehmerischer Betätigung findet."

256 *Hopt/Roth* in: GroßKomm, AktG, § 93 Abs 1 Satz 2, 4 nF Rz. 10; *Dauner-Lieb* in: Henssler/Strohn, AktG, § 93 Rz. 19; *Hüffer/Koch*, AktG, § 93 Rz. 8, 12, 14; *Wiesner* in: Münch. Hdb. GesR IV, § 25 Rz. 9; *Cahn*, Aufsichtsrat und Business Judgment Rule, S. 2; *Fleischer*, ZIP 2004, 685, 689 f.; *Brömmelmeyer*, WM 2005, 2065, 2069; vgl. auch *Mertens/Cahn* in: KölnKomm, AktG, § 93 Rz. 15; *Heermann*, ZIP 1998, 761, 766.

257 BegrRefE, NZG 2004, SBeil. 4, S. 9 ff.; *Krieger/Sailer-Coceani* in: Karsten Schmidt/Lutter, AktG, § 93 Rz. 10; *Hüffer/Koch*, AktG, § 93 Rz. 15; *Fleischer* in: MünchKommGmbHG, § 43 Rz. 80 ff.; *ders.*, ZIP 2004, 685, 690; *ders.*, NJW 2005, 3525, 3528; *Wiesner* in: Münch. Hdb. GesR IV, § 25 Rz. 9; *Schweitzer*, Zulässigkeit der Ausschlussklauseln, S. 57 ff.; *Goette*, FS 50 Jahre Bundesgerichtshof, 123, 140 f.; *Ihrig*, WM 2004, 2098, 2103 ff.; *Hauschka*, GmbHR 2007, 11.

258 *Fleischer*, NJW 2005, 3525, 3528; *Hauschka*, GmbHR 2007, 11.

unternehmerische Entscheidung und das Handeln auf Grundlage angemessener Informationen.[259]

*(1) Unternehmerische Entscheidung*

Erste Voraussetzung der *Business Judgment Rule* ist die „unternehmerische Entscheidung".[260] Diese ist Ausdruck des unternehmerischen Handlungsspielraumes; unternehmerische Entscheidungen sollen „Ermessensentscheidungen" sein.[261] Dieser Handlungsspielraum kommt dabei nur denjenigen prognostischen unsicheren Entscheidungen zu, die mit einem Risiko behaftet sind, von dem sich im Vorhinein nicht sagen lässt, ob es sich verwirklichen wird.[262] Hierbei wirkt sich insbesondere aus, dass es an eindeutigen Regeln durch die Rechtsprechung fehlt; der dem Organ zustehende unternehmerische Handlungsspielraum kann daher „nur annäherungsweise" bestimmt werden.[263]

Nach *Dauner-Lieb* ist „die unternehmerische Entscheidung in ihrem Kern immer eine Entscheidung in Unsicherheit. Der entscheidende Unsicherheitsfaktor ist freilich der Markt. Das typische unternehmerische Risiko besteht im Kern darin, dass die angebotene Ware oder Dienstleistung vom Markt überhaupt nicht oder jedenfalls nicht zu kostendeckenden Preisen angenommen wird und

---

259 so auch *Fleischer*, NJW 2005, 3525, 3528.

260 vgl. BegrRefE, NZG 2004, SBeil. 4, S. 9.

261 so ausdrücklich *Brömmelmeyer*, WM 2005, 2065, 2066; *Fleischer*, NJW 2005, 3525, 3528; kritisch zum Ermessensbegriff *Dauner-Lieb* in: Henssler/Strohn, AktG, § 93 Rz. 18: „Wenig glücklich ist die übliche Bezeichnung des unternehmerischen Freiraums als unternehmerisches Ermessen: Der Ermessensbegriff ist eine Zweckschöpfung des Öffentlichen Rechts, der dazu dient, den hoheitlich handelnden Staat zum Schutz der seiner Gewalt unterworfenen Bürger selbst dort noch gerichtlich überprüfbaren Bindungen zu unterwerfen, wo ihm zur Einhaltung der notwendigen Handlungsfreiheit gewisse umschriebene und eingegrenzte Handlungsspielräume offengehalten werden müssen. Er wird damit der Eigenart unternehmerischer Tätigkeit nicht gerecht."; vgl. auch *Röhricht* in: Hommelhoff/Röhricht, Gesellschaftsrecht 1997, S. 204 f.; *von Falkenhausen*, NZG 2012, 644, 650.

262 *Mertens/Cahn*; KölnKomm, AktG, § 93 Rz. 17; *Spindler* in: MünchKommAktG, § 93 Rz. 40; *Hüffer/Koch*, AktG, § 93 Rz. 16; *Fleischer* in: MünchKommGmbHG, § 43 Rz. 61; *ders.*, NJW 2005, 3525, 3528; *Johannsen-Roth* in: Wilsing, DCGK, Ziff. 3.8 Rz. 22; *Schweitzer*, Zulässigkeit der Ausschlussklauseln, S. 56 f.; *Dauner-Lieb*, FS Röhricht, 83, 95 f.; *Ihrig*, WM 2004, 2098, 2104, 2107; *Brömmelmeyer*, WM 2005, 2065, 2066; *Spindler*, AG 2013, 889, 890, 891; im Ergebnis auch *Dauner-Lieb* in: Henssler/Strohn, AktG, § 93 Rz. 20; *dies.*, BOARD 2014, 182, 183.

263 so auch *Heermann*, ZIP 1998, 761, 765.

infolgedessen die Erträge die Aufwendungen nicht decken."[264] Und: „Das unternehmerische Risiko, dass der Markt die angebotene Ware oder Dienstleistung nicht annimmt, ist im *Kern nicht beherrschbar.*"[265]

Kennzeichnend für eine solche unternehmerische Entscheidung ist daher, dass sie sich originär an kaufmännischen und nicht an rechtlichen Maßstäben auszurichten hat.[266] Leitungsorgane müssen ständig zwischen unterschiedlichen Handlungsoptionen wählen und dabei Chancen und Risiken gegeneinander abwägen.[267] *Fleischer* hat herausgestellt, dass bereits die betriebswirtschaftliche Literatur zur Entscheidungs- und Investitionstheorie einen Einblick darüber gibt, welche Anforderungen hier an den Unternehmensleiter gestellt werden.[268] So ist ihr u. a. zu entnehmen, dass es im unternehmerischen Verkehr eine Vielzahl von Unwägbarkeiten gibt, die im Vorhinein nicht in die Entscheidungsfindung einbezogen werden können, die sich im Nachhinein aber doch gravierend auswirken können, insbesondere dann, – was in der Praxis häufig der Fall sein dürfte – wenn die Sachverhalte komplex sind und die Rahmenbedingungen der unternehmerischen Entscheidung sich nachträglich ändern.[269] Eine unternehmerische Entscheidung liegt also nur dann vor, wenn der Geschäftsleiter im

---

264 *Dauner-Lieb*, Unternehmen in Sondervermögen, S. 25; *dies.*, BOARD 2014, 182, 183; vgl. hierzu auch *Druey*, FS Goette, 57, 69: „Mit keiner Methode, mit keinen Prognosen, aber mit keinen „goldenen Regeln" von Betriebswirten oder „Pflichtenheften" juristischer Art lässt sich diese Lücke der Ungewissheit ausfüllen. [...] Also: Der Handlungszwang in Ungewissheit ist doch wohl die eigentliche Idee der BJR."

265 *Dauner-Lieb*, FS-Röhricht, S. 83, 84, 88; *dies.*, BOARD 2014, 182, 183.

266 *Dauner-Lieb*, FS Röhricht, 83, 84, 94 f.; *Brömmelmeyer*, WM 2005, 2065, 2066; vgl. hierzu auch *Ulmer*, DB 2004, 859, 860.

267 *Dauner-Lieb* in: Henssler/Strohn, AktG, § 93 Rz. 20; *Koch*, ZGR 2006, 769, 784; *Fleischer*, NZG 2011, 521, 522.

268 *Fleischer*, NZG 2011, 521, 522 m. w. N.; vgl. auch *Kuntz*, GmbHR 2008, 121, 122; *Binder*, AG 2012, 885 ff.; *Dauner-Lieb*, BOARD 2014, 182, 183.

269 *Fleischer*, NZG 2011, 521, 522 m. w. N.; vgl. auch *Dauner-Lieb*, FS Röhricht, 83, 84: „Die meisten Entscheidungen sind außerdem von hoher Komplexität, die sich u.a. aus der Unübersichtlichkeit der Problemstruktur, der Vielzahl der Problemvariablen und ihrer Verknüpfung, dem Mangel an Isolierbarkeit einzelner Probleme sowie aus der begrenzten Aussagekraft von Prognosen ergibt.", 97 f.; *dies.*, BOARD 2014, 182, 183; *Heermann*, ZIP 1998, 761, 762; *Ulmer*, DB 2004, 859, 860; *Daftari/Franzen*, VW 2011, 340: „Mit der zunehmenden Komplexität der Wirtschaft steigt für Entscheider das Risiko, ihre Sorgfaltspflichten zu verletzen und dafür zur Verantwortung gezogen zu werden".

Zeitpunkt ihrer Vornahme nicht beurteilen kann, ob sich das mit ihr verbundene wirtschaftliche Risiko verwirklichen wird.[270]

Abgegrenzt werden die unternehmerischen Entscheidungen von den sog. gebundenen Entscheidungen, bei denen es keinen unternehmerischen Handlungsspielraum gibt und die damit der vollen gerichtlichen Inhaltskontrolle unterliegen.[271] Da die Business Judgment Rule das Legalitätsprinzip nicht aufhebt, fallen Gesetzes- und Satzungsverstöße aus dem Bereich des unternehmerischen Handlungsspielraumes heraus, weil sie kein wirtschaftliches Risiko betreffen, sondern verbindlich vom Unternehmensleiter ein bestimmtes Verhalten verlangen.[272] Soweit für das Leitungsorgan also kraft Gesetzes, Satzung, Anstellungsvertrag, Geschäftsordnung oder Weisung bestimmte Verhaltenspflichten bestehen, liegt folglich eine gebundene Entscheidung vor, bei der eine für eine unternehmerische Entscheidung typische Handlungsalternative nicht besteht.[273] Allerdings ist zu Recht darauf hingewiesen worden, dass auch bei rechtlich gebundenen Entscheidungen, die beispielweise an die Beurteilung von (rechtlichen) Risiken anknüpfen, erhebliche Unsicherheiten und Abgrenzungsschwierigkeiten bestehen können.[274] Dabei ist zu berücksichtigen, dass Leitungsorgane hierfür in der Regel nicht ausgebildet worden sind.[275] Hinzu kommt, dass nach der Rechtsprechung des BGH in der Angelegenheit *ISION* an das Vorliegen eines

---

270 *Ihrig*, WM 2004, 2098, 2104.

271 *Hopt/Roth* in: GroßKomm, AktG, § 93 Abs 1 Satz 2, 4 nF Rz. 16, 21; *Mertens/Cahn* in: KölnKomm, AktG, § 93 Rz. 17; *Dauner-Lieb* in: Henssler/Strohn, AktG, § 93 Rz. 21; *Paefgen* in: Ulmer/Habersack/Winter, GmbHG, § 43 Rz. 22, 55; *Zöllner/Noack* in: Baumbach/Hueck, GmbHG, § 43 Rz. 22b; *Schweitzer*, Zulässigkeit der Ausschlussklauseln, S. 58; *Koch*, ZGR 2006, 769, 784.

272 *Hopt/Roth* in: GroßKomm, AktG, § 93 Abs 1 Satz 2, 4 nF Rz. 16; *Mertens/Cahn* in: KölnKomm, AktG, § 93 Rz. 21; *Hüffer/Koch*, AktG, § 93 Rz. 16; *Paefgen* in: Ulmer/Habersack/Winter, GmbHG, § 43 Rz. 22; *Johannsen-Roth* in: Wilsing, DCGK, Ziff. 3.8 Rz. 22; *Cahn*, Aufsichtsrat und Business Judgment Rule, S. 5 f.; *Ihrig*, WM 2004, 2098, 2103, 2104; vgl. *Paefgen*, AG 2004, 245, 251 f.; *Fleischer*, NJW 2005, 3525, 3528; *Goette*, FS 50 Jahre Bundesgerichtshof, 123, 132.

273 *Hopt/Roth* in: GroßKomm, AktG, § 93 Abs 1 Satz 2, 4 nF Rz. 22; *Paefgen* in: Ulmer/Habersack/Winter, GmbHG, § 43 Rz. 22; *Zöllner/Noack* in: Baumbach/Hueck, GmbHG, § 43 Rz. 22b; *Lutter*, GmbHR 2000, 301, 306 f.; *Fleischer*, NJW 2005, 3525, 3528; vgl. auch *Heermann*, ZIP 1998, 761, 763.

274 so ausdrücklich *Spindler* in: MünchKommAktG, § 93 Rz. 65; *Mertens/Cahn* in: KölnKomm, AktG, § 93 Rz. 17; *Johannsen-Roth* in: Wilsing, DCGK, Ziff. 3.8 Rz. 22; *Spindler*, AG 2013, 889, 891.

275 vgl. *Spindler* in: MünchKommAktG, § 93 Rz. 66.

unverschuldeten Rechtsirrtums strenge Maßstäbe anzulegen ist, was selbst dann gelten soll, wenn das Organ rechtlich beraten ist.[276]

Eine unternehmerische Entscheidung liegt demnach vor, wenn das Leitungsorgan zwischen mehreren tatsächlich möglichen und rechtlich zulässigen Handlungsoptionen wählen kann.[277] Das Leitungsorgan muss die unternehmerische Entscheidung bewusst treffen, in dieser Weise kann das Organ auch bewusst eine Entscheidung unterlassen; ein solch bewusstes Unterlassen liegt jedoch nicht vor, wenn der Unternehmer sich schlicht passiv verhält.[278] Eine unternehmerische Entscheidung soll jedenfalls dann nicht vorliegen, wenn das Organ bewusst gegen die Interessen des Unternehmens verstößt, da hierzu von vornherein keine Handlungsalternative besteht.[279]

Bereits an den vorstehenden Ausführungen wird deutlich, dass es schwierig ist, unternehmerische Entscheidungen im Vorhinein verlässlich als richtig oder falsch zu bewerten.[280] *Dauner-Lieb* stellt hierzu fest: „Die fehlende Normierbarkeit „richtigen" unternehmerischen Handelns ergibt sich aus einer Ausrichtung auf die Zukunft und seiner hohen Komplexität."[281]

*(2) Vorbereitung der unternehmerischen Entscheidung auf Grundlage angemessener Information*

Die Business Judgment Rule verlangt des Weiteren, dass das Leitungsorgan die unternehmerische Entscheidung auf Grundlage angemessener Information

---

276 BGH, Urt. v. 20.09.2011 – II ZR 234/09 = NJW-RR 2011, 1670, 1671; vgl. hierzu *Hopt*, ZIP 2013, 1793, 1798: „Zweifel bleiben und werden in der Praxis zu einem Anschwellen von Gutachtenanfragen führen, was den Kanzleien recht sein wird, die Unternehmenspraxis aber, die rasch, ohne überzogenen Auskunfts- und Dokumentationsaufwand und einigermaßen rechtssicher entscheiden muss, weiter belastet."; *Binder*, AG 2012, 885, 888 f.; *Spindler*, AG 2013, 889, 893 f.; vgl. auch *Dauner*-Lieb, FS Röhricht, 83, 102: „Er weiß jedoch, dass so viel Recht dem Geschäft nicht unbedingt gut tut. Jede Minute, die der Vorstand mit Rechtsfragen beschäftigt ist, widmet er sich eben nicht dem Markt, seinen Produkten, seinen Kunden, seiner Konkurrenz."

277 *Hüffer/Koch*, AktG, § 93 Rz. 16; *Zöllner/Noack* in: Baumbach/Hueck, GmbHG, § 43 Rz. 22b; *Koch*, ZGR 2006, 769, 784.

278 *Spindler* in: MünchKommAktG, § 93 Rz. 56; Zöllner/*Noack* in: Baumbach/Hueck, GmbHG, § 43 Rz. 22b; *Koch*, ZGR 2006, 769, 784; vgl. hierzu auch *Druey*, FS Goette, 57, 66.

279 *Koch*, ZGR 2006, 769, 785.

280 so auch *Heermann*, ZIP 1998, 761, 762; *Ulmer*, DB 2004, 859, 860; vgl. auch *Grunewald*, Gesellschaftsrecht, § 10 Rz. 59: „Schwierig zu beantworten ist die Frage, *welches Verhalten ordnungsgemäß* i. S. v. § 93 Abs. 1 AktG ist."

281 *Dauner-Lieb*, Unternehmen in Sondervermögen, S. 25; *dies.*, BOARD 2014, 182, 183.

getroffen hat.[282] Ein wesentlicher Prüfungspunkt ist insofern, ob das Leitungsorgan die von ihm getroffenen Entscheidungen mit der gebotenen Sorgfalt vorbereitet hat.[283] Das Leitungsorgan hat „in der konkreten Entscheidungssituation alle verfügbaren Informationsquellen tatsächlicher und rechtlicher Art auszuschöpfen und auf dieser Grundlage die Vor- und Nachteile der bestehenden Handlungsoptionen sorgfältig abzuschätzen und den erkennbaren Risiken Rechnung zu tragen."[284]

Soweit die höchstrichterliche Rechtsprechung darauf abstellt bzw. in der Vergangenheit darauf abgestellt hat, dass „alle"[285] verfügbaren Informationen einzuholen sind, ist dies nach h. M. nicht misszuverstehen.[286] Aus den Wörtern „vernünftigerweise" und „angemessen" in § 93 Abs. 1 S. 2 AktG ergibt sich, dass der Umfang der einzuholenden Informationen vielmehr vom jeweiligen Einzelfall abhängt, wobei mehrere Faktoren eine Rolle spielen, etwa wie dringlich die Entscheidung ist, welche wirtschaftliche Bedeutung die Entscheidung für das Unternehmen hat, wie leicht die Informationen zu beschaffen sind, welcher Zeit- und Kostenaufwand hierfür anfällt, welchen voraussichtlichen Nutzen diese Informationen haben werden, wobei jeweils anerkannte betriebswirtschaftliche Verhaltens- und Bewertungsmaßstäbe einzubeziehen sind.[287] Der für

---

282 vgl. BegrRefE, NZG 2004, SBeil. 4, S. 10; BGH ZIP 2011, 766, 767; *Spindler* in: MünchKommAktG, § 93 Rz. 47; *Hüffer/Koch*, AktG, § 93 Rz. 20.

283 BGH NJW 2008, 3361, 3362; BGH NJW-RR 2009, 332; *Mertens/Cahn*; KölnKomm, AktG, § 93 Rz. 32 ff.; *Dauner-Lieb* in: Henssler/Strohn, AktG, § 93 Rz. 22; *Zöllner/Noack* in: Baumbach/Hueck, GmbHG, § 43 Rz. 22c; *Brömmelmeyer*, WM 2005, 2065, 2067; vgl. auch *Heermann*, ZIP 1998, 761, 763.

284 BGH NJW 2008, 3361, 3362; vgl. auch BGH NJW-RR 2009, 332; *Zöllner/Noack* in: Baumbach/Hueck, GmbHG, § 43 Rz. 22c; *Goette*, FS 50 Jahre Bundesgerichtshof, 123, 135; *Redeke*, NZG 2009, 496, 497.

285 BGH NJW 2008, 3361, 3362 f.; spätere Entscheidungen des BGH verwenden diese Formel nicht mehr, ohne sich allerdings ausdrücklich von dieser Entscheidung zu distanzieren vgl. BGH NJW-RR 2009, 332; BGH AG 2011, 378, 379; zuletzt jedoch wieder BGH NJW 2013, 3636, 3638 Rz. 30.

286 *Mertens/Cahn* in: KölnKomm, AktG, § 93 Rz. 33; *Dauner-Lieb* in: Henssler/Strohn, AktG, § 93 Rz. 22; *Krieger/Sailer-Coceani* in: Karsten Schmidt/Lutter, AktG, § 93 Rz. 13; *Fleischer* in: MünchKommGmbHG, § 43 Rz. 86, 88; *Cahn*, Aufsichtsrat und Business Judgment Rule, S. 13; *Johannsen-Roth* in: Wilsing, DCGK, Ziff. 3.8 Rz. 24; *Redeke*, NZG 2009, 496, 497; vgl. auch *Koch*, ZGR 2006, 769, 789; *Fleischer*, NJW 2005, 3525, 3528.

287 *Hopt/Roth* in: GroßKomm, AktG, § 93 Abs 1 Satz 2, 4 nF Rz. 46; *Mertens/Cahn* in: KölnKomm, AktG, § 93 Rz. 33 f.; *Dauner-Lieb* in: Henssler/Strohn, AktG, § 93 Rz. 22; *Krieger/Sailer-Coceani* in: Karsten Schmidt/Lutter, AktG, § 93 Rz. 13;

die Informationsbeschaffung erforderliche Aufwand steht dabei im Verhältnis zum Ausmaß eines möglichen Schadens, der Wahrscheinlichkeit, dass dieser auch eintritt und den finanziellen Möglichkeiten des Unternehmens, einen solchen Schaden auffangen zu können.[288] Je wahrscheinlicher es ist, dass ein hoher Schaden eintreten könnte, desto sorgfältiger muss der Manager die unternehmerische Entscheidung vorbereiten.[289] Nicht mehr „vernünftig“ i. S. d. § 93 Abs. 1 S. 2 AktG handelt ein Organ dann, wenn es davon Abstand nimmt, (weitere) Informationen einzuholen, obwohl dies „am Maßstab anerkannter betriebswirtschaftlicher Verhaltensmaßstäbe nicht mehr als unternehmerisch vertretbar bezeichnet werden kann.“[290]

Auch nach der Gesetzesbegründung muss die Informationsbeschaffung verhältnismäßig sein, so hat der Unternehmensleiter anhand des Zeitvorlaufs, des Gewichts und der Art der zu treffenden Entscheidung und unter Berücksichtigung „anerkannter betriebswirtschaftlicher Verhaltensmaßstäbe ohne groben Pflichtenverstoß“ zu entscheiden, welche Informationen „angemessen“ i. S. v. § 93 Abs. 1 S. 2 AktG sind.[291]

Zu Recht ist darauf hingewiesen worden, dass das Verständnis dieser Voraussetzung des Business Judgment Rule schwierig ist, weil hier nicht nur zwei Phasen der unternehmerischen Entscheidung (die Vorbereitung der Entscheidung einerseits und deren Findung und Umsetzung andererseits) ineinander übergehen, sondern auch jeweils für sich kontrolliert werden können.[292] Das Gericht überprüft so nicht nur, ob die unternehmerische Entscheidung richtig war oder

---

*Paefgen* in: Ulmer/Habersack/Winter, GmbHG, § 43 Rz. 62; *Zöllner/Noack* in: Baumbach/Hueck, GmbHG, § 43 Rz. 22c; *Fleischer* in: MünchKommGmbHG, § 43 Rz. 86; *ders.*, NJW 2005, 3525, 3528; *ders.*, NJW 2009, 2337, 2339; *Diekmann/Marsch-Barner* in: Münch. Hdb. GesR III, § 46 Rz. 10; *Lutter*, GmbHR 2000, 301, 305; *Brömmelmeyer*, WM 2005, 2065, 2066; *Koch*, ZGR 2006, 769, 789; *Binder*, AG 2012, 885, 891; *Spindler*, AG 2013, 889, 892 f.; *Bayer*, NJW 2014, 2546, 2547.

288 *Zöllner/Noack* in: Baumbach/Hueck, GmbHG, § 43 Rz. 22c; *Schweitzer*, Zulässigkeit der Ausschlussklauseln, S. 59; *Lutter*, GmbHR 2000, 301, 305; *Ulmer*, DB 2004, 859, 860; *Brömmelmeyer*, WM 2005, 2065, 2066.

289 *Zöllner/Noack* in: Baumbach/Hueck, GmbHG, § 43 Rz. 22c; *Heermann*, ZIP 1998, 761, 765; *Lutter*, GmbHR 2000, 301, 305; *Brömmelmeyer*, WM 2005, 2065, 2066.

290 *Koch*, ZGR 2006, 769, 789 m. w. N.

291 BT-Drs. 15/5092, S. 12; vgl. auch *Brömmelmeyer*, WM 2005, 2065, 2067.

292 *Koch*, ZGR 2006, 769, 788; *Ihrig*, WM 2004, 2098, 2106: „Indessen ist aus dogmatischer Sicht zunächst die unglückliche Einführung von Verschuldenselementen bei der Bestimmung des objektiven Tatbestands auf der Ebene des geforderten Verhaltensmaßstabes zu beklagen.“

richtig umgesetzt wurde, sondern auch, ob sie auf der Ebene der Business Judgment Rule angemessen vorbereitet wurde.[293] Zwar hat *Ihrig* zu Recht darauf hingewiesen, dass die Business Judgment Rule keine Aussage darüber trifft, ob die mangelnde Vorbereitung der unternehmerischen Entscheidung selbst als (die eigentliche) Pflichtverletzung einzuordnen ist.[294] Vielmehr stellt auch die sorgfältige Vorbereitung der unternehmerischen Entscheidung zunächst nur eine Voraussetzung dar, die das Organ erfüllen muss, um den Safe Harbour der Business Judgment Rule in Anspruch nehmen zu können.[295] Soweit das Organ eine unternehmerische Entscheidung nicht sorgfältig genug vorbereitet hat, kommt es damit zunächst nur nicht in den Genuss des sicheren Hafen der Business Judgment Rule, dagegen ist noch keine Aussage darüber getroffen, ob es sich bei diesem Fehlverhalten auch um die die Haftung ggf. begründende Pflichtverletzung handelt.[296] Allerdings dürften Nachlässigkeiten bei der Vorbereitung einer unternehmerischen Entscheidung, welche dem Organ die Möglichkeit versagen, sich auf die Business Judgment Rule berufen zu können, regelmäßig auch auf die Ebene der Pflichtwidrigkeit durchschlagen. So ist zu Recht darauf hingewiesen worden, dass der Vorstand schon dann objektiv pflichtwidrig handeln dürfte, wenn er die unternehmerische Entscheidung nicht angemessen vorbereitet hat.[297] Auch der Bundesgerichtshof schließt unmittelbar vom Nichteingreifen

293 *Brömmelmeyer*, WM 2005, 2065, 2067.

294 *Ihrig*, WM 2004, 2098, 2106; vgl. auch *Paefgen*, Unternehmerische Entscheidungen, S. 223 f.

295 *Paefgen*, Unternehmerische Entscheidungen, S. 224; *Ihrig*, WM 2004, 2098, 2106; vgl. hierzu auch OLG Frankfurt/M. AG 2008, 453, 454: „Die Entscheidung muss vielmehr mit aller Sorgfalt gründlich branchenüblich vorbereitet werden. Voraussetzung für den von der Rechtsprechung eingeräumten Handlungsspielraum ist dementsprechend, das die Entscheidung auf informierter Grundlage und nachvollziehbar getroffen wurde."

296 *Paefgen*, Unternehmerische Entscheidungen, S. 224; *Ihrig*, WM 2004, 2098, 2106; so auch *Druey*, FS Goette, 57, 64 f.: „Die Informationsversorgung ist darin, jedenfalls zunächst, keine Verhaltensregel, sondern eine Bedingung für die Anwendbarkeit der BJR."

297 *Henzler* in: Bruck/Möller, VVG, AVB-AVG 2011/2013 Anh Ziff. 1 Rz. 25; *Roth*, BB 2004, 1066, 1068; *Spindler*, AG 2013, 889, 891: „Die Verletzung der Business Judgment Rule, etwa eine unzureichende Tatsachengrundlage oder ein Interessenkonflikt, indiziert aber in aller Regel eine entsprechende Pflichtverletzung."; so auch *Lutter*, GmbHR 2000, 301, 307: „Schlägt das Geschäft fehl, so haftet der Geschäftsführer nicht, weil es fehlgeschlagen ist - insoweit wird er durch das unternehmerische Ermessen vor rechtlichen Vorwürfen geschützt -, sondern weil er

der Business Judgment Rule wegen der fehlerhaften Vorbereitung einer unternehmerischen Entscheidung auf deren Pflichtwidrigkeit.[298]

*(3) Zum Wohle der Gesellschaft*

Weitere Voraussetzung der Business Judgment Rule ist, dass das Organmitglied zum Wohle der Gesellschaft handelt.[299] Das Wohl der Gesellschaft entspricht dabei dem Unternehmensinteresse.[300] Dies wird jedenfalls dann gewährleistet sein, wenn das Unternehmen durch die unternehmerische Entscheidung langfristig wirtschaftlich gestärkt werden soll.[301] In Anlehnung an die *ARAG/Garmenbeck*-Entscheidung[302] ist dies erst dann nicht mehr anzunehmen, „wenn das mit der unternehmerischen Entscheidung verbundene Risiko in völlig unverantwortlicher Weise falsch beurteilt worden ist."[303]

*(4) Keine sachfremden Interessen*

Maßgeblich bei der Entscheidungsfindung sind allein die Interessen der Gesellschaft; demgegenüber müssen die eigenen Interessen des Organs zurücktreten.[304] Das Organmitglied hat seine Entscheidungen ohne Eigennutz, ohne Interessenkonflikte und ohne Einflüsse von außen zu treffen, damit gewährleistet wird, dass die Entscheidung sich am Wohl der Gesellschaft orientiert.[305]

---

seine Entscheidung, das Geschäft zu tätigen, nicht angemessen sorgfältig vorbereitet hat."; kritisch: *Paefgen*, Unternehmerische Entscheidungen, S. 224.

298 BGH Urt. v. 03.12.2001 - II ZR 308/99 = DB 2002, 473; vgl. auch BGH NJW-RR 2007, 390 f.

299 vgl. BegrRefE, NZG 2004, SBeil. 4, S. 5, 9; BGH ZIP 2011, 766, 767; *Spindler* in: MünchKommAktG, § 93 Rz. 45 f.; *Fleischer* in: MünchKommGmbHG, § 43 Rz. 84; *Schweitzer*, Zulässigkeit der Ausschlussklauseln, S. 58; *Hauschka*, GmbHR 2007, 11, 15; *Koch*, ZGR 2006, 769, 790; *Goette*, FS 50 Jahre Bundesgerichtshof, 123, 127.

300 *Dauner-Lieb* in: Henssler/Strohn, AktG, § 93 Rz. 23 m. w. N.

301 *Mertens/Cahn* in: KölnKomm, AktG, § 93 Rz. 24; *Fleischer* in: MünchKommGmbHG, § 43 Rz. 84; *ders.*, ZIP 2004, 685, 690; *Johannsen-Roth* in: Wilsing, DCGK, Ziff. 3.8 Rz. 23; *Koch*, ZGR 2006, 769, 790.

302 BGH NJW 1997, 1926, 1927.

303 *Koch*, ZGR 2006, 769, 790.

304 vgl. BegrRefE, NZG 2004, SBeil. 4, S. 9; *Spindler* in: MünchKommAktG, § 93 Rz. 54; *Hauschka*, GmbHR 2007, 11, 14; *Goette*, FS 50 Jahre Bundesgerichtshof, 123, 135.

305 *Spindler* in: MünchKommAktG, § 93 Rz. 54; *Mertens/Cahn* in: KölnKomm, AktG, § 93 Rz. 25; *Zöllner/Noack* in: Baumbach/Hueck, GmbHG, § 43 Rz. 22d; *Schweitzer*, Zulässigkeit der Ausschlussklauseln, S. 59.

*(5) Gutgläubigkeit*

Schließlich muss das Organmitglied den guten Glauben gehabt haben, zum Wohle der Gesellschaft zu handeln.[306] Zutreffend wird jedoch darauf hingewiesen, dass die praktische Bedeutung speziell dieser Voraussetzung als „Notankerfunktion" recht begrenzt sein dürfte.[307] Sofern die unternehmerische Entscheidung der Gesellschaft genutzt hat, kann auch ein „böser Glaube" allein die Haftung des Organs nicht begründen.[308] Liegt ein solcher „böser Glaube" vor, führt dies zunächst nur dazu, dass sich der Sorgfaltsmaßstab für das Organ erhöht.[309]

**ff) Schlussfolgerungen für die Pflichtwidrigkeit**

Soweit eine sog. gebundene Entscheidung vorliegt, ist diese unproblematisch pflichtwidrig, wenn das Leitungsorgan gegen die durch Gesetz, Geschäftsordnung, Anstellungsvertrag, Satzung oder Weisung gezogenen Grenzen verstößt.

Bei den sog. unternehmerischen Entscheidungen ist dies wegen des Handlungsspiel- und Haftungsfreiraumes, welcher dem Leitungsorgan durch die Business Judgment Rule eröffnet wurde, schwieriger zu beurteilen. Da die Business Judgment Rule nur eine Aussage darüber trifft, wann ein unternehmerisches Verhalten nicht pflichtwidrig ist, hat eine Handlung oder Unterlassung, die den Kriterien Business Judgment Rule nicht genügt, noch nicht zur Folge, dass das Organ auch pflichtwidrig gehandelt hat, sondern nur, dass diese Handlung oder Unterlassung nicht „nicht pflichtwidrig" und damit voll gerichtlich überprüfbar ist.[310] Das außerhalb der Business Judgment Rule handelnde Organ muss damit nach allgemeinen Grundsätzen nachweisen, dass es nicht pflichtwidrig gehandelt hat.[311]

---

306 *Fleischer* in: MünchKommGmbHG, § 43 Rz. 61; *ders.*, ZIP 2004, 685, 691; *Schweitzer*, Zulässigkeit der Ausschlussklauseln, S. 59; *Hauschka*, GmbHR, 2007, 11, 14; *Ihrig*, WM 2004, 2098, 2105.

307 *Hopt/Roth* in: GroßKomm, AktG, § 93 Abs 1 Satz 2, 4 nF Rz. 42; *Spindler* in: MünchKommAktG, § 93 Rz. 56; *Mertens/Cahn* in: KölnKomm, AktG, § 93 Rz. 31; *Fleischer* in: MünchKommGmbHG, § 43 Rz. 89; *Johannsen-Roth* in: Wilsing, DCGK, Ziff. 3.8 Rz. 26.

308 *Spindler* in: MünchKommAktG, § 93 Rz. 56.

309 *Spindler* in: MünchKommAktG, § 93 Rz. 56.

310 *Krieger/Sailer-Coceani* in: Karsten Schmidt/Lutter, AktG, § 93 Rz. 11; *Hauschka*, GmbHR 2007, 11, 12; *Fleischer*, NJW 2005, 3525, 3528: „Umgekehrt kann daraus, dass die Voraussetzungen des § 93 I 2 AktG nicht erfüllt sind, nicht ohne weiteres darauf geschlossen werden, dass eine Pflichtverletzung vorliegt."; *Habersack*, ZHR 177 (2013), 782, 798.

311 *Hauschka*, GmbHR 2007, 11, 12; *Ihrig*, WM 2004, 2098, 2103.

Eine haftungsbegründende Verletzung der Sorgfaltspflichten soll erst dann zu bejahen sein, „wenn ein schlechthin unvertretbares Organhandeln vorliegt“.[312] Der Fehler muss „auch für einen Außenstehenden derart evident“ sein, „dass sich das Vorliegen eines Fehlers förmlich aufdrängt.“[313] Nach *ARAG/Garmenbeck* haftet der Vorstand erst dann, „wenn die Grenzen, in denen sich ein von Verantwortungsbewusstsein getragenes, ausschließlich am Unternehmenswohl orientiertestes, auf sorgfältige Ermittlung der Entscheidungsgrundlagen beruhendes unternehmerisches Handeln bewegen muss, deutlich überschritten sind und die Bereitschaft, unternehmerische Risiken einzugehen, in unverantwortlicher Weise überspannt worden ist.“[314] Andere Urteile stellen darauf ab, dass der bestehende Handlungsspielraum dann überschritten ist, „wenn aus der Sicht eines ordentlichen und gewissenhaften Geschäftsleiters das hohe Risiko eines Schadens unabweisbar ist und keine vernünftigen wirtschaftlichen Gründe dafür sprechen, es dennoch einzugehen.“[315] Nach *Hopt* „ist die Unverantwortlichkeit die allgemeine Grenze des Vorstandshandelns.“[316] Unverantwortlich kann dabei sowohl die Entscheidung als auch deren Vorbereitung sein.[317]

Kriterium für eine pflichtwidrige unternehmerische Entscheidung ist daher, dass diese offensichtlich unvertretbar und unverantwortlich sein muss. Hieraus folgt, dass nur erkennbar falsche unternehmerische Entscheidungen zu einer Haftung des Leitungsorgans führen können. Unternehmerische Entscheidungen, die nicht von vornherein derart offenkundig falsch sind, sind gemäß § 93 Abs. 1 S. 2 AktG schon nicht pflichtwidrig.

Zu Recht ist jedoch darauf hingewiesen worden, dass trotz der von der US-amerikanischen Rechtsprechung vorgenommenen Versuche, zwischen

---

312 *Spindler* in: MünchKommAktG, § 93 Rz. 51; ähnlich *Zöllner/Noack* in: Baumbach/Hueck, GmbHG, § 43 Rz. 22 jeweils m. w. N.; *Druey*, FS Goette, 57, 62.

313 *Spindler* in: MünchKommAktG, § 93 Rz. 51; *Beier-Thomas*, VP 2003, 214, 218.

314 BGH NJW 1997, 1926, 1928.

315 BGH DB 2002, 473; BGH DStR 2005, 933, 935; vgl. auch BFH GmbHR 1977, 71; OLG Oldenburg NZG 2007, 434, 435; OLG Celle AG 2008, 711; OLG Koblenz, Urt. v. 24.09.2009 - 12 U 1437/04 = BeckRS 2008, 02728; ThürOLG Jena NZG 2001, 86, 87; *Hopt/Roth* in: GroßKomm, AktG, § 93 Abs 1 Satz 2, 4 nF Rz. 32; *Zöllner/Noack* in: Baumbach/Hueck, GmbHG, § 43 Rz. 22; *Haas/Ziemons* in: Michalski, GmbHG, § 43 Rz. 66c; *Druey*, FS Goette, 57, 62; *Brömmelmeyer*, WM 2005, 2065, 2069; *Redeke*, NZG 2009, 496, 498; *Ihrig*, WM 2004, 2098, 2100 m. w. N.; kritisch: *Paefgen* in: Ulmer/Habersack/Winter, GmbHG, § 43 Rz. 70.

316 *Hopt/Roth* in: GroßKomm, AktG, § 93 Abs 1 Satz 2, 4 nF Rz. 32.

317 *Roth*, BB 2004, 1066, 1068 m. w. N.

Unverantwortlichkeit, Unvertretbarkeit oder „waste" zu unterscheiden, nicht ohne Weiteres beurteilt werden kann, unter welchen Umständen eine derart erkennbar falsche unternehmerische Entscheidung vorliegt.[318] Genauso fehlt es an einheitlichen und allgemeingültigen Organisationsregeln für sämtliche Unternehmen.[319]

Eine Analyse der wenigen bisher ergangenen höchstrichterlichen Entscheidungen zur Organhaftung zeigt, dass die Rechtsprechung häufig darauf abstellt, ob die unternehmerische Entscheidung „betriebswirtschaftlich unvertretbar gewesen sei", bzw. ob diese „nach den anerkannten betriebswirtschaftlichen Grundsätzen" vorbereitet worden ist[320] oder ob gegen die in der jeweiligen Branche anerkannten Erkenntnisse und Erfahrungsgrundsätze bzw. „branchenüblichen Vorsichtsregeln" oder „branchenüblichen Techniken" verstoßen wurde.[321] Jedenfalls dann, wenn die anerkannten betriebswirtschaftlichen Grundsätze bei der Vorbereitung einer Entscheidung und die in der Branche anerkannten Erkenntnisse und Erfahrungsgrundsätze missachtet worden sind, ist die Entscheidung also pflichtwidrig.[322]

#### *d) Verschulden*

Weitere Voraussetzung für die Haftung des Organs ist, dass es schuldhaft gehandelt hat, § 93 Abs. 2 AktG, § 43 Abs. 2 GmbHG. Grundsätzlich haften die

---

318 *Spindler* in: MünchKommAktG, § 93 Rz. 51; *Dauner-Lieb*, BOARD 2014, 182, 183: „Justiziable Maßstäbe für erfolgreiches unternehmerisches Handen, deren Verletzung rechtssicher als Pflichtverletzung einzuordnen ist, gibt es nicht."; vgl. auch *Hopt/Roth* in: GroßKomm, AktG, § 93 Abs 1 Satz 2, 4 nF Rz. 33.

319 *Spindler* in: MünchKommAktG, § 93 Rz. 51 m. w. N.; vgl. auch *Dauner-Lieb* in: Henssler/Strohn, AktG, § 91 Rz. 8; *Krieger/Sailer-Coceani* in: Karsten Schmidt/Lutter, AktG, § 91 Rz. 12; *Paefgen* in: Ulmer/Habersack/Winter, GmbHG, § 43 Rz. 19, 67; *Fleischer* in: MünchKommGmbHG, § 43 Rz. 61; vgl. auch: *ders.*, AG 2003, 291, 298; i. E. auch *Habersack*, ZHR 177 (2013), 782, 795.

320 BGH NJW 2008, 3361, 3362.

321 BGH DB 2002, 473; ThürOLG Jena NZG 2001, 86, 87; OLG Frankfurt/M. AG 2008, 453, 454; vgl. auch BGH ZIP 2011, 766, 768; OLG Düsseldorf, Urt. v. 14.05.2009 - I-6 U 29/08, 6 U 29/08 = BeckRS 2009, 25547; vgl. hierzu auch *Fleischer* in: Spindler, AktG, § 93 Rz. 50 m. w. N.

322 Der BGH weist insofern zutreffend darauf, dass das Gericht eigene Sachkunde haben muss, um dies beurteilen zu können (BGH ZIP 2011, 766, 768). Regelmäßig geschieht dies durch die Einholung eines Sachverständigengutachtens.

Geschäftsleiter danach schon für leichte Fahrlässigkeit.[323] Der Frage des Verschuldens ist jedoch nicht von hoher praktischer Relevanz.[324] Begeht ein Geschäftsleiter in objektiver Hinsicht einen Pflichtverstoß, handelt er üblicherweise auch in subjektiver Hinsicht schuldhaft.[325] Pflichtverletzung und Verschulden werden in den seltensten Fällen auseinanderfallen.[326] „Die Würfel fallen zumeist auf der Ebene der objektiven Pflichtverletzung."[327]

Soweit das haftungsbegründende Verhalten des Leitungsorgans unverantwortlich sein muss, verstehen der Bundesgerichtshof[328] und das Bundesarbeitsgericht[329] auf der Verschuldensebene hierunter eine im besonderen Maße gesteigerte Form grober Fahrlässigkeit oder Leichtfertigkeit.[330] Soweit z. B. das OLG Celle unter „unvertretbar" ein Vorstandshandeln versteht, „bei dem sich für einen Außenstehenden das Vorliegen eines Leitungsfehlers förmlich aufdrängt",[331] entpricht auch dies einer höchstrichterlichen Definition der groben Fahrlässigkeit.[332] Der durch die Business Judgment Rule eröffnete „sichere Hafen", der noch Fälle leichterer Fahrlässigkeit erfassen dürfte, hat dabei zwangsläufig zur Folge, dass als unverantwortlich oder unvertretbar zu beurteilende Überschreitungen des unternehmerischen Handlungsspielraum regelmäßig den Vorwurf grober Fahrlässigkeit nach sich ziehen werden.[333]

---

323 *Bachmann*, Reform der Organhaftung, E 29; *Grunewald*, AG 2013, 813, 815; *Hopt*, ZIP 2013, 1793, 1798; *Habersack*, ZHR 177 (2013), 782, 794; *Wagner*, ZHR 178 (2014), 227, 233.

324 *Fleischer* in: Spindler, AktG, § 93 Rz. 205; *ders.* in: MünchKommGmbHG, § 43 Rz. 255; *Paefgen* in: Ulmer/Habersack/Winter, GmbHG, § 43 Rz. 86; vgl. auch *Lutter*, GmbHR 2000, 301, 309; *Ihrig*, WM 2004, 2098, 2102.

325 ähnlich *Spindler* in: MünchKommAktG, § 93 Rz. 159; vgl. auch *Paefgen* in: Ulmer/Habersack/Winter, GmbHG, § 43 Rz. 85: „Doppelfunktion des Sorgfaltsmaßstabes."

326 *Spindler* in: MünchKommAktG, § 93 Rz. 158; *Fleischer* in: MünchKommGmbHG, § 43 Rz. 255.

327 *Fleischer* in: Spindler, AktG, § 93 Rz. 205; *ders.* in: MünchKommGmbHG, § 43 Rz. 255, § 43 Rz. 255.

328 BGH NJW 1982, 985, 987.

329 BAG NZA 1998, 140.

330 vgl. hierzu auch *Roth*, BB 2004, 1066, 1068.

331 OLG Celle AG 2008, 711.

332 BGH NJW 2010, 3292, 3295; ähnlich BGH NJW 1984, 789, 791; BGH NJW-RR 1989, 339, 340; BGH NJW-RR 1998, 34, 35 f.; BGH NJW-RR 1998, 1426, 1427; BGH NJW-RR 2002, 1108, 1109; BGH NJW-RR 2009, 547; BGH NJW 2007, 2988, 2989; BGH NJW-RR 2010, 681, 682.

333 *Hopt/Roth* in: GroßKomm, AktG, § 93 Abs 1 Satz 2, 4 nF Rz. 58; *Gruber/Mitterlechner/Wax*, D&O-Versicherung, § 7 Rz. 70; *Habersack*, FS Ulmer, S. 151, 168 f.;

Dies kann auch der Gesetzesbegründung der Bundesregierung zur ursprünglichen Fassung des § 93 Abs. 1 S. 2 AktG entnommen werden[334]. Darin heißt es, dass das für die Neufasung dieser Vorschrift ursprünglich vorgesehene Merkmal „ohne grobe Fahrlässigkeit" unter Hinweis auf die *ARAG/Garmenbeck*-Entscheidung des BGH nicht vorliegt," wenn das mit der unternehmerischen Entscheidung verbundene Risiko in völlig unverantwortlicher Weise falsch beurteilt worden ist."[335] An dieser Stelle wird ebenfalls der „Gleichlauf" zwischen der Unverantwortlichkeit auf der Pflichtwidrigkeitsebene und dem daraus folgenden Vorwurf grober Fahrlässigkeit auf Verschuldenseben erkennbar. Dass in den Gesetzestext nicht das Merkmal „ohne grobe Fahrlässigkeit" übernommen wurde, sondern es dort „vernünftigerweise" heißt, hat auf den durch die Business Judgment Rule vermittelten Haftungsfreiraum keinen Einfluss.[336] Auch insoweit ist jedoch anerkannt, dass das Organ nicht mehr „vernünftigerweise" i. S. d. § 93 Abs. 1 S. 2 AktG entscheidet, wenn wenn sein Verhalten als unverantwortlich oder unvertretbar zu bewerten ist.[337] *Bachmann* weist zu Recht darauf hin: „Das bisweilen gequält wirkende Vermeiden der Worte „grob fahrlässig" in

---

*Spindler*, AG 2013, 889, 895: „die Begrenzung auf grobe Fahrlässigkeit [...] entspräche vielmehr der Sache nach der Business Judgment Rule"; im Ergebnis auch *Koch*, AG 2012, 429, 438: „Obwohl der danach anzulegende Sorgfaltsmaßstab mit dem Ausschluss grober Fahrlässigkeit nicht gleichzusetzen ist, so besteht doch eine große Schnittmenge zwischen den von der Business Judgment Rule von jeder Haftung freigestellten Fällen und den Fällen, in denen hier [leichte oder mittlere Fahrlässigkeit] eine Haftungsminderung bejaht wird."; *ders.*, Liber Amicorum M. Winter, 327, 346: „Ein Vorstand, der vernünftigerweise nicht mehr annehmen darf, zum Wohle der Gesellschaft zu handeln, wird sich oftmals im Bereich grober Fahrlässigkeit bewegen, wo eine Haftungsprivilegierung regelmäßig nicht mehr in Betracht kommt."; *Bachmann*, Reform der Organhaftung, E 46: „Sowohl bei der Frage der einzuholenden Informationen als auch bei der inhaltlichen Abwägung hat das Vorstandsmitglied daher nur für *grobe* Fehler einzustehen. Praktisch haften Vorstandsmitglieder im Rahmen des § 93 Abs. 1 S. 2 AktG damit lediglich für grobe Fahrlässigkeit."; *Roth*, BB 2004, 1066, 1068: „Nun formuliert § 93 Abs. 1 S. 2 AktG-RegE zwar, eine „Pflichtverletzung liegt nicht vor", stellt in der Folge für die Überprüfung des Vorstandshandelns aber subjektiv auf den Verschuldensmaßstab der groben Fahrlässigkeit ab."; vgl. hierzu auch *Ulmer*, DB 2004, 859, 862.

334 vgl. hierzu *Koch*, WM 2007, 2173, 2180.

335 BegrRefE, NZG 2004, SBeil. 4, S. 5, 9.

336 im Ergebnis auch *Koch*, WM 2007, 2173, 2180; *Bachmann*, ZHR 177 (2013), 1, 9 f.; vgl. hierzu auch *Dauner-Lieb*, FS Röhricht, 83, 93; a. A. *Spindler*, AG 2013, 889, 892.

337 *Koch*, ZGR 2006, 769, 789; *Bachmann*, ZHR 177 (2013), 1, 9; *Habersack*, ZHR 177 (2013), 782, 797 f.; vgl. auch *von Falkenhausen*, NZG 2012, 644, 649 m. w. N.

der Kommentarliteratur ändert nichts daran, dass die stattdessen verwandten Vokabeln („evident fehlerhaft", „schlechthin unvertretbar" etc.) genau dasselbe besagen."[338] Unternehmerisches Handeln, das solchermaßen „schlechthin unvertretbar" oder „unverantwortlich" und damit nicht mehr durch die Business Judgment Rule abgedeckt ist, wird daher auf Verschuldensebene regelmäßig als grob fahrlässig zu beurteilen sein.[339] *Bachmann* ist zwar darin zuzustimmen, dass die Haftung des Vorstands für Sorgfaltspflichtverletzungen sicher nicht generell auf grobe Fahrlässigkeit beschränkt ist.[340] Doch dass eine unternehmerische Entscheidung, welche die Hürde der Business Judgment Rule nicht nimmt, auf Verschuldensebene nur den Vorwurf leichter oder mittlerer Fahrlässigkeit nach sich zieht, dürfte in der Praxis regelmäßig nicht vorkommen.

### 3. Sachlicher Umfang des Versicherungsschutzes

Der Versicherungsschutz einer D&O-Versicherung besteht darin, Haftungsansprüche gerichtlich und außergerichtlich abzuwehren (Abwehrfunktion) sowie diese zu befriedigen, sofern sich herausstellen sollte, dass diese Ansprüche begründet sind (Schadensausgleichfunktion).[341] Diese Abwehr- und Schadensausgleichspflichten, welche in den §§ 100, 101 VVG und im Trennungsprinzip (primär Abwehr, dagegen Deckung erst nach Klärung der Haftungsfrage) ihre Grundlage haben, sind die Haupt(leistungs)pflichten des D&O-Versicherers.[342]

---

338 *Bachmann*, ZHR 177 (2013), 1, 10 Fn. 40.

339 im Ergebnis auch *Bachmann*, Reform der Organhaftung, E 46 m. w. N.

340 *Bachmann*, ZHR 177 (2013), 1, 10: „Sicherlich ist dieser Freiraum nicht so verstehen, dass die Haftung des Vorstands für Sorgfaltspflichtsverletzungen generell auf grobe Fahrlässigkeit begrenzt ist, was auch nicht sachgerecht wäre."; so auch *Fleischer*, WM 2005, 909, 914; vgl. auch *Koch*, Liber Amicorum M. Winter, 327, 346, Fn. 94.

341 *Mertens/Cahn* in: KölnKomm, AktG, § 93 Rz. 241; *Paefgen* in: Ulmer/Habersack/Winter, GmbHG, § 43 Rz. 259; *Baumann* in: Bruck/Möller, VVG, AVB-AVG 2011/2013 Einf Rz. 56; *Sieg* in: Münchener Anwaltshandbuch Versicherungsrecht, § 17 Rz. 125 f.; *Beckmann* in: Beckmann/Matusche-Beckmann, Versicherungsrechts-Handbuch, § 28 Rz. 11, 84 ff.; *Lenz*, D&O-Versicherung, § 26 Rz. 95; *Gruber/Mitterlechner/Wax*, D&O-Versicherung, § 1 Rz. 16; *Schweitzer*, Zulässigkeit der Ausschlussklauseln, S. 83; *Ulmer*, FS Canaris, 451, 456; *Schillinger*, VersR 2005, 1484, 1486; *Terno*, SpV 2014, 2.

342 *Lenz*, D&O-Versicherung, § 26 Rz. 95; *Beckmann* in: Beckmann/Matusche-Beckmann, Versicherungsrechts-Handbuch, § 28 Rz. 84; vgl. auch *Ulmer*, FS Canaris, 451, 456.

Begründet ist der Schadensausgleichsanspruch dann, wenn die Zahlungspflicht des Organs durch Urteil, Anerkenntnis oder Vergleich rechtskräftig und damit für den Versicherer bindend festgestellt wurde.[343] Gemäß Ziff. 4.1 Abs. 2 S. 2 der GDV-Musterbedingungen 2013 binden Anerkenntnisse und Vergleiche den Versicherer allerdings nur, soweit der Anspruch auch ohne Anerkenntnis oder Vergleich bestanden hätte. Der Versicherer hat gemäß Ziff. 4.1 Abs. 3 der GDV-Musterbedingungen 2013 die versicherten Personen binnen zwei Wochen vom Anspruch des Dritten freizustellen, wenn die Schadenersatzverpflichtung der versicherten Personen mit bindender Wirkung für den Versicherer festgestellt ist.

Gemäß Ziff. 4.3 S. 2 der GDV-Musterbedingungen 2013 zählen zu den Abwehrkosten auch Anwalts-, Sachverständigen-, Zeugen-, und Gerichtskosten.[344] Gemäß § 101 Abs. 1 S. 1 VVG müssen die Aufwendungen und Kosten den Umständen nach geboten sein.

Strafrechtsschutzpolicen bieten die Möglichkeit, die ggf. für die Strafverteidigung anfallenden Kosten zu versichern.[345]

## 4. Einschränkungen des Versicherungsschutzes[346]

Die gängigen D&O-AVB – und so auch die GDV-Musterbedingungen 2013 – enthalten vielfältige Regelungen, die darauf abzielen, die Leistungspflichten der Versicherer zu reduzieren oder gar auszuschließen.[347] Die Versicherer wollen auf diese Weise ihr Risiko, Deckungsschutz leisten zu müssen, reduzieren und Missbrauchsfälle verhindern.

### *a) Begrenzung der Versicherungssumme*

Die einfachste Möglichkeit für den Versicherer, seine Einstandspflicht von vornherein einzuschränken, besteht darin, die Versicherungssumme zu begrenzen.[348] Gemäß Ziff. 4.3 S. 1 GDV-Musterbedingungen 2013 ist die im Versicherungsschein

---

343 *Sieg* in: Münchener Anwaltshandbuch Versicherungsrecht, § 17 Rz. 129; *Lenz*, D&O-Versicherung, § 26 Rz. 95.

344 vgl. *Lenz*, D&O-Versicherung, § 26 Rz. 95.

345 *Lenz*, D&O-Versicherung, § 26 Rz. 1.

346 Die nachfolgenden Ausführungen zu Einschränkungen des Versicherungsschutzes in diesem Abschnitt B VI 4 beruhen im Wesentlichen auf den Arbeiten von *Ihlas* in: MünchKommVVG, D&O, Rz. 291 ff.; *Beckmann* in: Beckmann/Matusche-Beckmann, Versicherungsrechts-Handbuch, § 28 Rz. 90 ff. und *Lenz*, D&O-Versicherung, § 26 Rz. 80 ff., 99 ff.

347 vgl. hierzu *Lange*, AG 2005, 459, 461 f.

348 *Beckmann* in: Beckmann/Matusche-Beckmann, Versicherungsrechts-Handbuch, § 28 Rz. 90; vgl. hierzu *Lenz*, D&O-Versicherung, § 26 Rz. 99.

angegebene Versicherungssumme der Höchstbetrag für jeden Versicherungsfall und für alle während des Versicherungsjahres eingetretenen Versicherungsfälle zusammen. Gemäß Ziff. 4.3 S. 2 GDV-Musterbedingungen 2013 werden die Kosten der gerichtlichen und außergerichtlichen Abwehr auf die Deckungssumme angerechnet.[349]

*b) Selbstbehalt*

Darüber hinaus besteht die Möglichkeit und unter den Voraussetzungen des § 93 Abs. 2 S. 3 AktG sogar die Pflicht, für die versicherten Personen einen Selbstbehalt zu vereinbaren.[350] Gemäß Ziff. 4.3 Abs. 2 der GDV-Musterbedingungen 2013 sind die versicherten Personen dazu verpflichtet, bei einem Versicherungsfall den in dem Versicherungsschein aufgeführten Betrag selbst zu tragen. Hierbei handelt es sich um den sog. Selbstbehalt. Der GDV hat damit die im Zuge des VorstAG neu eingeführte Regelung des § 93 Abs. 2 S. 3 AktG in den Musterbedingungen umgesetzt.[351] Durch diesen Selbstbehalt als „Teil eines modernen Risk-Managements“[352] sollen Prämien eingespart und das Verhalten der versicherten Personen gesteuert werden.[353] Schon 1906 im Zusammenhang mit der eingangs erwähnten Aufsichtsrat-Haftpflichtversicherung wurden die Einführung eines Selbstbehaltes und dessen mögliche verhaltenssteuernde Wirkung diskutiert.[354] Ob eine Verhaltenssteuerung aber tatsächlich erreicht werden kann,

349 kritisch hierzu: *Lenz*, D&O-Versicherung, § 26 Rz. 101 m. w. N.

350 *Paefgen* in: Ulmer/Habersack/Winter, GmbHG, § 43 Rz. 259; *Fleischer* in: Münch-KommGmbHG, § 43 Rz. 382; *Lenz*, D&O-Versicherung, § 26 Rz. 5; *Dauner-Lieb/Tettinger*, ZIP 2009, 1555; *Kerst*, WM 2010, 594 ff.; *van Kann*, NZG 2009, 1010 ff.; *Gädtke/Wax*, AG 2010, 851, 855; zur Verfassungsmäßigkeit des Selbstbehaltes vgl. *Koch*, AG 2009, 637, 640 ff.

351 vgl. *Lenz*, D&O-Versicherung, § 26 Rz. 107.

352 *Ihlas*, D&O-Versicherung, S. 420.

353 BT-Drs. 16/13433, S. 11: „Zugleich hat die Regelung verhaltenssteuernde Wirkung. Die Haftung mit dem Privatvermögen wirkt Pflichtverletzungen von Vorstandsmitgliedern präventiv entgegen.“; *Hüffer/Koch*, AktG, § 93 Rz. 58; *Ihlas*, D&O-Versicherung, S. 420; *Sieg* in: Münchener Anwaltshandbuch Versicherungsrecht, § 17 Rz. 142; *Lenz*, D&O-Versicherung, § 26 Rz. 108; *Kerst*, WM 2010, 594, 596; *van Kann*, NZG 2009, 1010 ff.

354 *Kahlert*, Veröffentlichungen des Deutschen Vereins für Versicherungs-Wissenschaft, Heft VIII (März 1906), 30, 39: „Wenn allerdings die Selbstbeteiligung an jedem Schaden die Wirkung haben würde, den Versicherten vorsichtig zu machen, ihn von Handlungen und Unterlassungen, die zu einem Schaden führen können, möglichst zurückzuhalten, so würde die Selbstbeteiligung die Folge haben, daß sie die

ist ungewiss, zumal wissenschaftliche Studien darüber, dass der Selbstbehalt effektiv das Maß der individuellen Sorgfalt erhöht, fehlen und auch zu Recht darauf hingewiesen wurde, dass dies (als „Glaubensfrage")[355] wohl kaum empirisch zu ermitteln ist.[356]

§ 93 Abs. 2 S. 3 AktG ist auf GmbH-Geschäftsführer nicht entsprechend anwendbar.[357] GmbH-Geschäftsführer können aber auf freiwilliger Basis einen entsprechenden Selbstbehalt in der D&O-Police vereinbaren.[358]

### c) *Öffentlichkeitsklausel*

Die relevantesten Haftungsrisiken folgen für die Organe von Gesellschaften nicht aus der sog. Außenhaftung, sondern aus der Innenhaftung.[359] Hierbei handelt es sich um diejenigen Ansprüche, welche dem Unternehmen gegen das Organ ggf. zustehen (s. o.).[360] Dementsprechend sind die Unternehmen und Organe daran interessiert, dass gerade für diese Ansprüche Versicherungsschutz besteht.[361]

Speziell bei Innenansprüchen droht jedoch die Gefahr einer sog. „freundlichen Inanspruchnahme", im Rahmen derer versicherte Person und Versicherungsnehmer kollusiv zum Nachteil des Versicherers in der Weise zusammenarbeiten, dass entweder ein tatsächlich gar nicht eingetretener Versicherungsfall fingiert

---

Versicherung weiter von den Grenzen der Versicherungsmöglichkeit zurückhält, damit also die Durchführung der Versicherung erleichtern."

355 *Arnold*, Die Steuerbarkeit des Vorstandshandelns, S. 185; *Dauner-Lieb/Tettinger*, ZIP 2009, 1555, 1557; ähnlich *Lattwein/Dettler*, VW 2010, 1352: „Bei kritischer Betrachtung der einzelnen – auch eigenen – Auffassungen ist einzuräumen, dass jeder Standpunkt ein Stück weit nachvollziehbar ist."; vgl. auch *Bachmann*, Reform der Organhaftung, E 20: „Inwieweit sich daraus volkswirtschaftlich nützliche oder schädliche Abschreckungseffekte ergeben, lässt sich empirisch nicht messen."

356 *Ihlas* in: MünchKommVVG, D&O, Rz. 291; *Lenz*, D&O-Versicherung, § 26 Rz. 108; *Dauner-Lieb* in: Henssler/Strohn, AktG, § 93 Rz. 56; *Dauner-Lieb/Tettinger*, ZIP 2009, 1555, 1557; *Gädtke*, VersR 2009, 1565, 1569; *Lange*, VersR 2009, 1011, 1022; *Kerst*, WM 2010, 594 m. w. N.; skeptisch auch *Sieg* in: Münchener Anwaltshandbuch Versicherungsrecht, § 17 Rz. 142: „Ob das Ziel einer Haftungsvermeidung durch die Vereinbarung eines Selbstbehaltes tatsächlich erreicht werden kann, darf aber nachhaltig bezweifelt werden."

357 *Lenz*, D&O-Versicherung, § 26 Rz. 110; *Kerst*, WM 2010, 594, 597.

358 *van Kann*, NZG 2009, 1010, 1011.

359 *Lenz*, D&O-Versicherung, § 26 Rz. 79.

360 Abschn. B VI 2 a) aa); vgl. *Beckmann* in: Beckmann/Matusche-Beckmann, Versicherungsrechts-Handbuch, § 28 Rz. 92; *Graf von Westphalen*, VersR 2006, 17.

361 *Beckmann* in: Beckmann/Matusche-Beckmann, Versicherungsrechts-Handbuch, § 28 Rz. 92 m. w. N.

oder bei einem bestehenden Haftungsfall der Versicherer über die Voraussetzungen seiner Einstandspflicht getäuscht wird.[362] Wegen dieser Gefahr waren noch in den GDV-Musterbedingungen 2011 – anders als in den meisten am Markt erhältlichen Bedingungen und der Neufassung aus Mai 2013 – Innenansprüche von der Versicherung grundsätzlich nicht abgedeckt. Vielmehr musste, um solchen Manipulationen entgegenzuwirken, gemäß Ziff. 1.3 GDV-Musterbedingungen 2011 die Hauptversammlung (vgl. § 147 AktG) oder die Gesellschafterversammlung förmlich beschließen, dass solche Innenansprüche gerichtlich geltend gemacht werden. Auf diese Weise sollen Transparenz und Öffentlichkeit erzeugt werden, weshalb diese Klausel auch Öffentlichkeitsklausel heißt.[363]

In der Praxis hat sich diese Klausel nicht durchgesetzt, was zum einen an der *ARAG/Garmenbeck*-Entscheidung liegt, die Aufsichtsräten auferlegt, auch ohne einen solchen Hauptversammlungsbeschluss gerichtlich gegen seine Vorstände vorzugehen und zum anderen am Markt selbst, der nicht daran interessiert ist, Schadensfälle in aller Öffentlichkeit zu diskutieren.[364]

### *d) Eigenschadenklausel*

Eine sog. Eigenschadenklausel, wie sie in Ziff. 4.2 der GDV-Musterbedingungen 2013 vorgesehen ist, zielt ebenfalls darauf ab, eine „freundliche Inanspruchnahme" zu verhindern.[365] Danach ist bei einer versicherten Person, die an der Versicherungsnehmerin beteiligt ist, der Teil des Schadens nicht versichert, der prozentual der Beteiligung der versicherten Person an der Versicherungsnehmerin entspricht.[366] Zu Recht ist darauf hingewiesen worden, dass für

---

362 OLG Düsseldorf r+s 2014, 122, 123; *Baumann* in: Bruck/Möller, VVG, AVB-AVG 2011/2013 Ziff. 1 Rz. 66; *Ihlas*, D&O-Versicherung, S. 478 ff.; *Beckmann* in: Beckmann/Matusche-Beckmann, Versicherungsrechts-Handbuch, § 28 Rz. 92; *Schmitt*, Organhaftung und D&O-Versicherung, S. 175; *Lenz*, D&O-Versicherung, § 26 Rz. 81; *Schweitzer*, Zulässigkeit der Ausschlussklauseln, S. 85; *Kästner*, AG 2000, 113, 115; *Lange*, AG 2005, 459, 462; *Graf von Westphalen*, VersR 2006, 17 ff.; vgl. hierzu auch *Weiß*, GmbHR 2014, 574, 575.

363 *Beckmann* in: Beckmann/Matusche-Beckmann, Versicherungsrechts-Handbuch, § 28 Rz. 92 m. w. N.

364 *Lenz*, D&O-Versicherung, § 26 Rz. 81; *Beckmann* in: Beckmann/Matusche-Beckmann, Versicherungsrechts-Handbuch, § 28 Rz. 92; *Graf von Westphalen*, VersR 2006, 17, 18.

365 *Beckmann* in: Beckmann/Matusche-Beckmann, Versicherungsrechts-Handbuch, § 28 Rz. 93.

366 *Paefgen* in: Ulmer/Habersack/Winter, GmbHG, § 43 Rz. 259; Rz. 241; *Fleischer* in: MünchKommGmbHG, § 43 Rz. 376; *Beckmann* in: Beckmann/Matusche-Beckmann, Versicherungsrechts-Handbuch, § 28 Rz. 93; *Sieg* in: Münchener

Gesellschafter-Geschäftsführer eine derartige Klausel die Versicherung von Innenansprüchen weitgehend überflüssig machen würde, vor allem dann, wenn nicht einmal die Abwehrkosten abgedeckt sind.[367]

### e) *Ausschluss des Versicherungsschutzes*

Auch wenn es auf dem Gebiet der D&O-Versicherung an standardisierten Allgemeinen Versicherungsbedingungen fehlt, enthalten die marktüblichen bzw. laut *Ihlas* sogar „alle“[368] Bedingungen für D&O-Versicherungen – und so auch Ziff. 5.1 der GDV Musterbedingungen 2013 – neben einer Vielzahl von anderen Ausschlüssen einen Risikoausschluss für wissentliche und/oder vorsätzliche Pflichtverletzungen. Nach ganz h. M. handelt es sich bei diesen Klauseln um subjektive Risikoausschlüsse und nicht etwa um (verdeckte) Obliegenheiten.[369]

Typische Regelungen sind:[370]

- „Der Versicherungsschutz erstreckt sich nicht auf Ansprüche wegen vorsätzlicher Pflichtverletzung.“[371]
- „Der Versicherungsschutz erstreckt sich nicht auf Ansprüche wegen wissentlicher Pflichtverletzung.“[372]

---

Anwaltshandbuch Versicherungsrecht, § 17 Rz. 134; *Lenz*, D&O-Versicherung, § 26 Rz. 80; vgl. hierzu auch OLG Köln VersR 2008, 1673, 1674.

367 *Lenz*, D&O-Versicherung, § 26 Rz. 80; zur Wirksamkeit der Eigenschadenklausel vgl. *Lange*, ZIP 2003, 466 ff.

368 *Ihlas*, D&O-Versicherung, S. 55; so auch *Gädtke* in: Bruck/Möller, VVG, AVB-AVG 2011/2013 Ziff. 5 Rz. 3, 32: „In einer der entsprechenden Fassung ist S. 1 Bestandteil jeder D&O-Police.“; vgl. *Lange*, D&O-Versicherung und Managerhaftung, § 11 Rz. 12: „nahezu standardmäßig vereinbart“.

369 vgl. BGH VersR 1991, 176 ff.; OLG Hamm VersR 1996, 1006, 1007; OLG Köln r+s 1997, 105; OLG Koblenz r+s 2000, 192, 193; *Gädtke* in: Bruck/Möller, VVG, AVB-AVG 2011/2013 Ziff. 5 Rz. 36; *Schimikowski* in: NK-VVG, § 103 Rz. 4, 12; *Gräfe* in: Gräfe/Brügge, Vermögensschaden-Haftpflichtversicherung, Teil E Rz. 222; *Schweitzer*, Zulässigkeit der Ausschlussklauseln, S. 117; *Späth*, VersR 1988, 1123; *Vothknecht*, PHi 2006, 52, 54 m. w. N.

370 vgl. *Seitz*, VersR 2007, 1476; *Mahncke*, ZFV 2006, 540.

371 Ziff. III Abs. 1 Chartis Allgemeine Bedingungen für die Vermögensschaden-Haftpflichtversicherung von Unternehmensleitern (D&O Middle Market) BusinessGuard D&O 2007 MM; Ziff. 7.1.2 Chubb OLA 2011 Prime Line; Ziff. IV Abs. 1 WÜBA AGG 2009.

372 vgl. § 3 Ziff. 6.1 Abs. 1 AVB-VOV 2012; Ziff. 7.1.1 Chubb OLA 2011 Prime Line; Ziff. 6.1 Allgemeine Versicherungsbedingungen für die Vermögensschadenhaftpflichtversicherung für die Organe von juristischen Personen (D&O-Versicherung)

– „Der Versicherungsschutz erstreckt sich nicht auf Ansprüche wegen vorsätzlicher Schadensverursachung oder durch wissentliches Abweichen von Gesetz, Vorschrift, Beschluss, Vollmacht oder Weisung oder durch sonstige wissentlichen Pflichtverletzungen."[373]

Der letztgenannte Risikoausschluss stellt dabei einen Unterfall des Ausschlusses für wissentliche Pflichtverletzungen dar.[374] Soweit der zuletzt genannte Ausschluss zusätzlich auf „Ansprüche wegen vorsätzlicher Schadensverursachung" Bezug nimmt, handelt es sich hierbei nur um einen deklaratorischen Hinweis auf § 103 VVG, da der Vorsatz sich insofern auch auf den Schaden und nicht nur auf die Pflichtverletzung beziehen muss.[375]

Theoretisch greifen diese Ausschlüsse bei sämtlichen Arten der Fahrlässigkeit und damit auch bei grober Fahrlässigkeit nicht.[376]

---

– Premiumschutz – Württembergische (Stand 01.06.2013); Ziff. 6.1 Allgemeine Versicherungsbedingungen für die Vermögensschadenhaftpflichtversicherung für die Organe von juristischen Personen (D&O-Versicherung) – Kompaktschutz – Württembergische (Stand 01.06.2013); Ziff. IV.1 Abs. 1 Markel Pro D&O 04.2013 SME; Ziff. 4.1 HDI Gerling AVB-D&O 2011 Comfort; Ziff. VI.1 a) ZURICH D&O Plus Entscheiderhaftpflicht Ausgabe 05.2013; Ziff. 6 Abs. 1 Allgemeine Versicherungsbedingungen für die Vermögensschaden-Haftpflichtversicherung von Unternehmensleitern und Leitenden Angestellten (ULLA) – Ausgabe Januar 2012 – R+V; vgl. auch Ziff. 5.1 AVBDO 2011 DUAL Deutschland; Ziff. II Abs. 1 D&O by Hiscox Bedingungen 06/2011 und Ziff. III. 1. Abs. 1 DOMCURA D&O, die auf die direkte vorsätzliche Pflichtverletzung (*dolus directus*) abstellen, was der Wissentlichkeit entspricht.

373 vgl. Ziff. 5.1 GDV-Musterbedingungen 2013; § 4 Abs. 1 Allianz AVB zur Vermögensschaden-Haftpflichtversicherung für Organe juristischer Personen – AVB-O HV 40/11; § 4 Abs. 5 AVB 2009 R+V Allgemeine Versicherung AG.

374 vgl. hierzu *Ihlas* in: MünchKommVVG, D&O, Rz. 378: „Die Formulierung der vorsätzlichen Schadensverursachung kommt aus der Haftpflichtversicherung und gehört zu den Personen- und Sachschäden. In der Vermögensschaden-Versicherung taucht sie alleine nicht auf, wird neben die wissentliche Pflichtverletzung gestellt und verhält sich dazu als Unterfall."; vgl. hierzu auch *Gädtke* in: Bruck/Möller, VVG, AVB-AVG 2011/2013 Ziff. 5 Rz. 37.

375 *Gädtke* in: Bruck/Möller, VVG, AVB-AVG 2011/2013 Ziff. 5 Rz. 32; *Lenz*, D&O-Versicherung, § 26 Rz. 141; vgl. auch *Beckmann* in: Beckmann/Matusche-Beckmann, Versicherungsrechts-Handbuch, § 28 Rz. 117.

376 *Ihlas* in: MünchKommVVG, D&O, Rz. 373; *Sieg* in: Münchener Anwaltshandbuch Versicherungsrecht, § 17 Rz. 148; *Hoffmann*, NJW 2012, 1393, 1395.

### aa) Verbreitung und Funktionen der Risikoausschlüsse für wissentliche und vorsätzliche Pflichtverletzungen

Schon im Jahre 1906 im Zusammenhang mit der Einführung der eingangs erwähnten Haftpflichtversicherung für „Aufsichtsräthe und Directoren" wurde der Ausschluss für „wissentliche Vorschriftswidrigkeit" als Bestandteil dieser Versicherung diskutiert.[377] Zuvor hatte der sog. Stuttgarter Verein in der Haftpflichtversicherung für Rechtsanwälte und Notare bereits praktische Erfahrungen mit dieser Klausel gesammelt, die sich angeblich „leicht und zweifelsfrei" anwenden ließ.[378]

Heutzutage findet sich laut *Ihlas* der Ausschluss für Vorsatz und wissentliche Pflichtverletzung „in allen D&O-AVB, allerdings mit teils unterschiedlichem Wortlaut."[379] Dieser schon aus der herkömmlichen Vermögensschadenhaftpflichtversicherung bekannte Ausschlusstatbestand kann als Marktstandard bezeichnet werden, der „zum Kernbestand der Bedingungswerke gehört."[380] Die „überragende", „große praktische"[381] oder „zentrale"[382] Bedeutung des Wissentlichkeitsausschlusses gegenüber der gesetzlichen Regelung gemäß § 103 VVG rührt daher, dass Unternehmensleiter auch im Falle einer wissentlichen Pflichtverletzung im Regelfall die Gesellschaft nicht vorsätzlich schädigen wollen, sondern sie vielmehr annehmen, dass ihr Verhalten einen positiven Effekt für das Unternehmen hat.[383]

---

377 *Georgii*, Veröffentlichungen des Deutschen Vereins für Versicherungs-Wissenschaft, Heft VIII (März 1906), 17, 22 ff; dies ebenfalls hervorhebend: *Pammler*, Gesellschaftsfinanzierte D&O-Versicherung, S. 71.

378 *Georgii*, Veröffentlichungen des Deutschen Vereins für Versicherungs-Wissenschaft, Heft VIII (März 1906), 17, 28.

379 *Ihlas*, D&O-Versicherung, S. 454; ähnlich *Lange*, DStR 2002, 1674, 1676.

380 vgl. *Vothknecht*, PHi 2006, 52, 53; *Sieg*, Münchener Anwaltshandbuch Versicherungsrecht, § 17 Rz. 148; *Klinkhammer*, VP 2006, 22, 27.

381 *Paefgen* in: Ulmer/Habersack/Winter, GmbHG, § 43 Rz. 259; *Lange*, D&O-Versicherung und Managerhaftung, § 11 Rz. 12: „Der praktisch bedeutsamste Risikoausschluss in der D&O-Versicherung ist der „Wissentlichkeitsausschluss"."; ähnlich *ders.*, DStR 2002, 1674, 1676 und *Hopt*, ZIP 2013, 1793, 1800; vgl. auch vgl. *Wilhelm*, AssCompact 2014, 118, 119: „So versuchen Führungskräfte insbesondere in Krisensituationen häufig, das Unternehmen durch riskante, kurzfristige Einzelentscheidungen zu retten – im Wissen, dass sie damit Pflichten verletzen."

382 *Klinkhammer*, VP 2006, 22, 27: „Der Ausschluß für Haftpflichtansprüche wegen vorsätzlicher Schädigung und wissentlicher bzw. vorsätzlicher Pflichtverletzung ist ein zentraler Deckungsausschluß in der D&O-Versicherung."; *Schweitzer*, Zulässigkeit der Ausschlussklauseln, S. 14.

383 *Paefgen* in: Ulmer/Habersack/Winter, GmbHG, § 43 Rz. 259; *Pammler*, Gesellschaftsfinanzierte D&O-Versicherung, S. 70; *Schweitzer*, Zulässigkeit der

„Denn Hasardeure im Management“, so *Hendricks*, „die in Kenntnis drohender Schäden Pflichten verletzen, sind glücklicherweise in der Minderheit.“[384] Der Wissentlichkeitsausschluss berücksichtigt dies zugunsten der Versicherer, indem er eben nicht auf den Schaden, sondern bloß auf die leichter nachzuweisende Pflichtverletzung abstellt und, sofern diese wissentlich begangen wird, damit bereits den Versicherungsschutz entfallen lässt.[385] Daher lasse sich dieser Ausschluss „ohne Weiteres als das „Nadelöhr“ der D&O-Bedingungen“ bezeichnen, welches es den Versicherern erlaubt, der Deckung doch noch zu entgehen.[386] *Hendricks* schätzt, dass „gut zwei Drittel der D&O-Versicherungsfälle dem Einwand der vorsätzlichen und wissentlichen Pflichtverletzung begegnen.“[387] Gemäß der TP/IK-Studie aus dem Jahr 2007 sind es sogar 75%.[388]

Auch die GDV-Musterbedingungen 2013 stellen in Ziff. 5.1 auf „wissentliches Abweichen von Gesetz, Vorschrift, Beschluss, Vollmacht oder Weisung oder durch sonstige wissentliche Pflichtverletzung“ ab.

Soweit *Ihlas* darauf verweist, dass der Ausschluss für Vorsatz zusammen mit dem Kenntnisausschluss in der D&O-Schadensregulierung unangefochten an der Spitze“ steht, meint er damit anscheinend den in Ziff. 5.1 der GDV-Musterbedingungen 2013 ebenfalls erwähnten Ausschluss für die vorsätzliche Schadensherbeiführung und nicht den Ausschluss für vorsätzliche

---

Ausschlussklauseln, S. 98; *Lange*, DStR 2002, 1674, 1676; *Kiethe*, BB 2003, 537, 541; *Notthoff*, NJW 2003, 1350, 1353; *Hendricks*, VW 2006, 229, 230; vgl. auch *Gädtke* in: Bruck/Möller, VVG, AVB-AVG 2011/2013 Ziff. 5 Rz. 44.

384 *Hendricks*, VW 2006, 229, 230.

385 vgl. BGH VersR 1986, 647, 648; BGH NJW-RR 1991, 145, 146; *Ihlas*, D&O-Versicherung, S. 460; *Sieg* in: Münchener Anwaltshandbuch Versicherungsrecht, § 17 Rz. 149 f.; *Wagner*, ZHR 178 (2014), 227, 249.

386 so *Lange*, DStR 2002, 1674, 1676; vgl. auch *Steinkühler*, VW 2003, 1734; *Kiethe*, BB 2003, 537, 541; zuletzt *Hopt*, ZIP 2013, 1793, 1801; vgl. auch *Jahn*, FAZ v. 24.09.2014, S. 16: „Auch sei es [laut der Münchner Rechtsanwältin Viola Sailer-Coceani] möglich, dass die Assekuranz wegen eines Risikoausschlusses nicht zahle. [...] Auch führt es - was Sailer-Coceani nicht ansprach - dazu, dass die Assekuranz ein Interesse daran hat, Betroffenen schweres Verschulden anzulasten, weil sie dann gar nicht zahlen muss.“; dies ebenfalls hervorhebend: *Schweitzer*, Zulässigkeit der Ausschlussklauseln, S. 94.

387 *Hendricks*, VW 2006, 229; vgl. auch *Lange*, D&O-Versicherung und Managerhaftung, § 11 Rz. 12, Fn. 27, der angibt, dass seine Erfahrung dies nicht bestätigt; zurückhaltend auch *Lenz*, D&O-Versicherung, § 26 Rz. 142.

388 Nachweis bei *Ihlas*, D&O-Versicherung, S. 648; vgl. auch *Hopt*, ZIP 2013, 1793, 1801: „Aus der Praxis ist zu hören, dass die D&O-Versicherungen nur in rund 25 % der Fälle zahlen.“; vgl. hierzu auch *Schweitzer*, Zulässigkeit der Ausschlussklauseln, S. 14.

Pflichtverletzungen.[389] Der Vorsatzvorwurf, so *Ihlas*, werde in der Praxis „häufig erhoben".[390] Das liege daran, dass der Vorsatzvorwurf häufig beinhalte, dass auch eine strafbare Handlung begangen wurde.[391] Dem Vorsatzvorwurf komme so die Funktion der „Stimmungsmache" zu und eine „Bisssperre" aufzuheben, da bei strafrechtlichen Vorwürfen ein kollegialer Umgang mit dem von dem Vorwurf betroffenen Organ nicht mehr zu erwarten und im Übrigen auch eine Verdachtskündigung möglich sei.[392] Insofern sei der Vorsatzvorwurf ein Mittel, ein unliebsam gewordenes Organmitglied loszuwerden.[393] Die Einschaltung der Staatsanwaltschaft helfe zusätzlich, das Organ von seinen früheren Mitarbeitern zu isolieren.[394] *Ihlas* weist allerdings auch darauf hin, dass die Beweisschwierigkeiten im Bereich der Wirtschaftsstraftaten erheblich seien und die „Trefferquoten regelmäßig unter 10 % liegen".[395] Oft würden die Ermittlungen „im Sande verlaufen", wobei allerdings bei entsprechendem Medieninteresse ein Rufschaden selbst dann verbleibe, wenn im Haftungsprozess nicht ermittelt werden konnte, ob das Organ tatsächlich vorsätzlich gehandelt hat.[396]

Hierzu ist anzumerken, dass, soweit Ermittlungen im Sande verlaufen, dies nicht bedeuten muss, dass die Organe dann freigesprochen oder Ermittlungen gegen diese gemäß § 170 Abs. 2 StPO eingestellt werden. Die zunehmend schärfere Rechtsprechung zum häufig bemühten aber nicht gerade klar konturierten Untreuetatbestand hat vielmehr zur Folge, dass Ermittlungen erfahrungsgemäß häufig nur noch gemäß § 153a StPO gegen Zahlung erheblicher Auflagen eingestellt werden, wofür die D&O-Versicherung selbstverständlich keine Deckung übernimmt.[397] Es liegt auf der Hand, dass allein die Zahlung dieser Auflagen und soweit kein Strafrechtsdeckungsschutz besteht auch die Bezahlung der Strafverteidiger für das Organ finanziell ruinöse Folgen haben kann.

---

389 *Ihlas*, D&O-Versicherung, S. 454 bezieht sich an dieser Stelle ausdrücklich auf Ziff. 5.1 der GDV-Musterbedingungen, sodass es nahe liegt, dass er den darin enthaltenen Vorsatzauschluss meint; vgl. auch die Interpretation von *Lenz*, D&O-Versicherung, § 26 Rz. 142 Fn. 380.

390 *Ihlas* in: MünchKommVVG, D&O, Rz. 366.

391 *Ihlas* in: MünchKommVVG, D&O, Rz. 366.

392 *Ihlas* in: MünchKommVVG, D&O, Rz. 367; *ders.*, VW 2007, 660, 662; *Schweitzer*, Zulässigkeit der Ausschlussklauseln, S. 83.

393 *Ihlas* in: MünchKommVVG, D&O, Rz. 367.

394 *Ihlas* in: MünchKommVVG, D&O, Rz. 367.

395 *Ihlas* in: MünchKommVVG, D&O, Rz. 368.

396 *Ihlas* in: MünchKommVVG, D&O, Rz. 369; *Fischer*, StGB, § 266 Rz. 3 weist demgegenüber im Bereich der Untreue auf eine Aufklärungsquote von „ca. 98 %" hin.

397 *Ihlas*, VW 2007, 660, 666.

### bb) Voraussetzungen der Risikoausschlüsse für wissentliche und vorsätzliche Pflichtverletzungen

Die Risikoausschlüsse für wissentliche und vorsätzliche Pflichtverletzungen knüpfen anders als § 103 VVG nicht auf die vorsätzliche Herbeiführung des Schadens, sondern auf die wissentliche bzw. vorsätzliche Herbeiführung der Pflichtverletzung an, damit der Deckungsausschluss greift. *Olbrich* hat dabei zu Recht darauf hingewiesen: „Die sprachlichen Abweichungen zwischen den einzelnen Klauseln mögen dabei auf den ersten Blick marginal erscheinen, können aber eine erhebliche rechtliche Wirkung haben.“[398] Nachfolgend sollen deshalb die Unterschiede zwischen beiden Klauseln dargestellt werden.

*(1) Voraussetzungen des Risikoausschlusses für wissentliche Pflichtverletzungen*

Der Risikoausschluss für wissentliche Pflichtverletzungen greift bereits dann ein, wenn der Versicherungsnehmer bzw. die versicherte Person eine Pflichtverletzung wissentlich begangen hat.[399] Diese Ausschlussklausel verzichtet damit darauf, dass die Wissentlichkeit – anders als der Vorsatz i. R. v. § 103 VVG – auch den schädigenden Erfolg des Pflichtverstoßes erfasst.[400]

Dogmatisch ist die Wissentlichkeit als Unterfall des Vorsatzes einzuordnen, nämlich als die positive Kenntnis der jeweiligen Pflicht (dolus directus).[401] Deshalb genügt es nicht, dass der Versicherungsnehmer bzw. die versicherte Person die Pflichtverletzung bedingt vorsätzlich im Sinne eines billigenden Inkaufnehmens (dolus eventualis) verübt, will der Versicherer der Leistungspflicht im Rahmen dieses Risikoausschlusses entgehen.[402]

---

398 *Olbrich*, D&O-Versicherung, S. 178; so auch *Beckmann* in: Beckmann/Matusche-Beckmann, Versicherungsrechts-Handbuch, § 28 Rz. 117; *Schweitzer*, Zulässigkeit der Ausschlussklauseln, S. 39; *Vothknecht*, PHi 2006, 52, 53; *Penner*, VersR 2005, 1359, 1360; *Seitz*, VersR 2007, 1476, 1477.

399 OLG Karlsruhe ZfS 2003, 247, 248; *Gädtke* in: Bruck/Möller, VVG, AVB-AVG 2011/2013 Ziff. 5 Rz. 51; *Koch*, WM 2007, 2173, 2179.

400 BGH NJW-RR 1991, 145, 146; OLG Karlsruhe ZfS 2003, 247, 248; OLG Hamm r+s 2007, 279; *Gädtke* in: Bruck/Möller, VVG, AVB-AVG 2011/2013 Ziff. 5 Rz. 37, 52; *Lenz*, D&O-Versicherung, § 26 Rz. 141; *Schweitzer*, Zulässigkeit der Ausschlusklauseln, S. 27, 35 f.; *Koch*, WM 2007, 2173, 2179 f.

401 BGH NJW-RR 1991, 145 f.; *Koch*, WM 2007, 2173, 2179; *Mahncke*, ZfV 2006, 540, 541; *Vothknecht*, PHi 2006, 52, 56; *Späth*, VersR 2000, 825.

402 BGH VersR 1986, 647; BGH NJW-RR 1991, 145; BGH NJW 2006, 289, 291; *Gädtke* in: Bruck/Möller, VVG, AVB-AVG 2011/2013 Ziff. 5 Rz. 37; *Penner*, VersR 2005, 1359, 1360; *Koch*, WM 2007, 2173, 2179.

Eine wissentliche Pflichtverletzung setzt voraus, dass der Versicherungsnehmer bzw. Versicherte die verletzte Pflicht positiv gekannt hat und sie zutreffend gesehen hat.[403] Dem Versicherungsnehmer bzw. der versicherten Person muss bewusst gewesen sein, im Zeitpunkt der Pflichtverletzung gesetz-, vorschrifts- oder in sonstiger Weise pflichtwidrig zu handeln.[404] Folglich fällt nur derjenige unter den Risikoausschluss der wissentlichen Pflichtverletzung, der bewusst für ihn verbindliche Handlungs- oder Unterlassungsanweisungen nicht beachtet hat.[405]

Der Versicherer muss dabei darlegen, wie sich der Versicherungsnehmer oder Versicherte in einer konkreten Situation hätte verhalten sollen.[406] Damit ein bewusster Pflichtverstoß angenommen werden kann, muss der Versicherer des Weiteren darlegen, dass dem Versicherungsnehmer oder Versicherten diese Verhaltensnorm auch bekannt gewesen war.[407] Folglich muss der Versicherer darlegen und ggf. auch beweisen, dass der Versicherungsnehmer bzw. die versicherte Person sowohl die betreffende Pflicht kannte als auch wusste, dass er diese bewusst verletzt.[408] Bestehen diesbezüglich auf Seiten des erkennenden Gerichts

---

403 BGH VersR 1991, 176, 177; BGH VersR 2002, 748, 750; BGH NJW 2006, 289, 291; OLG Karlsruhe ZfS 2003, 247, 248; OLG Karlsruhe VersR 2004, 505, 506; OLG Karlsruhe NJW-RR 2010, 1043, 1044; KG VersR 2007 1076, 1077; *Gädtke* in: Bruck/Möller, VVG, AVB-AVG 2011/2013 Ziff. 5 Rz. 51; *Schweitzer*, Zulässigkeit der Ausschlussklauseln, S. 26, 111; *Späth*, VersR 2000, 825; *Notthoff*, NJW 2003, 1350, 1353; *Penner*, VersR 2005, 1359, 1360; *Koch*, WM 2007, 2173, 2179.

404 OLG Koblenz, VersR 2011, 1042, 1044; OLG Karlsruhe NJW-RR 2010, 1043, 1044; OLG Karlsruhe ZfS 2003, 247, 248; *Lenz*, D&O-Versicherung, § 26 Rz. 141, *Schweitzer*, Zulässigkeit der Ausschlussklauseln, S. 21, 25, 71 f.; *Späth*, VersR 2000, 825; *Kiethe*, BB 2003, 537, 541; *Notthoff*, NJW 2003, 1350, 1353.

405 BGH VersR 1986, 647; BGH VersR 1987, 174; BGH VersR 1991, 176; BGH VersR 1992, 994; OLG Karlsruhe ZfS 2003, 247, 248; OLG Karlsruhe VersR 2004, 505, 506; OLG Karlsruhe NJW-RR 2010, 1043, 1044; KG VersR 2007 1076, 1077; OLG Saarbrücken NJOZ 2008, 2882, 2886.

406 OLG Karlsruhe ZfS 2003, 247, 248; OLG Karlsruhe NJW-RR 2010, 1043, 1044; OLG Hamm VersR 2007, 1550, 1551; *Gädtke* in: Bruck/Möller, VVG, AVB-AVG 2011/2013 Ziff. 5 Rz. 51; *Koch*, WM 2007, 2173, 2180.

407 OLG Karlsruhe ZfS 2003, 247, 248; OLG Karlsruhe VersR 2004, 505, 506; OLG Karlsruhe NJW-RR 2010, 1043, 1044; *Koch*, WM 2007, 2173, 2180.

408 BGH VersR 1986, 647, 648; BGH NJW-RR 2001, 1311, 1312; OLG Hamm VersR 2007, 1550, 1551; *Gädtke* in: Bruck/Möller, VVG, AVB-AVG 2011/2013 Ziff. 5 Rz. 55; *Kiethe*, BB 2003, 537, 541; *Penner*, VersR 2005, 1359, 1360; *Notthoff*, NJW 2003, 1350, 1353; vgl. hierzu auch *Schweitzer*, Zulässigkeit der Ausschlussklauseln, S. 68 ff., 72.

Zweifel, gehen diese zu Lasten des Versicherers.[409] Sofern der Versicherte gar nicht wusste, wie er sich hätte verhalten sollen, bestehen für die Annahme eines bewussten Pflichtenverstoßes keine hinreichenden Anhaltspunkte.[410]

*(2) Voraussetzungen des Risikoausschlusses für vorsätzliche Pflichtverletzungen*
Demgegenüber knüpft der Risikoausschluss für vorsätzliche Pflichtverletzungen an den Vorsatz selbst an. Der Vorsatz selbst entspricht mangels einer versicherungsrechtlichen Definition dem zivilrechtlichen Vorsatzbegriff, was allgemein als „Wissen und Wollen des rechtswidrigen Erfolges“ verstanden wird.[411] Rechtswidriger Erfolg meint im Rahmen der Ausschlussklausel für vorsätzliche Pflichtverletzungen aber nicht etwa den Schaden, sondern nur die Pflichtverletzung.[412] Der Vorsatz bei der Ausschlussklausel für vorsätzliche Pflichtverletzungen muss sich daher allein auf die Pflichtverletzung beziehen und nicht wie im Rahmen des § 103 VVG auch den Schaden umfassen.[413] Im Hinblick auf den Verzicht auf das Schadenserfordernis sind die Ausschlussklausel für wissentliche Pflichtverletzungen und die Ausschlussklausel für vorsätzliche Pflichtverletzungen daher identisch.[414]

Der hier maßgebliche zivilrechtliche Vorsatzbegriff setzt des Weiteren voraus, dass dem Handelnden die Rechtswidrigkeit seines Tuns bewusst war.[415]

Während die Ausschlussklausel für wissentliche Pflichtverletzungen aber dolus directus verlangt, genügt im Rahmen der Ausschlussklausel für vorsätzliche Pflichtverletzungen – der allgemeinen Vorsatzdefinition folgend – dolus eventualis, also bedingter Vorsatz.[416] Dementsprechend greift der Ausschlusstatbestand

409 BGH VersR 1986, 647, 648.

410 BGH VersR 1987, 174, 175; OLG Karlsruhe ZfS 2003, 247, 248; OLG Karlsruhe VersR 2004, 505, 506; OLG Hamm VersR 2007, 1550, 1551; *Gädtke* in: Bruck/Möller, VVG, AVB-AVG 2011/2013 Ziff. 5 Rz. 51; *Koch*, WM 2007, 2173, 2180.

411 BGH NJW-RR 2012, 404; OLG München ZIP 2013, 558, 567; *Koch* in: Bruck/Möller, VVG, § 103 Rz. 26; *Gädtke* in: Bruck/Möller, VVG, AVB-AVG 2011/2013 Ziff. 5 Rz. 38 f.; *Littbarski* in: MünchKommVVG, § 103 Rz. 22; *Heinrichs* in: FAKomm-VersR, § 103 Rz. 3; *Schweitzer*, Zulässigkeit der Ausschlussklauseln, S. 20; *Seitz*, VersR 2007, 1476.

412 *Seitz*, VersR 2007, 1476 f.; *Mahncke*, ZFV 2006, 540, 543.

413 *Vothknecht*, PHi 2006, 52, 58; *Mahncke*, ZFV 2006, 540, 543.

414 *Vothknecht*, PHi 2006, 52, 58.

415 *Gädtke* in: Bruck/Möller, VVG, AVB-AVG 2011/2013 Ziff. 5 Rz. 39 m. w. N.; *Johannsen*, r+s 2000, 133.

416 *Mahncke*, ZFV 2006, 540, 541; *Seitz*, VersR 2007, 1476, 1477; *Penner*, VersR 2005, 1359, 1360; *Vothknecht*, PHi 2006, 52, 59.

schon dann, wenn der Versicherungsnehmer bzw. Versicherte den Pflichtverstoß und die Pflichtwidrigkeit billigend in Kauf genommen hat.[417]

#### cc) Debatte darüber, welcher Risikoausschluss günstiger ist

In der versicherungsrechtlichen Literatur wurde heftig darüber diskutiert, ob der Risikoausschluss für wissentliche oder der Risikoausschluss für vorsätzliche Pflichtverletzungen für den Versicherungsnehmer bzw. die versicherte Person günstiger ist.[418] Auch wenn *Gädtke* jüngst zu Recht darauf hingewiesen hat, dass dieser Streit „überholt"[419] ist, zeigt er doch exemplarisch, dass es selbst Volljuristen und Versicherungsexperten nicht immer leicht fällt, den Anwendungsbereich und Sinngehalt dieser Klauseln zutreffend zu bestimmen. Im Übrigen gibt dieser Streit Aufschluss darüber, in welchen Fallgestaltungen diese Klauseln relevant und problematisch werden können.

*Vorrath* ist der Auffassung, dass der Ausschlusstatbestand für vorsätzliche Pflichtverletzungen für den Versicherungsnehmer bzw. für die versicherte Person günstiger ist.[420] Voraussetzung für das Vorliegen der wissentlichen Pflichtverletzung sei neben der positiven Kenntnis der verletzten Pflicht auch die Ursächlichkeit der Pflichtverletzung für den Schaden.[421] Auch müssten sich wissentliche Pflichtverletzungen – im Gegensatz zum Vorsatz – nicht auf die Schadensherbeiführung beziehen.[422] *Vorrath* benennt für ihre These sodann Beispiele, indem sie aufzeigt, wie schnell bereits eine wissentliche Pflichtverletzung verwirklicht werden kann, etwa bei Verstößen gegen Gesellschaftsverträge, Gesellschaftsordnungen, Anstellungsverträge, Vollmachten und Weisungen. In diesem Zusammenhang weist sie darauf hin, dass sich ein Geschäftsführer in diesen Fällen kaum dahingehend wird exkulpieren können, er habe die Pflichtverletzung nicht bewusst begangen, da er sich über die bestehende Satzungs- und

---

417 *Vothknecht*, PHi 2006, 52, 60.

418 vgl. zum Streitstand *Gädtke* in: Bruck/Möller, VVG, AVB-AVG 2011/2013 Ziff. 5 Rz. 41; *Schweitzer*, Zulässigkeit der Ausschlussklauseln, S. 90 ff.; *Mahncke*, ZFV 2006, 540, 541 ff.

419 *Gädtke* in: Bruck/Möller, VVG, AVB-AVG 2011/2013 Ziff. 5 Rz. 41; vgl. auch *Ihlas*, D&O-Versicherung, S. 469: „Die Frage, ob nun die „vorsätzliche" oder die „wissentliche" Pflichtverletzung der bessere Ausschluss sei, war ein „Klassiker" im Sinne einer „lange schwelenden Streitfrage"."

420 *Vorrath*, VW 2006, 151 f.; dies., VW 2006, 575 f.; ihr folgend *Hendricks*, VW 2006, 229 f.

421 *Vorrath*, VW 2006, 151.

422 *Vorrath*, VW 2006, 151.

Beschlusslage zu informieren habe.[423] Auch Verstöße gegen die Berichtspflicht nach § 90 Abs. 1 AktG seien als wissentliche Pflichtverletzungen einzuordnen, da diese Sorgfaltswidrigkeiten i. S. v. § 93 Abs. 1 AktG darstellten.[424]

Demgegenüber stellt die ganz h. M. darauf ab, dass der Ausschlusstatbestand für wissentliche Pflichtverletzungen für den Versicherungsnehmer bzw. für die versicherte Person günstiger, weil enger ist als der Ausschlusstatbestand für vorsätzliche Pflichtverletzungen.[425] Letzterer knüpfe an den Vorsatz selbst an und dieser erfasse wiederum sowohl die Absicht (dolus directus 1. Grades), die Wissentlichkeit (dolus directus 2. Grades) als auch den bedingten Vorsatz (dolus eventualis).[426] Daher könne der Ausschlusstatbestand für vorsätzliche Pflichtverletzungen schon dann verwirklicht werden, wenn hinsichtlich der Pflichtverletzung lediglich bedingter Vorsatz vorliege; für den Ausschlusstatbestand der

---

423 *Vorrath*, VW 2006, 151 f.; so auch *Schilling*, D&O-Versicherung und Managerhaftung, S. 38: „Aufgrund der Vielzahl von Gesellschafterbeschlüssen und auch Zustimmungskatalogen, die in Satzungen oder Anstellungsverträgen vereinbart sind, kann der Manager schnell eine wissentliche Pflichtverletzung begehen.“; *Jula*, FS Baumann, S. 119, 125: „In Anbetracht der Vielzahl von Gesellschafterbeschlüssen oder auch von Zustimmungskatalogen, die in Satzungen oder Anstellungsverträgen verankert sind, kann häufig eine wissentliche Pflichtverletzung bestehen. So etwa, wenn der Geschäftsführer ein Geschäft tätigt, für das er zuvor die Zustimmung der Gesellschafterversammlung hätte einholen müssen, weil ein einschlägiger Gesellschafterbeschluß oder der Zustimmungskatalog in der Satzung dies vorschreibt. Regelmäßig dürfte sich der Geschäftsführer wohl nicht damit verteidigen können, dass ihm der Pflichtverstoß nicht gegenwärtig gewesen war. Es steht zu befürchten, daß er mit dieser Argumentation in einem etwaigen Prozeß unterlegen ist. Der Geschäftsführer hat sich über die bestehende Satzungs- und Beschlusslage zu informieren.“ und *Olbrich*, D&O-Versicherung, S. 180: „In der überwiegenden Zahl der Haftungsfälle wird nämlich eine der genannten Konstellationen vorliegen. Gerade in Anbetracht der Vielzahl von Gesellschafterbeschlüssen oder Zustimmungskatalogen, die in Satzungen oder Anstellungsverträgen verankert sein können, wird häufig auch eine wissentliche Pflichtverletzung bestehen.“; *Schweitzer*, Zulässigkeit der Ausschlussklauseln, S. 95.

424 *Vorrath*, VW 2006, 151, 152.

425 *Gädtke* in: Bruck/Möller, VVG, AVB-AVG 2011/2013 Ziff. 5 Rz. 41; *Schimikowski* in: NK-VVG, § 103 Rz. 12; *Ihlas*, D&O-Versicherung, S. 468 f.; *Schweitzer*, Zulässigkeit der Ausschlussklauseln, S. 38, 91 f.; *Penner*, VersR 2005, 1359, 1360; *Mahncke*, ZFV 2006, 540, 542; *Vothknecht*, VW 2006, 488; *ders.*, PHi 2006, 52, 60; *Seitz*, VersR 2007, 1476, 1477; *Koch*, WM 2007, 2173, 2180.

426 *Ihlas*, D&O-Versicherung, S. 469; *Vothknecht*, VW 2006, 488; *ders.*, PHi 2006, 52, 59; *Seitz*, VersR 2007, 1476, 1477.

wissentlichen Pflichtverletzung genüge dies dagegen nicht, hier sei bereits Wissentlichkeit erforderlich.[427] Bei dem Ausschluss für wissentliche Pflichtverletzungen müsse im Zeitpunkt der Verletzungshandlung sowohl die verletzte Pflicht bekannt sein als auch der Verstoß dagegen bewusst vorgenommen werden.[428] Ein bloß billigendes Inkaufnehmen des Pflichtverstoßes reiche dementsprechend nicht.[429] Da die Anforderungen an eine solche wissentliche Pflichtverletzung somit höher und auch schwieriger von dem Versicherer zu beweisen seien, sei der auf die Wissentlichkeit abstellende Ausschlusstatbestand für den Versicherungsnehmer bzw. die versicherte Person günstiger als der Ausschlusstatbestand für vorsätzliche Pflichtverletzungen.[430]

*Vorrath* ist zuzugestehen, dass der Ausschlusstatbestand für wissentliche Pflichtverletzungen in den von ihr benannten Beispielen zweifellos leicht verwirklicht werden kann, wobei allerdings der Hinweis erlaubt sein muss, dass Verstöße gegen die Berichtspflicht gemäß § 90 Abs. 1 AktG zunächst einmal nur sorgfaltswidrig i. S. v. § 93 Abs. 1 AktG sein mögen, ohne dass der Vorstand damit auch zwangsläufig gleich wissentlich handeln muss. Soweit *Vorrath* allerdings ausführt, dass sich der Vorsatz im Gegensatz zur Wissentlichkeit stets auf den Schaden beziehen muss, ist dem zu widersprechen.[431] Sowohl Wissentlichkeit als auch Vorsatz können sich jeweils und unabhängig voneinander sowohl auf die Pflichtverletzung als auch auf den Schaden beziehen.[432] So bezieht sich der Ausschluss für vorsätzliche Pflichtverletzungen – anders als der Ausschluss für vorsätzliche Schadensverursachung gemäß § 103 VVG – eben nur auf die Pflichtverletzung, nicht aber auf den Schaden selbst.[433]

---

427 *Mahncke*, ZFV 2006, 540, 541; *Penner*, VersR 2005, 1359, 1360; *Vothknecht*, PHi 2006, 52, 56; *Seitz*, VersR 2007, 1476, 1477.

428 BGH VersR 1987, 174; *Vothknecht*, PHi 2006, 52, 56; *Lange*, DStR 2002, 1674, 1676 m. w. N.

429 *Seitz*, VersR 2007, 1476, 1477 m. w. N.

430 *Penner*, VersR 2005, 1359, 1360; *Vothknecht*, PHi 2006, 52, 60.

431 In der Sache vergleicht *Vorrath* die Ausschlussklausel für wissentliche Pflichtverletzung nicht mit der Ausschlussklausel für vorsätzliche Pflichtverletzung, sondern mit der Ausschlussklausel für vorsätzliche Schadensherbeiführung. Insofern dürfte ihre Schlussfolgerung, dass die Ausschlussklausel für wissentliche Pflichtverletzung für den Versicherungsnehmer ungünstiger ist, als eine Klausel, die auf die vorsätzliche Herbeiführung des Schadens abstellt, zutreffen.

432 so auch *Seitz*, VersR 2007, 1476.

433 so auch *Vothknecht*, PHi 2006, 52, 58; vgl. auch *Ihlas*, D&O-Versicherung, S. 468: „In das Wort „Vorsatz“ kann nicht einfach das Wort „Schaden“ hineininterpretiert werden.“

Soweit *Vorrath* ferner darauf abstellt, Voraussetzung für den Ausschlusstatbestand der wissentlichen Pflichtverletzung sei auch die Ursächlichkeit zwischen Pflichtverletzung und Schaden, kann dem ebenfalls nicht gefolgt werden. So ist die Kausalität zwischen Pflichtverletzung und Schaden zweifellos eine Voraussetzung für das Eingreifen eines Haftungstatbestandes gemäß § 93 Abs. 1 AktG oder gemäß § 43 Abs. 1 GmbH auf der Haftungsebene.[434] Für den Ausschlusstatbestand der wissentlichen Pflichtverletzung auf der Deckungsebene ist dies jedoch unbeachtlich.[435] Und da der Begriff des Vorsatzes weiter ist als derjenige der Wissentlichkeit, da er eben nicht nur diese als *dolus directus* erfasst, sondern auch den für den Versicherungsnehmer weitaus gefährlicheren *dolus eventualis*, folgt die h. M. hieraus zu Recht, dass der Ausschlusstatbestand für wissentliche Pflichtverletzungen für den Versicherungsnehmer bzw. für die versicherte Person günstiger ist.

434 so auch *Mahncke*, ZfV 2006, 540, 542.
435 so auch *Mahncke*, ZfV 2006, 540, 542.

# C. Wirksamkeit der Risikoausschlüsse für wissentliche und vorsätzliche Pflichtverletzungen

Fraglich und nachfolgend zu prüfen ist, ob die Risikoausschlüsse für wissentliche und vorsätzliche Pflichtverletzungen wirksam sind. AVB und damit auch D&O-Versicherungsbedingungen sind unproblematisch als Allgemeine Geschäftsbedingungen i. S. v. § 305 Abs. 1 S. 1 BGB einzuordnen.[436] Mangels Einschlägigkeit der Klauselverbote in den §§ 308, 309 BGB ist die Wirksamkeit dieser Klauseln ausschließlich am Maßstab des § 307 Abs. 1, 2 BGB zu messen.[437] Da es sich bei beiden Klauseln um branchenübliche Klauseln handelt, die als Marktstandard „Bestandteil jeder D&O-Police“[438] sind, sind diese insbesondere nicht überraschend i. S. v. § 305c Abs. 1 BGB.[439] Nur ergänzend sei auf die sich aus §§ 134, 138, 242 BGB ergebenden Beschränkungen der Privatautonomie hingewiesen,[440] die jedoch nicht Gegenstand dieser Prüfung sind.

## I. Wirksamkeit des Risikoausschlusses für wissentliche Pflichtverletzungen

Gemäß § 307 Abs. 1 S. 1 BGB ist eine Klausel in Allgemeinen Geschäftsbedingungen unwirksam, wenn sie den Vertragspartner des Verwenders entgegen den Grundsätzen von Treu und Glauben ungemessen benachteiligt. Nach ständiger Rechtsprechung des Bundesgerichtshofes ist von einer solchen unangemessenen Benachteiligung auszugehen, „wenn der Verwender seine eigenen Interessen mit der Klausel missbräuchlich durchzusetzen versucht, ohne dabei die Interessen des Vertragspartners zu berücksichtigen oder diese im Falle einer

---

436 vgl. BGH NJW 1998, 454; BGH NJW 1999, 2279, 2280; *Beckmann* in: Beckmann/Matusche-Beckmann, Versicherungsrechts-Handbuch, § 10 Rz. 1, 232; *Lenz*, D&O-Versicherung, § 26 Rz. 39; *Schweitzer*, Zulässigkeit der Ausschlussklauseln, S. 137; *Basedow*, VersR 1999, 1045 ff.; *Schirmer*, DAR 1993, 321, 330.

437 so auch *Schweitzer*, Zulässigkeit der Ausschlussklauseln, S. 148.

438 vgl. *Gädtke* in: Bruck/Möller, VVG, AVB-AVG 2011/2013 Ziff. 5 Rz. 22; *Schweitzer*, Zulässigkeit der Ausschlussklauseln, S. 141.

439 vgl. BGH NJW-RR 1991, 145, 147; *Schweitzer*, Zulässigkeit der Ausschlussklauseln, S. 164 ff.

440 vgl. *Baumann* in: Bruck/Möller, VVG, AVB-AVG 2011/2013 Einf. Rz. 27 m. w. N.; *Pfeiffer* in: Wolf/Lindacher/Pfeiffer, AGB-Recht, § 307 Rz. 10 ff.

Benachteiligung angemessen zu kompensieren."[441] Um zu ermitteln, ob die Klausel den Vertragspartner des Verwenders unangemessen benachteiligt, ist daher eine umfassende Interessenabwägung vorzunehmen, im Rahmen derer die widerstreitenden Interessen beider Parteien im gesamten Vertragszusammenhang zu berücksichtigen sind.[442] Die Prüfung der Angemessenheit hat sich dabei am dispositiven Recht zu orientieren.[443]

### 1. Einzubeziehende Interessen des versicherten Organs

Da es sich bei der D&O-Versicherung regelmäßig um eine Versicherung für fremde Rechnung handelt, kommen als im Rahmen der Interessenabwägung zu berücksichtigende Interessen sowohl die des Versicherers als auch diejenigen des Managers als versicherte Person in Betracht. Nach ganz h. M. sind die Interessen des Dritten und damit diejenigen der versicherten Person in die Abwägung einzubeziehen;[444] dies folgt daraus, dass es sich bei einer D&O-Versicherung im Regelfall um einen Vertrag zugunsten Dritter handelt und damit der versicherten Person als Drittem nach § 44 Abs. 1 VVG selbst die Rechte aus der Police zustehen (s. o.).[445] Unwirksam ist die Klausel folglich dann, wenn die Interessen

441 BGH NJW 2003, 886, 887; BGH NJW 2005, 1774, 1775; BGH NJW 2006, 47, 48; BGH NJW 2007, 3637, 3640; BGH NJW 2013, 856, 858; BGH NJW 2014, 630, 635; vgl. auch *Coester* in: Staudinger, BGB, § 307 Rz. 97; *Pfeiffer* in: Wolf/Lindacher/Pfeiffer, AGB-Recht, § 307 Rz. 75, 158; *Schweitzer*, Zulässigkeit der Ausschlussklauseln, S. 239; *Bach/Geiger*, VersR 1993, 659, 669.

442 BGH VersR 1986, 257, 258; BGH NJW 2000, 1110, 1112; BGH NJW 2003, 1447, 1448; BGH NJW 2003, 886, 887; BGH NJW 2005, 1645, 1648; BGH NJW 2014, 630, 635; *Pfeiffer* in: Wolf/Lindacher/Pfeiffer, AGB-Recht, § 307 Rz. 174; *Coester* in: Staudinger, BGB, § 307 Rz. 96, 107; *Beckmann* in: Beckmann/Matusche-Beckmann, Versicherungsrechts-Handbuch, § 10 Rz. 218; *Schweitzer*, Zulässigkeit der Ausschlussklauseln, S. 239.

443 BGH NJW 1994, 1069, 1070; *Pfeiffer* in: Wolf/Lindacher/Pfeiffer, AGB-Recht, § 307 Rz. 78, 104, 110; *Kollmann* in: NK-BGB, § 307 Rz. 7.

444 vgl. auch BGH NJW 1989, 2750, 2751; BGH NJW 1999, 3558, 3559; BGH NJW 2001, 1934, 1935; *Pfeiffer* in: Wolf/Lindacher/Pfeiffer, AGB-Recht, § 307 Rz. 167; *H. Schmidt* in: Bamberger/Roth, BGB, § 307 Rz. 26; *Schweitzer*, Zulässigkeit der Ausschlussklauseln, S. 240; *Lange*, D&O-Versicherung und Managerhaftung, § 3 Rz. 88.

445 BGH NJW 1993, 2442, 2444; BGH NJW 1999, 3558, 3559; *Schweitzer*, Zulässigkeit der Ausschlussklauseln, S. 240; *Koch*, VersR 2011, 295, 297; *Graf von Westphalen*, VersR 2011, 145, 149; *Armbrüster*, VersR 2014, 1, 4.

der Versicherer die der versicherten Personen an der Beibehaltung der Regelung des § 103 VVG übersteigen.[446]

## 2. Unangemessenheit der Klausel gemäß § 307 Abs. 2 BGB

§ 307 Abs. 2 BGB enthält zwei Regelbeispiele, die, wenn sie erfüllt sind, auf die Unangemessenheit einer Klausel gemäß § 307 Abs. 1 S. 1 BGB schließen lassen.[447] Verstößt eine Klausel gegen wesentliche Grundgedanken einer gesetzlichen Regelung (§ 307 Abs. 2 Nr. 1 BGB) oder gefährdet sie die Erreichung des Vertragszweckes (§ 307 Abs. 2 Nr. 2), begründet sie nach h. M. eine widerlegliche Vermutung („im Zweifel") dafür, dass eine unangemessene Benachteiligung vorliegt und damit die betreffende Klausel unwirksam ist.[448] Widerlegt ist diese Vermutung, wenn bei Berücksichtigung aller Umstände des konkreten Falles eine unangemessene Benachteiligung des Vertragspartners durch die Klausel nicht anzunehmen ist.[449]

### *a) Nicht zu vereinbarende Abweichung mit dem wesentlichen Grundgedanken der gesetzlichen Regelung, § 307 Abs. 2 Nr. 1 BGB*

Gemäß § 307 Abs. 2 Nr. 1 BGB ist eine unangemessene Benachteiligung der Ausschlussklausel für wissentliche Pflichtverletzungen im Zweifel anzunehmen, wenn diese Klausel mit wesentlichen Grundgedanken der gesetzlichen Regelung, von der abgewichen wird, nicht zu vereinbaren ist.[450]

---

446 so auch *Gädtke* in: Bruck/Möller, VVG, AVB-AVG 2011/2013 Ziff. 5 Rz. 42; vgl. auch BGH NJW 1990, 2065, 2066.

447 *Beckmann* in: Beckmann/Matusche-Beckmann, Versicherungsrechts-Handbuch, § 10 Rz. 244; *A. Fuchs* in: Ulmer/Brandner/Hensen, § 307 Rz. 3, 193; *Pfeiffer* in: Wolf/Lindacher/Pfeiffer, AGB-Recht, § 307 Rz. 96 f.; *Kollmann* in: NK-BGB, § 307 Rz. 23; *Schweitzer*, Zulässigkeit der Ausschlussklauseln, S. 135.

448 *Beckmann* in: Beckmann/Matusche-Beckmann, Versicherungsrechts-Handbuch, § 10 Rz. 244; BGH NJW 2003, 1447 f.; vgl. auch BGH NJW 2013, 1431, 1432; *Pfeiffer* in: Wolf/Lindacher/Pfeiffer, AGB-Recht, § 307 Rz. 74, 100; *Kollmann* in: NK-BGB, § 307 Rz. 23; *Grüneberg* in: Palandt, § 307 Rz. 28; *Schweitzer*, Zulässigkeit der Ausschlussklauseln, S. 135; kritisch *A. Fuchs* in: Ulmer/Brandner/Hensen, § 307 Rz. 195.

449 *Beckmann* in: Beckmann/Matusche-Beckmann, Versicherungsrechts-Handbuch, § 10 Rz. 244; BGH NJW 2003, 1447, 1448; *A. Fuchs* in: Ulmer/Brandner/Hensen, § 307 Rz. 194; *Pfeiffer* in: Wolf/Lindacher/Pfeiffer, AGB-Recht, § 307 Rz. 103; *Kollmann* in: NK-BGB, § 307 Rz. 23; *Bach/Geiger*, VersR 1993, 659, 669.

450 vgl. hierzu auch: *Schweitzer*, Zulässigkeit der Ausschlussklauseln, S. 197 ff.

### aa) Gesetzliche Vorschriften

Als gesetzliche Regelung, von der abgewichen wird, kommt § 103 VVG in Betracht. Gesetzliche Vorschriften i. S. d. § 307 Abs. 2 Nr. 1 BGB sind alle Gesetze i. S. d. Art. 2 EGBGB, sodass alle formellen und materiellen Gesetze, also auch Rechtsverordnungen ebenso wie Gewohnheitsrecht Maßstab für die Inhaltskontrolle sind.[451] § 103 VVG fällt damit unzweifelhaft unter den Gesetzesbegriff dieser Vorschrift.

### bb) Dispositivität des § 103 VVG

Fraglich ist, ob § 103 VVG überhaupt dispositiv ist, sodass im Rahmen von AVB von dieser Regelung abgewichen werden kann. Schon zur Vorgängerregelung des § 103 VVG, § 152 VVG a. F., bestand in der Rechtsprechung[452] und in der Literatur[453] Einigkeit, dass von dieser Vorschrift zugunsten und auch zu Lasten des Versicherungsnehmers abweichende Regelungen vereinbart werden können.[454] In einer jüngeren Entscheidung, die noch zu § 152 VVG a. F. ergangen ist, hat das OLG Karlsruhe dies bestätigt.[455] Diese Überzeugung besteht auch weiterhin nach dem Inkrafttreten des § 103 VVG n. F.[456] Ausdrücklich kann auch der Gesetzesbegründung der Bundesregierung zu § 103 VVG n. F. entnommen werden, dass die Vorschrift „wie bisher abdingbar" ist.[457] Die aktuelle Literatur verweist ebenfalls darauf, dass auch die Neufassung des § 103 VVG dispositiv ist und in den bestehenden gesetzlichen Grenzen (insbesondere dem AGB-Recht) abbedungen werden kann und zwar ebenfalls sowohl zu Gunsten als auch zu

---

451 *A. Fuchs* in: Ulmer/Brandner/Hensen, § 307 Rz. 206; *Coester* in: Staudinger, BGB, § 307 Rz. 231; *Kollmann* in: NK-BGB, § 307 Rz. 24; *Schweitzer*, Zulässigkeit der Ausschlussklauseln, S. 197.

452 BGH VersR 1987, 174, 175; BGH VersR 1991, 176, 177; OLG Hamm VersR 1996, 1006, 1007; OLG Saarbrücken, VersR 2006, 503 f.

453 *Baumann* in: BK, § 152 VVG Rz. 14, 33 m. w. N.

454 vgl. *Littbarski* in: MünchKommVVG, § 103 Rz. 16; *Schweitzer*, Zulässigkeit der Ausschlussklauseln, S. 120.

455 OLG Karlsruhe Urt. v. 24.09.2009 - 12 U 47/09 = VersR 2010, 940, 941.

456 *Koch* in: Bruck/Möller, VVG, § 103 Rz. 99; *Littbarski* in: MünchKommVVG, § 103 Rz. 16 m. w. N.; *Schimikowski* in: NK-VVG, § 103 Rz. 11; *Gräfe* in: Gräfe/Brügge, Vermögensschaden-Haftpflichtversicherung, Teil E Rz. 221; *Schweitzer*, Zulässigkeit der Ausschlussklauseln, S. 119 f.

457 BT-Drs. 16/3945, S. 85; dies ebenfalls hervorhebend: *Littbarski* in: MünchKommVVG, § 103 Rz. 16; *Schweitzer*, Zulässigkeit der Ausschlussklauseln, S. 120.

Lasten des Versicherungsnehmers.[458] § 103 VVG n. F. ist damit abweichenden Regelungen zugänglich (arg. ex. § 112 VVG).[459] Die Versicherer können den in dieser Vorschrift geregelten Risikoausschluss damit grundsätzlich abweichend gestalten.

### cc) Abweichung vom wesentlichen Grundgedanken der gesetzlichen Vorschriften

Fraglich ist, ob durch die Ausschlussklausel für wissentliche Pflichtverletzungen von der gesetzlichen Regelung des § 103 VVG abgewichen wird. Da § 307 Abs. 2 Nr. 1 BGB eine Abweichung von dem wesentlichen Grundgedanken der gesetzlichen Regelung verlangt, kann nicht jede einfache (unwesentliche) Abweichung vom Gesetzeswortlaut unangemessen sein.[460] Voraussetzung ist ein Verstoß gegen die Grundsätze des gesetzlichen Gerechtigkeitsmodells bzw. gegen die Richtlinien und das Leitbild der gesetzlichen Norm.[461] Bildhaft gesprochen kann zwischen einem Gerechtigkeitskern und einem Randbereich der gesetzlichen Regelung unterschieden werden.[462] Je stärker dieser Gerechtigkeitskern der Norm ausgeprägt ist, desto strengere Maßstäbe sind bei der Prüfung anzulegen.[463] Soweit der Gerechtigkeitskern von der Abweichung betroffen ist, soll bereits von einem wesentlichen Verstoß gegen die gesetzliche Regelung

---

458 *Gädtke* in: Bruck/Möller, VVG, AVB-AVG 2011/2013 Ziff. 5 Rz. 32; *Schulze Schwienhorst* in: Looschelders/Pohlmann, VVG, § 103 Rz. 6; *Littbarski* in: MünchKommVVG, § 103 Rz. 16; *Heinrichs* in: FAKomm-VersR, § 103 Rz. 12; *Schweitzer*, Zulässigkeit der Ausschlussklauseln, S. 119 ff.; vgl. auch *Langheid* in: Römer/Langheid, VVG, § 103 Rz. 3.

459 *Littbarski* in: MünchKommVVG, § 103 Rz. 16 m. w. N.

460 BGH BJW 1993, 3261, 3262; *A. Fuchs* in: Ulmer/Brandner/Hensen, § 307 Rz. 100, 227; *Coester* in: Staudinger, BGB, § 307 Rz. 247.

461 BGH VersR 1987, 712, 713; BGH NJW 1991, 1886, 1888; BGH VersR 1998, 898, 900; BGH NJW 2007, 3637, 3640; BGH NJW 2013, 1431, 1432; *Coester* in: Staudinger, BGB, § 307 Rz. 247; *Pfeiffer* in: Wolf/Lindacher/Pfeiffer, AGB-Recht, § 307 Rz. 104; *Kollmann* in: NK-BGB, § 307 Rz. 26; *H. Schmidt* in: Bamberger/Roth, BGB, § 307 Rz. 52; *S. Roloff* in: Erman, BGB, § 307 Rz. 24; vgl. *Wurmnest* in: MünchKommBGB, § 307 Rz. 66; *Schweitzer*, Zulässigkeit der Ausschlussklauseln, S. 197 f.; *Säcker*, VersR 2005, 10, 14; *Terno*, SpV 2014, 2, 9.

462 *Coester* in: Staudinger, BGB, § 307 Rz. 247; *Pfeiffer* in: Wolff/Lindacher/Pfeiffer, AGB-Recht, § 307 Rz. 125; *Gädtke*/*Wax*, AG 2010, 851, 855; kritisch: *A. Fuchs* in: Ulmer/Brandner/Hensen, § 307 Rz. 222.

463 BGHZ 41, 151, 154; BGHZ 54, 106, 110; *Wurmnest* in: MünchKommBGB, § 307 Rz. 66.

auszugehen sein, wenn sich nicht aus besonderen Interessen des Verwenders eine Rechtfertigung ergibt.[464]

*(1) Wesentlicher Grundgedanke der gesetzlichen Regelung des § 103 VVG*

Fraglich ist, welcher wesentliche Grundgedanke der gesetzlichen Regelung des § 103 VVG zugrunde liegt.

*(a) Inhalt der Regelung*

Die Überschrift des § 103 VVG n. F. lautet „Herbeiführung des Versicherungsfalles", womit ausgedrückt wird, unter welchen Voraussetzungen der Versicherer von seiner Leistungspflicht befreit wird.[465] Nach dieser Vorschrift ist der Versicherer nicht zur Leistung verpflichtet, wenn der Versicherungsnehmer den bei dem Dritten eingetretenen Schaden vorsätzlich und widerrechtlich herbeigeführt hat. Dritter ist der Geschädigte.[466] Handelt es sich bei der Versicherung wie bei der D&O-Versicherung regelmäßig um eine Versicherung für fremde Rechnung gemäß §§ 43 – 48 VVG, gilt § 103 VVG entsprechend für die versicherte Person.[467] Hieraus folgt zum einen, dass der Deckungsausschluss auch dann greift, wenn die mitversicherte Person den Schaden bei dem Dritten vorsätzlich herbeiführt.[468] Zum anderen kann in diesen Fällen auch der Versicherungsnehmer Geschädigter und damit „Dritter" i. S. d. § 103 VVG sein, wenn er nicht mit der schädigenden Person identisch ist, was insbesondere in Fällen der Innenhaftung von Bedeutung ist.[469]

§ 103 VVG ist damit Ausdruck des dem Versicherungsvertrag zugrundeliegenden Äquivalenzprinzips. Der Versicherer leistet nur bei fahrlässiger Schadensverursachung. Soweit der Versicherungsnehmer bzw. die versicherte Person den Schaden vorsätzlich herbeiführt und damit das Äquivalenzprinzip stört, entfällt der Deckungsschutz.

---

464 *Pfeiffer* in: Wolff/Lindacher/Pfeiffer, AGB-Recht, § 307 Rz. 125; vgl. auch *Coester* in: Staudinger, BGB, § 307 Rz. 247.

465 so ähnlich *Littbarski* in: MünchKommVVG, § 103 Rz. 1.

466 *Koch* in: Bruck/Möller, VVG, § 103 Rz. 25; *Littbarski* in: MünchKommVVG, § 103 Rz. 64.

467 *Koch* in: Bruck/Möller, VVG, § 103 Rz. 49; *Littbarski* in: MünchKommVVG, § 103 Rz. 65 ff.; *Heinrichs* in: FAKomm-VersR, § 103 Rz. 7.

468 *Littbarski* in: MünchKommVVG, § 103 Rz. 74; *Heinrichs* in: FAKomm-VersR, § 103 Rz. 7.

469 *Koch* in: Bruck/Möller, VVG, § 100 Rz. 160; vgl. *Littbarski* in: MünchKommVVG, § 103 Rz. 74; *Heinrichs* in: FAKomm-VersR, § 103 Rz. 7; *Koch* in: Bruck/Möller, VVG, § 103 Rz. 25.

*(b) Zweck der Regelung*

§ 103 VVG bezweckt insbesondere, in Form eines subjektiven Risikoausschlusses den Versicherungsschutz entfallen zu lassen, wenn der Versicherungsnehmer den bei dem Dritten eingetretenen Schaden mutwillig verursacht hat.[470] § 103 VVG liegt der Rechtsgedanke der §§ 138, 276 Abs. 3 BGB zugrunde, wonach dem Schuldner die Haftung für Vorsatz nicht im Voraus erlassen werden kann, sodass ein mutwillig handelnder Versicherungsnehmer seinen Versicherungsschutz verliert.[471] Auch soll mit dem Ausschluss die Gemeinschaft der Versicherten davor geschützt werden, dass Versicherungsfälle vorsätzlich verursacht werden.[472]

Dem liegt die Hypothese zugrunde, dass bestehender Versicherungsschutz das Eingehen von unverantwortlichen Risiken und damit den Eintritt von Schäden bedingen kann, „nach dem Motto „Deckung erzeugt Haftung““[473] (*moral hazard*).[474] „Haftung dient der Verhaltenssteuerung; umfassende Versicherung hebt sie auf.“[475] *Kahlert* wies bereits im Jahre 1906 darauf hin: „Die Versicherung kann wirken wie ein Maienregen auf die junge Saat; sobald die Versicherung da ist, sprießen die Schäden hervor.“[476]

---

470 *Littbarski* in: MünchKommVVG, § 103 Rz. 3; *Schweitzer*, Zulässigkeit der Ausschlussklauseln, S. 200 ff.; *Lorenz*, VersR 2000, 2, 4 f.

471 *Ihlas* in: MünchKommVVG, D&O, Rz. 373; *Gruber/Mitterlechner/Wax*, D&O-Versicherung, § 7 Rz. 44; *Schweitzer*, Zulässigkeit der Ausschlussklauseln, S. 123 ff.; *Vorrath*, VW 2006, 151.

472 *Ihlas* in: MünchKommVVG, D&O, Rz. 373; *Prölss* in: Prölls/Martin, VVG, § 81 Rz. 2; *Gruber/Mitterlechner/Wax*, D&O-Versicherung, 2012, § 7 Rz. 44; *Schweitzer*, Zulässigkeit der Ausschlussklauseln, S. 207; *Steinkühler*, VW 2003, 1734.

473 *Dreher*, AG 2008, 429, 434.

474 vgl. BGH NJW-RR 1991, 412, 413; *Koch* in: Bruck/Möller, VVG, § 103 Rz. 6; *Gruber/Mitterlechner/Wax*, D&O-Versicherung, § 7 Rz. 44; *Küpper-Dirks*, Managerhaftung und D&O-Versicherung, S. 120; *Schweitzer*, Zulässigkeit der Ausschlussklauseln, S. 203 f.; *Ruffner*, ZSR 119 (2000), 195, 227; *Wagner*, VersR 1999, 1441, 1445: „Damit besteht die ernste Gefahr, daß das Sorgfaltsniveau unter den optimalen Standard absinkt und die Steuerungswirkung des Haftungsrechts vereitelt wird.“; *ders.*, ZHR 178 (2014), 227, 246 f.; *Koch*, VersR 2011, 295, 296; *Spindler*, AG 2013, 889, 896; vgl. auch *Gädtke* in: Bruck/Möller, VVG, AVB-AVG 2011/2013 Ziff. 5 Rz. 34.

475 *Thüsing*, Stellungnahme zum VorstAG, S. 11, in: http://webarchiv.bundestag.de/cgi/show.php?fileToLoad=1373&id=1136, gesehen am 27.10.2013; vgl. auch *Schilling*, VW 1999, 1074; *Dauner-Lieb/Tettinger*, ZIP 2009, 1555 m. w. N.

476 *Kahlert*, Veröffentlichungen des Deutschen Vereins für Versicherungs-Wissenschaft, Heft VIII (März 1906), 30, 43; hervorgehoben hat dies ebenfalls *Schillinger*, VersR 2005, 1484, 1489.

Anders als § 81 VVG lässt § 103 VVG die Leistungspflicht des Versicherers auch bei (grob) fahrlässigem Verhalten bestehen; damit sollen die Opfer der Schäden geschützt werden, die dementsprechend erwarten können, dass bei grober Fahrlässigkeit der Versicherungsschutz noch besteht, sog. Opferschutzgedanke.[477]

*(c) Subjektive Voraussetzungen des § 103 VVG*

Damit der Versicherer von der Deckung befreit wird, muss sich der Vorsatz des Versicherungsnehmers i. R. d. § 103 VVG nicht nur auf die schädigende Handlung beziehen, sondern auch auf den Handlungserfolg.[478] Der Handelnde muss sich die eintretenden Schadensfolgen daher in etwa vorgestellt und diese auch mindestens billigend in Kauf genommen haben.[479] Dabei ist nicht erforderlich, dass der Versicherungsnehmer sich den Schadensverlauf sowie Art und Umfang des eingetretenen Schaden in all seinen Einzelheiten vorgestellt haben muss.[480] Ausreichend ist insofern, dass die schadensbegründende Handlung und der Schaden selbst grob in ihren Grundzügen in etwa dem entsprechen, was der Handelnde vorausgesehen und auch in Kauf genommen hat.[481]

477 *Schulze Schwienhorst* in: Looschelders/Pohlmann, VVG, § 103 Rz. 1; *Heinrichs* in: FAKomm-VersR, § 103 Rz. 1; vgl. hierzu auch *Schimikowski* in: NK-VVG, § 103 Rz. 13.

478 BGH VersR 1998, 1011; OLG Köln VersR 1999, 1270, 1271; *Koch* in: Bruck/Möller, VVG, § 103 Rz. 28; *Baumann* in: BK, VVG, § 152 Rz. 17; *Lücke* in: Prölss/Martin, VVG, § 103 Rz. 5, 10; *Langheid* in: Römer/Langheid, VVG, § 103 Rz. 7.

479 BGH VersR 1998, 1011; OLG Hamm r+s 2004, 145; OLG Köln VersR 1999, 1270, 1271; *Heinrichs* in: FAKomm-VersR, § 103 Rz. 4; *Schulze Schwienhorst* in: Looschelders/Pohlmann, VVG, § 103 Rz. 4; *Langheid* in: Römer/Langheid, VVG, § 103 Rz. 8.

480 BGH VersR 1954, 591; BGH VersR 1958, 469; OLG Saarbrücken NJW-RR 1994, 353, 354; OLG Karlsruhe r+s 1996, 301, 302; OLG Köln VersR 1999, 1270, 1271; *Koch* in: Bruck/Möller, VVG, § 103 Rz. 28; *Baumann* in: BK, § 152 VVG Rz. 18; *Lücke* in: Prölss/Martin, VVG, § 103 Rz. 5; *Heinrichs* in: FAKomm-VersR, § 103 Rz. 12; *Langheid* in: Römer/Langheid, VVG, § 103 Rz. 8; *Schimikowski* in: NK-VVG, § 103 Rz. 3; *Schweitzer*, Zulässigkeit der Ausschlussklauseln, S. 118.

481 BGH VersR 1954, 591; OLG Hamburg VersR 1992, 1126, 1127; OLG Karksruhe r+s 1996, 301, 301; OLG Köln VersR 1999, 1270, 1271; *Koch* in: Bruck/Möller, VVG, § 103 Rz. 28; *Baumann* in: BK, § 152 VVG Rz. 18; *Langheid* in: Römer/Langheid, VVG, § 103 Rz. 8; kritisch: *Littbarski* in: MünchKommVVG, § 103 Rz. 23 ff.

### *(d) Ermittlung des Gerechtigkeitskerns des § 103 VVG*

Fraglich ist weiter, ob die vorsätzliche Herbeiführung des Schadens zum Gerechtigkeitskern bzw. zum gesetzlichen Leitbild des § 103 VVG gehört oder ob damit lediglich deren Randbereich betroffen ist. Die Leistungsfreiheit des Versicherers tritt gemäß § 103 VVG ein, wenn der Versicherungsnehmer vorsätzlich und widerrechtlich den bei dem Dritten eingetretenen Schaden herbeigeführt hat.

Ausgangspunkt ist dabei § 100 VVG, welcher die Leistungspflicht des Versicherers beschreibt.[482] Gemäß dieser Vorschrift ist der Versicherer bei der Haftpflichtversicherung verpflichtet, den Versicherungsnehmer von Ansprüchen freizustellen, die von einem Dritten auf Grund der Verantwortlichkeit des Versicherungsnehmers für eine während der Versicherungszeit eintretende Tatsache geltend gemacht werden, und unbegründete Ansprüche abzuwehren. Sofern die Versicherung – wie dies bei der D&O-Versicherung regelmäßig der Fall ist – als Versicherung für fremde Rechnung i. S. d. §§ 43 – 48 VVG ausgestaltet ist, gilt dies entsprechend, d. h. der Freistellunganspruch steht dann der versicherten Person zu.[483]

Worum es sich bei der „eintretenden Tatsache" i. S. v. § 100 VVG handelt, hat der Gesetzgeber bewusst offen gelassen und damit den Vertragsparteien die Möglichkeit eingeräumt, dies im Versicherungsvertrag zu definieren.[484] So wird üblicherweise in der Haftpflichtversicherung entweder auf das Schadensereignis (vgl. Nr. 1.1 AHB) oder auf den Verstoß (vgl. § 5 Nr. 1 AVB Vermögensschäden) abgestellt.[485] Hierdurch wird der Versicherungsfall definiert.[486] Bei der D&O-Versicherung gilt jedoch in Abkehr zu dem herkömmlichen in der Haftpflichtversicherung bekannten Verstoßprinzip das sog. Anspruchserhebungs- oder auch claims-made-Prinzip.[487] Hieraus folgt, dass bei der D&O-Versicherung

482 so auch *Schweitzer*, Zulässigkeit der Ausschlussklauseln, S. 67.

483 vgl. *Graf von Westphalen*, VersR 2011, 145, 149.

484 *Koch* in: Bruck/Möller, VVG, § 100 Rz. 7; *Lücke* in: Prölss/Martin, VVG, § 100 Rz. 25; *Langheid* in: Römer/Langheid, VVG, § 100 Rz. 2; *Ihlas*, D&O-Versicherung, S. 363; *Schmitt*, Organhaftung und D&O-Versicherung, S. 121.

485 *Lücke* in: Prölss/Martin, VVG, § 100 Rz. 25; *Langheid* in: Römer/Langheid, VVG, § 100 Rz. 2; ausführlich hierzu *Heinrichs* in: FAKomm-VersR, § 100 Rz. 30.

486 *Lücke* in: Prölss/Martin, VVG, § 100 Rz. 25; *Langheid* in: Römer/Langheid, VVG, § 100 Rz. 2.

487 vgl. hierzu: OLG Frankfurt/M. r+s 2013, 329, 333; *Lücke* in: Prölss/Martin/Armbrüster, VVG, § 100 Rz. 28; *Heinrichs* in: FAKomm-VersR, § 100 Rz. 10; *Lange*, D&O-Versicherung und Managerhaftung, § 9 Rz. 9 ff.; *Ihlas*, D&O-Versicherung, S. 366 ff.; *Schmitt*, Organhaftung und D&O-Versicherung, S. 123 ff.; *Schweitzer*, Zulässigkeit der Ausschlussklauseln, S. 107; *Graf von Westphalen*, VersR 2011, 145 ff.; *Terno*, SpV 2014, 2, 7 ff.; *Weiß*, GmbHR 2014, 574, 575.

nicht schon die Pflichtverletzung eines Managers, also der Verstoß, sondern erst die Erhebung eines Anspruchs gegen ihn einen Versicherungsfall begründet.[488] Hierbei handelt es sich bei der D&O-Versicherung um die „eintretende Tatsache" i. S. v. § 100 VVG.[489] Allerdings beinhaltet auch eine solche Anspruchserhebung denknotwendig die Behauptung, dass der Manager einen Pflichtverstoß begangen hat.

Da auch die Anspruchserhebung somit auf einer Pflichtverletzung beruht, könnte es naheliegen, für den Ausschluss der Leistungspflicht des Versicherers ebenfalls spiegelbildlich auf die Pflichtverletzung abzustellen. Bei deren vorsätzlicher Herbeiführung würde der (D&O-)Versicherer dementsprechend von seiner Leistungspflicht befreit. Der Schaden selbst bzw. dessen vorsätzliche Herbeiführung gehörte dann gerade nicht zum Gerechtigkeitskern des § 103 VVG.

Eine solche Betonung der Pflichtverletzung ändert indessen nichts daran, dass es sich bei der Haftpflichtversicherung und so auch bei der D&O-Versicherung um eine Schadensversicherung handelt, die darauf beruht, dass ein Schaden eingetreten ist oder ein solcher zumindest behauptet wird, egal wo man „künstlich" den Versicherungsfall vorverortet.[490] Dementsprechend handelt es sich bei den Ansprüchen, von denen der Versicherer den Versicherungsnehmer gemäß § 100 VVG freizustellen hat, um Schadenersatzansprüche, die aus der Verletzung des Tatbestands einer gesetzlichen Haftungsnorm wie § 93 Abs. 2 AktG, § 43 Abs. 2 GmbHG oder § 823 Abs. 1 BGB folgen.[491] Insoweit setzt § 100 VVG setzt grundsätzlich auch voraus, dass ein Schaden eingetreten ist.[492] Aus dem für die D&O-Versicherung typischen claims made- bzw. Anspruchserhebungsprinzip folgt

488 *Baumann* in: Bruck/Möller, VVG, AVB-AVG 2011/2013 Einf Rz. 29; *Lange*, D&O-Versicherung und Managerhaftung, § 3 Rz. 14; *Loritz/Hecker*, VersR 2012, 385, 391; *Lange*, AG 2005, 459, 462 m. w. N.

489 vgl. hierzu auch *Terno*, SpV 2014, 2, 9.

490 *Lorenz*, VersR 2000, 2, 3; vgl. insoweit auch *Schimikowski* in: NK-VVG, § 103 Rz. 1: „Sachlich ist die Anknüpfung an die Herbeiführung des Schadens richtig. Es kann – je nach der dem Vertrag zugrunde liegenden Versicherungsfall-Definition (s. § 100 Rn 10 ff) – weder um die Herbeiführung des Verstoßes oder des Schadensereignisses und erst recht nicht um die Herbeiführung der Feststellung des Schadens oder gar der Erhebung von Ansprüchen gehen."; i. E. auch *Schweitzer*, Zulässigkeit der Ausschlussklauseln, S. 37, 110.

491 *Baumann* in: Bruck/Möller, VVG, AVB-AVG 2011/2013 Einf Rz. 29; *Langheid* in: Römer/Langheid, VVG, § 100 Rz. 19; speziell für die D&O-Versicherung: *Ihlas*, D&O-Versicherung, S. 365; vgl. auch *Lücke* in: Prölss/Martin, VVG, § 100 Rz. 71; *Baumann* in: BK, VVG, § 149 Rz. 18 ff.

492 *Lorenz*, VersR 2000, 2, 3.

nichts grundlegend anderes, da auch die Erhebung eines Haftpflichtanspruchs denknotwendig beinhaltet, dass nicht nur eine Pflichtverletzung, sondern auch ein (Vermögens-)Schaden zumindest geltend gemacht wird.[493]

Auch die Leistungspflicht einer D&O-Versicherung knüpft dementsprechend an einen (geltend gemachten) Schaden an.[494] Von seiner Leistungspflicht wird der Versicherer jedoch gemäß § 103 VVG erst wieder befreit, wenn der Versicherungsnehmer diesen seine Leistungspflicht begründenden Umstand, also den Schaden selbst vorsätzlich und widerrechtlich herbeigeführt hat. Dies ist mit der „Herbeiführung des Versicherungsfalls" gemeint, so die Überschrift des § 103 VVG.[495] Auch der Wortlaut des § 103 VVG stellt damit anders als § 100 VVG für den Versicherungsfall auf einen Schaden ab.

Dafür, dass im Rahmen von § 103 VVG n. F. die vorsätzliche Herbeiführung des Schadens zum Leitbild der Vorschrift gehört, spricht auch der Vergleich mit dem Wortlaut der Vorgängervorschrift § 152 VVG a. F. Hieß es dort noch, dass lediglich die „eintretende Tatsache" vorsätzlich herbeigeführt worden sein muss, stellt die Neuregelung anstelle der „eintretenden Tatsache" ausdrücklich auf den Schaden selbst ab. Selbst wenn man unterstellt, dass durch die Neufassung der Vorschrift im Wesentlichen keine inhaltliche Veränderung gewollt war, dann ist doch eindeutig, dass der Gesetzeswortlaut nunmehr einen vorsätzlich herbeigeführten Schaden erfordert, worauf auch die Gesetzesbegründung hinweist.[496] Dass dieses Schadenserfordernis zum Gerechtigkeitskern der Vorschrift gehört, war im Übrigen schon unter § 152 VVG a. F. anerkannt. So weist *Schirmer* darauf hin:[497] „Eine saldierende Gesamtbetrachtung ist natürlich auch bei etwaigem

---

493 so ausdrücklich *Lange*, D&O-Versicherung und Managerhaftung, § 3 Rz. 15: „Der Anspruch muss auf Ersatz eines Schadens in Form eines Vermögensschadens gerichtet sein."; *Schweitzer*, Zulässigkeit der Ausschlussklauseln, S. 107; vgl. *Loritz/Hecker*, VersR 2012, 385, 391.

494 *Baumann* in: Bruck/Möller, VVG, AVB-AVG 2011/2013 Ziff. 1 Rz. 37: „Erfasst werden im Ansatz alle deliktischen, quasideliktischen und sonstigen Anspruchsgrundlagen, den Ausgleich eines (Vermögens-)Schadens gewähren, insbes. auch einschlägige gesellschaftsrechtliche, und zwar auch - sekundäre - Schadensersatzansprüche wegen Verletzung vertraglicher Pflichten."

495 vgl. hierzu *Koch* in: Bruck/Möller, VVG, § 103 Rz. 1, 5.

496 BT-Drs. 16/3945, S. 85: „Klargestellt wird, dass sich der Vorsatz hier - anders als bei § 823 BGB - nicht nur auf die Handlung, sondern auch auf die Schadensfolgen beziehen muss, damit der Haftungsausschluss zu Gunsten des Versicherers greift."; vgl. hierzu auch: *Schweitzer*, Zulässigkeit der Ausschlussklauseln, S. 118.

497 *Schirmer*, DAR 1993, 321, 329 unter ausdrücklichem Hinweis auf BGH VersR 1991, 176, 179 = BGH NJW-RR 1991, 145, 147.

Abweichungen vom gesetzlichen Leitbild angebracht. Deshalb ist ein Risikoausschluß in der Vermögensschadenhaftpflichtversicherung mit § 9 AGBG vereinbar, auch wenn er mit § 152 VVG nicht übereinstimmt: [...] Die Klausel weicht zum Nachteil des VN von § 152 VVG darin ab, daß sich der Vorsatz nicht auf den Schaden beziehen muß." *Schirmer* nimmt deshalb ebenfalls an, dass es zum „gesetzlichen Leitbild" des § 152 VVG a. F. gehört, dass der Schaden vom Vorsatz erfasst sein muss, was dem Gerechtigkeitskern dieser Norm entspricht. Auch *Koch* und *Gädtke* haben unlängst bestätigt, dass „§ 103 VVG Leitbildfunktion zukommt"[498] bzw. „§ 103 VVG zum Leitbild der Haftpflichtversicherung gehört",[499] was dementsprechend die vorsätzliche Herbeiführung des Schadens beinhaltet.[500]

Dies wird durch die Rechtsprechung bestätigt, die ebenfalls davon ausgeht, dass nach dem Leitbild des § 152 VVG a. F. der Schaden selbst vom Vorsatz erfasst sein muss.[501] So führte der Bundesgerichtshof aus, dass eine Klausel, in welcher das Tatbestandsmerkmal „Voraussehen des schädigenden Erfolges als zumindest möglich und billigende Inkaufnahme seines Eintritts" entfällt, vom gesetzlichen Leitbild des § 152 VVG a. F. abweicht.[502]

§ 103 VVG soll vermeiden, dass der Versicherungsnehmer den aleatorischen Charakter des Versicherungsvertrages,[503] welcher darin besteht, dass ungewiss ist, ob und in welcher Höhe ein Schaden eintritt, dadurch stört, dass er die Voraussetzungen für die Deckung vorsätzlich herbeiführt. Fraglich ist, ob dieser aleatorische Charakter des Versicherungsvertrages schon dadurch in Frage gestellt würde, wenn der Versicherungsnehmer eine Pflichtverletzung vorsätzlich beginge. Dies ist nicht der Fall, da eine Pflichtverletzung ohne Schaden oder jedenfalls ohne potentiellen oder zumindest behaupteten Schaden eine Eintrittspflicht des Versicherers noch nicht auszulösen vermag und ist das durch

498 *Koch* in: Bruck/Möller, VVG, 103 Rz. 101 f.

499 *Gädtke* in: Bruck/Möller, VVG, AVB-AVG 2011/2013 Ziff. 5 Rz. 42.

500 vgl. *Koch* in: Bruck/Möller, VVG, 103 Rz. 101: „§ 103 kommt Leitbildfunktion zu, so dass formularmäßige Abweichungen zulasten des VN (im Rahmen der Inhaltskontrolle) an § 307 Abs. 2 Nr. 1 BGB zu messen sind. Dies gilt nicht nur für Ausschlüsse, die bereits bei (grober) Fahrlässigkeit eingreifen, sondern auch für Ausschlüsse, die bereits Vorsatz hinsichtlich des haftungsbegründenden Verhaltens ausreichen lassen."; *Schweitzer*, Zulässigkeit der Ausschlussklauseln, S. 208.

501 BGH NJW-RR 1991, 145, 147.

502 BGH NJW-RR 1991, 145, 147.

503 vgl. hierzu BVerwG NJW 1969, 1978, 1979; *Schweitzer*, Zulässigkeit der Ausschlussklauseln, S. 106 ff.; *Kahlert*, Veröffentlichungen des Deutschen Vereins für Versicherungs-Wissenschaft, Heft VIII (März 1906), 30, 31.

die Pflichtverletzung erhöhte Risiko auch noch so hoch. Dementsprechend besteht auch nur Versicherungsschutz für eingetretene und/oder geltend gemachte Schäden und noch nicht für begangene oder geltend gemachte Pflichtverletzungen ohne eingetretenen oder jedenfalls geltend gemachten Schaden.[504] Folglich ergibt es Sinn, dass bei § 103 VVG – anders als bei § 81 VVG – sich der Vorsatz auf den Schaden beziehen muss, der damit sowohl Gegenstand der Leistungspflicht als auch spiegelbildlich Anknüpfungspunkt für den Leistungsausschluss der Versicherung ist. Der Gerechtigkeitskern bzw. das gesetzliche Leitbild des § 103 VVG besteht folglich darin, – ganz so wie der neu gefasste Wortlaut dieser Vorschrift es bereits nahelegt – dass der Versicherungsnehmer den Schaden selbst nicht vorsätzlich herbeiführen darf.

*(2) Abweichung der Klausel von der gesetzlichen Regel*

Fraglich ist, ob die Ausschlussklausel für wissentliche Pflichtverletzungen zum Nachteil des Versicherungsnehmers bzw. der versicherten Person von diesem gesetzlichen Leitbild des § 103 VVG abweicht. Der Risikoausschluss für wissentliche Pflichtverletzungen weicht einerseits zu Gunsten des Versicherungsnehmers von § 103 VVG ab.[505] So erfasst der Risikoausschluss nur die Fälle der in der Klausel umschriebenen wissentlichen Verstöße gegen (Berufs-)Pflichten und lässt diesbezüglich als Verschuldensform nicht schon bedingten Vorsatz genügen, sondern erfordert anders als § 103 VVG *dolus directus* 2. Grades („Wissentlichkeit“).[506] Bedingter Vorsatz im Sinne eines billigenden Inkaufnehmens (*dolus eventualis*) des Pflichtverstoßes genügt deshalb für die Befreiung von der Leistungspflicht nicht.[507]

Andererseits benachteiligt der Risikoausschluss für wissentliche Pflichtverletzungen den Versicherungsnehmer, indem die Klausel anders als die gesetzliche Regelung es nicht erfordert, dass der Handelnde den schädigenden Erfolg des Pflichtverstoßes gewollt haben muss.[508] Der Risikoausschluss für wissentliche

---

504 vgl. hierzu *Loritz/Hecker*, VersR 2012, 385, 391.

505 *Vothknecht*, PHi 2006, 52, 56 ff.; *Penner*, VersR 2005, 1359, 1360.

506 BGH NJW-RR 1991, 145, 146; OLG Karlsruhe ZfS 2003, 247, 248; *Langheid* in: Römer/Langheid, VVG, § 103 Rz. 4; *Schweitzer*, Zulässigkeit der Ausschlussklauseln, S. 199 f.

507 BGH NJW-RR 1991, 145, 146; *Penner*, VersR 2005, 1359, 1360; *Koch*, WM 2007, 2173, 2179.

508 BGH NJW-RR 1991, 145, 146; OLG Karlsruhe ZfS 2003, 247, 248; OLG Hamm r+s 2007, 279; *Lenz*, D&O-Versicherung, § 26 Rz. 141; *Schweitzer*, Zulässigkeit der Ausschlussklauseln, S. 199; *Koch*, WM 2007, 2173, 2179 f.

Pflichtverletzungen weicht damit zum Nachteil des Versicherungsnehmers bzw. der versicherten Person vom gesetzlichen Leitbild des § 103 VVG ab. Da diese Abweichung das gesetzliche Leitbild des § 103 VVG betrifft, ist sie auch wesentlich i. S. v. § 307 Abs. 2 Nr. 1 BGB.

**dd) Unvereinbarkeit der Abweichung**

Fraglich ist, ob diese wesentliche Abweichung der Ausschlussklausel für wissentliche Pflichtverletzungen in der D&O-Versicherung auch mit der gesetzlichen Regelung des § 103 VVG unvereinbar i. S. v. § 307 Abs. 2 Nr. 1 BGB ist. Ob eine Klausel von dem Grundgedanken der gesetzlichen Regelung in unvereinbarer Weise abweicht, ist im Rahmen einer Interessenabwägung festzustellen, bei der die ggf. höherrangigen Interessen des Verwenders an der Abweichung und die des Vertragspartners, die gesetzliche Regelung beizubehalten, gegenüberzustellen sind.[509]

Darauf hinzuweisen ist auch hier, dass nicht schon jede Abweichung die Unvereinbarkeit vermuten lässt, sondern nur eine solche von einem nicht unerheblichen Gewicht.[510] Ob danach für die verwendete Klausel eine unvereinbare Abweichung anzunehmen ist, hängt maßgeblich davon ab, ob der Verwender das Äquivalenzverhältnis grundsätzlich nicht angetastet oder anderweitig aufrechterhalten hat oder aber, ob er die gesetzlich vorgesehenen Rechte und Pflichten in erheblicher Weise zu Lasten des Vertragspartners beeinträchtigt hat.[511] Letzteres wird jedenfalls dann anzunehmen sein, wenn der Vertragspartner „recht- und schutzlos" gestellt wird,[512] wobei darauf hinzuweisen ist, dass dieser Grad nicht zwingend vorliegen muss, um von einer Unvereinbarkeit i. S. v. § 307 Abs. 2 Nr. 1 BGB auszugehen.[513] Insofern kann eine nicht unerhebliche Belastung aus-

---

509 BGH NJW 1991, 1886, 1887; BGH NJW 2003, 888, 891; *A. Fuchs* in: Ulmer/Brandner/Hensen, § 307 Rz. 230; *Coester* in: Staudinger, BGB, § 307 Rz. 253; *Kollmann* in: NK-BGB, § 307 Rz. 27; *Beckmann* in: Beckmann/Matusche-Beckmann, Versicherungsrechts-Handbuch, § 10 Rz. 244; *Schweitzer*, Zulässigkeit der Ausschlussklauseln, S. 210; *Graf von Westphalen*, VersR 2011, 145, 152.

510 BGH NJW 1992, 1628, 1630; BGH NJW 2006, 47, 48, 50; BGH NJW-RR 2011, 1618, 1619; *A. Fuchs* in: Ulmer/Brandner/Hensen, § 307 Rz. 227; *Pfeiffer* in: Wolf/Lindacher/Pfeiffer, AGB-Recht, § 307 Rz. 128; *Coester* in: Staudinger, BGB, § 307 Rz. 254; *Grüneberg* in: Palandt, BGB, § 307 Rz. 31.

511 BGH NJW 1982, 644, 645; *Coester* in: Staudinger, BGB, § 307 Rz. 254.

512 vgl. BGH NJW 1979, 1686, 1688; BGH NJW 1990, 761, 764; *Coester* in: Staudinger, BGB, § 307 Rz. 254.

513 *Coester* in: Staudinger, BGB, § 307 Rz. 254; *A. Fuchs* in: Ulmer/Brandner/Hensen, § 307 Rz. 230.

reichen, wenn für diese keine berechtigten Interessen des Verwenders erkennbar sind bzw. diese nicht hinreichend ausgeglichen wird und es hierdurch an einer annähernden Gleichwertigkeit zwischen der Klausel und gesetzlichen Regelung, von der abgewichen wurde, fehlt.[514] Sofern dabei auf die grundlegenden Gedanken des gesetzlichen Gerechtigkeitsmodells abgestellt wird, sind dabei die Vertragsgerechtigkeit und das Äquivalenzprinzip von entscheidender Bedeutung, welche aufrecht zu erhalten sind, um eine unangemessene Benachteiligung des Vertragspartners zu vermeiden.[515]

Einerseits ist im Rahmen einer „saldierenden Gesamtbetrachtung“ in die Abwägung einzubeziehen, ob der Verwender dem Vertragspartner für die Abweichung eine angemessene Kompensation einräumt.[516] Hierfür muss die kompensierende Regelung jedoch in einer konnexen Wechselbeziehung zu der benachteiligenden Regelung stehen.[517]

Kann die wesentliche Abweichung vom Grundgedanken der gesetzlichen Regelung hiernach nicht kompensiert werden, ist andererseits danach zu fragen, ob diese anderweitig gerechtfertigt werden kann (s. o.).[518] Ein Aspekt, der dabei für die Abwägung eine Rolle spielen kann, sind die Besonderheiten des

---

514 vgl. BGH NJW 1992, 746, 747; *A. Fuchs* in: Ulmer/Brandner/Hensen, § 307 Rz. 230; *Coester* in: Staudinger, BGB, § 307 Rz. 257; *Koch* in: Bruck/Möller, VVG, 103 Rz. 101; vgl. auch *Kollmann* in: NK-BGB, § 307 Rz. 27.

515 *Coester* in: Staudinger, BGB, § 307 Rz. 248; *A. Fuchs* in: Ulmer/Brandner/Hensen, § 307 Rz. 215; *H. Schmidt* in: Bamberger/Roth, BGB, § 307 Rz. 56; *S. Roloff* in: Erman, BGB, § 307 Rz. 24; *Bach/Geiger*, VersR 1993, 659, 669; vgl. auch BGH NJW 2013, 1431, 1432.

516 BGH NJW 1982, 644, 645 f.; BGH NJW 1991, 1886, 1887 f.; BGH NJW 2003, 888, 890; BGH NJW 2013, 1431, 1432; speziell zur D&O-Versicherung OLG München r+s 2009, 327, 330; OLG Frankfurt/M. NJOZ 2014, 147, 150; *A. Fuchs* in: Ulmer/Brandner/Hensen, § 307 Rz. 144, 151 ff., 229; *Coester* in: Staudinger, BGB, § 307 Rz. 258; *Pfeiffer* in: Wolff/Lindacher/Pfeiffer, AGB-Recht, § 307 Rz. 127; *Kollmann* in: NK-BGB, § 307 Rz. 8; *S. Roloff* in: Erman, BGB, § 307 Rz. 11, 26; *Beckmann* in: Beckmann/Matusche-Beckmann, Versicherungsrechts-Handbuch, § 10 Rz. 244; *Schweitzer*, Zulässigkeit der Ausschlussklauseln, S. 239; *Koch*, VersR 2011, 295, 297; *Graf von Westphalen*, VersR 2011, 145, 152; *Bach/Geiger*, VersR 1993, 659, 670; *Schirmer*, DAR 1993, 321, 329.

517 BGH NJW 2003, 888, 890 f.; *A. Fuchs* in: Ulmer/Brandner/Hensen, § 307 Rz. 144, 151; *Pfeiffer* in: Wolff/Lindacher/Pfeiffer, AGB-Recht, § 307 Rz. 127; *Coester* in: Staudinger, BGB, § 307 Rz. 255; *Beckmann* in: Beckmann/Matusche-Beckmann, Versicherungsrechts-Handbuch, § 10 Rz. 244; *Koch*, VersR 2011, 295, 297; vgl. auch *Kollmann* in: NK-BGB, § 307 Rz. 8.

518 vgl. hierzu auch: *Schweitzer*, Zulässigkeit der Ausschlussklauseln, S. 210 f.

konkreten Vertragstyps.[519] So kann z. B. aus dem Gegenstand des Vertrages, einer besonderen Interessenlage oder aus den regelmäßig am Vertrag beteiligten Verkehrskreisen folgen, dass eine andere Risiko- und Lastenverteilung als die gesetzliche angemessen ist.[520] Höchstpersönliche Verträge können beispielsweise besondere Kündigungsmöglichkeiten oder Laufzeitregelungen in den AGB rechtfertigen.[521] Anerkannt wurde auch das Interesse des Verwenders, Vertriebsbindungen aufrecht zu erhalten[522] oder Auftragsverluste zu vermeiden.[523] Vom Gesetzeswortlaut abweichende Gewährleistungsregelungen können für bestimmte Branchen angemessen erscheinen für andere hingegen nicht.[524] Von Belang ist insofern auch, ob an dem Vertragsschluss regelmäßig Verbraucher beteiligt sind, vgl. nur § 310 Abs. 3 BGB.[525]

Auch kann z. B. begründete rechtspolitische Kritik gegen veraltete Normen, dazu Anlass geben, auf anderem Wege eine vertragliche Äquivalenz herzustellen.[526]

Und schließlich ist zu berücksichtigen, ob die verwendete Klausel verhältnismäßig ist, was nicht der Fall ist, wenn die Klausel nicht erforderlich ist, weil eine gleich geeignete, den Vertragspartner weniger belastende Klausel zur Verfügung stünde, um die Interessen des Verwenders zu wahren.[527]

Dagegen führt bloß eine für den Verwender erleichterte Geschäftsabwicklung nicht zur Angemessenheit einer Klausel.[528] Dass eine Klausel branchen- oder

---

519 BGH NJW 1986, 2102, 2103; BGH NJW 2003, 1805, 1808; *Pfeiffer* in: Wolf/Lindacher/Pfeiffer, AGB-Recht, § 307 Rz. 82; *Coester* in: Staudinger, BGB, § 307 Rz. 255; *Bach/Geiger*, VersR 1993, 659, 670; *A. Fuchs* in: Ulmer/Brandner/Hensen, § 307 Rz. 220, der in diesem Fall jedoch § 307 Abs. 2 Nr. 2 BGB für vorrangig hält, „solange ein neues (ungeschriebenes) Leitbild noch nicht normativ verfestigt ist."

520 *Pfeiffer* in: Wolf/Lindacher/Pfeiffer, AGB-Recht, § 307 Rz. 83 ff.; *Coester* in: Staudinger, BGB, § 307 Rz. 255 f.; *Berger/Kleine*, BB 2007, 2137, 2138 f.

521 *Coester* in: Staudinger, BGB, § 307 Rz. 112, 255.

522 BGH NJW 1981, 117, 119; vgl. auch *Pfeiffer* in: Wolf/Lindacher/Pfeiffer, AGB-Recht, § 307 Rz. 164.

523 BGH NJW 1982, 178, 180; vgl. auch *Pfeiffer* in: Wolf/Lindacher/Pfeiffer, AGB-Recht, § 307 Rz. 164.

524 BGH NJW 1987, 1072; BGH NJW 1988, 2465; BGH NJW 1989, 1279; *Coester* in: Staudinger, BGB, § 307 Rz. 255.

525 *Coester* in: Staudinger, BGB, § 307 Rz. 116 ff.; 165, 255 m. w. N.

526 *Coester* in: Staudinger, BGB, § 307 Rz. 257.

527 BGH NJW 2004, 2586, 2587; BGH NJW 2008, 1451, 1453; *Coester* in: Staudinger, BGB, § 307 Rz. 162, 260; vgl. auch *A. Fuchs* in: Ulmer/Brandner/Hensen, § 307 Rz. 105.

528 BGH NJW 1991, 1886, 1888; BGH NJW 1993, 2442, 2444; *Pfeiffer* in: Wolff/Lindacher/Pfeiffer, AGB-Recht, § 307 Rz. 163; *Beckmann* in: Beckmann/Matusche-Beckmann,

verkehrsüblich ist, spricht ebenfalls noch nicht dafür, dass sie auch wirksam ist.[529] Dies soll selbst dann gelten, wenn eine solchermaßen bekannte Klausel von vornherein zu einer eingeschränkten Erwartungshaltung auf Seiten des Vertragspartners führt.[530]

Bei Versicherungs-AGB ist eine Inhaltskontrolle gemäß § 307 Abs. 2 Nr. 1 BGB vor allem dann angezeigt, wenn die AVB das Deckungsverhältnis einschränken oder verändern.[531] Bei der Auslegung dessen, was unter wissentlichen Pflichtverletzungen zu verstehen ist, ist von dem Grundsatz auszugehen, dass durch Risikoausschlüsse in Versicherungsbedingungen der Versicherungsschutz nicht weiter verkürzt werden darf, als der erkennbare Zweck der Klausel dies gebietet.[532]

*(1) Bewertung der Ausschlussklausel für wissentliche Pflichtverletzungen durch die Rechtsprechung*

Der Bundesgerichtshof hatte bisher noch keine Gelegenheit, zu der Frage der Wirksamkeit der Ausschlussklausel für wissentliche Pflichtverletzungen im Bereich der D&O-Versicherung Stellung zu nehmen.

In einer Entscheidung vom 26.09.1990 hatte er jedoch bei einer Ausschlussklausel für wissentliche Pflichtverletzungen in einer Steuerberaterhaftpflichtversicherung eine unangemessene Benachteiligung des Versicherungsnehmers verneint.[533] Diese Entscheidung erging noch zu der Vorgängernorm von § 307 Abs. 2 Nr. 1 BGB, § 9 Abs. 2 Nr. 1 AGBG und zu der Vorgängernorm von § 103

Versicherungsrechts-Handbuch, § 10 Rz. 244; *Schweitzer*, Zulässigkeit der Ausschlusklauseln, S. 246.

529 BGH NJW 1982, 644, 645; BGH NJW 1984, 2160; BGH NJW 1989, 582, 583; BGH NJW 1991, 2414, 2416; *Pfeiffer* in: Wolff/Lindacher/Pfeiffer, AGB-Recht, § 307 Rz. 211; *A. Fuchs* in: Ulmer/Brandner/Hensen, § 307 Rz. 141; *Kollmann* in: NK-BGB, § 307 Rz. 11; *S. Roloff* in: Erman, BGB, § 307 Rz. 14; *Beckmann* in: Beckmann/Matusche-Beckmann, Versicherungsrechts-Handbuch, § 10 Rz. 244; *Schweitzer*, Zulässigkeit der Ausschlussklauseln, S. 246.

530 *A. Fuchs* in: Ulmer/Brandner/Hensen, § 307 Rz. 251.

531 BGH NJW-RR 2008, 189, 191; *Graf von Westphalen*, VersR 2011, 145, 150.

532 vgl. BGH NJW 2009, 1147, 1148; BGH r+s 2012, 490, 491; OLG Karlsruhe ZfS 2003, 247, 248; *Gädtke* in: Bruck/Möller, VVG, AVB-AVG 2011/2013 Ziff. 5 Rz. 7; *Schweitzer*, Zulässigkeit der Ausschlussklauseln, S. 167; vgl. auch *Lange*, D&O-Versicherung und Managerhaftung, § 11 Rz. 5.

533 BGH, Urt. v. 26.09.1990 – IV ZR 147/89 = NJW-RR 1991, 145, 147.

VVG, § 152 VVG a. F.[534] Konkret ging es um einen Steuerberater, der einem Mandanten eine Anlage in Form eines Bauherrenmodells empfohlen hatte, ohne dabei offenzulegen, dass er hierfür eine Provision erhalten hatte. Für dieses Verhalten des mittlerweile in Konkurs gegangenen Steuerberaters sollte dessen Haftpflichtversicherer in Anspruch genommen werden. Der Versicherer berief sich auf einen Risikoausschluss für Haftpflichtansprüche „wegen Schadensversursachung durch wissentliches Abweichen von Gesetz, Vorschrift, Anweisung oder Bedingung des Auftraggebers oder durch sonstige wissentliche Pflichtverletzung."

Der Bundesgerichtshof stellte zunächst heraus, dass § 152 VVG a. F. eine dispositive Norm ist und dass bedingter Vorsatz im Sinne eines nur Für-Möglichhaltens der Verletzung von Pflichten bestimmten Inhaltes nicht zur Verwirklichung des Risikoausschlusses eines wissentlichen (oder bewussten) Pflichtverstoßes genügt.[535] Bei der fehlenden Offenbarung von Provisionsinteressen handele es sich allerdings um eine von dem Steuerberater wissentlich begangene Pflichtverletzung, sodass die in den AVB des Versicherers enthaltene Ausschlussklausel grundsätzlich anwendbar ist.[536]

Sodann nahm der Bundesgerichtshof eine AGB-Kontrolle dieser Ausschlussklausel vor und stellte hierzu fest, dass die Klausel in einer Haftpflichtversicherung für Steuerberater und Wirtschaftsprüfer weder überraschend i. S. v. § 3 AGBG a. F. noch unklar i. S. v. § 5 AGBG a. F. ist.[537] Auch weiche die Klausel nicht in einem Umfang vom gesetzlichen Leitbild des § 152 VVG a. F. ab, dass dadurch die jeweiligen Versicherungsnehmer gemäß § 9 AGBG a. F. unangemessen benachteiligt werden.[538] Vielmehr würde dem wesentlichen Gehalt von § 152 VVG a. F. wie folgt angemessen Rechnung getragen: „Das Entfallen des Tatbestandsmerkmals – Voraussehen des schädigenden Erfolges als zumindest mögliche und billigende Inkaufnahme seines Eintritts – wird ausgeglichen (kompensiert) dadurch, daß der Risikoausschluss nur bei Verstößen greift, die ihrer Art nach schadensgeneigt sind, was dem Versicherungsnehmer bei zutreffender Beurteilung seiner Pflichten nicht verborgen bleibt, und daß diese Verstöße eben wissentlich begangen worden sein müssen. Zu dieser Bewusstseinslage gehört die Erkenntnis, welchem Rechtsgüterschutz die sachgerechte Pflichtenwahr-

---

534 vgl. hierzu auch *Schweitzer*, Zulässigkeit der Ausschlussklauseln, S. 209 ff.; *Koch*, WM 2007, 2173, 2180.

535 BGH NJW-RR 1991, 145 a. E.

536 BGH NJW-RR 1991, 145, 146 f.

537 BGH NJW-RR 1991, 145, 147.

538 BGH NJW-RR 1991, 145, 147.

nehmung dienen soll. Der Versicherungsnehmer wird nicht dadurch entgegen den Geboten von Treu und Glauben unangemessen benachteiligt, daß er für die Inanspruchnahme wegen eines Schadens keinen Haftpflichtversicherungsschutz erhält, sofern der Schaden das Endglied einer Kausalkette ist, die mit einer wissentlichen Pflichtverletzung in Gang gesetzt worden ist."[539]

Als Rechtfertigung für die Einschränkung des dispositiven § 152 VVG a. F. (§ 103 VVG n. F.) führt der BGH somit an, dass der Ausschluss nur dann greifen soll, wenn es sich um einen wissentlichen, schadensgeneigten Verstoß handelt.[540] Dass der Schaden selbst nicht mehr gewollt sein muss, werde dadurch kompensiert, dass sich das Wissen auf eine Pflichtverletzung bezieht, welche eine Kausalkette in Gang setzt, an deren Ende dann der Schaden liegt. Damit der Versicherer von seiner Leistungspflicht frei wird, muss es sich folglich um einen wissentlich begangenen Pflichtverstoß handeln, der von vornherein das Risiko einer Schadensverwirklichung in sich trägt.

In anderen Entscheidungen wurde hiernach auf das vorstehende Urteil des BGH verwiesen, um die Wirksamkeit der Ausschlussklausel für wissentliche Pflichtverletzungen zu begründen.[541] Dabei handelte es sich jedoch ebenfalls nicht um D&O-Fälle. Das Landgericht Köln kam bei einem Risikoausschluss für wissentliche Pflichtverletzungen in einer D&O-Versicherung ohne weitere Begründung zu dem Ergebnis, dass „gegen dessen Wirksamkeit keine Bedenken bestehen."[542]

#### *(2) Bewertung der Ausschlussklausel für wissentliche Pflichtverletzungen durch die Literatur*

Wegen der von dem BGH vorgenommenen Bewertung wird auch in versicherungsrechtlichen Veröffentlichungen und auch solchen zur D&O-Versicherung ganz überwiegend angenommen, dass die Ausschlussklausel für wissentliche Pflichtverletzungen nicht gegen § 307 BGB verstößt und rechtswirksam ist.[543]

---

539 BGH NJW-RR 1991, 145, 147.

540 vgl. hierzu auch: *Schweitzer*, Zulässigkeit der Ausschlussklauseln, S. 209 f.

541 BGH NJW-RR 2001, 1311, 1312; OLG Karlsruhe ZfS 2003, 247, 248; OLG Köln NVersZ 2002, 521; OLG Hamm r+s 2007, 434, 435; OLG Karlsruhe NJW-RR 2010, 1043, 1044; vgl. auch OLG Hamm VersR 1988, 1122, 1123; OLG Düsseldorf VersR 1981, 769.

542 LG Köln, Urt. v. 23.06.2005 – 24 O 391/04 = BeckRS 2008, 23279.

543 *Baumann* in: BK, § 152 VVG Rz. 34; *Gädtke* in: Bruck/Möller, VVG, AVB-AVG 2011/2013 Ziff. 5 Rz. 52; *Koch* in: Bruck/Möller, VVG, 103 Rz. 103; *Langheid* in: Römer/Langheid, VVG, § 103 Rz. 4; *Heinrichs* in: FAKomm-VersR, § 103 Rz. 12; *Lange*, D&O-Versicherung und Managerhaftung, § 11 Rz. 57; *Gruber/Mitterlechner/*

Viele Stimmen aus der Literatur problematisieren die Wirksamkeit dieses Ausschlusses in D&O-Versicherungsbedingungen erst gar nicht oder verweisen auf die BGH-Entscheidung aus 1990 mit dem lapidaren Hinweis, dass die Wirksamkeit „vergleichbarer Ausschlussklauseln in der Vermögensschadenhaftpflichtversicherung" allgemein anerkannt sei.[544] Der Ausschlusstatbestand der wissentlichen Pflichtverletzung sei durch die Rechtsprechung „in langjähriger Kontinuität" „völlig klar konturiert" worden, „für theoretische Interpretationen" verbleibe „insofern nahezu kein Raum."[545] Für den Versicherungsnehmer sei insofern die Erkenntnis zumutbar, sich nicht bewusst über geltendes Recht hinwegsetzen zu dürfen und den Versicherungsschutz zu verlieren, sobald er dies eben doch bewusst tut.[546] Dass der Versicherer dabei das Vorliegen der Voraussetzungen des Risikoausschlusses nachweisen müsse, sei ein „gutes Korrektiv", da somit nicht die Gefahr bestehe, „dass der Versicherer sich durch das bloße

---

*Wax*, D&O-Versicherung, § 7 Rz. 64; *Pammler*, Gesellschaftsfinanzierte D&O-Versicherung, S. 70; *Späth*, VersR 2000, 825, 826; *Vothknecht*, PHi 2006, 52, 60 ff.; *Penner*, VersR 2006, 1359, 1360.

544 *Koch* in: Bruck/Möller, VVG, 103 Rz. 103; *Heinrichs* in: FAKomm-VersR, § 103 Rz. 12: „Teilweise wird z.B. bereits eine wissentliche Pflichtverletzung als ausreichend in AVB vereinbart, ohne dass sich der Vorsatz auf einen Schadenseintritt erstrecken muss (so in § 4 Nr. 5 AVB-Vermögen). Dies begegnet keinen durchgreifenden Wirksamkeitsbedenken."; *Lange*, D&O-Versicherung und Managerhaftung, § 11 Rz. 57: „Durchgreifende AGB-rechtliche Bedenken bestehen gegen den Wissentlichkeitsausschluss nicht."; *Pammler*, Gesellschaftsfinanzierte D&O-Versicherung, S. 70: „Es handelt sich insoweit um eine zulässige Verschärfung des ohnehin bestehenden Vorsatzausschlusses (§ 152 VVG)."; *Vothknecht*, Phi 2006, 52, 60 f.; *Gruber/Mitterlechner/Wax*, D&O-Versicherung, § 7 Rz. 64: „Dem Ausschluss „wissentlicher Pflichtverletzungen" werden im Rahmen einer Vermögensschaden-Haftpflichtversicherung grundsätzlich keine AGB-rechtlichen Bedenken entgegengebracht."; *Späth*, VersR 2000, 825, 826: „Der Ausschluss der Deckung für Schäden, die durch eine wissentliche Pflichtverletzung verursacht worden sind, ist wirksam. Insbesondere hält er einer Inhaltskontrolle nach § 9 AGBG stand."; vgl. auch *Penner*, VersR 2006, 1359, 1360: „Die Begrenzung des Vorsatzes/der Wissentlichkeit auf die Pflichtverletzung hält der AGB-Kontrolle stand."; *Lattwein/Krüger*, NVersZ 2000, 365, 367; *Schirmer*, DAR 1993, 321, 329.

545 *Vothknecht*, VW 2006, 488; *ders.*, PHi 2006, 52, 56.

546 *Gräfe* in: Gräfe/Brügge, Vermögensschaden-Haftpflichtversicherung, Teil E Rz. 223; *Gruber/Mitterlechner/Wax*, D&O-Versicherung, § 7 Rz. 64.

Behaupten einer wissentlichen Pflichtverletzung aus der Deckung reden kann."[547] Hinzu komme der „Umstand der vollen Dispositivität des § 103 VVG."[548]

Nur vereinzelt wird die Klausel für wissentliche Pflichtverletzungen in der Literatur kritisiert, allerdings ohne hierbei ausdrücklich einen Zusammenhang zu einer Unwirksamkeit der Klausel gemäß § 307 Abs. 2 Nr. 1 BGB herzustellen. Am ehesten können diesbezüglich bestehende Bedenken noch der grundsätzlichen Kritik von *Jula* entnommen werden, soweit dieser darauf abstellt: „Besonders nachteilig und nicht akzeptabel sind die Bedingungswerke, die generell wissentliche Pflichtverletzungen vom Versicherungsschutz ausklammern."[549] Die Zweifel anderer Stimmen,[550] die zu bedenken geben, dass dieser Ausschluss „sehr weitgehend" sei, zielen mehr in die Richtung einer unzulässigen Aushöhlung des Versicherungsschutzes gemäß § 307 Abs. 2 Nr. 2 BGB und weniger darauf, dass hierdurch womöglich in nicht vertretbarer Weise von den Grundgedanken der gesetzlichen Regelung abgewichen wird.[551]

*(3) Eigene Bewertung*

Fraglich ist, ob aus den von der Rechtsprechung gefundenen und der Literatur übernommenen Bewertungsmaßstäben folgt, dass die Ausschlussklausel für wissentliche Pflichtverletzungen in der D&O-Versicherung mit dem wesentlichen Grundgedanken der gesetzlichen Regelung, von dem abgewichen wird, noch zu vereinbaren ist, § 307 Abs. 2 Nr. 1 BGB.

Auf den ersten Blick erscheint es nicht als bedeutender Unterschied, wenn im Vergleich zu einem lediglich billigend in Kauf genommenen Schaden eine bekannte Pflicht bewusst verletzt wird und dieser, so der Bundesgerichtshof, von vornherein schadensgeneigte Vorgang schließlich auch zu einem Schaden geführt hat. Denn auch wenn der Schaden nicht vom Vorsatz erfasst sein muss,

---

547 *Lattwein/Krüger*, NVersZ 2000, 365, 367; vgl. auch *Ihlas*, D&O-Versicherung, S. 459; *Olbrich*, D&O-Versicherung, S. 180.

548 *Gruber/Mitterlechner/Wax*, D&O-Versicherung, § 7 Rz. 68.

549 *Jula*, FS Baumann, 119, 125.

550 *Steinkühler*, VW 2003, 1734; ähnlich *Olbrich*, D&O-Versicherung, S. 180; *Vorrath*, VW 2006, 151 f.; *Koch*, WM 2007, 2173, 2180; *Rohde-Liebenau*, ZfV 1998, 288, 289.

551 vgl. auch *Schweitzer*, Zulässigkeit der Ausschlussklauseln, die einen Verstoß gegen § 307 Abs. 2 Nr. 1 BGB verneint (S. 215 f.), aber einen Verstoß der hier nicht gesondert untersuchten und von *Schweitzer* so bezeichneten Kombinationsklausel für vorsätzliche Schadensherbeiführung oder (sonstige) wissentliche Pflichtverletzung (vgl. hier: Fn. 7) gegen § 307 Abs. 2 Nr. 2 BGB annimmt (S. 254) und die darüber hinaus allerdings noch Bedenken hinsichtlich der Transparenz der Klauseln gemäß § 307 Abs. 1 S. 2 BGB geltend macht (S. 192 ff., 197, 259).

muss er doch eingetreten sein, damit ein Haftungsfall entsteht.[552] Beiden Situationen ist somit gemein, dass eine Pflicht verletzt wird, hierdurch ein Schaden eingetreten ist und der Versicherungsnehmer bzw. die versicherte Person bei der Verletzungshandlung zumindest bedingt vorsätzlich gehandelt hat. In beiden Fällen nimmt der Versicherungsnehmer bzw. die versicherte Person zumindest in Kauf, dass er bzw. sie sich nicht richtig verhält, bei der Ausschlussklausel für wissentliche Pflichtverletzungen weiß sie dies sogar positiv. Und da es sich um einen von vornherein schadensgeneigten Pflichtverstoß handeln muss, der schließlich auch zu einem Schaden geführt hat, ließe sich argumentieren, dass der Schaden, der über die Kausalkette mit dem Pflichtverstoß verbunden ist, zumindest indirekt auch Gegenstand der Wissentlichkeit ist.

Ob eine derart wissentlich handelnde Person in der Gemeinschaft der Versicherten den Versicherungsschutz noch verdient, ist daher fraglich.[553] Dies gilt umso mehr, wenn man unterstellt, dass das Bestehen von Versicherungsschutz die Herbeiführung von Schäden erleichtert (s. o.).[554] So hat der BGH bei der Beurteilung der Wirksamkeit einer sog. Serienschadenklausel argumentiert, dass eine bloße Schmälerung des Versicherungsschutzes noch nicht dazu führe, eine Klausel als unangemessen und deshalb unzulässig anzusehen; vielmehr könne dem Versicherer „ein gewisses Interesse an der Vereinbarung einer solchen Klausel nicht abgesprochen werden, weil sie unsorgfältiger Arbeit entgegenwirkt und dadurch Haftpflichtfälle vermeiden hilft."[555] Diese Argumentation kann grundsätzlich auf die Ausschlussklausel für wissentliche Pflichtverletzungen übertragen werden. Dies könnte dafür sprechen, dass die Ausschlussklausel für wissentliche Pflichtverletzungen in der D&O-Versicherung mit den wesentlichen Grundgedanken des § 103 VVG zu vereinbaren ist.

Auch ist es möglich, im Rahmen einer Klausel einen Nachteil (Pflichtverletzung als Bezugspunkt des Vorsatzes anstelle des Schadens) mit einem Vorteil (hier: Wissentlichkeit statt bedingter Vorsatz) zu kompensieren.[556] Deshalb wird bisher überwiegend auch davon ausgegangen, dass der Versicherungsnehmer

---

552 so auch *Lorenz*, VersR 2000, 2, 3; *Schweitzer*, Zulässigkeit der Ausschlussklauseln, S. 37, 110.

553 vgl. hierzu auch: *Schweitzer*, Zulässigkeit der Ausschlussklauseln, S. 207.

554 Abschn. C I 2 a) cc) (1) (c).

555 BGH NJW-RR 1991, 412, 413.

556 s. o., vgl. auch: BGH NJW 2003, 888, 890; *Koch*, VersR 2011, 295, 297; *Graf von Westphalen*, VersR 2011, 145, 152.

bzw. die versicherte Person durch diesen Risikoausschluss nicht i. S. v. § 307 Abs. 2 Nr. 1 BGB benachteiligt wird (o. o.).[557]

Zu berücksichtigen ist jedoch, dass ein Unterschied darin besteht, ob ein Schädiger einen Schaden billigend in Kauf nimmt oder ob er nur weiß, dass der Pflichtverstoß, den er bewusst begeht, zu einem Schaden führen kann. Dass ein Autofahrer, der über eine rote Ampel fährt, obwohl er erkennt, dass sich unmittelbar ein weiterer Verkehrsteilnehmer nähert und er daher absehen kann, dass es zu einem von ihm selbst verschuldeten Unfall kommt, keinen Versicherungsschutz beanspruchen kann, wenn dieser Unfall dann eintritt, entspricht dem gesetzlichen Leitbild des § 103 VVG. Wenn der Autofahrer aber lediglich über die rote Ampel fährt und dabei nicht erkennt, dass es zu einem Unfall kommen wird, soll gleichermaßen kein Versicherungsschutz bestehen. Dieser Verkehrsteilnehmer weiß zwar, dass er dies nicht darf und er dabei auch zu Schaden kommen kann. Er erhöht also bewusst das Risiko. Der möglicherweise entscheidende Unterschied ist aber, dass dieser Schaden vom Handelnden nicht billigend in Kauf genommen wurde. Womöglich gibt es sogar gute Gründe für diesen Pflichtverstoß, etwa weil er sein Ziel rechtzeitig erreichen muss und andernfalls gravierende(re) Konsequenzen drohen.

Diese Situation ist zumindest teilweise vergleichbar mit der von Leitungsorganen in Gesellschaften. Für den wissentlichen Pflichtverstoß des Managers mag es ebenfalls übergeordnete gute Gründe geben, die durchaus im Unternehmensinteresse liegen können.[558] Selbst wenn Manager Pflichtverstöße wissentlich begehen, werden sie – häufig genug aus eigennützigen Motiven – einen Schadenseintritt für die Gesellschaft kaum billigend in Kauf nehmen. Im Gegenteil: Denn wenn ein finanzieller Schaden eintritt, lässt ein dadurch schlechteres Betriebsergebnis womöglich keinen Raum mehr für eine Bonuszahlung. Auch müssen sie stets befürchten, bei Fehlern jedenfalls von ihrer Position abberufen zu werden.[559] Zu Recht ist deshalb darauf hingewiesen worden, dass Unternehmens im Regelfall die Gesellschaft nicht vorsätzlich schädigen wollen, sondern

---

557 Abschn. C I 2 a) dd) (2); *Schweitzer*, Zulässigkeit der Ausschlussklauseln S. 215.

558 vgl. *Wilhelm*, AssCompact 2014, 118, 119: „So versuchen Führungskräfte insbesondere in Krisensituationen häufig, das Unternehmen durch riskante, kurzfristige Einzelentscheidungen zu retten – im Wissen, dass sie damit Pflichten verletzen."

559 vgl. hierzu *Henssler* in: Henze/Hoffmann-Becking, Gesellschaftsrecht 2001, S. 142; *Goette*, FS 50 Jahre Bundesgerichtshof, 123, 124 m. w. N.; *Dreher/Görner*, ZIP 2003, 2321, 2323.

sie vielmehr annehmen, dass ihr Verhalten einen positiven Effekt für das Unternehmen hat.[560]

Tritt aber ungewollt ein Schaden ein und hat der Manager den diesem Schaden vorausgehenden Pflichtverstoß wissentlich begangen, wären die Voraussetzungen des § 103 VVG nicht erfüllt und der Versicherer müsste folglich die Deckung übernehmen. Unter der Ausschlussklausel für wissentliche Pflichtverletzungen stellte sich dieselbe Situation vollkommen anders dar, da es bei dieser Klausel unerheblich ist, dass der Manager die Schadensfolge nicht billigend in Kauf nimmt. Der D&O-Versicherer ist bei der Ausschlussklausel für wissentliche Pflichtverletzung dennoch von seiner Leistungspflicht befreit, wenn nur die Pflichtverletzung selbst wissentlich begangen wird. Dies stellt eine wesentliche Abweichung vom gesetzlichen Leitbild des § 103 VVG dar (s. o.),[561] sodass zu fragen ist, ob diese in der D&O-Versicherung insbesondere durch die von der Rechtsprechung gefundenen Kritierien Schadensgeneigtheit des Pflichtverstoßes einerseits und Wissentlichkeit des Pflichtverstoßes andererseits tatsächlich kompensiert werden und ob ggf. andere Gründe bestehen, welche diese wesentliche Abweichung vom gesetzlichen Leitbild des § 103 VVG rechtfertigen.

*(a) Kompensation durch die Schadensgeneigtheit des Pflichtverstoßes*

Ein Kriterium, das der Bundesgerichtshof für die Angemessenheit der Ausschlussklausel für wissentliche Pflichtverletzungen anführt, ist, dass der Pflichtverstoß schadensgeneigt sein muss, „was dem Versicherungsnehmer bei zutreffender Beurteilung seiner Pflichten nicht verborgen bleibt".[562] Der Pflichtverstoß muss also bereits das gesteigerte („geneigte") Risiko eines Schadens in sich tragen. Man könnte daher sagen, dass der BGH den Verzicht auf die bedingt vorsätzliche Schadensverursachung dadurch rechtfertigt, dass er durch das Merkmal der Schadensneigung den Schaden in den Pflichtverstoß „hineinliest".

Ob dies dazu geeignet ist, eine Abweichung vom Gerechtigkeitskern des § 103 VVG zu rechtfertigen, erscheint jedoch jedenfalls in der D&O-Versicherung in

---

560 *Gädtke* in: Bruck/Möller, VVG, AVB-AVG 2011/2013 Ziff. 5 Rz. 44; *Pammler*, Gesellschaftsfinanzierte D&O-Versicherung, S. 70; *Kiethe*, BB 2003, 537, 541; *Lange*, DStR 2002, 1674, 1676; *Hendricks*, VW 2006, 229, 230; *Steinkühler*, VW 2003, 1734; vgl. auch *Gruber/Mitterlechner/Wax*, D&O-Versicherung, § 7 Rz. 57; a. A. *Koch* in: Bruck/Möller, VVG, 103 Rz. 105, der speziell bei Managern die Gefahr „wohlkalkulierter Pflichtverletzungen" sieht; hierauf wird noch im Rahmen der Prüfung, ob höherrangige Interessen der D&O-Versicherer die Abweichung rechtfertigen in Abschnitt C I 2 a) dd) (3) (d) (aa) eingegangen.

561 Abschn. C I 2 a) cc) (2).

562 BGH NJW-RR 1991, 145, 147.

gleich mehrfacher Hinsicht zweifelhaft. Zum einen handelt es sich bei Pflichtverletzung einerseits und Schaden andererseits um zwei verschiedene Merkmale und diese werden weder über die diese verbindende Kausalkette zu einem Merkmal noch dadurch, dass der Schaden den Pflichtverstoß über das Attribut „schadensgeneigt" beschreibt. Zum anderen wird sich häufig genug herausstellen, dass der vorgeworfene Pflichtverstoß schadensgeneigt war, wenn denn auch ein Schaden eingetreten ist.

Bei unternehmerischen Entscheidungen gilt zwar die Besonderheit, dass wegen der Business Judgment Rule gesondert zu ermitteln ist, ob das schädigende Verhalten als Pflichtverletzung einzuordnen ist.[563] Da unternehmerische Entscheidungen jedoch von vornherein das Risiko eines wirtschaftlichen Fehlschlages in sich tragen (s. o.),[564] sind diese stets schadensgeneigt. Dies bestätigt u. a. *Habersack*: „Risikoerhöhend wirken schließlich ganz allgemein, d.h. auch in Bezug auf amtierende Organwalter, die hohe Schadensgeneigtheit der Organtätigkeit ..."[565] Dies gilt erst recht, wenn die unternehmerische Tätigkeit den durch die Business Judgment Rule gesetzten Handlungsspielraum überschreitet und auch als Pflichtverletzung einzuordnen ist. Solch eine als Pflichtverletzung einzuordnende unternehmerische Entscheidung wird daher immer „schadensgeneigt" sein.

Wie lang die Kausalkette zwischen dem „Endglied Schaden" und wissentlicher Pflichtverletzung höchstens sein darf, lässt der BGH offen, damit muss der schadensgeneigte Pflichtverstoß nur noch in irgendeiner Art und Weise schadenskausal sein.

Das Erfordernis eines schadensgeneigten Pflichtverstoßes hilft dem Versicherungsnehmer bzw. der versicherten Person also nicht, schon gar nicht einem Leitungsorgan, das sich für eine unternehmerische Entscheidung zu verantworten hat. Dieses Merkmal ist daher jedenfalls in der D&O-Versicherung nicht dazu geeignet, eine tatsächliche Kompensation für den Verzicht auf den Schädigungsvorsatz herbeizuführen.

*(b) Kompensation durch die Wissentlichkeit des Pflichtverstoßes*

Fraglich ist, ob in der D&O-Versicherung eine die Vertragsäquivalenz herstellende Kompensation dadurch eintritt, dass das Organ den Pflichtverstoß nicht nur bedingt vorsätzlich, sondern sogar wissentlich begangen haben muss, damit der Ausschlusstatbestand greift.

---

563 vgl. hierzu *Lange*, DStR 2002, 1674, 1675.

564 Abschn. B VI 2 c).

565 *Habersack*, ZHR 177 (2013), 782, 795.

Im Haftungsprozess der Gesellschaft gegen das Organ wird die Verschuldensform häufig nicht geklärt, da es hierauf wegen § 276 Abs. 1 S. 1 BGB nicht ankommt und daher – worauf bereits hingewiesen wurde – die Gerichte häufig feststellen, dass das Organ „jedenfalls fahrlässig" gehandelt hat.[566] Dies ändert aber nichts daran, dass im Deckungsprozess des Organs gegen den Versicherer wegen desselben Pflichtverstoßes dem Trennungsprinzip folgend die Feststellung einer wissentlichen Pflichtverletzung ohne weiteres möglich ist.[567]

Mit dem Anscheinsbeweis kann der Nachweis eines wissentlichen Verhaltens zwar nicht erbracht werden, da die Lebenserfahrung nichts darüber aussagen kann, dass in vergleichbaren Situationen das Bewusstsein besteht, Pflichten zu verletzen.[568] Die Rechtsprechung lässt jedoch Beweiserleichterungen nach den Grundsätzen des Indizienbeweises zu.[569] Hierbei genießt der erkennende Richter größere Freiheiten als bei sonstigen Beweisanträgen.[570] Der Indizienbeweis ist dann zulässig, wenn eine Mehrzahl von Umständen zwar nicht jeweils für sich im einzelnen, jedoch jedenfalls in der Gesamtschau so aussagekräftig ist, dass sie den Tatrichter mit hinreichender Sicherheit davon überzeugt, dass die unter Beweis gestellte Tatsache vorliegt.[571] Hierzu werden alle einzelnen Indizien nach ihrer Aussagekraft bewertet und einer zusammenfassenden Gesamtbetrachtung

566 BGH NJW 2006, 289, 291; OLG Köln NVersZ 2002, 521, 522; OLG Frankfurt/M. VersR 2012, 432, 434; *Ihlas* in: MünchKommVVG, D&O, Rz. 369, 389; *Lenz*, D&O-Versicherung, § 26 Rz. 142.

567 vgl. BGH NJW 2006, 289, 290 f.; OLG Köln NVersZ 2002, 521, 522; OLG Köln VersR 2010, 940, 941; OLG Köln r+s 2012, 172, 173; KG VersR 2007, 1076, 1077; *Lange*, D&O-Versicherung und Managerhaftung, § 11 Rz. 24; *Schweitzer*, Zulässigkeit der Ausschlussklauseln, S. 70.

568 BGH VersR 1986, 647, 648; OLG Köln VersR 1990, 193, 194; OLG Hamm VersR 2007, 1550, 1551; *Leipold* in: Stein/Jonas, ZPO, § 286 Rz. 174; *Lücke* in: Prölss/Martin, VVG, § 103 Rz. 9 m. w. N.; *Gruber/Mitterlechner/Wax*, D&O-Versicherung, § 7 Rz. 60; *Schweitzer*, Zulässigkeit der Ausschlussklauseln, S. 69; vgl. auch *Koch* in: Bruck/Möller, VVG, § 103 Rz. 92.

569 OLG Köln r+s 1997, 105, 106; OLG Köln r+s 2012, 172, 173; OLG Koblenz VersR 1980, 643; OLG Koblenz NJW-RR 2003, 1114; OLG Düsseldorf VersR 1981, 769; KG VersR 2007, 1076, 1077; OLG Hamm VersR 2007, 1550, 1551; *Gädtke* in Bruck/Möller, VVG, AVB-AVG 2011/2013 Ziff. 5 Rz. 55; *Gruber/Mitterlechner/Wax*, D&O-Versicherung, § 7 Rz. 60; *Schweitzer*, Zulässigkeit der Ausschlussklauseln, S. 68 f.; *Seibt/Saame*, AG 2006, 901, 908; *Späth*, VersR 1988, 1123, 1124; *Penner*, VersR 2005, 1359, 1361; *Johannsen*, r+s 2000, 133, 134.

570 BGH NJW-RR 2013, 743, 745.

571 BGH NJW-RR 1989, 1187, 1188; *Gädtke* in: Bruck/Möller, VVG, AVB-AVG 2011/2013 Ziff. 5 Rz. 50.

zugeführt.[572] Und speziell bei wissentlichen Pflichtverstößen ist in der Praxis häufig zu beobachten, dass die Gerichte i. S. einer „Wechselwirkung“ indiziell von der Schwere einer Pflichtverletzung darauf schließen, dass diese auch wissentlich begangen wurde.[573]

So soll nach einer Entscheidung des OLG Köln zur Architektenhaftpflichtversicherung unter Hinweis auf BGH VersR 1989, 582 „allein aus der Schwere des festgestellten objektiven Pflichtenverstoßes ein Schluß auf die subjektive Seite gezogen werden kann.“[574] Nach dieser vom OLG Köln zitierten Entscheidung des Bundesgerichtshofs, welche eine KFZ-Kaskoversicherung betraf, hat der Tatrichter im Rahmen seiner freien Beweiswürdigung gemäß § 286 ZPO die Möglichkeit, „vom äußeren Geschehensablauf oder vom Ausmaß des objektiven Pflichtverstoßes auf innere Vorgänge und deren gesteigerte Vorwerfbarkeit zu schließen.“[575] Das Kammergericht stellte in einer Entscheidung, bei der es um die wissentliche Pflichtverletzung eines Notars im Rahmen seiner Berufshaftpflichtversicherung ging, ebenfalls darauf ab, dass schwere Pflichtverletzungen den direkten Vorsatz indizieren.[576]

Des Weiteren nehmen die Gerichte regelmäßig an, dass der versicherten Person die für ihr berufliches Umfeld geltenden Vorschriften bekannt sind.[577] Das Oberlandesgericht Köln geht sogar schon dann von einer Kenntnis der jeweili-

---

572 BGH NJW-RR 1989, 1187, 1188; *Gädtke* in: Bruck/Möller, VVG, AVB-AVG 2011/2013 Ziff. 5 Rz. 50.

573 so ausdrücklich und grundlegend *Lange*, DStR 2002, 1674, 1676; *Schweitzer*, Zulässigkeit der Ausschlussklauseln, S. 69, 72 f.; vgl. BGH VersR 1989, 582, 584; OLG Köln r+s 1997, 105, 106; OLG Köln NJW-RR 2009, 994; KG VersR 2007 1076, 1077; OLG Hamm VersR 2007, 1550, 1551; *Gädtke* in Bruck/Möller, VVG, AVB-AVG 2011/2013 Ziff. 5 Rz. 55; vgl. auch *Koch* in: Bruck/Möller, VVG, § 103 Rz. 93; *Gruber/Mitterlechner/Wax*, D&O-Versicherung, § 7 Rz. 61; *Beckmann* in: Beckmann/Matusche-Beckmann, Versicherungsrechts-Handbuch, § 28 Rz. 120.

574 OLG Köln Urt. v. 02.07.1996 - 9 U 14/96 = r+s 1997, 105, 106; so auch OLG Köln NJW-RR 2009, 994; OLG Köln r+s 2012, 172, 173; KG VersR 2007, 1076, 1077; OLG Hamm VersR 2007, 1550, 1551.

575 BGH VersR 1989, 582, 584; so auch BGH VersR 1984, 480; OLG Saarbrücken, VersR 1992, 994, 995; OLG Hamm VersR 2007, 1550, 1551; OLG Köln r+s 2012, 172, 173.

576 KG, Beschl. v. 13.06.2006 - 6 U 67/06 = VersR 2007, 1076, 1077.

577 OLG Köln r+s 1997, 105, 106; OLG Köln VersR 1990, 193, 194; OLG Köln VersR 2004, 1549, 1550; OLG Köln NJW-RR 2009, 994; OLG Köln r+s 2012, 172, 173 f.; OLG Hamm VersR 2000, 482, 483; OLG Düsseldorf VersR 1981, 769; OLG Düsseldorf r+s 2005, 155, 156; OLG Koblenz VersR 1980, 643; OLG Koblenz VersR 1990, 41; OLG Frankfurt/M. VersR 1977, 829; vgl. *Schweitzer*, Zulässigkeit der

gen Berufspflichten aus, wenn ein Verstoß gegen diese allein „aus der Kenntnis grundlegender, allgemein bekannter und verbindlicher Vorschriften vermeidbar war."[578] Schon der objektive Verstoß gegen solche „fundamentale allgemein geläufige Regeln" lässt danach „ohne jeden Zweifel" auf ein wissentliches Handeln schließen.[579] Das Oberlandesgericht Saarbrücken geht – in Anlehnung an die beim Anscheinsbeweis gebräuchliche Terminologie – sogar davon aus, dass „nach der Lebenserfahrung" ein „Verstoß gegen Primitivregeln" bewusst geschehe.[580] In dieser Weise argumentiert auch das OLG Koblenz: Sofern die Lebenserfahrung dafür spreche, dass die Rechtswidrigkeit des Handelns erkannt wird, hätte der Versicherer damit schon der ihm obliegenden Beweislast genügt.[581] Des Weiteren soll bereits eine „unzulängliche Prüfungsweise" ein Hinweis darauf sein, dass eine als solche erkannte Berufspflicht „bewusst missachtet" wird.[582] Gleiches gilt für „Schlamperei und Schleifenlassen der zu erledigenden Arbeiten".[583]

Gegen diese Rechtsprechung ist zu Recht eingewandt worden, dass es „grob rechtsfehlerhaft"[584] ist, von der Schwere der Pflichtverletzung darauf zu schließen, dass der Versicherte die jeweilige Pflicht gekannt hat, „da die Schwere der Pflichtverletzung allein über den Grad der Fahrlässigkeit Auskunft zu geben vermag, nicht aber über den Bewusstseinsgrad des Handelnden."[585]

---

Ausschlussklauseln, S. 75; *Pammler*, Gesellschaftsfinanzierte D&O-Versicherung, S. 71; *Seibt/Saame*, AG 2006, 901, 908 f. m. w. N.

578 OLG Köln, Urt. v. 02.07.1996 - 9 U 14/96 = r+s 1997, 105, 106.

579 OLG Köln r+s 1997, 496; OLG Köln VersR 1990, 193, 194; so auch OLG Düsseldorf r+s 2005, 155, 156; OLG Hamm VersR 2007, 1550, 1551; OLG Köln, NJW-RR 2009, 994; vgl. auch *Gruber/Mitterlechner/Wax*, D&O-Versicherung, § 7 Rz. 61.

580 OLG Saarbrücken, Urt. v. 15.04.1992 - 5 U 105/88 = VersR 1993, 85, 86; ähnlich OLG Köln NJW-RR 2009, 994; auf den Anscheinsbeweis ganz offen abstellend: KG VersR 2007, 1076, 1078.

581 OLG Koblenz, Urt. v. 15.06.1979 - 10 U 711/78 = VersR 1980, 643, vgl. auch *Späth*, VersR 1988, 1123, 1124.

582 OLG Köln r+s 1997, 105, 106.

583 OLG Koblenz VersR 1990, 41 mit unmittelbarem Bezug zu bedingtem Vorsatz aber auch zu einer wissentlichen Pflichtverletzung.

584 *Kiethe*, BB 2003, 537, 541.

585 *Lange*, DStR 2002, 1674, 1676; dies ebenfalls hervorhebend: *Schweitzer*, Zulässigkeit der Ausschlussklauseln, S. 73; im Ergebnis auch *Kiethe*, BB 2003, 537, 541; *Sack*, NJW 2006, 945, 947: „Außerdem ist das *Kennenmüssen* nicht identisch mit der nach der Vorsatztheorie erforderlichen *Kenntnis*."; kritisch auch *Vothknecht*, PHi 2006, 52, 63; *Gädtke* in: Bruck/Möller, VVG, AVB-AVG 2011/2013 Ziff. 5 Rz. 55; vgl. schon *Georgii*, Veröffentlichungen des Deutschen Vereins für Versicherungs-Wissenschaft, Heft VIII (März 1906), 17, 24: „Aber an sich sind die beiden *Begriffe*

Auch das Kennenmüssen bestimmter Pflichten ist mit der Kenntnis nicht gleichzusetzen und im Grunde ein Fahrlässigkeitsvorwurf.[586] Erst recht gilt dies dann, wenn die Rechtsprechung darauf abstellt, ob ein Verstoß vermeidbar war. Unverhohlen fahrlässiges Handeln nimmt die Rechtsprechung sogar als Indiz für die Wissentlichkeit, wenn sie die Kenntnis mit einer „unzulänglichen Prüfungsweise“ oder gar „Schlamperei“ zu begründen versucht.

An all diesen Stellen werden von der Rechtsprechung Sorgfaltspflichtverletzungen und damit fahrlässiges Handeln als Indizien für die Wissentlichkeit bemüht. Da aber, so *Lange*, „alle Grade der Fahrlässigkeit sowohl bewusst als auch unbewusst verwirklicht werden können, indiziert noch nicht einmal eine grob fahrlässige Pflichtverletzung irgendeine Form mangelnden Pflichtbewusstseins.“[587] Sofern die Pflichtverletzung bejaht wird, ist daher gründlich zu prüfen, ob diese auch wissentlich begangen wurde.[588] Deshalb muss der Versicherte für die Wissentlichkeit auch die Möglichkeit haben, besondere Umstände vorzubringen, denen entnommen werden kann, dass er persönlich die verletzte Pflicht nicht kannte, wie z. B. fehlende Berufserfahrung, unzureichende Ausbildung über die bestehenden beruflichen Pflichten oder fehlende Fortbildungen in den Bereichen Recht, Wirtschaft und Technik.[589]

Tatsächlich existiert auch obergerichtliche Rechtsprechung, in welcher dem Versicherer der ihm obliegende Nachweis eines wissentlichen Pflichtverstoßes nicht gelungen ist[590], so z. B., weil der Versicherte gegen die Wissentlichkeit seines Pflichtverstoßes erfolgreich anführen konnte, eine Anweisung „vergessen“ zu haben[591] oder eine Pflicht jedenfalls nicht wissentlich, sondern nur fahrlässig verletzt zu haben.[592]

Allerdings ist auch zu Recht darauf hingewiesen worden, dass der Versicherungsnehmer auf die Darlegung solcher Umstände „besondere Sorgfalt verwenden

---

durchaus selbständig und durchaus verschieden; es gibt massenhaft Fälle von grober Nachlässigkeit, bei denen von Wissentlichkeit keine Rede ist, …“.

586 vgl. BGH NJW-RR 2012, 404; BGH NJW 2002, 1123, 1125; *Schweitzer*, Zulässigkeit der Ausschlussklauseln, S. 74; vgl. auch *Sack*, NJW 2006, 945, 947.

587 *Lange*, DStR 2002, 1674, 1676; ihm folgend *Vothknecht*, PHi 2006, 52, 63.

588 *Notthoff*, NJW 2003, 1350, 1353; *Vothknecht*, PHi 2006, 52, 63.

589 *Gädtke* in: Bruck/Möller, VVG, AVB-AVG 2011/2013 Ziff. 5 Rz. 55; ähnlich *Lange*, DStR 2002, 1674, 1676; vgl. auch *Gräfe* in: Gräfe/Brügge, Vermögensschaden-Haftpflichtversicherung, Teil E Rz. 230 ff.

590 vgl. für den Fall einer D&O-Versicherung OLG Koblenz VersR 2011, 1042, 1044.

591 OLG Köln r+s 1998, 59.

592 OLG Stuttgart r+s 1999, 367, 368; OLG Saarbrücken VersR 1992, 994, 995; vgl. auch OLG Hamm, VersR 1996, 1006, 1008.

sollte, denn andernfalls könne er wenig gegen die Tendenz der Rechtsprechung ausrichten, die Überzeugung der Wissentlichkeit der Pflichtverletzung aus den Tatsachen zu gewinnen, die bereits die Schwere der Pflichtverletzung illustrieren."[593] Das OLG München hat speziell bei der D&O-Versicherung diese besondere Gefahr für das Organ bildhaft mit „Porzellan" beschrieben, welches im Schadensfall durch „eine geschickte Einlassung einer gut beratenen Person erhalten", ansonsten „mit dem Risiko des Deckungsverlustes zerschlagen würde."[594] Je besser die Ausbildung eines Managers ist und je mehr Berufserfahrung er hat, desto weniger wird es ihm daher helfen, sich dahingehend einzulassen, eine bestimmte Pflicht nicht gekannt oder gesehen zu haben.[595] Sich damit zu verteidigen, die jeweilige Pflicht nicht gekannt oder nicht an sie gedacht zu haben, ist deshalb auch nahezu ausgeschlossen bzw. aussichtslos.[596] Oder um es mit *Hendricks* zu sagen: „Der Aufgeklärte hingegen nähert sich mit wachsendem Wissensgrad unweigerlich dem deckungsvernichtenden Ausschluss."[597]

Bei Managern besteht zudem die Besonderheit, dass es für diese, anders als beispielsweise bei Steuerberatern, Wirtschaftsprüfern, Rechtsanwälten und Steuerberatern einen fest umschriebenen Kanon von Berufspflichten nicht gibt, deren Verletzung als Indiz für ein wissentliches Handeln in Betracht kommen könnte.[598] Zwar gelten für Leitungsorgane selbstverständlich auch anerkannte

---

593 *Lange*, DStR 2002, 1674, 1677; *ders.*, D&O-Versicherung, § 11 Rz. 31: „Die Darlegung muss lückenlos, widerspruchsfrei und schlüssig sein und ggf. bewiesen werden."

594 OLG München, Urt. v. 15.03.2005 - 25 U 3940/04 = VersR 2005, 540, 542.

595 so *Lange*, DStR 2002, 1674, 1677; *Gräfe* in: Gräfe/Brügge, Vermögensschaden-Haftpflichtversicherung, Teil E Rz. 237; *Beckmann* in: Beckmann/Matusche-Beckmann, Versicherungsrechts-Handbuch, § 28 Rz. 120; *Pammler*, Gesellschaftsfinanzierte D&O-Versicherung, S. 71 f.; *Gruber/Mitterlechner/Wax*, D&O-Versicherung, § 7 Rz. 61.

596 vgl. OLG Düsseldorf VersR 1981, 621; OLG Frankfurt VersR 1977, 829; OLG Hamm VersR 2000, 482, 484; *Schweitzer*, Zulässigkeit der Ausschlussklauseln, S. 75; so auch *Jula*, FS-Baumann, 119, 125: „Regelmäßig dürfte sich der Geschäftsführer wohl nicht damit verteidigen können, daß ihm der Pflichtverstoß nicht gegenwärtig war. Es steht zu befürchten, daß er mit dieser Argumentation im Prozeß unterlegen ist."; anders aber OLG Köln r+s 1998, 59; *Lange*, DStR 2002, 1674, 1677.

597 *Hendricks*, VW 2006, 229, 230; vgl. hierzu auch *Schweitzer*, Zulässigkeit der Ausschlussklauseln, S. 77, 95 f.

598 so auch *Schweitzer*, Zulässigkeit der Ausschlussklauseln, S. 76, S. 196: „Denn […] es existiert insbesondere bei unternehmerischen Entscheidungen und Organisationsmaßnahmen kein „Pflichtenkanon" wie ihn freie Berufe als Leitlinie haben, was die Haftungsgrundlagen für Manager unüberschaubar macht".

Regeln beispielsweise aus der Betriebswirtschaftslehre, die deshalb auch Anknüpfungspunkte für wissentliche Pflichtverletzungen sein können. Allerdings sind diese Regeln nicht zwangsläufig Gegenstand einer verbindlichen Ausbildung, sodass sich ein Leitungsorgan einer Gesellschaft eher als mancher Wirtschaftsprüfer oder Rechtsanwalt erfolgreich darauf berufen mag, eine bestimmte Pflicht nicht gekannt zu haben.[599] Tatsächlich lässt sich der Rechtsprechung ja auch entnehmen, dass es zu Lasten des Versicherers geht, wenn dieser den ihm obliegenden Nachweis der Wissentlichkeit nicht führen kann.

Andererseits kann eine fehlende Ausbildung durch Lebens- und Berufserfahrung kompensiert werden. Sofern dem Versicherer dann der Nachweis gelingt, dass von einem Manager in vergleichbarer Position erwartet werden kann, eine bestimmte Verhaltensregel zu kennen, wird dem Manager ein substantiiertes Bestreiten hiergegen schwer fallen.[600] Zwar wird immer wieder zu Recht darauf hingewiesen, dass es einen Anscheinsbeweis für wissentliches Handeln nicht gibt, auch wenn nach einer vereinzelten obergerichtlichen Entscheidung „eindeutige Verstöße" diesen sogar begründen mögen.[601] In der Rechtsprechung scheint sich aber jedenfalls die Tendenz herausgebildet zu haben, dass die „Lebenserfahrung" dafür spricht, dass eine Berufsgruppe die für diese geltenden Regeln auch kennt,[602] sodass es dem Versicherer in der Regel gelingen dürfte, den Nachweis der Wissentlichkeit zu führen.[603] De facto besteht damit auf diesem Gebiet doch

---

599 vgl. auch *Spindler* in: MünchKommAktG, § 93 Rz. 66; *Dauner-Lieb*, BOARD 2014, 182, 183.

600 *Lange*, D&O-Versicherung und Managerhaftung, § 11 Rz. 35: „Daher führt die Verletzung „fundamentaler Grundregeln der beruflichen Tätigkeit" i.d.R. zur gerichtlichen Feststellung des Wissentlichkeitsauschlusses,…"; hierauf ebenfalls abstellend: *Schweitzer*, Zulässigkeit der Ausschlussklauseln, S. 75.

601 KG VersR 2007 1076, 1078; vgl. auch OLG Saarbrücken, VersR 1993, 85, 86.

602 vgl. KG VersR 2007, 1076, 1077; OLG Köln r+s 2012, 172, 173; OLG Koblenz VersR 1980, 643.

603 ähnlich *Schweitzer*, Zulässigkeit der Ausschlussklauseln, S. 232, wobei nach der hier vertretenen Auffassung dieser Zusammenhang nicht deshalb besteht, weil „Ermessensentscheidungen zwingend bewusst getroffen" werden (so aber *Schweitzer* a. a. O.), hieraus ergibt sich noch nicht das von der Rechtsprechung geforderte Pflichtwidrigkeitsbewusstsein, sondern weil der Rechtsprechung schwere Pflichtverletzungen als Indizien für bewusste Pflichtverstöße genügen; vgl. hierzu auch *Beckmann* in: Beckmann/Matusche-Beckmann, Versicherungsrechts-Handbuch, § 28 Rz. 120.

ein Anscheinsbeweis, der aber gerade nicht zulässig ist, um den Nachweis der Wissentlichkeit zu führen.[604]

Dass die Rechtsprechung annimmt, dass eine Berufsgruppe, die für sie geltenden Regeln kennt, gilt auch für den Bereich der Managerhaftung. So zeigt die Analyse der wenigen bisher ergangenen höchstrichterlichen Entscheidungen zur Organhaftung, dass die Rechtsprechung wegen der Business Judgment Rule darauf abstellt, ob die unternehmerische Entscheidung „betriebswirtschaftlich unvertretbar gewesen sei", bzw. ob diese „nach den anerkannten betriebswirtschaftlichen Grundsätzen" vorbereitet worden ist[605] oder ob gegen die in der jeweiligen Branche anerkannten Erkenntnisse und Erfahrungsgrundsätze bzw. „branchenüblichen Vorsichtsregeln" oder „branchenüblichen Techniken" verstoßen wurde (s. o.).[606] Solche besonders schwerwiegenden Verstöße sind von der Business-Judgment Rule nicht mehr abgedeckt und auch als pflichtwidrig einzuordnen mit der Folge, dass das Organ haftet.

Da einem Leitungsorgan „nach der Lebenserfahrung" die anerkannten betriebswirtschaftlichen Grundsätze, Erkenntnisse, Erfahrungssätze und branchenüblichen Techniken aber bekannt sind, besteht wenig Anlass daran zu zweifeln, dass Verstöße hiergegen von der Rechtsprechung im Haftungsprozess als pflichtwidrig und im Deckungsprozess als wissentlich eingeordnet werden[607] und zwar auch dann, wenn im Haftungsprozess die Verschuldensfrage offen gelassen wird (s. o.).[608] Die im Haftungsprozess getroffenen Erwägungen zu der Frage, ob das Leitungsorgan gegen anerkannte betriebswirtschaftliche Grundsätze, Erkenntnisse, Erfahrungssätze oder branchenüblichen Techniken verstoßen hat, hätten damit zumindest eine faktische Bindungswirkung für den Deckungsprozess.

---

604 so auch *Gädtke* in: Bruck/Möller, VVG, AVB-AVG 2011/2013 Ziff. 5 Rz. 55; *Schweitzer*, Zulässigkeit der Ausschlussklauseln, S. 74.

605 BGH NJW 2008, 3361, 3362.

606 Abschn. B VI 2 c) ff); BGH DB 2002, 473; BGH ZIP 2011, 766, 768; ThürOLG Jena NZG 2001, 86, 87; vgl. auch OLG Düsseldorf, Urt. v. 14.05.2009 - I-6 U 29/08, 6 U 29/08 = BeckRS 2009, 25547.

607 so i. E. auch *Schweitzer*, Zulässigkeit der Ausschlussklauseln, S. 232, wobei nach der hier vertretenen Auffassung dieser Zusammenhang nicht deshalb besteht, weil „Ermessensentscheidungen zwingend bewusst getroffen" werden (so aber *Schweitzer* a. a. O.), hieraus ergibt sich noch nicht das von der Rechtsprechung geforderte Pflichtwidrigkeitsbewusstsein, sondern weil der Rechtsprechung schwere Pflichtverletzungen als Indizien für bewusste Pflichtverstöße genügen; vgl. hierzu auch *Beckmann* in: Beckmann/Matusche-Beckmann, Versicherungsrechts-Handbuch, § 28 Rz. 120.

608 Abschn. B V 6.

Sofern diese Frage im Haftungsprozess bejaht wird, etwa weil eine unternehmerische Entscheidung dort als „betriebswirtschaftlich unvertretbar“[609] angesehen wird und diese nicht „nach den anerkannten betriebswirtschaftlichen Grundsätzen“[610] vorbereitet worden ist, dürfte es dem Versicherer daher leicht fallen, sich erfolgreich auf einen wissentlichen Pflichtverstoß berufen zu können, da die Rechtsprechung die Kenntnis dieser anerkannten betriebswirtschaftlichen Grundsätze voraussetzt und damit regelmäßig auch einen wissentlichen Pflichtverstoß im Deckungsprozess annehmen wird.[611] Hieraus folgt, dass solche Verstöße nicht nur haftungsbegründend wirken, sondern gleichermaßen in der Regel den Verlust des Versicherungsschutzes zur Folge haben werden. Hieran zeigt sich exemplarisch die bereits beschriebene Wechselwirkung der Verknüpfung zwischen der Schwere des Pflichtverstoßes einerseits und dessen wissentlicher Begehung andererseits.

Selbst wenn es in künftigen Verfahren gelänge, die Rechtsprechung davon zu überzeugen, dass dieser Rückschluss unzulässig ist, weil die Schwere des Pflichtverstoßes eben nur über den Grad der Fahrlässigkeit etwas aussagt, dann dürfte dies dem Leitungsorgan wenig helfen. Im Rahmen des § 286 ZPO ist der Richter frei darin, sich seine Überzeugung zu bilden, ob ein wissentlicher Verstoß vorliegt. Und auch wenn diese Überzeugungsbildung selbstverständlich nachvollziehbar begründet sein muss und nicht willkürlich sein darf, werden eine gravierende Pflichtverletzung und ein hoher Schaden „nach der Lebenserfahrung“ stets gewichtige Indizien für die Überzeugungsbildung des Gerichtes bilden und das umso mehr, je gravierender die Pflichtverletzung und je höher der Schaden sind.[612]

Erschwerend kommt hinzu, dass gerade die für einen Manager typische Arbeitsüberlastung den Vorwurf, eine Pflichtverletzung sei wissentlich geschehen, i. d. R. nicht entfallen lassen soll.[613] Insbesondere also dann, wenn die Business

---

609 BGH NJW 2008, 3361, 3362.

610 BGH NJW 2008, 3361, 3362.

611 In der Weise argumentierte ein D&O-Versicherer gegen eine Inanspruchnahme in der Angelegenheit OLG Köln, Urt. v. 02.09.2008 – 9 U 151/07, BeckRS 2008, 19925: „Die Vorstände hätten – wenn man dem Klagevortrag folge – Elementarpflichten verletzt, so dass Ausschlussgründe, insbesondere wegen Wissentlichkeit vorlägen.“

612 so auch *Lange*, DStR 2002, 1674, 1676.

613 OLG Frankfurt/M. VersR 1977, 829; OLG Düsseldorf VersR 1981, 769; *Späth*, VersR 1990, 42; *ders.*, VersR 1977, 830, 831; vgl. auch *Fleischer* in: MünchKommGmbHG, § 43 Rz. 255; *Paefgen* in: Ulmer/Habersack/Winter, GmbHG, § 43 Rz. 86.

Judgment Rule deshalb nicht greift, weil es dem Manager nicht gelungen ist, eine unternehmerische Entscheidung mit der gebotenen Sorgfalt vorzubereiten und dies auch als pflichtwidrig bewertet wird, wird er kaum substantiiert einwenden können, nicht wissentlich gehandelt zu haben. Die infolge von Arbeitsüberleistung eingetretene „Schlamperei" indiziert damit nach der Rechtsprechung die Wissentlichkeit. Und dass unternehmerische Entscheidungen sorgfältig vorzubereiten sind, ist spätestens seit der *ARAG/Garmenbeck*-Entscheidung eine für Manager allgemein bekannte Grundregel, „deren Kenntnis bei lebensnaher Betrachtung vorauszusetzen ist."[614]

Schließlich sind die Summen, wegen derer gehaftet wird, häufig erheblich. Die bisher aufgetretenen „großvolumigen" Schäden bewegen sich in „schwindelerregender Schadenshöhe"[615], d. h. konkret „im siebenstelligen Bereich oder gar von mehreren Zig- oder gar Hunderten Millionen bis hin zu Milliarden Euro."[616] Von der Höhe des eingetretenen Schadens als weiterem Indiz wird in der Praxis häufig zu Unrecht „in der Rückschau" auf die Schwere der Pflichtverletzung und von der Schwere der Pflichtverletzung auf die Wissentlichkeit geschlossen. So weist *Schmitt* zu Recht darauf hin:" Sobald der Schaden eingetreten ist, wird man ex post, ungeachtet aller ergriffenen Maßnahmen, stets Argumente finden können, die belegen, daß der Schaden auch durch Fehler des Vorstandes bedingt war, und sei es durch die unzureichende Überwachung der implementierten Kontrollmaßnahmen."[617] Spätestens im Deckungsprozess hat die vom BGH beschriebene Kausalkette damit nicht ihren Anfang in der wissentlichen

---

614 so auch *Lutter*, GmbHR 2000, 301, 308: „Auch das alles ist heute Standard der Betriebswirtschaftslehre, Abteilung Entscheidungslehre, und gehört damit zum professionellen Rüstzeug jedenfalls in größeren und großen Unternehmen – sei es des Geschäftsführers, sei es seiner Mitarbeiter."

615 *Vorrath*, VW 2006, 151; vgl. hierzu auch *Beier-Thomas*, VP 2003, 214, 216.

616 *Loritz/Hecker*, VersR 2012, 385, 386; *Schmitt*, Organhaftung und D&O-Versicherung, S. 116 f.; vgl. auch *Hoffmann*, NJW 2012, 1393; *Sieg/Schramm*, PHi 2007, 216; vgl. hierzu auch die Tabelle 1 der hundert höchsten D&O-Versicherungsfälle von 1885 bis 1996 bei *Ihlas*, D&O-Versicherung, S. 113 ff.

617 *Schmitt*, Organhaftung und D&O-Versicherung, S. 115 f.; vgl. hierzu auch *Lange*, D&O-Versicherung und Managerhaftung, § 2 Rz. 73: „Insbesondere darf aus dem letztlich eingetreteten Schaden nicht auf ein anfängliches Informationsdefizit geschlossen werden. Das wäre ein unzulässiger Rückschaufehler. Nicht nur Rückschlüsse aus dem Schadenseintritt dem Grunde nach, sondern auch aus der Schadenshöhe sind ausnahmslos unzulässig. Selbst ein besonders hoher Schaden ist kein Indiz für irgendeine Pflichtwidrigkeit." und *Dauner-Lieb*, BOARD 2014, 182, 183.

Pflichtverletzung und ihr Ende im Schaden, sondern es ist häufig genug genau umgekehrt. *Schneider* weist deshalb zu Recht darauf hin: „Eine wissentliche Pflichtverletzung kann bereits dann vorliegen, wenn der Geschäftsführer nach zivilrechtlichen Maßstäben insgesamt nur fahrlässig gehandelt hat."[618]

Auch das Wissentlichkeitsmerkmal wird für ein Leitungsorgan in der Praxis daher kaum eine bedeutende entlastende geschweige denn kompensierende Wirkung entfalten.

*(c) Fehlende Einschlägigkeit der BGH-Rechtsprechung*

Fraglich ist weiter, ob die im Jahre 1990 zu einer Vermögensschadens-Haftpflichtversicherung für Steuerberater und Wirtschaftsprüfer ergangene BGH-Rechtsprechung uneingeschränkt auf die D&O-Versicherung übertragen werden kann. So stellt die Vorinstanz in jener Entscheidung vom BGH unbeanstandet und völlig zutreffend fest, dass es sich bei Steuerberatern und Wirtschaftsprüfern um „besonders geschulte Personen" handelt.[619] Vor diesem Hintergrund hat der BGH festgestellt, dass der Risikoausschluss nur bei Verstößen greift, die ihrer Art nach schadensgeneigt sind, „was dem Versicherungsnehmer bei zutreffender Beurteilung seiner Pflichten nicht verborgen bleibt".[620]

Dies ist mit der Situation eines Managers aber nicht ohne weiteres vergleichbar. Anders als für Rechtsanwälte und Steuerberater, gibt es für Manager keine staatlich reglementierte Ausbildung, die für sämtliche Tätigkeitsbereiche dieses Berufes standardisierte Pflichten vorsieht (s. o.).[621] So muss es sich bei Leitungsorganen von Handelsgesellschaften nicht zwangsläufig um besonders geschulte Personen handeln. Dementsprechend kann anders als bei Wirtschaftsprüfern und Steuerberatern und anders als bei den in dieser Entscheidung ebenfalls angesprochenen Rechtsanwälten[622] und Notaren nicht ohne Weiteres davon ausgegangen werden, dass Geschäftsführer, Vorstände und Aufsichtsräte ihre Pflichten zutreffend beurteilen und damit konkret erkennen können, dass ein Verstoß gegen eine Pflicht (besonders) schadensgeneigt ist, wenn diesem Kriterium überhaupt eine sinnvolle Bedeutung zukommen soll (s. o.). Anders als im Falle von Wirtschaftsprüfern und Steuerberatern kann bei Leitungsorganen von Gesellschaften mangels zwingend vorgeschriebener Vorbildung also nicht ein-

---

618 *Schneider* in: Scholz, GmbHG, § 43 Rz. 446 m. w. N.; ihm folgend *Weiß*, GmbHR 2014, 574, 575.

619 BGH NJW-RR 1991, 145.

620 BGH NJW-RR 1991, 145, 147.

621 Abschn. C I 2 a) dd) (3) (b); *Schweitzer*, Zulässigkeit der Ausschlussklauseln, S. 196.

622 vgl. hierzu auch BGH NJW-RR 2001, 1311.

fach unterstellt werden, dass diesen „bei zutreffender Beurteilung ihrer Pflichten nicht verborgen bleibt, dass ein Verstoß schadensgeneigt ist."

Auch das OLG Düsseldorf stellt in einer Entscheidung, welche ebenfalls die Haftung eines Steuerberaters betraf, darauf ab, dass es verständlich und gerechtfertigt sei, „daß der Haftpflichtversicherer diesen Personen nicht das Risiko abnehmen will, welches sie eingehen, wenn sie bewußt gegen Gesetz, Anweisung oder Pflichten verstoßen."[623] Dieser Personenkreis könne das auch nicht erwarten.[624] Haftpflichtversicherungsverträge für Steuerberater seien „keine Massenverträge des täglichen Lebens"; sie würden „vielmehr mit einem Personenkreis abgeschlossen, der sehr wohl in der Lage sein muß, die Bedeutung von Allgemeinen Versicherungsbedingungen (AVN) und die Bedeutung einer Klausel, wie sie hier zugrunde liegt, zu erkennen."[625] Für Leitungsorgane von Gesellschaften muss dies jedoch nicht zwangsläufig gelten, im Gegenteil: Die Entscheidungswirklichkeit eines Wirtschaftsprüfers, Steuerberaters, Notars oder Rechtsanwaltes entspricht nämlich viel eher der eines Richters, der in der Regel nach feststehenden Kriterien, nämlich nach Recht und Gesetz zu entscheiden hat, als der eines Managers. Und dass die Entscheidungswirklichkeit eines Managers und die eines Richters sich grundsätzlich unterscheiden, wurde bereits im Rahmen der Business Judgment Rule herausgestellt (s. o.).[626] Denn Manager haben sich bei der Vielzahl der von ihnen tagtäglich zu treffenden Entscheidungen nicht nur rechtlich, sondern vor allem auch kaufmännisch zu verantworten.

Zwar kommt dann wiederum die Business Judgment Rule zur Anwendung, was zur Folge hat, dass im Bereich der unternehmerischen Entscheidungen nur besonders schwerwiegende Pflichtverstöße justiziabel sind. Dies hilft aber nur demjenigen Leitungsorgan, dessen Handeln unter die Business Judgment Rule fällt und damit nicht als pflichtwidrig anzusehen ist. Sofern im Rahmen einer unternehmerischen Entscheidung die Pflichtwidrigkeit jedoch festgestellt ist, wird es sich, anders als bei Steuerberatern und Wirtschaftsprüfern, stets um einen besonders schwerwiegenden Pflichtverstoß handeln. Ob dieser bei zutreffender Beurteilung seiner Pflichten von dem jeweiligen Leitungsorgan als schadengeneigt erkannt wird, ist zwar nicht auszuschließen und mag sogar naheliegen, kann aber nicht ohne Weiteres unterstellt werden. Dies ist dann wiederum Tatfrage, wobei, worauf bereits mehrfach zutreffend hingewiesen wurde, die Gefahr

623 OLG Düsseldorf, Urt. v. 30.10.1979 - 4 U 82/79 = VersR 1981, 621.
624 OLG Düsseldorf VersR 1981, 621.
625 OLG Düsseldorf VersR 1981, 621.
626 Abschn. B 2 c) bb).

besteht, dass dem Manager bei einer gravierenden Pflichtverletzung leichter vorgehalten werden wird, dass ihm die Pflicht bekannt gewesen sein muss.[627]

Dies ändert aber nichts daran, dass diese Pflichten zum einen nicht zwangsläufig Gegenstand einer Ausbildung sein müssen und Pflichtverstöße anders als bei Wirtschaftsprüfern und Steuerberatern schon wegen der Business Judgment Rule stets einer besonderen Begründung bedürfen soweit es sich um unternehmerische Entscheidungen handelt und von vornherein in vielen Fällen kaum abzusehen ist, ob sie sich rechtmäßig verhalten.[628] Eine zutreffende Beurteilung seiner Pflichten mag einem Steuerberater, Rechtsanwalt oder Richter ohne weiteres möglich sein, einem Manager in einer konkreten Handlungssituation häufig genug dagegen kaum.

Die Situation ist für die Leitungsorgane von Gesellschaften damit ungleich schwieriger als für Steuerberater und Wirtschaftsprüfer, die von vornherein unternehmerischen Entscheidungen im Rahmen ihrer originären Berufstätigkeit nie ausgesetzt sein werden und zudem die sie treffenden beruflichen Pflichten aufgrund ihrer verbindlichen Vorbildung genau einschätzen können.

Damit ist festzustellen, dass die zu Wirtschaftsprüfern und Steuerberatern ergangene Entscheidung des BGH von vornherein nur sehr bedingt Rückschlüsse für die Wirksamkeit der Ausschlussklausel für wissentliche Pflichtverletzungen in der D&O-Versicherung zulässt.

*(d) Höherrangige Interessen der Versicherer*

Soweit die Kriterien der Rechtsprechung die wesentliche Abweichung der Ausschlussklausel für wissentliche Pflichtverletzung in der D&O-Versicherung vom gesetzlichen Leitbild des § 103 VVG nicht in geeigneter Weise zu kompensieren vermögen, ist sodann zu fragen, ob diese Abweichung in anderer Weise gerechtfertigt werden kann.[629]

Für die Wirksamkeit der Ausschlussklausel für wissentliche Pflichtverletzungen könnte insofern angeführt werden, dass deren Verwendung möglicherweise durch ggf. bestehende höherrangige Interessen der Versicherer gerechtfertigt ist. Der Bundesgerichtshof stellt bei der Prüfung, ob eine Klausel angemessen ist,

---

627 *Lange*, DStR 2002, 1674, 1676; vgl. hierzu auch: *Schweitzer*, Zulässigkeit der Ausschlussklauseln, S. 232 ff.

628 so auch *Küpper-Dirks*, Managerhaftung und D&O-Versicherung, S. 124: „So werden Organmitglieder oftmals nicht in der Lage sein, den durch die Gerichte geforderten Sorgfaltsmaßstab ex ante korrekt einzuschätzen."

629 vgl. hierzu auch *Schweitzer*, Zulässigkeit der Ausschlussklauseln, S. 210 ff.

auch darauf ab, ob diese zur Sicherung der schutzwürdigen Interessen der Versicherer erforderlich ist.[630]

So könnte argumentiert werden, dass bei Wegfall der Ausschlussklausel für wissentliche Pflichtverletzungen auch die verhaltenssteuernde Wirkung der Haftung entfiele.[631] So soll mit der Verbreitung der D&O-Policen auch die Mentalität steigen, den Versicherungsschutz zu beanspruchen.[632] Dementsprechend könnte die Ausschlussklausel für wissentliche Pflichtverletzungen erforderlich sein, um dem Einhalt zu gebieten und die Manager zur Sorgfalt anzuhalten. *Wagner* ist gar grundsätzlich der Auffassung: „Bei der D&O-Versicherung [...] in ihrer gegenwärtigen Form zerstört sie diejenigen Anreize zu sorgfältigem Verhalten, die trotz des mangelhaftem Durchsetzungsmechanismus' für gegen Organmitglieder gerichtete Schadensersatzansprüche überhaupt noch generiert werden."[633]

#### *(aa) D&O-Versicherungsschutz führt nicht zum Wegfall der Verhaltenssteuerung*

Die Annahme, dass das Bestehen von Versicherungsschutz die Herbeiführung von Schäden erleichtert (*moral hazard*),[634] ist jedoch generell bereits zweifelhaft. Erst recht gilt dies für die D&O-Versicherung, da, wie bereits erörtert, Leitungsorgane, selbst dann, wenn sie bewusst pflichtwidrig handeln sollten, damit noch nicht davon ausgegangen werden kann, dass sie damit auch einen Schaden herbeiführen wollen (s. o.).[635] Ob sich dies grundlegend ändert, wenn die Leitungsorgane wissen, dass sie versichert sind oder dass gemäß der gesetzlichen

---

630 BGH VersR 1992, 477, 478; vgl. auch *Bach/Geiger*, VersR 1993, 659, 669.

631 *Kästner*, AG 2000, 113, 122: „Skeptiker mögen einwenden, höhere Sicherheit führe zu weniger Sorgfalt, einfacher ausgedrückt, daß die Versicherung die Prävention schwächt. Eine Versicherung ist insbesondere dann bedenklich, wenn letztlich damit das Unternehmensrisiko versichert werden soll."; *Wagner*, ZHR 178 (2014), 227, 246: „In den haftungsrechtlichen Normalfällen, bei denen sich der Haftungsumfang innerhalb des Deckungsschutzes der Versicherungspolice hält, bewirkt der D&O-Schutz die vollständige Überwälzung der Haftungslasten auf einen Dritten, nämlich den Versicherer. Die bereits wegen der mangelhaften Rechtsdurchsetzung stark reduzierten haftungsrechtlichen Sorgfaltsanreize werden damit ein weiteres Mal geschwächt."

632 *Schilling*, VW 1999, 1074; vgl. auch *Beier-Thomas*, VP 2003, 214, 217.

633 *Wagner*, ZHR 178 (2014), 227, 247.

634 *Gruber/Mitterlechner/Wax*, D&O-Versicherung, § 7 Rz. 44; *Wagner*, ZHR 178 (2014), 227, 246.

635 Abschn. B VI 4 e) aa).

Regelung des § 103 VVG der Versicherungsschutz nur dann bestehen bleibt, wenn sie nur im Hinblick auf einen Schaden nicht vorsätzlich handeln, kann nicht ohne weiteres unterstellt werden.[636] Auch der pauschalen Behauptung *Pammlers*, die Motivation des Organs, sich sorgfältig zu verhalten, nehme in dem Maße ab, wie es versichert ist,[637] ist deshalb zu widersprechen. Denn auch *Pammler* muss zugestehen, dass eine D&O-Versicherung die Lenkungswirkung der Haftung nicht in Gänze aufhebt, weil die gesetzliche Haftung wegen vorsätzlicher Schadensherbeiführung gemäß § 103 VVG bestehen bleibt und auch das Organ nicht davon ausgehen kann, dass der Versicherer stets den (vollen) Schaden übernimmt.[638] *Wagner* räumt dies ebenfalls ein: „Dieser Schutz [durch die D&O-Versicherung] ist indessen nicht grenzen- und lückenlos."[639]

Laut *Henssler* wären die Bedenken gegen den Abschluss einer D&O-Versicherung nur dann „durchschlaggebend, wenn ohne die haftungsrechtliche Verantwortlichkeit die wesentliche Stimulanz für sorgfältiges Verhalten entfallen

636 vgl. hierzu auch: *Henssler* in: Henze/Hoffmann-Becking, Gesellschaftsrecht 2001, S. 136: „Die im deutschen Schrifttum geäußerte Befürchtung, es könne aufgrund des Versicherungsschutzes zu einem Nachlassen der Sorgfalt kommen, wird durch die Entwicklung in den USA nicht bestätigt. Dementsprechend wird dieser grundsätzliche Einwand gegen den Abschluss einer D&O-Versicherung im US-Schrifttum heute nicht mehr diskutiert. Es wird ganz im Gegenteil gerühmt, dass zum einen qualifizierte Personen aufgrund des Versicherungsschutzes wieder bereit sind, als Unternehmensleiter aufzutreten und dass sie erst aufgrund dieses Versicherungsschutzes nicht davor zurückschrecken, zum Vorteil der Aktionäre auch risikobehaftete Entscheidungen im Sinne einer dynamischen Unternehmensführung zu fällen." und *Kästner*, AG 2000, 113, 122: „Im globalen Wettbewerb auch um gefahrgeneigte, multikulturelle Führungskräfte wird wohl der Abschluß einer solchen Versicherung auf Dauer nicht zu vermeiden sein."; skeptisch auch *Schweitzer*, Zulässigkeit der Ausschlussklauseln, S. 126.

637 *Pammler*, Gesellschaftsfinanzierte D&O-Versicherung, S. 64.

638 *Pammler*, Gesellschaftsfinanzierte D&O-Versicherung, S. 64; so auch; *Schweitzer*, Zulässigkeit der Ausschlussklauseln, S. 204.

639 *Wagner*, ZHR 178 (2014), 227, 247; so auch *Kleindiek* in: Lutter/Hommelhoff, GmbHG, § 43 Rz. 8: „nachhaltige Schwächung der verhaltenssteuernden Wirkung der Geschäftsführerhaftung ist mit ihnen [den D&O-Versicherungen] angesichts der typischen Einschränkungen des Versicherungsschutzes nicht verbunden,"; *Habersack*, FS Ulmer, 151, 155; *Lutter*, GmbHR 2000, 301, 312: „Dennoch gewährt auch der Abschluß einer Haftpflichtversicherung keinen umfänglichen Schutz vor einer Inanspruchnahme."; *Fleischer*, WM 2005, 909, 919; *Koch*, AG 2012, 429, 432: „… steht doch fest, dass derartige Versicherungen keinen umfassenden Schutz bieten."; *Grunewald*, AG 2013, 813, 815.

würde."[640] Das ist indessen nicht der Fall. Nach *Mertens/Cahn* „könne zwar nicht geleugnet werden, dass die D&O-Versicherung in einem Spannungsverhältnis zu der Präventivfunktion der Organhaftung steht. Der Anreiz zu pflichtgemäßen Verhalten wird durch den Versicherungsschutz aber nicht beseitigt."[641] Dies folgt bereits daraus, dass auch eine D&O-Versicherung nichts an der grundsätzlichen fortbestehenden persönlichen und unbeschränkten Haftung der Manager ändert und sie auch nur bis zur Höhe der Deckungssumme schützen kann; jenseits dieser bestehen die Haftungsrisiken der Manager unverändert fort.[642] Insofern dürfte viel eher zutreffen, dass Unternehmensleiter nicht weniger sorgfältig vorgehen, nur weil sie versichert sind.[643] Zudem verbleiben für das Organ die ebenfalls potentiell verhaltenssteuernden Risiken, strafrechtlich verfolgt[644], keine Entlastung zu erhalten[645] oder abberufen zu werden und dann keinen geeigneten Arbeitsplatz mehr zu finden.[646] Schon weil sie kein Interesse daran haben, „öffentlich an den Pranger gestellt",[647] als „lame duck" oder „Niete

---

640 *Henssler* in: Henze/Hoffmann-Becking, Gesellschaftsrecht 2001, S. 142; vgl. auch *Arnold*, Die Steuerbarkeit des Vorstandshandelns, S. 183: „Im Ergebnis erscheinen diese Bedenken nicht berechtigt."

641 *Mertens/Cahn* in: KölnKomm, AktG, § 93 Rz. 244 m. w. N.; ähnlich *Hopt* in: GroßKomm, AktG, § 93 Rz. 519; *Fleischer* in: Spindler/Stilz, AktG, § 93 Rz. 228; *ders.*, WM 2005, 909, 919; *Spindler*, AG 2013, 889, 897.

642 *Mertens/Cahn* in: KölnKomm, AktG, § 93 Rz. 244; *Wiesner* in: Münch. Hdb. GesR IV, § 26 Rz. 45; *Johannsen-Roth* in: Wilsing, DCGK, Ziff. 3.8 Rz. 41; *Arnold*, Die Steuerbarkeit des Vorstandshandelns, S. 184; *Lenz*, D&O-Versicherung, § 26 Rz. 25; vgl. auch *Lange*, AG 2005, 459, 461; *Wagner*, ZHR 178 (2014), 227, 235, 236: „Ist die Versicherungssumme ausgeschöpft, muss das betroffene Vorstandsmitglied für die ungedeckten Schadensspitzen mit seinem Privatvermögen haften, was – würden solche Ansprüche praktisch durchgesetzt – den wirtschaftlichen Ruin des Betroffenen bedeuten würde.", 247 f.

643 so auch *Lenz*, D&O-Versicherung, § 26 Rz. 25; *Henssler* in: Henze/Hoffmann-Becking, Gesellschaftsrecht 2001, S. 142; *Dreher*, AG 2008, 429, 432; vgl. auch *Dreher*, ZHR 165 (2001), 293, 310.

644 *Lenz*, D&O-Versicherung, § 26 Rz. 25.

645 *Bachmann*, Reform der Organhaftung, E 26; *Fleischer*, WM 2005, 909, 919.

646 *Wiesner* in: Münch. Hdb. GesR IV, § 26 Rz. 45; *Pammler*, Gesellschaftsfinanzierte D&O-Versicherung, S. 63; *Schweitzer*, Zulässigkeit der Ausschlussklauseln, S. 205; Dreher/*Görner*, ZIP 2003, 2321, 2323; *Goette*, FS 50 Jahre Bundesgerichtshof, 123, 124 m. w. N.

647 vgl. Schlagzeilen wie „Middelhoffs Erben - Die größten Versager und Blender des vergangenen Jahres" in: wiwo 52/2013, S. 80 ff.

in Nadelstreifen"[648] zu erscheinen, werden sie sich i. d. R. nicht bewusst unvorsichtig verhalten.[649] Denn, so *Habersack*: „Bedenkt man darüber hinaus den mit dem Vorwurf einer Pflichtverletzung verbundenen Reputationsschaden, wäre es doch verfehlt, in einem mit einer D&O-Versicherung ausgestatteten Mitglied des Vorstands oder Aufsichtsrats einer börsennotierten Gesellschaft einen Hasardeur zu erblicken, der frei von jeglichen Risiken und deshalb ungehemmt zu Lasten der Gesellschaft und ihrer Aktionäre spekulieren oder schlicht nachlässig handeln könnte."[650] *Habersack* kommt deshalb zu der Schlussfolgerung: „...der flächendeckende Einsatz von D&O-Versicherungen [...] hat [...] die verhaltenssteuernde Wirkung der Organhaftung keineswegs in Wegfall gebracht."[651]

Der Einwand, bestehender Versicherungsschutz würde Ansprüche provozieren, vermag ebenfalls nicht zu überzeugen, da auch bei den standesrechtlich vorgeschriebenen Berufshaftpflichtversicherungen von Rechtsanwälten, Steuerberatern und Ärzten nicht festzustellen ist, dass die Anzahl der Versicherungsfälle zunimmt.[652]

Und soweit bestehender D&O-Versicherungsschutz doch zu mehr Haftungsfällen führen sollte, muss dies nicht darauf zurückzuführen sein, dass die mit einer D&O-Police ausgestatten versicherten Organe weniger sorgfältig gehandelt haben. Vielmehr soll dies seine Ursache darin haben, dass die D&O-Versicherer versprochen haben, im Schadensfall Deckungssummen bereit zu stellen, welche das als Haftungsmasse bereit stehende Privatvermögen des Managers in den meisten Fällen um ein Vielfaches übersteigen dürften.[653] Durch die D&O-Police werde insofern erst ein Anreiz geschaffen, Haftungsansprüche gegen das Organ

---

648 *Ihlas*, VW 2007, 660, 666.

649 vgl. zu den Reputationsschäden auch *Mertens/Cahn* in: KölnKomm, AktG, § 93 Rz. 244; *Henssler* in: Henze/Hoffmann-Becking, Gesellschaftsrecht 2001, S. 142; *Johannsen-Roth* in: Wilsing, DCGK, Ziff. 3.8 Rz. 41; *Fleischer*, WM 2005, 909, 919.

650 *Habersack*, ZHR 177 (2013), 782, 796.

651 *Habersack*, ZHR 177 (2013), 782, 797.

652 *Lenz*, D&O-Versicherung, § 26 Rz. 3; *Henssler* in: Henze/Hoffmann-Becking, Gesellschaftsrecht 2001, S. 142; *Vetter*, AG 2000, 453, 455; vgl. auch *Dreher/Görner*, ZIP 2003, 2321, 2323; *Fleischer*, WM 2005, 909, 919.

653 vgl. *Jahn*, FAZ v. 24.09.2014, S. 16: „Noch schlimmer: „Ohnehin mutiert die D&O-Versicherung in der Praxis schnell von der Wohltat zum Danaergeschenk." Die Chance, auf die „Fleischtöpfe" des Versicherers zuzugreifen, führe nämlich vielfach überhaupt erst dazu, dass der Aufsichtsrat sich für eine Verfolgung von Ansprüchen gegen Vorstände entscheide – und dies sogar tun müsse."

geltend zu machen.[654] Dies haben die in Anspruch genommenen Organe aber nicht zu vertreten. Auch ein noch so sorgfältiges Verhalten der Organe würde an diesen Begehrlichkeiten der Anspruchssteller nichts ändern. Bestehender D&O-Versicherungsschutz führt insofern allenfalls dazu, dass Pflichtverletzungen von den Anspruchsstellern im Schadensfall verstärkt behauptet werden aber nicht zwangsläufig dazu, dass sie auch tatsächlich von den Organen verstärkt begangen werden.[655] Ein mit einer D&O-Versicherung ausgestatteter Manager müsste demnach in erhöhtem Maße daran interessiert sein, sich risikoavers zu verhalten, um einen Schaden und diesem folgende juristische Auseinandersetzungen zu vermeiden. Dies widerspricht nicht nur evident dem Sinn der D&O-Versicherung, die Risikobereitschaft des Managers zu fördern,[656] sondern lässt auch unter diesem Gesichtspunkt den Risikoausschluss für wissentliche Pflichtverletzungen als zusätzlichen Verhaltensanreiz entbehrlich erscheinen.

*Koch* ist hingegen der Auffassung, dass speziell im Bereich der Managerhaftung die Besonderheit besteht, dass Manager anders als Rechtsanwälte und Steuerberater von ihren „wohlkalkulierten" Pflichtverletzungen persönlich profitieren können, wenn diese etwa zu einer höheren variablen Vergütung führen.[657] Diesbezüglich würde sich die D&O-Versicherung von anderen Vermögensschadenhaftpflichtversicherungen unterscheiden, weshalb die insofern höherrangigen Interessen der Versicherer eine Einschränkung des § 103 VVG rechtfertigen würden.[658] Dass die Manager üblicherweise nicht den Vorsatz

---

654 vgl. hierzu *Schweitzer*, Zulässigkeit der Ausschlussklauseln, S. 205; kritisch *Lange*, D&O-Versicherung und Managerhaftung, § 11 Rz. 73: „Eine Versicherungsdekkung mag einem Gläubiger Anlass geben, einen höheren Anspruch zu stellen als er sonst stellen würde. Der Versicherungsschutz ist aber nicht Ursache dafür, dass überhaupt – in Höhe des der Vollstreckung unterliegenden Vermögens eines Geschäftsleiters – Ansprüche erhoben werden."

655 vgl. auch *Lange*, D&O-Versicherung und Managerhaftung, § 1 Rz. 26b: „Im Übrigen geht es nicht jedem Beteiligten um Wahrheitsfindung. Wer sich unternehmensintern oder als anwaltlicher Berater des Unternehmens für die Geltendmachung des Innenhaftungsanspruchs stark gemacht hat, ist typischerweise daran interessiert, den Sachverhalt so darzustellen, dass eine Haftung nahe liegt. Für den Versicherten sprechende Tatsachen werden dann entweder gar nicht erst ermittelt oder bewusst verschleiert."

656 s. o. Abschn. B II 4.

657 *Koch* in: Bruck/Möller, VVG, § 103 Rz. 105.

658 *Koch* in: Bruck/Möller, VVG, § 103 Rz. 105.

hätten, das Unternehmen zu schädigen, würde zur Verhaltenssteuerung insofern nicht ausreichen.[659]

Der Verfasser teilt diese Auffassung nicht.[660] Denn erstens sind auch bei Rechtsanwälten und Steuerberatern wohlkalkulierte Pflichtverletzungen denkbar, die diesen persönlich nützen, etwa wenn Mandantengelder unterschlagen, Leistungen nicht korrekt abgerechnet oder Interessenkonflikte oder persönliche Provisionsinteressen z. B. bei empfohlenen Steuersparmodellen nicht offengelegt werden.[661] Des Weiteren kann umgekehrt ein Manager eine Vielzahl von Pflichtverletzungen begehen, ohne hiervon in irgendeiner Weise persönlich zu profitieren, bei denen die von *Koch* beschriebene Gefahr also gerade nicht besteht. Die Situation von Managern unterscheidet sich in dieser Hinsicht also nicht von Steuerberatern und Rechtsanwälten, sodass nicht davon ausgegangen werden kann, dass speziell im Bereich der Managerhaftung bestehender Versicherungsschutz durch eine D&O-Versicherung zu mehr Haftungsfällen führt. Und schließlich wird gerade in dem von *Koch* genannten Beispiel einer wohlkalkulierten Pflichtverletzung, die zu einer höheren variablen Vergütung des Managers führen soll, auch dessen Schädigungsvorsatz zu bejahen sein, sodass § 103 VVG erfüllt sein dürfte. Speziell bei wohlkalkulierten Pflichtverletzungen der Manager bedarf es daher keiner Abweichung vom Gesetzeswortlaut, um den Interessen der Versicherer angemessen Rechnung zu tragen.

##### *(bb) Fehlende Eignung der Ausschlussklausel für wissentliche Pflichtverletzungen zur Verhaltensprävention*

Wenn also davon ausgegangen werden kann, dass bestehender Versicherungsschutz durch eine D&O-Versicherung nicht zu einem Wegfall der verhaltenssteuernden Wirkung der Haftung führt, könnte dies ja gerade an der Ausschlussklausel für wissentliche Pflichtverletzungen liegen, die bekanntlich in „allen“ Regelungswerken enthalten ist.[662]

---

659 *Koch* in: Bruck/Möller, VVG, § 103 Rz. 105.

660 skeptisch auch *Gädtke* in: Bruck/Möller, VVG, AVB-AVG 2011/2013 Rz. 45: „Es ist daher mehr als zweifelhaft, ob wohlkalkulierte Pflichtverletzungen als Beispiel dafür dienen können, das Interesse des VR und der Gemeinschaft der Versicherten an der Wirksamkeit des Ausschlusses bedingt vorsätzlicher Pflichtverletzungen zu rechtfertigen.“

661 vgl. hierzu BGH NJW-RR 1991, 145, 146.

662 vgl. hierzu auch *Schweitzer*, Zulässigkeit der Ausschlussklauseln, S. 203 ff., 206.

Dass dieser Klausel eine signifikante positive präventive verhaltenssteuernde Wirkung zukommt, muss jedoch bezweifelt werden.[663] Dies ist bereits deshalb fraglich, weil diese Klausel, worauf noch im Rahmen von § 307 Abs. 1 S. 2 BGB einzugehen ist, schwer verständlich ist. Jedenfalls der durchschnittliche Versicherungsnehmer wird Schwierigkeiten haben, ihren genauen juristischen Sinngehalt zu erfassen und sein Verhalten zielgerichtet danach auszurichten. Zudem wird der Ausschluss, wenn ein Unternehmensleiter ihn überhaupt reflektieren sollte, gerade wegen seiner Unschärfe und seiner weit in die Pflichtwidrigkeit ausstrahlenden Wirkung allenfalls dazu führen, dass er ganz grundsätzlich davon Abstand nimmt, riskante unternehmerische Entscheidungen zu treffen, um nicht Gefahr zu laufen, den Deckungsschutz zu verlieren.[664] Ein solches defensiv gesteuertes Verhalten läuft dem Zweck einer D&O-Versicherung aber erkennbar zuwider.[665] Dieser besteht ja gerade darin, Anreize für ein risikofreudiges Verhalten zu setzen und zwar „außerhalb" der Business Judgment Rule, denn innerhalb des durch die Business-Judgment Rule geschaffenen Haftungsfreiraumes wird die D&O-Versicherung nicht benötigt.

---

663 vgl. hierzu *Baumann*, VersR 2006, 455, 460; *Pammler*, Gesellschaftsfinanzierte D&O-Versicherung, S. 71 f.

664 vgl. hierzu *Schmitt*, Organhaftung und D&O-Versicherung, S. 112: „Im Einzelfall kann eine solche verhaltenssteuernde Wirkung gar Lähmungserscheinungen hervorrufen und so die gewünschte Intention ins Gegenteil verkehren. Durch das Damoklesschwert einer existenzgefährdenden Schadenersatzdrohung könnte wirtschaftliches Handeln unterbunden, gar Fehler erst provoziert werden."; vgl. auch *Dauner-Lieb*, FS Röhricht, 83, 102: „Er weiß jedoch, dass so viel Recht dem Geschäft nicht unbedingt gut tut. Jede Minute, die der Vorstand mit Rechtsfragen beschäftigt ist, widmet er sich eben nicht dem Markt, seinen Produkten, seinen Kunden, seiner Konkurrenz."; *dies.*, BOARD 2014, 182, 184: „Es ist genau umgekehrt zu befürchten, dass eine zu starke Erhöhung der Kontroll- und Regelungsdichte, die Formulierung allzu konkreter Anforderungen an Organentscheidungsprozesse, sich hemmend auf die unverzichtbare Bereitschaft zur Initiative und Risiko auswirkt und die erforderliche Kreativität lähmt."; ähnlich *Bachmann*, Reform der Organhaftung, E 22; *Fleischer*, WM 2005, 909, 919: „*Zweitens* enthalten die Versicherungsbedingungen regelmäßig eine Reihe von Haftungsausschlüssen, die für die Vorstandsmitglieder wegen ihrer tatbestandlichen Unschärfen ein gewisses Restrisiko bergen."; vgl. auch *Schweitzer*, Zulässigkeit der Ausschlussklauseln, S. 170, 191, 206.

665 vgl. hierzu auch *Schmitt*, Organhaftung und D&O-Versicherung, S. 116: „Ein unter Last des Haftungsrechts gebeugter Unternehmer wird kaum die Innovations- und Risikokraft aufbringen, die erforderlich ist, ein Unternehmen erfolgreich am Markt zu positionieren."

Umgekehrt ist sogar möglich, dass der Ausschluss infolge seiner Unschärfe und abhängig von der individuellen Risikobereitschaft des Organs sogar zu einem zu offensiven Verhalten anhält, indem das Organ fälschlich für sich in Anspruch nimmt, richtig zu handeln, dabei dennoch gegen „Primitivregeln“ verstößt und im Vertrauen auf den vermeintlich gegebenen Versicherungsschutz riskanter agiert als das Wohl des Unternehmens dies gebietet.[666] Wenn dann ein Schaden eintritt, hat der Ausschluss für wissentliche Pflichtverletzungen dem Versicherer womöglich „Steine statt Brot“ gebracht. Zwar wird der Versicherer auch hier wieder die Karte „wissentliche Pflichtverletzung“ ziehen können. Aber bevor dies geschieht und abschließend geklärt ist, fallen für den Versicherer abhängig von der Ausgestaltung des Versicherungsschutzes ggf. erhebliche Kosten an. Dies ist insbesondere dann der Fall, wenn der Versicherer für den Unternehmensleiter die Abwehrkosten vorzustrecken hat, welche er, was einbezogen werden muss, womöglich nicht zurückerhält, wenn der von der Gesellschaft erfolgreich in Anspruch genommene Unternehmensleiter zahlungsunfähig wird.[667]

Dass der Manager wegen der Klausel seine Entscheidungen sorgfältiger vorbereitet und der Klausel insofern zumindest theoretisch eine positive verhaltenssteuernde Wirkung zukommt,[668] ist zwar nicht vollkommen auszuschließen. Doch schon *Lorenz* gab zu bedenken: „An dieser Argumentation ist sicher richtig, dass weniger Versicherungsfälle entstehen, wenn der VN den Präventivgedanken erkennt und beherzigt. Hier gilt jedoch der Satz, dass alle Präventionstheorie grau ist.“[669] Da die Klausel den Manager aber im Unklaren darüber lässt, wie sorgfältig er dabei vorzugehen hat und er sich in einem wirtschaftlichen Umfeld bewegt, in dem Entscheidungen üblicherweise schnell und trotz noch so guter Vorbereitung auch intuitiv getroffen werden (müssen), ist sehr fraglich,

---

666 vgl. auch *Tödtmann*, wiwo v. 17.03.2011: „„Die Manager wiegen sich in trügerischer Sicherheit und meinen, eine D&O-Versicherung wäre ein Rundum-sorglos-Paket“, beobachtet Wirtschaftsstrafrechtler Jürgen Wessing aus Düsseldorf.“, in: http://blog.wiwo.de/management/2011/03/17/managerhaftpflicht-auf-versicherer-rollt-klagewelle-zu/, gesehen am 04.01.2014.

667 vgl. auch *Beckmann* in: Beckmann/Matusche-Beckmann, Versicherungsrechts-Handbuch, § 28 Rz. 121; *Steinkühler*, VW 2003, 1734; *Loritz/Hecker*, VersR 2012, 385, 390 f.; *Hendricks*, VW 2006, 229, 230.

668 so *Pammler*, Gesellschaftsfinanzierte D&O-Versicherung, S. 71; *Schweitzer*, Zulässigkeit der Ausschlussklauseln, S. 203, 206: „denn hierdurch werden die versicherten Organmitglieder im Gegenteil gerade zu sorgfältigerem Verhalten angehalten und die Steuerungswirkung damit keinesfalls unterlaufen, sondern gestärkt.“, 229; vgl. auch *Küpper-Dirks*, Managerhaftung und D&O-Versicherung, S. 128.

669 *Lorenz*, VersR 2000, 2, 4 f.

ob sich das auch in irgendeiner Weise praktisch auswirkt.[670] *Wagner* ist zwar der Auffassung: „Der Deckungsausschluss für bewusste Gesetzesverstöße und Pflichtverletzungen ist unproblematisch, soweit der Betroffene sein Verhalten darauf einstellen und die Haftung durch rechtstreues Verhalten sicher vermeiden kann."[671] Doch auch er muss einräumen: „In der Praxis ist dies jedoch häufig nicht gewährleistet, sodass das Vorstandsmitglied mit der vollen persönlichen Haftung rechnen muss."[672] Denn, so *Wagner* weiter: „Die sichere Vermeidung der Verschuldenshaftung setzt voraus, dass die Gerichte dazu in der Lage sind, den gesetzlichen Sorgfaltsstandard zutreffend auf Einzelfälle anzuwenden, und überdies, dass die Adressaten der Haftungsandrohung dazu in der Lage sind, die Entscheidungen der Gerichte vorauszusehen. Beide Bedingungen sind in der Realität nicht, bzw. nicht vollständig erfüllt."[673]

Dass ein Manager aber tatsächlich an die Ausschlussklausel für wissentliche Pflichtverletzung denkt, wenn er eine unternehmerische Entscheidung trifft und oder diese auch nur im Rahmen der Vorbereitung der unternehmerischen Entscheidung berücksichtigt, ist lebensfremd.[674] So gab *Henssler* bereits zu bedenken: „Generell ist zu beobachten, dass die haftungsrechtliche Verantwortlichkeit für das eigene Fehlverhalten bei Führungskräften und Vertrauenspersonen nur in geringem Maße verhaltenssteuernd wirkt."[675] Dem schließt sich *Schmitt* an:" Dies um so mehr, als die Präventionswirkung mit steigendendem persönlichem Risiko verblaßt. Ein Haftungspotential, welches das persönliche Vermögen der Akteure um das zigfache übersteigt, wirkt zu abstrakt, als daß es von den

---

670 vgl. auch *Küpper-Dirks*, Managerhaftung und D&O-Versicherung, S. 124: „So werden Organmitglieder oftmals nicht in der Lage sein, den durch die Gerichte geforderten Sorgfaltsmaßstab ex ante korrekt einzuschätzen."; *Dauner-Lieb*, FS Röhricht, 83, 93 zur Neufassung des § 93 Abs. 1 S. 2 AktG: „Die aktuelle Diskussion ist jedenfalls für den Nichtjuristen nicht leicht zugänglich; schon deshalb ist zu befürchten, dass die Neuregelung bei den angesprochenen Organmitgliedern eher Verunsicherung auslöst als eine sinnvolle verhaltenssteuernde Wirkung entfaltet."

671 *Wagner*, ZHR 178 (2014), 227, 250.

672 *Wagner*, ZHR 178 (2014), 227, 250.

673 *Wagner*, ZHR 178 (2014), 227, 258.

674 vgl. hierzu auch: *Schweitzer*, Zulässigkeit der Ausschlussklauseln, S. 191, 206 f.

675 *Henssler* in: Henze/Hoffmann-Becking, Gesellschaftsrecht 2001, S. 142.; vgl. auch *Arnold*, Die Steuerung des Vorstandshandelns, S. 171: „Welches Maß an Abschreckung durch Haftung optimal ist, bleibt aber letztendlich offen; Verhaltenssteuerung durch Haftung scheint eher ein Thema der Juristen als der Ökonomen zu sein."

Handelnden noch als realistische Drohung wahrgenommen werden könnte."[676] Ähnlich äußert sich *Arnold*:" Haftungssanktionen können nur einen begrenzten Beitrag zur Kontrolle der Vorstände leisten. Eine Haftung für sorgfaltswidriges Handeln kann bereits deshalb nur von begrenzter Bedeutung sein, da bei unternehmerischen Entscheidungen aus einem Mißerfolg nicht auf ein Fehlverhalten des Vorstands geschlossen werden kann, wie es nun auch § 93 Abs. 1 S. 2 AktG anerkennt. [...] Im übrigen sind Haftungssanktionen für unsorgfältiges Verhalten auch deshalb nur von beschränktem Nutzen, da sich gerade bei großen Unternehmenskrisen kein konkretes Fehlverhalten ausmachen läßt, an das eine Haftung anknüpfen könnte."[677] *Baumann* weist deshalb zu Recht darauf hin, dass nicht ersichtlich ist, „inwieweit dieser subjektive Risikoausschluss im Vergleich zur Regelung des § 93 AktG eine effektive Präventivwirkung entfalten können sollte."[678]

Es bestehen mithin keine hinreichenden Anhaltspunkte dafür, dass der Ausschlussklausel für wissentliche Pflichtverletzungen eine signifikante positive verhaltenssteuernde Wirkung zukommt.

*(cc) Selbstbehalt als geeigneteres Mittel zur Verhaltenssteuerung*

Wenn man sich überhaupt auf die Diskussion einlässt, dass eine Verhaltenssteuerung von Organen möglich und zur Wahrung der Interessen der Versicherer auch erforderlich ist, könnte den Versicherern entgegengehalten werden, dass mit dem Selbstbehalt ein im Vergleich zur Ausschlussklausel für wissentliche Pflichtverletzungen geeigneteres Mittel besteht, um diese Wirkung zu erzielen.[679]

Selbstbehalte in der D&O-Versicherung zielen auf eine Verhaltenssteuerung der Organe ab.[680] Teilweise wird sogar vertreten, dass von Versicherungen mit

676 *Schmitt*, Organhaftung und D&O-Versicherung, S. 112; so auch *Fleischer*, ZIP 2014, 1305, 1310: „Was die Feinsteuerung der Haftungsmodalitäten angeht, gilt es zunächst, mit der Fehlvorstellung aufzuräumen, dass die Präventionswirkung mit der Haftungsumme linear ansteigt."

677 *Arnold*, Die Steuerung des Vorstandshandelns, S. 258.

678 *Baumann*, VersR 2006, 455, 460.

679 vgl. hierzu auch *Schweitzer*, Zulässigkeit der Ausschlussklauseln, S. 104, 204 f.: „Dem „moral hazard" kann grundsätzlich auch mit anderen Mechanismen begegnet werden, etwa durch Vereinbarung einer Selbstbeteiligung.", 249.

680 vgl. BT-Drs. 16/13433, S. 11: „Zugleich hat die Regelung verhaltenssteuernde Wirkung. Die Haftung mit dem Privatvermögen wirkt Pflichtverletzungen von Vorstandsmitgliedern präventiv entgegen."; *Lenz*, D&O-Versicherung, § 26 Rz. 5, 108; *Henssler* in: Henze/Hoffmann-Becking, Gesellschaftsrecht 2001,

Selbstbehalt eine risikoreduzierende Wirkung auf die Gesellschaft ausgeht.[681] Auch hier gilt selbstverständlich wieder der Satz, „dass alle Präventionstheorie grau ist.“[682] Welche Rolle ein solcher Selbstbehalt bei der unternehmerischen Entscheidungsfindung spielen kann und ob er hierbei überhaupt irgendeine Rolle spielt, wird kaum zu ermitteln sein.[683] Aber immerhin weiß der Unternehmensleiter beim Selbstbehalt von vornherein, dass er bei einem von ihm pflichtwidrig verursachtem Schaden anteilig mit seinem Privatvermögen persönlich haftet und er kann jedenfalls bis zur Höhe der Deckungssumme sogar die Höhe seiner anteiligen Haftung beziffern und ggf. eine Rücklage bilden.[684] Dagegen ist

---

S. 142: „Ergänzend kann auch der üblicherweise vereinbarte Selbstbehalt präventive Wirkungen entfalten.“; *Dauner-Lieb/Tettinger*, ZIP 2009, 1555; *Thüsing/Traut*, NZA 2010, 140 f.; *Kerst*, WM 2010, 594, 596; *van Kann*, NZG 2009, 1010 ff.; *Koch*, AG 2009, 637, 638; *Gädtke/Wax*, AG 2010, 851, 855; *Harzenetter*, DStR 2010, 653.

681 vgl. hierzu *Lenz*, D&O-Versicherung, § 26 Rz. 5; *Ruffner*, ZSR 119 (2000), 195, 227: „Selbstbehalte haben darüber hinaus die Eigenschaft, das Disproportionalitätsproblem zu entschärfen, das dadurch entsteht, dass einem kleinen Vorteil eines fehlbaren Organmitglieds ein vergleichsweise hoher Schaden gegenüberstehen kann.“; *Wagner*, ZHR 178 (2014), 227, 247: „Selbstbehalte sind nämlich ein wichtiges Instrument der Versicherer zur Eindämmung des moralischen Risikos. Da dem Versicherer die Haftung nicht zur Gänze abgenommen wird, bleiben die Sorgfaltsanforderungen des Haftungsrechts zum Teil erhalten.“, 272 ff.

682 *Lorenz*, VersR 2000, 2, 4 f.

683 vgl. *Arnold*, Die Steuerbarkeit des Vorstandshandelns, S. 185; *Dauner-Lieb* in: Henssler/Strohn, AktG, § 93 Rz. 56; *Dauner-Lieb/Tettinger*, ZIP 2009, 1555, 1557; skeptisch auch *Mertens/Cahn*, KölnKomm, AktG, § 93 Rz. 248: „Im Ergebnis dürfte der Selbstbehalt an der Steuerungswirkung der Organhaftung – wie auch immer man sie einschätzen mag – nichts wesentliches ändern, zumal es den Vorstandsmitgliedern auch nach der Neuregelung freisteht, den Selbstbehalt auf eigene Kosten zu versichern.“; skeptisch auch *Sieg* in: Münchener Anwaltshandbuch Versicherungsrecht, § 17 Rz. 142: „Ob das Ziel einer Haftungsvermeidung durch die Vereinbarung eines Selbstbehaltes tatsächlich erreicht werden kann, darf aber nachhaltig bezweifelt werden.“

684 vgl. auch *Ihlas*, D&O-Versicherung, S. 75: „Die populäre Forderung nach dem „angemessenen“ Selbstbehalt in der D&O-Versicherung ist ein Indiz dafür, dass die Corporate Governance Kommission und die Bundesregierung davon ausgehen, dass die D&O-Versicherung eine Art „Rumdum-Sorglos-Paket“ ist. Die unzähligen Restriktionen im Vertrag und die oft unzureichende Versicherungssumme werden von der Öffentlichkeit ncht wahrgenommen, die D&O-Versicherung hingegen schon. Daher sahen sich die Kommission und der Gesetzgeber veranlasst, der Öffentlichkeit ein politisches Signal zu senden.“

bei dem Ausschluss für wissentliche Pflichtverletzungen vollkommen unklar, ob und in welcher Höhe der Unternehmensleiter haftet.[685]

*Lange* bezweifelt allerdings, dass dem Selbstbehalt überhaupt eine verhaltenssteuernde Wirkung zukommen kann und zwar weder bei wissentlichen oder vorsätzlichen noch bei fahrlässigen Pflichtverletzungen.[686] Sofern der Manager wissentlich oder vorsätzlich eine Pflichtverletzung begehe, müsse er wegen der in den entsprechenden Regelwerken enthaltenen Ausschlüsse ohnehin damit rechnen, den gesamten Schaden zu bezahlen.[687] Ein Selbstbehalt würde einen solchen Manager dann nicht davon abhalten, eine solche Pflichtverletzung wissentlich oder vorsätzlich zu begehen.[688] Und sofern der Manager fahrlässig handele, sei er sich gar nicht bewusst, einen Fehler zu machen und könne daher auch nicht von einem Selbstbehalt zu einem pflichtgemäßen Handeln motiviert werden.[689]

*Hirte* bezweifelt ebenfalls die verhaltenssteuernde Wirkung des Selbstbehaltes und argumentiert, dass dieser Zusammenhang bei schwer kalkulierbaren Großschadenereignissen, die sich durch eine geringe Eintrittswahrscheinlichkeit einerseits bei extremer Schadenshöhe andererseits auszeichnen, noch weiter aufgelöst sei: „Man wird sein Verhalten nicht ändern, weil man sich sagt, dass man eh' nicht beurteilen kann, ob man irgendwann später einmal dafür verantwortlich gemacht wird."[690]

*Lange* ist zuzugestehen, dass eine Person, die weiß, dass ihr Verhalten keinen Versicherungsschutz genießt, durch einen Selbstbehalt kaum zu einem pflichtgemäßen Verhalten umzustimmen sein wird. Wie bereits verschiedentlich aufgezeigt, wird ein solch mutwillig handelndes Leitungs- oder Aufsichtsorgan aber nicht der Regelfall sein. Die meisten Manager gehen davon aus, das von ihnen geführte Unternehmen durch ihre Entscheidungen gerade nicht zu schädigen (s. o.) und werden daher auch für sich in Anspruch nehmen, über Versicherungsschutz zu verfügen, sofern eine D&O-Versicherung besteht.

---

685 vgl. hierzu auch: *Schweitzer*, Zulässigkeit der Ausschlussklauseln, S. 196.

686 *Lange*, DB 2003, 1833, 1836; ihm zustimmend *Dreher/Görner*, ZIP 2003, 2321, 2323.

687 *Lange*, DB 2003, 1833, 1836; so auch *Schulz*, VW 2009, 1410, 1412.

688 *Lange*, DB 2003, 1833, 1836.

689 *Lange*, DB 2003, 1833, 1836; so auch *Hirte*, Stellungnahme zum VorstAG, S. 3 f., in: http://webarchiv.bundestag.de/cgi/show.php?fileToLoad=1373&id=1136, gesehen am 27.10.2013.

690 *Hirte*, Stellungnahme zum VorstAG, S. 4, in: http://webarchiv.bundestag.de/cgi/show.php?fileToLoad=1373&id=1136, gesehen am 27.10.2013.

Fraglich ist daher lediglich, ob bei einem solch fahrlässig handelnden Manager der Selbstbehalt irgendeine präventive verhaltenssteuernde Wirkung hat, noch dazu eine solche, die über die Ausschlussklauseln für wissentliche und vorsätzliche Pflichtverletzungen hinausgeht. Wenn aber die Hypothese richtig sein sollte, dass sich ein gutgläubig aber fahrlässig pflichtwidrig handelnder Manager durch einen Selbstbehalt nicht von einer Pflichtverletzung abhalten lässt, dann muss dies für die Risikoausschlüsse für vorsätzliche und wissentliche Pflichtverletzungen erst recht gelten, denn diese stellen ausdrücklich auf Wissentlichkeit bzw. Vorsatz ab, also Verhaltensformen, in denen sich dieser Manager gerade nicht wiederfinden wird.

Dagegen steht bei einem Selbstbehalt von vornherein fest, dass der Manager auch bei fahrlässiger Begehung für einen von ihm verursachten Schaden haftet. Dieses Risiko muss auch ein gutgläubig handelnder Manager einkalkulieren, sodass ein Selbstbehalt zumindest grundsätzlich dazu beitragen kann, „die Sinne zu schärfen."[691] Mehr noch: Anders als bei den Risikoausschlüssen für wissentliche und vorsätzliche Pflichtverletzungen weiß der Unternehmensleiter von vornherein, in welcher Höhe seine Beteiligung besteht, er kann sein finanzielles Risiko viel eher kalkulieren. Das ist bei der Ausschlussklausel für wissentliche und vorsätzliche Pflichtverletzungen nicht der Fall. Hier haftet der Unternehmensleiter zwar im Zweifel voll. Aber da für einen beim Unternehmen eintretenden Schaden häufig mehrere Schadensursachen in Betracht kommen können, ist es sehr unwahrscheinlich, dass der Unternehmensleiter bei einer schadensträchtigen unternehmerischen Entscheidung tatsächlich a priori ein solches Risiko einbezieht. Er wird sein Verhalten nicht deshalb zwingend ändern, weil ein Deckungsausschluss für wissentliche oder vorsätzliche Pflichtverletzungen besteht. Dieser wiegt den gutgläubig im Hinblick auf einen Schaden handelnden Unternehmensleiter womöglich in eine gefährliche Sicherheit, weil er gar nicht ahnt, dass er sich womöglich gerade außerhalb des Versicherungsschutzes bewegt (s. o.). Bei dem Selbstbehalt besteht diese Gefahr dagegen nicht.

Das, was laut *Hirte* angeblich gegen den Selbstbehalt spricht, nämlich, dass man sein Verhalten nicht ändert, wenn man nicht beurteilen kann, ob man irgendwann später einmal dafür verantwortlich gemacht wird, lässt sich gerade

---

691 vgl. auch *Gädtke*, VersR 2009, 1565, 1569: „Zwar gibt es keinen empirischen Nachweis, dass ein Selbstbehalt tatsächlich das Maß der individuellen Sorgfalt erhöht. Dass er den ihm vom Gesetzgeber beigelegten Sinn erfüllen kann, erscheint aber zumindest möglich…"; *Henssler* in: Henze/Hoffmann-Becking, Gesellschaftsrecht 2001, S. 142: „Ergänzend kann auch der üblicherweise vereinbarte Selbstbehalt präventive Wirkungen entfalten."

und erst recht gegen den Risikoausschluss für wissentliche Pflichtverletzungen anführen.

Soweit *Schulz* darauf abstellt, dass von dem Selbstbehalt ein negativer Einfluss in der Weise ausgehen kann, dass er zu zögerlichem Handeln und unverhältnismäßigem Risikomanagement führt,[692] gilt dies wiederum erst recht für den Risikoausschluss für wissentliche Pflichtverletzungen (s. o.).

Sofern schließlich darauf verwiesen wird, dass empirische Untersuchungen darüber fehlen, ob dem Selbstbehalt irgendeine verhaltenssteuernde Wirkung zukommt,[693] gilt dies wiederum in gleicher Weise für die Ausschlussklausel für wissentliche Pflichtverletzungen. Es ist nicht festzustellen, dass von dem Risikoausschluss für wissentliche Pflichtverletzungen irgendeine positive verhaltenssteuernde Wirkung ausgeht und dies wurde bisher auch noch nicht festgestellt geschweige denn untersucht.

Unabhängig von der „Glaubensfrage"[694], ob sich unternehmerisches Handeln überhaupt steuern lässt, gelten sämtliche für den Risikoausschluss für wissentliche Pflichtverletzungen angeführten Argumente erst recht für den Selbstbehalt. Umgekehrt lassen sich alle gegen den Selbstbehalt vorgebrachten Argumente erst recht gegen die Ausschlussklausel verwenden. Hinzu kommt, dass der Selbstbehalt den Vorteil hat, klar und transparent geregelt werden zu können. Dass dagegen aus dem Risikoausschluss für wissentliche Pflichtverletzungen ein unkalkulierbares Haftungsrisiko für den Versicherungsnehmer und die versicherte Person folgt, ist insoweit ein weiterer Punkt, der gegen die Wirksamkeit dieser Klausel spricht.[695]

Sofern der Versicherer den Gedanken der Verhaltenssteuerung ernst nimmt und er tatsächlich glaubt, durch die Ausgestaltung der Versicherungsbedingungen Einfluss auf Entscheidungsfindung eines Organs nehmen zu können und zur Wahrung seiner Interessen einen solchen Einfluss auch nehmen zu müssen, liegt es folglich viel eher nahe, einen Selbstbehalt anstelle des Risikoausschlusses für wissentliche Pflichtverletzungen zu vereinbaren.

*(dd) Verbleibender Schutz durch § 103 VVG*

Schließlich ist die Annahme unzutreffend, dass die Versicherer bei Wegfall der Ausschlussklausel für wissentliche Pflichtverletzungen vollkommen schutzlos

692 *Schulz*, VW 2009, 1410, 1412.
693 vgl. *Lenz*, D&O-Versicherung, § 26 Rz. 108.
694 vgl. *Arnold*, Die Steuerbarkeit des Vorstandshandelns, S. 185; *Dauner-Lieb/Tettinger*, ZIP 2009, 1555, 1557.
695 vgl. BGH NJW 1991, 1886, 1888 m. w. N.

wären. Denn dann hilft ihnen noch die gesetzliche Regelung des § 103 VVG, welche die Leistungspflicht des Versicherers entfallen lässt, wenn der Versicherungsnehmer den Schaden vorsätzlich herbeiführt.[696] Auch dieser Regelung soll eine Präventionswirkung zukommen (s. o.).[697] Diese Vorschrift führt dem Manager vor Augen, dass er das Unternehmen nicht vorsätzlich schädigen darf und er andernfalls persönlich für den entstandenen Schaden haftet. Dass demgegenüber dem Sinngehalt der Ausschlussklausel für wissentliche Pflichtverletzungen eine zusätzliche verhaltenssteuernde Wirkung in der Weise zukommt, dass der Manager vor der Entscheidungsfindung erkennt und abstrahieren kann, dass er das Unternehmen nicht nur nicht vorsätzlich schädigen, sondern bereits keine wissentlichen Pflichtverletzungen begehen darf, ist schlichtweg abwegig.

Darauf hingewiesen wurde auch, dass die meisten Manager im Rahmen ihrer Tätigkeit gerade nicht vorhaben, das Unternehmen zu schädigen.[698] Ob dies tatsächlich auf § 103 VVG zurückzuführen ist, kann dahinstehen. Festzuhalten bleibt aber, dass unternehmerische Risiken in aller Regel ohne Schädigungsvorsatz eingegangen werden und dies kommt selbstverständlich auch den Versicherern zugute.

Die Ausschlussklausel für wissentliche Pflichtverletzungen ist daher im Hinblick auf eine Verhaltenssteuerung der versicherten Personen weder geeignet noch erforderlich, um die Interessen der Versicherer zu wahren.

*(e) Besonderheiten des Vertragstypus*

Fraglich ist, ob die Besonderheiten des Vertragstypus „D&O-Versicherung" eine Abweichung von § 103 VVG rechtfertigen. *Ihlas* hat darauf hingewiesen, dass bei der D&O-Versicherung ein Ausschluss nur für die vorsätzliche Schadensherbeiführung gemäß dem gesetzlichen Leitbild des § 103 VVG „die Versicherer viel zu oft vor unüberwindbare Beweisschwierigkeiten stellen würde."[699] Angesichts der „schwindelerregenden" Schadenssummen müsse der Versicherer aber ein Korrektiv haben, um auf diese „Auswüchse" reagieren und auch die Prämien niedrig halten zu können.

---

696 vgl. hierzu: *Wagner*, ZHR 178 (2014), 227, 249: „Ein zweites Einfallstor für die persönliche Haftung ohne versicherungsmäßige Deckung ist der Deckungsausschluss für vorsätzlich verursachte Schäden gemäß § 103 VVG."

697 Abschn. C I 2 a) cc) (1) (b).

698 Abschn. B VI 4 e) aa).

699 *Ihlas*, D&O-Versicherung, S. 460; vgl. auch *Koch* in: Bruck/Möller, VVG, § 103 Rz. 105; *Gädtke* in: Bruck/Möller, VVG, AVB-AVG 2011/2013 Ziff. 5 Rz. 44; im Ergebnis auch *Wagner*, ZHR 178 (2014), 227, 249.

Manager werden in der Tat häufig keinen Schädigungsvorsatz haben (s. o.). Hinzu kommt, dass eine vorsätzliche Schadensverursachung in der Tat schwerer zu beweisen ist als eine wissentliche Pflichtverletzung.[700]

Dem Argument, dass § 103 VVG bei der Managerhaftung häufig leerläuft, kann jedoch entgegnet werden, dass an dieser Stelle eben kein gesteigertes Risiko einer vorsätzlichen Schadensherbeiführung besteht. Da dies den Versicherern zugute kommt (s. o.) ist es dann auch nicht gerechtfertigt, dieses Risiko vorzuverlagern oder gar künstlich zu schaffen, indem auf die Pflichtverletzung abgestellt wird, nur, um durch dieses bereits vielzitierte „Nadelöhr"[701] doch noch der kostenträchtigen Deckung entgehen zu können. Dass es sich generell natürlich um einen extrem haftungs- und schadensträchtigen Bereich handelt, liegt an der Materie an sich, aber nicht an den Managern selber. Niemand zwingt einen Versicherer, in diesem Bereich Versicherungsschutz anzubieten. Einige Versicherer werden sich deshalb womöglich aus diesem Bereich zurückzuziehen (s. o.).[702]

*Seibt/Saame* haben darauf hingewiesen, dass in den Fällen, in denen die Business Judgment Rule daran scheitert, dass der Vorstand nicht gutgläubig zum Wohle der Gesellschaft handelt, häufig auch ein bedingter Vorsatz bezüglich des Schadenseintritts nachweisbar ist.[703] Ob dies wirklich zutrifft, sei dahingestellt. In jedem Fall ist man dann aber in einem Bereich, in dem das unternehmerische Handeln sich als schwerwiegend pflichtwidrig darstellt und auf Verschuldensebene jedenfalls grobe Fahrlässigkeit naheliegt (s. o.).[704] Dann aber ist es dem Versicherer bei einem solch schwerwiegenden Pflichtverstoß auch zuzumuten, bedingten Vorsatz im Hinblick auf den Schaden nachzuweisen. Dies gilt umso mehr, als der Manager hierfür im Rahmen von § 103 VVG den Schaden nicht in all seinen Einzelheiten erkennen muss, sondern es hierfür genügt, wenn er die Handlungsfolgen in groben Umrissen voraussehen kann und er ihren Eintritt akzeptiert (s. o.).[705]

Dass § 103 VVG die Versicherer „viel zu oft vor unüberwindbare Beweisschwierigkeiten" stellen würde, kann so nicht überzeugen, zumal, worauf *Ihlas*

---

700 BGH VersR 1986, 647, 648; BGH NJW-RR 1991, 145, 146; *Ihlas*, D&O-Versicherung, S. 460.

701 vgl. *Lange*, DStR 2002, 1674, 1676; zuletzt *Hopt*, ZIP 2013, 1793, 1801.

702 Abschn. B III 4.

703 *Seibt/Saame*, AG 2006, 901, 906; vgl. auch *Pammler*, Gesellschaftsfinanzierte D&O-Versicherung, S. 64.

704 Abschn. B IV 2 d).

705 Abschn. C I 2 a) cc) (1) (c).

selbst hinweist, in diesem Bereich nur wenig gestritten wird[706] und die D&O-Versicherer bisher „alle“[707] Deckungsstreitigkeiten gewonnen haben. Soweit dies auf die Ausschlussklausel für wissentliche Pflichtverletzungen zurückzuführen war, folgt daraus aber, dass eine gerichtliche Bewährungsprobe des § 103 VVG für die D&O-Versicherer noch aussteht. Diesen ist zwar zuzugestehen, dass der Nachweis eines wissentlichen Pflichtverstoßes – vor allem gemessen an den Kriterien der Rechtsprechung – häufig sehr viel leichter fallen dürfte als der einer vorsätzlichen Schadensverursachung. Es sprechen jedoch keine Anhaltspunkte dafür, warum es den Versicherern gerade im Bereich der Managerhaftung unmöglich oder unzumutbar sein sollte, diesen Nachweis zu führen, nur weil es in diesem Bereich insgesamt vergleichsweise wenig Fälle vorsätzlicher Schadensverursachung gibt. So konnte beispielsweise in der Angelegenheit *Kirch* vor dem Oberlandesgericht München der Nachweis einer vorsätzlichen sittenwidrigen Schädigung gemäß § 826 BGB gelingen.[708] *Wagner* weist in diesem Zusammenhang darauf hin: „Unter diesen Voraussetzungen wäre wohl auch der Deckungsschutz durch die von der Beklagten für ihre Vorstandsmitglieder abgeschlossenen D&O-Versicherung [gemäß § 103 VVG] verloren.“[709] Folglich können auch die Besonderheiten des Vertragstypes nicht die Angemessenheit der Ausschlussklausel für wissentliche Pflichtverletzungen in der D&O-Versicherung begründen.

*(f) Risikobeherrschung*

Für die Wirksamkeit der Ausschlussklausel für wissentliche Pflichtverletzungen könnte des Weiteren der Gesichtspunkt der Risikobeherrschung sprechen.[710] Dieser Gedanke beruht auf der Erwägung, dass „auf einen Vertragsteil diejenigen Risiken abgewälzt werden dürfen, die ihre Ursache ausschließlich in seiner Sphäre haben und von dem anderen Vertragsteil nicht beherrscht werden können.“[711]

Zweifellos setzt derjenige Manager, der eine Pflichtverletzung wissentlich begeht, bewusst eine Gefahr, die sich zumindest potentiell in einem Schaden

706 *Ihlas*, VW 2007, 660, 665.

707 *Ihlas*, D&O-Versicherung, S. 52, 400, 645.

708 OLG München ZIP 2013, 558, 569.

709 *Wagner*, ZHR 178 (2014), 227, 249.

710 vgl. hierzu auch *Schweitzer*, Zulässigkeit der Ausschlussklauseln, S. 234, 253.

711 BGH NJW 1991, 1886, 1888; BGH NJW 1991, 2414, 2416; *A. Fuchs* in: Ulmer/Brandner/Hensen, § 307 Rz. 156 ff.; *Wurmnest* in: MünchKommBGB, § 307 Rz. 48 f.

für das Unternehmen realisieren kann. Dagegen setzt der Versicherer diese Gefahr zumindest unmittelbar nicht. Das „Missbrauchsrisiko" beherrscht daher zunächst der Unternehmer. *Späth* weist deshalb im Zusammenhang mit der Ausschlussklausel für wissentliche Pflichtverletzungen darauf hin: „Der Verlust des Versicherungsanspruchs beruht in diesen Fällen darauf, dass der Versicherer in jedem Versicherungsvertrag ein mehr oder minder großes subjektives Risiko übernimmt. Eintritt und Umfang seiner Leistungspflicht sind in hohem Maße von dem Verhalten des Versicherungsnehmers abhängig. Hiergegen muss der Versicherer angemessen geschützt werden."[712]

Der Bundesgerichtshof hat in Fällen der Risikobeherrschung (konkret: Einrichtung eines Kreditkartensystems) jedoch entschieden, dass es auch darauf ankommt, welche Seite das Missbrauchsrisiko veranlasst hat.[713] Sofern der Verwender „ein Verfahren eingeführt hat, das in einem erhöhten Maße mißbrauchsanfällig ist und auf dessen Ausgestaltung der Kunde keinen Einfluß hat", ist der Anteil des Verwenders an der Verwirklichung des Risikos ebenfalls einzubeziehen.[714] Vorliegend geht es bei der Organhaftung zwar nicht um ein System, welches der Versicherer einführt und auf das er allein Einfluss hätte. Allerdings ist die Organhaftung in der Weise „missbrauchsanfällig", dass leicht ein Verhalten des Organs als wissentliche Pflichtverletzung einzuordnen ist, das auch zu einem Schaden für das Unternehmen führen kann. Dies muss sich der Versicherer zurechnen lassen, da er diesen Bereich bewusst versichert. Denn eine D&O-Versicherung dient ja gerade dazu, den Manager zu einem risikofreudigen Verhalten zu ermuntern (s. o.)[715] und das in einem Bereich, der nicht durch den sicheren Hafen der Business Judgment Rule abgedeckt ist. Wenn man erneut des Beispiel des Autofahrers vor der Ampel[716] bemühen möchte, dann appelliert die D&O-Versicherung sicherlich nicht dazu, bei rot über die Ampel zu fahren, zumindest suggeriert sie aber, dass bei „dunkelgelb" noch Versicherungsschutz besteht.

Die D&O-Versicherung als „konstitutives Element der Sicherung unternehmerischer Handlungsfreiheit"[717] dürfte damit die einzige Haftpflichtversicherung sein, welche die bewusste Eingehung von Risiken in Bezug auf das versicherte Risiko gezielt fördert, zumindest aber billigend in Kauf nimmt. Hieraus ergibt

712 *Späth*, VersR 2000, 825, 826.
713 BGH NJW 1991, 1886, 1888.
714 BGH NJW 1991, 1886, 1888.
715 Abschn. B II 4.
716 s. o. Abschn. C I 2 a) dd) (3).
717 so *Dreher*, ZHR 165 (2001), 293, 310; vgl. auch *Ulmer*, FS Canaris, 451, 460.

sich die „immanente Missbrauchsanfälligkeit" der D&O-Versicherung.[718] Deshalb wäre es nicht richtig, im Bereich der Risikobeherrschung allein auf den Versicherungsnehmer bzw. die versicherte Person abzustellen. Dass diese in dem außerhalb der Business Judgment Rule liegenden extrem haftungsanfälligen Bereich bewusst Risiken eingehen, weiß und will der Versicherer, weil dies dem Vertragszweck einer D&O-Police entspricht.[719] Zumindest sollen aber haftungsträchtige unternehmerische Risiken „guten Gewissens" eingegangen werden können. Die bewusste Eingehung dieser Risiken hat der Versicherer aus seinem eigenen wirtschaftlichen Interesse daher mitveranlasst. Aus dem Gesichtspunkt der Risikobeherrschung ergibt sich folglich nicht, dass die Ausschlussklausel für wissentliche Pflichtverletzungen wirksam ist.

*(g) Preisargument: Interesse niedriger Prämien*

Für die Wirksamkeit der Ausschlussklausel für wissentliche Pflichtverletzungen könnte sprechen, dass diese für den Versicherungsnehmer niedrigere Prämien ermöglicht.[720]

Speziell bei Versicherungsfällen stellt die Rechtsprechung teilweise darauf ab, dass günstige Prämien im Interesse des Versicherungsnehmers liegen.[721] So hat das OLG München beispielsweise entschieden, dass eine Prämienkalkulation zur Angemessenheit einer Klausel führen kann.[722] Andererseits kann nach einem Urteil des Bundesgerichtshofes in einem zu einer Transportversicherung ergangenen Fall eine ungerechte, den anderen Vertragsteil in einer Treu und Glauben widersprechenden Weise benachteiligende AGB-Klausel nicht deswegen hingenommen werden, weil sie die Geschäftsabwicklung erleichtert.[723] Denn „anderenfalls liefe die Inhaltskontrolle von AGB ebenso leer, als wenn man das von Rechtsprechung und dem Schrifttum übereinstimmend als Rechtfertigung unangemessener Klauseln verworfene Argument zulasen würde, die Verwendung

718 vgl. zur „immanenten Missbrauchsanfälligkeit" auch: *A. Fuchs* in: Ulmer/Brandner/Hensen, § 307 Rz. 157.
719 ähnlich *Schweitzer*, Zulässigkeit der Ausschlussklauseln, S. 229.
720 vgl. hierzu auch *Schweitzer*, Zulässigkeit der Ausschlussklauseln, S. 143, 242, 243 ff.
721 BGH NJW 2004, 2589, 2591; OLG Düsseldorf NJW-RR 1998, 963; OLG Köln VersR 2008, 1673, 1675.
722 OLG München VersR 2009, 1066, 1068; hierauf ebenfalls ausdrücklich hinweisend: *Schweitzer*, Zulässigkeit der Ausschlussklauseln, S. 247.
723 BGH NJW 1993, 2442, 2444; vgl. auch *Pfeiffer* in: Wolf/Lindacher/Pfeiffer, AGB-Recht, § 307 Rz. 163.

nicht benachteiligender Klauseln würde zu einer Erhöhung des Preises – hier: der Versicherungsprämien – führen."[724]

Der Bundesgerichtshof hat an anderer Stelle ebenfalls darauf hingewiesen, dass „preiskalkulatorische Erwägungen" grundsätzlich nicht zulässig sind; vielmehr seien die Verwender gehalten, „ihre Preise nach solchen Bedingungen zu kalkulieren, die sich mit den Geboten von Treu und Glauben vereinbaren lassen."[725] Sonst wäre es Aufgabe der Richter, zu beurteilen, ob ein Preis und damit das Äquivalenzverhältnis selbst gerecht oder angemessen ist.[726] Zu Recht ist bezweifelt worden, ob dies in diesem der Inhaltskontrolle grundsätzlich nicht zugänglichen Bereich überhaupt möglich ist.[727] Hinzu kommt, dass für die Höhe einer Prämie mehrere Faktoren verantwortlich sind; welchen Einfluss eine unwirksame Klausel auf die Prämie hat, wird daher kaum zu ermitteln sein.[728] Wenn schon eine „richtige" Versicherungssumme selbst nicht berechenbar sein soll,[729] dann muss das für die auch davon abhängenden Prämien erst recht gelten.

Nur ausnahmsweise, wenn einer geringwertigen Hauptleistung – so z. B. bei Parkplatzbewachungen[730] – ein sich selten verwirklichendes aber gewichtiges Schadensrisiko gegenübersteht oder wenn der Verwender dem Vertragspartner eine „echte Tarifwahl" zwischen einem Regelwerk mit der unwirksamen Klausel und einem ohne diese Klausel eröffnet, soll das Preisargument „möglicherweise"

---

724 BGH NJW 1993, 2442, 2444.

725 BGHZ 22, 90, 98; BGHZ 33, 216, 219; BGHZ 77, 126, 131; vgl. auch *H. Schmidt* in: Ulmer/Brandner/Hensen, AGB-Recht, Teil 4 Spez. AGB-Werke (7) Versicherungsbedingungen, Rz. 10; *A. Fuchs* in: Ulmer/Brandner/Hensen, § 307 Rz. 145; *Schweitzer*, Zulässigkeit der Ausschlussklauseln, S. 244.

726 vgl. *Coester* in: Staudinger, BGB, § 307 Rz. 131; vgl. auch BGH NJW 1999, 2279, 2281: „Es muß grundsätzlich dem Versicherer überlassen werden, in welcher Weise er die Deckung seiner vertraglichen Leistungen durch Prämien kalkuliert."

727 *A. Fuchs* in: Ulmer/Brandner/Hensen, § 307 Rz. 145; *Coester* in: Staudinger, BGB, § 307 Rz. 129 ff.; *Wurmnest* in: MünchKommBGB, § 307 Rz. 44; *Kollmann* in: NK-BGB, § 307 Rz. 10: „Der „richtige Preis bei Entfallen der nachteiligen Regelung ist meistens nicht ermittelbar; bei Akzeptanz des Argumentes würden alle Dämme der Inhaltskontrolle brechen."; *S. Roloff* in: Erman, BGB, § 307 Rz. 17: „Einen „gerechten" Preis gibt es nicht."; *Grüneberg* in: Palandt, § 307 Rz. 18; *Schweitzer*, Zulässigkeit der Ausschlussklauseln, S. 243 m. w. N.

728 vgl. *S. Roloff* in: Erman, BGB, § 307 Rz. 17.

729 so *Ihlas*, D&O-Versicherung, S. 429; vgl. auch *Kollmann* in: NK-BGB, § 307 Rz. 10.

730 vgl. BGH NJW 1968, 1718, 1720.

berücksichtigt werden können.[731] Dabei hat der Prämienunterschied aber auch den kalkulatorischen Kosten des Risikos zu entsprechen und darf „nicht nur eine Alibifunktion erfüllen."[732]

Gegen die Berücksichtigung des Preisarguments – auch bei AVB – ist grundsätzlich einzuwenden, dass damit die – im Übrigen nicht transparente – Prämienkalkulation stets als „Totschlagsargument" für die Angemessenheit einer an sich unwirksamen Klausel herangezogen werden könnte.[733] Die Rechtsprechung wäre gezwungen, das Leistungsangebot der verschiedenen Versicherungen zu vergleichen und sodann transparente Kriterien dafür zu entwickeln, wie hoch eine Prämie höchstens sein darf, damit die Klausel nicht unwirksam ist. Dies ist weder praktikabel noch dogmatisch zu begründen und daher abzulehnen.

Bei dem durch eine D&O-Versicherung gewährten Versicherungsschutz handelt es sich auch ersichtlich nicht um eine geringwertige Leistung, sodass dieser von der Rechtsprechung entwickelte Ausnahmefall nicht greift. Allenfalls dann, wenn der Versicherungsnehmer eine echte Wahl zwischen einem Regelwerk ohne eine unwirksame Klausel und einem solchen mit dieser Klausel zugunsten niedrigerer Prämien hätte, könnte dem Preisargument Bedeutung zukommen. Denn dann hätte es der Versicherungsnehmer selbst in der Hand, wie viel ihm die ihn benachteiligende Klausel Wert ist. Ähnliches wird etwa beim Selbstbehalt praktiziert.

Zu Recht wurde jedoch darauf hingewiesen, dass das Preisargument nicht ein zentrales durch die Versicherung abgedecktes Risiko des Versicherungsverhältnisses erfassen darf, denn andernfalls hätte der Versicherungsnehmer bzw. die versicherte Person kein vernünftiges Interesse mehr am Abschluss der

---

731 BGH NJW-RR 2008, 818, 820; *Reiff* in: Wolf/Lindacher/Pfeiffer, AGB Recht, Klauseln (V), Versicherungsbedingungen (AVB), V 179; *A. Fuchs* in: Ulmer/Brandner/Hensen, § 307 Rz. 146 ff.; *H. Schmidt* in: Ulmer/Brandner/Hensen, AGB-Recht, Teil 4 Spez. AGB-Werke (7) Versicherungsbedingungen, Rz. 10; *Coester* in: Staudinger, BGB, § 307 Rz. 138; *S. Roloff* in: Erman, BGB, § 307 Rz. 17; *Beckmann* in: Beckmann/Matusche-Beckmann, Versicherungsrechts-Handbuch, § 10 Rz. 225; *Schweitzer*, Zulässigkeit der Ausschlussklauseln, S. 244 ff.; *Bach*/Geiger, VersR 1993, 659, 671.

732 *Beckmann* in: Beckmann/Matusche-Beckmann, Versicherungsrechts-Handbuch, § 10 Rz. 225; BGH NJW 1980, 1953, 1954; *A. Fuchs* in: Ulmer/Brandner/Hensen, § 307 Rz. 148; *S. Roloff* in: Erman, BGB, § 307 Rz. 17.

733 vgl. auch insoweit zu recht BGH NJW 1993, 2442, 2444; so auch *Bach/Geiger*, VersR 1993, 659, 671: „Denn mit der Behauptung des Preisvorteils ließe sich jede Risikoverlagerung rechtfertigen."; ebenfalls ausdrücklich auf das „Totschlagsargument" abstellend: *Schweitzer*, Zulässigkeit der Ausschlussklauseln, S. 247.

Versicherung.[734] Genau dies steht hier zu befürchten: Der Versicherungsnehmer erkauft sich für eine niedrige Prämie eine Versicherung, deren Wert in der Regel wegen der darin enthaltenen Ausschlussklausel stark reduziert sein wird, was vor allem dann vorkommen wird, wenn er nicht qualifiziert anwaltlich beraten ist. Hinzu kommt, dass die Organe als versicherte Personen regelmäßig nicht die Vertragspartner des Versicherers sein werden. Dies ist üblicherweise nur das Unternehmen als Versicherungsnehmer, welches damit ausschließlich Einfluss auf den Vertragsinhalt haben dürfte. Selbst wenn also eine echte Wahlfreiheit bestünde, dürfte die Klausel den versicherten Personen nicht entgegengehalten werden, wenn das Unternehmen im Interesse niedrigerer Prämien für diese optiert.

Zudem kann das beiderseitige Interesse, die Prämien möglichst niedrig zu halten, auch auf andere Art und Weise verwirklicht werden. So hat *Lange* bereits darauf hingewiesen, dass auch eine ordnungsgemäße Corporate Governance als Mittel der Prämienreduzierung in Betracht zu ziehen ist.[735] Am Beispiel der Corporate Governance kann im Übrigen auch ermittelt werden, welche Aufsichtsstrukturen in Unternehmen greifen und wie dort z. B. auf der Führungsebene unternehmerische Entscheidungen getroffen und vorbereitet werden. In dieselbe Richtung zielt auch die Ausschlussklausel für wissentliche Pflichtverletzungen, will man sie nicht von vornherein auf die „Nadelöhr-Funktion“ reduzieren. Sofern dem Aspekt der Corporate Governance bei der Prämienkalkulation eine noch größere Bedeutung zukäme, könnte auf diese Weise die Ausschlussklausel für wissentliche Pflichtverletzungen auch theoretisch entbehrlich werden. Für die Erhaltung niedriger Prämien ist diese Klausel somit ebenfalls nicht erforderlich.

##### *(h) Die Ausschlussklausel für wissentliche Pflichtverletzungen als Handelsbrauch i. S. v. § 310 Abs. 1 S. 2 BGB*

Die Ausschlussklausel für wissentliche Pflichtverletzungen ist in den marktgängigen D&O-Versicherungsbedingungen weit verbreitet. „Alle“ Regelungswerke enthalten diese (s. o.).[736] Die Branchenüblichkeit einer Klausel führt allerdings

---

734 *Beckmann* in: Beckmann/Matusche-Beckmann, Versicherungsrechts-Handbuch, § 10 Rz. 225 m. w. N.

735 *Lange*, DB 2003, 1833, 1835: „Mittlerweile ist belegt, dass der Kapitalmarkt eine gute Corporate Governance honoriert, weil sie das Investmentrisiko verringert. Genauso verringert sie aber auch das Versicherungsrisiko…“; vgl. auch *Lier*, VW 1999, 1362; *Ihlas*, VW 2007, 660, 664.

736 Abschn. B VI 4 e).

noch nicht zu deren Angemessenheit.[737] Etwas anderes könnte sich jedoch dann ergeben, wenn es sich bei dieser Klausel um einen Handelsbrauch i. S. v. § 346 HGB handelte, auf den gemäß § 310 Abs. 1 S. 2 BGB bei der Beurteilung der Frage, ob die Klausel wirksam ist, angemessen Rücksicht zu nehmen wäre.[738] So gibt es Allgemeine Geschäftsbedingungen, die Handelsbräuche enthalten oder deren Regelungen im Laufe der Zeit durch ihre weit verbreitete Anwendung zu Handelsbräuchen werden.[739]

Ein Handelsbrauch liegt nach ständiger Rechtsprechung vor, „wenn es sich um eine im Verkehr der Kaufleute untereinander verpflichtende Regel handelt, die auf einer gleichmäßigen, einheitlichen und freiwilligen tatsächlichen Übung beruht, die sich innerhalb eines angemessenen Zeitraumes für vergleichbare Geschäftsvorfälle herausgebildet hat und der eine einheitliche Auffassung der Beteiligten zugrunde liegt."[740] Im Rahmen von AGB indiziert ein Handelsbrauch die Wirksamkeit der jeweiligen Klausel, so dass nach h. M. die Begründungslast für deren Angemessenheit nicht beim Verwender liegt, sondern dessen Vertragspartner darlegen muss, dass ihn die Klausel unangemessen benachteiligt.[741]

Handelsbräuche gelten jedoch nur gegenüber Kaufleuten bzw. im unternehmerischen Verkehr und nicht gegenüber Verbrauchern.[742] Sowohl GmbH-Geschäftsführer als auch Vorstände von Aktiengesellschaften werden jedoch als Verbraucher eingeordnet.

*(aa) Verbrauchereigenschaft des GmbH-Geschäftsführers*

Nach der ständigen Rechtsprechung des Bundesgerichtshofes handelt es sich bei GmbH-Geschäftsführern um Verbraucher i. S. v. § 13 BGB.[743] Die Geschäfts-

---

737 BGH NJW 1982, 644, 645; BGH NJW 1984, 2160; BGH NJW 1989, 582, 583; BGH NJW 1991, 2414, 2416; *Pfeiffer* in: Wolff/Lindacher/Pfeiffer, AGB-Recht, § 307 Rz. 211; *A. Fuchs* in: Ulmer/Brandner/Hensen, § 307 Rz. 141; *Kollmann* in: NK-BGB, § 307 Rz. 11; *S. Roloff* in: Erman, BGB, § 307 Rz. 14.

738 vgl. hierzu auch *Schweitzer*, Zulässigkeit der Ausschlussklauseln, S. 249 ff.

739 vgl. *Karsten Schmidt* in: MünchKommHGB, § 346 Rz. 52 m. w. N.; vgl. hierzu auch *Dauner-Lieb/Axer*, ZIP 2010, 309, 310 f.

740 vgl. BGH NJW 1994, 659 f. m. w. N.

741 *Basedow* in: MünchKommBGB, § 310 Rz. 10 m. w. N.; vgl. auch *Pfeiffer* in: Wolf/Lindacher/Pfeiffer, AGB-Recht, § 307 Rz. 194.

742 *Karsten Schmidt* in: MünchKommHGB, § 346 Rz. 10a.

743 BGHZ 133, 71, 77 f.; BGH NJW 2000, 3133, 3135; BGH NJW 2004, 3039, 3040; vgl. auch *Schlosser* in: Staudinger, BGB, § 310 Rz. 48; *Ring* in: NK-BGB, § 14 Rz. 29; *Schweitzer*, Zulässigkeit der Ausschlussklauseln, S. 155; vgl. auch BAG ZIP 2010, 1816, 1818.

führungstätigkeit ist keine selbstständige, sondern eine angestellte berufliche Tätigkeit, die zum Handeln als Verbraucher gehört.[744] Dies gilt nach h. M. auch dann, wenn es sich um einen Gesellschafter-Geschäftsführer handelt, da auch das Halten eines GmbH-Geschäftsanteils keine gewerbliche Tätigkeit i. S. v. § 14 BGB darstellt.[745] Zudem richtet sich der materiell-rechtliche Schadensersatzanspruch der Gesellschaft gegen das Organ als Privatperson gemäß § 13 BGB.[746]

*(bb) Verbrauchereigenschaft des Vorstandsmitglieds einer AG*

Auch Vorstandsmitglieder einer Aktiengesellschaft sind als Verbraucher einzuordnen.[747] Aus den Umständen, dass ein Vorstand einer Aktiengesellschaft im Vergleich zum GmbH-Geschäftsführer selbstständiger und eigenverantwortlicher handeln kann, dass das für die GmbH typische Weisungsrecht der Gesellschafterversammlung bei der Aktiengesellschaft nicht gilt (vgl. §§ 76 Abs. 1, 119 Abs. 2 AktG), der Vorstand nur ausnahmsweise aus wichtigem Grund abberufen werden (§ 84 Abs. 3 AktG), folgt nichts anderes, da er im Rahmen seiner Vorstandstätigkeit weder im eigenen Namen, noch für eigene Rechnung handelt und auch nicht das unmittelbare wirtschaftliche Risiko seiner Tätigkeit trägt.[748]

Selbst wenn es sich bei der Ausschlussklausel für wissentliche Pflichtverletzungen um einen Handelsbrauch handelte, würde dessen Berücksichtigung im Rahmen von § 307 Abs. 1 S. 1 BGB also daran scheitern, dass die Adressaten der Klausel Verbraucher sind. Im Übrigen setzt das Bestehen eines Handelsbrauches voraus, dass die Vertragsparteien davon ausgehen, sie folgten der in

744 *Schlosser* in: Staudinger, BGB, § 310 Rz. 48; *Schmidt-Räntsch* in: Bamberger/Roth, BGB, § 13 Rz. 11; *Schweitzer*, Zulässigkeit der Ausschlussklauseln, S. 155; vgl. auch *Ring* in: NK- BGB, § 14 Rz. 29.

745 BGH NJW 2006, 431, 432; BGH NJW 2007, 759, 760; *Kannowski* in: Staudinger, BGB, § 13 Rz. 33; vgl. auch *Graf von Westphalen*, VersR 2011, 145, 150; a. A. *Schlosser* in: Staudinger, BGB, § 310 Rz. 48.

746 *Graf von Westphalen*, VersR 2011, 145, 149; dies ebenfalls hervorhebend: *Schweitzer*, Zulässigkeit der Ausschlussklauseln, S. 155.

747 OLG Hamm MDR 2007, 1438 f.; *Micklitz* in: MünchKommBGB, § 13 Rz. 49; *Ring* in: NK, BGB, § 14 Rz. 29; *Lange*, r+s 2010, 92, 95; vgl. auch *Kort* in: GroßKommAktG, § 76 Rz. 19; *Spindler* in: MünchKommAktG, § 76 Rz. 11; *Seibt* in: Karsten Schmidt/Lutter, AktG, § 76 Rz. 6; *Schweitzer*, Zulässigkeit der Ausschlussklauseln, S. 155.

748 *Ring* in: NK-BGB, § 14 Rz. 29.

den AGB niedergelegten Regelung freiwillig auch ohne besondere Vereinbarung.[749] Dies wurde bisher nur sehr selten angenommen, da in den meisten Branchen die AGB ausdrücklich einbezogen werden.[750] Auch bei der Ausschlussklausel für wissentliche Pflichtverletzungen ist nicht festzustellen, die Vertragsparteien würden die darin enthaltene Regelung „freiwillig" befolgen. Vielmehr ist die Ausschlussklausel für wissentliche Pflichtverletzungen angesichts der gesetzlichen Regelung des § 103 VVG von „zentraler Bedeutung" für die Versicherer, weshalb diese besonderen Wert darauf legen, die gesetzliche Regelung mit der Klausel abzubedingen.[751] Dies wäre nicht erforderlich, wenn tatsächlich allseits die Überzeugung bestünde, es handelte sich hierbei um einen Handelsbrauch.

Die Ausschlussklausel für wissentliche Pflichtverletzungen ist also weder ein Handelsbrauch, noch könnte ein solcher gegenüber den Unternehmern als Verbrauchern im Rahmen der Angemessenheitsprüfung der Klausel Wirkung entfalten.

*(i) Keine grundlegende Kritik gegen § 103 VVG*

Schließlich besteht keine grundlegende berechtigte Kritik gegen § 103 VVG, die ein Abweichen von dieser Regelung rechtfertigen könnte. Insbesondere handelt es sich hierbei nicht um eine veraltete Norm, da § 103 VVG – im wesentlichen unverändert – im Rahmen der VVG-Reform aus dem Jahr 2008 aus § 152 VVG a. F. abgeleitet wurde. Auch hieraus lässt sich die Abweichung der Ausschlussklausel für wissentliche Pflichtverletzungen im Vergleich zur gesetzlichen Regelung somit nicht rechtfertigen.

*(j) Abschließende Stellungnahme*

Dem Vorstehenden ist zu entnehmen, dass die ebenso knappe wie einhellige Auffassung, der Wissentlichkeitsausschluss sei im Rahmen der D&O-Versicherung generell wirksam, nicht haltbar ist. Schon gar nicht hat sich hierzu in der Rechtsprechung „ein völlig klar konturiertes Verständnis dieses Ausschlusstatbestandes entwickelt, das keinen – jedenfalls keinen wesentlichen

749 *Karsten Schmidt* in: MünchKommHGB, § 346 Rz. 52; *Basedow* in: MünchKommBGB, § 310 Rz. 11.

750 vgl. hierzu: *Karsten Schmidt* in: MünchKommHGB, § 346 Rz. 52; *Basedow* in: MünchKommBGB, § 310 Rz. 11, jeweils m. w. N.

751 vgl. auch *Schweitzer*, Zulässigkeit der Ausschlussklauseln, S. 141: „unverzichtbar für den Versicherer".

– Interpretationsspielraum belässt".[752] Richtig ist vielmehr, dass die Wirksamkeit dieser Klausel von der Rechtsprechung „zumeist ohne vertiefte Erörterungen im Ergebnis stets bejaht wurde."[753] Sofern die Rechtsprechung von der Wirksamkeit der Ausschlussklausel für wissentliche Pflichtverletzungen ausgeht, ist dies dogmatisch also nicht überzubewerten. Dies gilt umso mehr, als bisher keine ober- oder höchstrichterlichen Entscheidungen zu der Wirksamkeit dieses Risikoausschlusses in der D&O-Versicherung vorliegen und die BGH-Entscheidung vom 26.09.1990, welche von der Angemessenheit der Ausschlussklausel für wissentliche Pflichtverletzung in der Vermögenshaftpflichtverletzung für Steuerberater und Wirtschaftsprüfer ausgeht, den Besonderheiten der Managerhaftung nicht gerecht wird und daher für die D&O-Versicherung nur sehr bedingt einschlägig ist (s. o.).[754]

So vermag das Merkmal der Wissentlichkeit gerade bei der D&O-Versicherung keine geeignete Kompensation für die Beeinträchtigung des gesetzlichen Leitbildes des § 103 VVG herbeizuführen. Denn wegen der beschriebenen Wechselwirkung zwischen der Schwere der Pflichtverletzung einerseits und deren wissentlicher Begehung andererseits besteht die Tendenz der Gerichte, die Wissentlichkeit bereits dann zu bejahen, wenn die Pflichtverletzung des Organs nur schwerwiegend genug erscheint.[755] Hierbei handelt es sich jedoch nicht um ein geeignetes Kriterium, um die Wissentlichkeit festzustellen, da die Schwere eines Pflichtverstoßes allein noch nichts für dessen wissentliche Begehung hergibt.[756] Dies gilt insbesondere auch dann, wenn bei der Managerhaftung die Schwere des Pflichtverstoßes schon im Haftpflichtprozess aus einem Verstoß gegen „anerkannte Regeln der Betriebswirtschaft" abgeleitet wird, die „nach der Lebenserfahrung" dem Organ bekannt sein müssen. Ob die anerkannten Regeln der Betriebswirtschaft nach der Lebenserfahrung dem Organ bekannt sein müssen, sagt nämlich nichts darüber aus, ob sie ihm auch tatsächlich bekannt waren und ob das Organ hiergegen bewusst verstoßen hat.

In der Praxis wird somit aus dem Kennenmüssen einer Regel und damit aus Fahrlässigkeit deren Kenntnis abgeleitet. Dabei ist jedoch zu beachten, dass „jede Erstreckung des subjektiven Risikoausschlusses auch auf Fälle der groben Fahrlässigkeit in eklatantem Widerspruch zum gesetzlichen Leitbild des § 103

752 vgl. *Vothknecht*, PHi 2006, 52, 56; kritisch auch *Vorrath*, VW 2006, 575, 576.

753 *Vothknecht*, PHi 2006, 52, 60 m. w. N.

754 Abschn. C I 2 a) dd) (3) (c).

755 *Lange*, DStR 2002, 1674, 1676.

756 *Lange*, DStR 2002, 1674, 1676.

[VVG] steht, das sich gerade in seiner Ausgestaltung als lex specialis zu § 81 [VVG] zeigt."[757]

Dass die Klausel selbst auf Wissentlichkeit und gerade nicht auf bedingten Vorsatz oder gar grobe Fahrlässigkeit abstellt, hilft dem Organ dabei wenig, da in der Praxis die Grenzen verschwimmen und sich die verschiedenen Verschuldensformen häufig nicht sauber voneinander trennen lassen.[758] Dementsprechend besteht die Gefahr, dass in der Vertragswirklichkeit gerade keine Kompensation eintritt, weil es sich bei der Wissentlichkeit um eine innere Tatsache handelt, die jedenfalls mit den bisher von der Rechtsprechung verwendeten Kriterien wie der Schwere des Pflichtverstoßes – bereits dogmatisch – nicht überzeugend ermittelt werden kann. Die Möglichkeit einer Kompensation, welche die Klausel theoretisch offen lässt, ersetzt die für die Beurteilung von deren Angemessenheit tatsächlich verlangte Kompensation nicht. Denn da die Kompensation davon abhängt, dass eine – Fehlurteile begünstigende – innere Tatsache zutreffend bewertet wird, kann niemand verlässlich vorhersagen, dass die Kompensation tatsächlich sicher eintritt.[759] Dies ist auch eher unwahrscheinlich, da hierfür, wie beschrieben, keine geeigneten Kriterien bereit stehen. Angesichts der „schwindelerregenden Schadenssummen" im Bereich der Managerhaftung wäre ein für die Manager häufig existenzvernichtendes Fehlurteil besonders fatal. Auch dies unterscheidet die D&O-Versicherung von anderen Vermögensschaden-

757 *Heinrichs* in: FAKomm-VersR, § 103 Rz. 12; i. E. auch *Koch* in: Bruck/Möller, VVG, § 103 Rz. 106; *Lücke* in: Prölss/Martin, VVG, § 103 Rz. 16; vgl. hierzu auch *Schweitzer*, Zulässigkeit der Ausschlussklauseln, S. 224.

758 vgl. hierzu auch *Gädtke* in: Bruck/Möller, VVG, AVB-AVG 2011/2013 Ziff. 5 Rz. 46; *Schweitzer*, Zulässigkeit der Ausschlussklauseln, S. 91; *Grunewald*, AG 2013, 813, 815.

759 *Kahlert*, Veröffentlichungen des Deutschen Vereins für Versicherungs-Wissenschaft, Heft VIII (März 1906), 30, 34, hat schon im Jahre 1906 auf dieses Problem bei der Unterscheidung von leichter und grober Fahrlässigkeit hingewiesen: „... halte ich die Einführung dieser Unterscheidung in die Aufsichtsrat – Haftpflichtversicherung um deswillen für bedenklich, weil sie in das Versicherungsverhältnis eine Unsicherheit dadurch hineinbringt, daß sie die Entschädigungspflicht von einem Momente abhängig macht, dessen Feststellung subjektiven Erwägungen in weitem Maße zugänglich ist. Sie würde dadurch den Wert der Versicherung wesentlich verringern."; so auch *Grunewald*, AG 2013, 813, 815: „Denn die Abgrenzung zwischen den einzelnen Fahrlässigkeitsstufen ist zwangsläufig unscharf, was erhebliche Prozessrisiken heraufbeschwören würde." Dies lässt sich auf den subjektiven Risikoausschluss der wissentlichen Pflichtverletzung ohne weiteres übertragen.

Haftpflichtversicherungen, wo es um solche Summen üblicherweise nicht geht.[760] Eine solch unsichere Klausel über Wohl und Wehe der versicherten Personen entscheiden zu lassen – die sie noch dazu in ihrer Eigenschaft als Verbraucher trifft –, ist diesen daher nicht zuzumuten.

Doch selbst wenn die Klausel zuverlässig wissentliche Pflichtverletzungen erfassen würde – was sie definitiv nicht tut und in ihrer Beschaffenheit als „rechtliches Porzellan"[761] auch gar nicht zu leisten vermag –, wäre sie gemessen an den Kriterien der Rechtsprechung unangemessen. Denn es hilft dem Leitungsorgan nicht, dass der zum Schaden führende wissentliche Pflichtverstoß nach der Rechtsprechung des Bundesgerichtshofes auch von vornherein schadensgeneigt sein muss, da in dem beruflichen Umfeld eines Managers davon ausgegangen werden muss, dass grundsätzlich jede Entscheidung schadensgeneigt ist. Für die besonders haftungsträchtigen unternehmerischen Entscheidungen im kaufmännischen Bereich gilt dies ohnehin, erst recht, wenn die Business Judgment Rule nicht greift und diese Entscheidungen als pflichtwidrig eingeordnet werden.

Des Weiteren ist die von der Pflichtverletzung zum Schaden führende Kausalkette, auf die der BGH in seiner Entscheidung vom 26.09.1990 Bezug nimmt, bei Sachschäden oder der Haftung für Vermögensschäden bei bestimmten Berufsgruppen wie Rechtsanwälten und Steuerberatern viel kürzer und unmittelbarer, zumal diese häufig an gesetzlich normierte Verhaltenspflichten anknüpfen, welche es bei Managern oftmals nicht gibt. Hier mag der Wissentlichkeitsausschluss noch passen. Dagegen gilt die D&O-Versicherung als „long tail business".[762] Bei D&O-Risiken zeigt sich häufig erst sehr viel später, dass eine unternehmerische Entscheidung – ggf. über Umwege – zu einem Schaden geführt hat.[763] Im Bereich der Managerhaftung ist eine ggf. wissentliche Pflichtverletzung daher häufig sehr viel weiter von dem dann eingetretenen Schaden entfernt.

---

760 hierauf ebenfalls hinweisend: *Schweitzer*, Zulässigkeit der Ausschlussklauseln, S. 196.

761 vgl. OLG München VersR 2005, 540, 542.

762 so *Ihlas*, D&O-Versicherung, S. 364; *ders.*, VW 2007, 660, 666: „Die Organhaftung und deren Versicherung haben auch etwas gemeinsam: Sie sind kompliziert."; vgl. auch *Koch*, VersR 2011, 295, 297: „Ansprüche wegen Pflichtverletzungen von Leitungs- und Aufsichtsorganen werden in der Praxis jedoch erst geraume Zeit nach der Pflichtverletzung erhoben, weil deren Folgen häufig erst später erkennbar sind."

763 so auch OLG Frankfurt/M. r+s 2013, 329, 333.

Zudem kommen in D&O-Haftungsfällen häufig mehrere kausale Schadensursachen in Betracht.[764] Der Versicherer wird so in die Lage versetzt, irgendein möglicherweise zum Schaden führendes Ereignis als wissentliche Pflichtverletzung zu identifizieren. Wenn dann aber jeder bewusste Pflichtverstoß den Deckungsschutz entfallen lässt, ist das Leitungsorgan einer Gesellschaft im Vergleich zu diesen anderen Berufsgruppen wertungsmäßig schwerwiegend benachteiligt.

Und auch das Argument, dass § 103 VVG eine dispositive Regelung ist, kann ganz offensichtlich nicht überzeugen, um die Wirksamkeit der Ausschlussklausel zu rechtfertigen, da von zwingenden Regelungen ohnehin nicht abgewichen werden darf.[765]

Der Gerechtigkeitskern des § 103 VVG besteht darin, den Versicherungsschutz bestehen zu lassen, wenn der Schädiger nur keinen Schädigungsvorsatz hat. Diesen Grundsatz setzt der Wissentlichkeitsausschluss bei der D&O-Versicherung weitgehend kompensationslos außer Kraft. Dies ist wertungsmäßig mit dem gesetzlichen Leitbild von § 103 VVG nicht zu vereinbaren, auch weil die Leitungsorgane einer Gesellschaft im Hinblick auf das versicherte Risiko,[766] konkret das Vermögen der Gesellschaft, generell gerade nicht vorsätzlich handeln.

Dem kann auch nicht entgegen gehalten werden, dass es doch im Ergebnis nicht richtig sein kann, dass die Manager dann wissentlich Pflichten verletzen dürfen. Das dürfen sie auch nicht, denn selbstverständlich gilt für Manager das Legalitätsprinzip. Nur hat ein solch wissentlicher Pflichtverstoß dann nicht versicherungsrechtliche, sondern ggf. arbeitsrechtliche und/oder

---

764 vgl. *Ihlas*, D&O-Versicherung, S. 121: „Die Sachverhalte sind sehr komplex und vielschichtig. Bei einem D&O-Schaden sind oft mehrere Sachverhalte miteinander verknüpft. Dies führt zu einer erheblichen Unsicherheit hinsichtlich der Prognose des Ausgangs des Rechtsstreits.“; *Sieg* in: Münchener Anwaltshandbuch Versicherungsrecht, § 17 Rz. 18: „Letzteres ist angesichts der Komplexität der D&O-Schadensfälle, und zwar sowohl in tatsächlicher als auch in rechtlicher Hinsicht und der Vielzahl der bestehenden Rechtsbeziehungen, in der Praxis der Normalfall.“, 128: „Dies geht vor allem auf die Komplexität solcher Schadensersatzansprüche gegen Organmitglieder sowohl in tatsächlicher als auch rechtlicher Hinsicht zurück.“; *Dauner-Lieb*, FS Röhricht, 83, 98: „Selbst wenn eine Gesamtschau den Schluss nahe legt, dass im Unternehmen etwas schief gelaufen ist, sind die Ursachen häufig schwer präzise zu greifen, eben weil sie vielfältig und in ihrer Vernetzung komplex sind.“; *Schilling*, VW 1999, 1074; *Wilhelm*, AssCompact 2014, 118, 119.

765 vgl. hierzu *A. Fuchs* in: Ulmer/Brandner/Hensen, § 307 Rz. 208; *Beckmann* in: Beckmann/Matusche-Beckmann, Versicherungsrechts-Handbuch, § 10 Rz. 245.

766 vgl. hierzu *Loritz/Hecker*, VersR 2012, 385, 390 ff.

gesellschaftsrechtliche Konsequenzen. Erst dann, wenn der Manager auch einen Schaden vorsätzlich herbeiführt, entfällt der Versicherungsschutz. Der Nachweis eines solchen (bedingten) Schädigungsvorsatzes ist den Versicherern keineswegs unmöglich und auch zumutbar. Bloße wissentliche Pflichtverletzungen ohne bedingten Schädigungsvorsatz sind im Bereich der Managerhaftung dagegen zu weit vom Gerechtigkeitskern des § 103 VVG entfernt.

Aus alldem ergibt sich, dass die Ausschlussklausel für wissentliche Pflichtverletzungen gemäß § 307 Abs. 2 Nr. 1 BGB mit den wesentlichen Grundgedanken der gesetzlichen Regelung des § 103 VVG nicht zu vereinbaren ist[767] und damit bereits eine Vermutung für deren Unwirksamkeit besteht. Anhaltspunkte dafür, die diese Vermutung wiederlegen könnten, bestehen jedoch nicht. So sind keine höherrangigen Interessen der Versicherer erkennbar, die diese schwerwiegende Beeinträchtigung rechtfertigen könnten. Insbesondere wird der Wissentlichkeitsausschluss nicht zur Verhaltenssteuerung der versicherten Personen benötigt, da nicht zu erkennen ist, dass dieser Klausel in der Praxis irgendeine signifikante verhaltenssteuernde Wirkung zukommt. Und wenn man überhaupt annehmen wollte, dass sich das Verhalten von Führungskräften über Versicherungsklauseln steuern lässt, dann stünde mit dem Selbstbehalt eine für die Manager schonendere Alternative bereit, die sich jedenfalls nicht weniger zur Verhaltenssteuerung eignet.

Die Ausschlussklausel für wissentliche Pflichtverletzungen benachteiligt die versicherten Personen damit unangemessen i. S. v. § 307 Abs. 1 S. 1 BGB, woraus die Unwirksamkeit dieser Klausel folgt.

#### *b) Gefährdung des Vertragszweckes, § 307 Abs. 2 Nr. 2 BGB*

In Betracht zu ziehen ist weiter, dass der Risikoausschluss für wissentliche Pflichtverletzungen in der D&O-Versicherung auch das zweite Regelbeispiel des § 307 Abs. 2 erfüllt, in dem er den Vertragszweck einer D&O-Versicherung gefährdet.[768] Die h. M. geht davon aus, dass die beiden Fälle des § 307 Abs. 2 BGB sich ergänzen, auch wenn diesbezüglich noch einige Fragen offen sind.[769]

---

767 a. A. *Schweitzer*, Zulässigkeit der Ausschlussklauseln, S. 213, 215 f.

768 Diese Frage hat ausdrücklich erstmals *Koch*, WM 2007, 2173, 2180 aufgeworfen, der dabei zu dem Ergebnis gekommen ist, dass man von „einer Aushöhlung des Versicherungsschutzes noch nicht sprechen“ kann; vgl. hierzu auch *Schweitzer*, Zulässigkeit der Ausschlussklauseln, S. 147, 216 ff.

769 vgl. *A. Fuchs* in: Ulmer/Brandner/Hensen, § 307 Rz. 197; *Pfeiffer* in: Wolf/Lindacher/Pfeiffer, AGB-Recht, § 307 Rz. 97; *Coester* in: Staudinger, BGB, § 307

Anerkannt ist jedoch, dass beide Fälle sich nicht ausschließen, also eine Klausel sowohl mit den wesentlichen Grundgedanken der gesetzlichen Regelung unvereinbar sein als auch den Vertragszweck gefährden kann.[770]

Gemäß § 307 Abs. 2 Nr. 2 BGB ist eine unangemessene Benachteiligung im Zweifel anzunehmen, wenn eine Bestimmung wesentliche Rechte oder Pflichten, die sich aus der Natur des Vertrages ergeben, so einschränkt, dass die Erreichung des Vertragszweckes gefährdet ist. Die Rechtsprechung nimmt eine solche Vertragszweckgefährdung an, wenn der Vertrag durch eine Einschränkung der Leistungspflicht ausgehöhlt und zwecklos wird.[771]

#### aa) Wesentliche Rechte und Pflichten, die sich aus der Natur des Vertrages ergeben

Anders als bei § 307 Abs. 2 Nr. 1 BGB, bei dem auf den Kern des Gesetzes abgestellt wird, ergibt sich im Rahmen von § 307 Abs. 2 Nr. 2 BGB aus der „Natur bzw. dem Leitbild des Vertrages" der Maßstab der Inhaltskontrolle.[772] Bei diesem indisponiblen Kern handelt es sich um die zentralen Leistungs- und Schutzerwartungen des Vertragspartners.[773] Diese werden bzw. wurden häufig auch als sog. Kardinalpflichten des Vertrages bezeichnet.[774] Für letztere gilt das Aushöhlungsverbot.[775] Hierbei ist allerdings darauf hinzuweisen, dass der im Gesetz nicht verankerte Begriff der Kardinalpflicht sich wegen seiner Unschärfe wachsender Kritik ausgesetzt sieht[776] und auch die Rechtsprechung ihn zunehmend weniger

Rz. 263 ff.; *Wurmnest* in: MünchKommBGB, § 307 Rz. 70; *S. Roloff* in: Erman, BGB, § 307 Rz. 31; *Gädtke/Wax*, AG 2010, 851, 855.

770 *A. Fuchs* in: Ulmer/Brandner/Hensen, § 307 Rz. 197 m. w. N.; *Schweitzer*, Zulässigkeit der Ausschlussklauseln, S. 135, 217.

771 BGH NJW 1998, 1069; BGH NJW 2004, 2589, 2591; BGH NJW-RR 2005, 32, 33; BGH VersR 2006, 643, 644; BGH VersR 2009, 533, 534; BGH NJW 2012, 3023, 3025.

772 *Coester* in: Staudinger, BGB, § 307 Rz. 261; *Kollmann* in: NK-BGB, § 307 Rz. 29; *S. Roloff* in: Erman, BGB, § 307 Rz. 32.

773 *Coester* in: Staudinger, BGB, § 307 Rz. 261 f. *Beckmann* in: Beckmann/Matusche-Beckmann, Versicherungsrechts-Handbuch, § 10 Rz. 277.

774 vgl. *Coester* in: Staudinger, BGB, § 307 Rz. 275 ff., *S. Roloff* in: Erman, BGB, § 307 Rz. 31.

775 BGHZ 38, 183, 186; BGH NJW 1984, 1350, 1351; *Pfeiffer* in: Wolff/Lindacher/Pfeiffer, AGB-Recht, § 307 Rz. 133; *Coester* in: Staudinger, BGB, § 307 Rz. 262; *Schweitzer*, Zulässigkeit der Ausschlussklauseln, S. 217.

776 *Coester* in: Staudinger, BGB, § 307 Rz. 275 ff.; *Kollmann* in: NK-BGB, § 307 Rz. 28; *Berger/Kleine*, NJW 2007, 3526, 3527.

verwendet bzw. wegen dessen Intransparenz ganz ablehnt.[777] Bei den zentralen Leistungs- und Schutzerwartungen handelt es sich vielmehr um solche, „deren Erfüllung die ordnungsgemäße Durchführung des Vertrags überhaupt erst ermöglichen und auf deren Einhaltung der Vertragspartner regelmäßig vertraut und auch vertrauen darf."[778]

### bb) Gefährdung des Vertragszweckes

Eine bloße Einschränkung dieser wesentlichen Rechte und Pflichten reicht jedoch nicht aus, um die Unwirksamkeit der Klausel im Rahmen des § 307 Abs. 2 Nr. 2 BGB begründen zu können.[779] So wie es im Rahmen von § 307 Abs. 2 Nr. 1 BGB auf die Unvereinbarkeit der Abweichung ankommt, wird die Interessenabwägung im Rahmen des § 307 Abs. 2 Nr. 2 BGB am Merkmal der Gefährdung des Vertragszweckes vorgenommen.[780] Hieraus ergibt sich das Aushöhlungsverbot.[781]

Die Rechtsprechung nimmt bei Allgemeinen Versicherungsbedingungen eine Gefährdung des Vertragszweckes dann an, „wenn mit der Begrenzung der Leistung der Vertrag ausgehöhlt werden kann und damit der Versicherungsvertrag in Bezug auf das zu versichernde Risiko zwecklos wird."[782] Die Klausel muss die Gefahr begründen, den Vertrag so auszuhöhlen, dass wirtschaftliche oder sonstige Vertragsziele ganz oder teilweise nicht verwirklicht werden können.[783] Maßstab sind wiederum die zentralen Leistungs- und Schutzerwartungen des

777 BGHZ 164, 11, 36 f.; BGH NJW-RR 2005, 1496, 1505; BGH NJW 2006, 46 (2. LS); BGH NJW 2013, 292, 296 Rz. 46; *Schweitzer*, Zulässigkeit der Ausschlussklauseln, S. 185.

778 BGH NJW-RR 1993, 560, 561; BGH NJW 2001, 292, 302; BGH NJW-RR 2005, 1496, 1505; BGH NJW-RR 2006, 267, 269; *Pfeiffer* in: Wolf/Lindacher/Pfeiffer, AGB-Recht, § 307 Rz. 138; *Kollmann* in: NK-BGB, § 307 Rz. 30.

779 vgl. BGH NJW-RR 1991, 412, 413; *Beckmann* in: Beckmann/Matusche-Beckmann, Versicherungsrechts-Handbuch, § 10 Rz. 277; *Koch*, WM 2007, 2173, 2179.

780 *A. Fuchs* in: Ulmer/Brander/Hensen, AGB-Recht, § 307 BGB Rz. 243, 261; *Pfeiffer* in: Wolff/Lindacher/Pfeiffer, AGB-Recht, § 307 Rz. 145; *Beckmann* in: Beckmann/Matusche-Beckmann, Versicherungsrechts-Handbuch, § 10 Rz. 277.

781 *Pfeiffer* in: Wolff/Lindacher/Pfeiffer, AGB-Recht, § 307 Rz. 145; *Beckmann* in: Beckmann/Matusche-Beckmann, Versicherungsrechts-Handbuch, § 10 Rz. 277.

782 BGH NJW 1998, 1069; BGH NJW 2004, 2589, 2591; BGH NJW-RR 2005, 32, 33; BGH VersR 2006, 643, 644; BGH VersR 2009, 533, 534; BGH NJW 2012, 3023, 3025.

783 *Pfeiffer* in: Wolff/Lindacher/Pfeiffer, AGB-Recht, § 307 Rz. 147; *Wurmnest* in: MünchKommBGB, § 307 Rz. 74; *Koch*, WM 2007, 2173, 2179.

durchschnittlichen Vertragspartners.[784] Entscheidend für die Prüfung des § 307 Abs. 2 Nr. 2 BGB ist damit, ob der Verwender seinem Vertragspartner mit der Klausel genau diejenigen Rechte ausschließt oder verkürzt, die er ihm eigentlich vertraglich schuldet.[785]

Da § 307 Abs. 2 Nr. 2 BGB aber lediglich auf eine Gefährdung des Vertragszweckes abstellt, ist eine solche auch ausreichend.[786] Hieraus folgt, dass die Klausel den Vertragszweck nicht tatsächlich beeinträchtigen oder vereiteln muss.[787] Verlangt wird eine nicht unerhebliche Gefährdung des Vertragszweckes, die schon dann vorliegen kann, wenn die Klausel beispielsweise zu einer atypischen Risikoverlagerung führt oder der wirtschaftliche Zweck nur mit erheblichen Einschränkungen erreicht werden kann.[788] Dies kann etwa in der Weise geschehen, dass die Durchsetzung der vertraglich vereinbarten Rechte erschwert oder faktisch vereitelt wird.[789]

#### cc) Vertragszweckgefährdung durch den Risikoausschluss für wissentliche Pflichtverletzungen

Dementsprechend darf die Ausschlussklausel für wissentliche Pflichtverletzungen nicht dazu führen, dass der Klauselverwender von Verpflichtungen befreit wird, deren Erfüllung die ordnungsgemäße Durchführung des Vertrages überhaupt erst ermöglicht und auf deren Einhaltung der Vertragspartner regelmäßig vertraut und vertrauen darf und die D&O-Versicherung für die Manager damit in Bezug auf das zu versichernde Risiko zwecklos ist. Der Zweck der D&O-Versicherung besteht vor allem darin, Deckungsschutz im Rahmen der Versicherungssumme für solche gravierenden Pflichtverletzungen bereitzustellen, die nicht von dem sicheren Hafen der Business Judgment Rule erfasst werden, denn soweit die Business Judgment Rule greift, wird Versicherungsschutz

---

784 BGH NJW 1971, 1036, 1037 f.; *A. Fuchs* in: Ulmer/Brandner/Hensen, § 307 Rz. 240, 244 ff; *Schweitzer*, Zulässigkeit der Ausschlussklauseln, S. 219, 235.

785 BGH NJW-RR 1998, 1426, 1427; *Kollmann* in: NK-BGB, § 307 Rz. 31; *Schweitzer*, Zulässigkeit der Ausschlussklauseln, S. 217.

786 *Pfeiffer* in: Wolff/Lindacher/Pfeiffer, AGB-Recht, § 307 BGB Rz. 147; *A. Fuchs* in: Ulmer/Brandner/Hensen, AGB-Recht, § 307 BGB Rz. 262; vgl. hierzu auch: *Schweitzer*, Zulässigkeit der Ausschlussklauseln, S. 218.

787 *Pfeiffer* in: Wolff/Lindacher/Pfeiffer, AGB-Recht, § 307 BGB Rz. 147; *A. Fuchs* in: Ulmer/Brandner/Hensen, AGB-Recht, § 307 BGB Rz. 262.

788 *Pfeiffer* in: Wolff/Lindacher/Pfeiffer, AGB-Recht, § 307 BGB Rz. 147; *A. Fuchs* in: Ulmer/Brandner/Hensen, AGB-Recht, § 307 BGB Rz. 262; *Bach/Geiger*, VersR 1993, 659, 674.

789 *A. Fuchs* in: Ulmer/Brandner/Hensen, § 307 Rz. 259 m. w. N.

nicht benötigt.[790] In seiner Herbizid-Entscheidung vom 04.02.1980 hat der BGH zu einer Betriebshaftpflichtversicherung festgestellt, dass der Versicherungsnehmer das berechtigte Interesse hat, „daß in allen Fällen, in denen das haftungsbegründende Ereignis in den Haftungszeitraum fällt, der Versicherer vollen Versicherungsschutz gewährt".[791]

In der Entscheidung vom 26.09.1990[792], die vorstehend bereits bei der Prüfung, ob die Ausschlussklausel für wissentliche Pflichtverletzungen gegen den Grundgedanken der gesetzlichen Regelung des § 103 VVG verstößt, erwähnt wurde, hat der BGH die Ausschlussklausel für wissentliche Pflichtverletzungen in der Vermögensschadenhaftpflichtversicherung für wirksam erachtet (s. o.).[793] Dabei hat der BGH im Rahmen von § 9 AGBG allerdings nur untersucht, ob die Klausel von den wesentlichen Grundsätzen einer gesetzlichen Regelung – § 152 VVG (§ 103 VVG n. F.) – abweicht.[794] Prüfungsmaßstab war damit aus heutiger Sicht allein § 307 Abs. 2 Nr. 1 BGB.[795] Dabei hat der BGH allerdings nicht untersucht, ob die Klausel auch den Vertragszweck gemäß § 307 Abs. 2 Nr. 2 BGB gefährdet, worauf *Koch* bereits hingewiesen hat.[796] Wiederum *Koch* zieht dann auch die Schlussfolgerung, dass eine solche Prüfung bei einer D&O-Versicherung nahegelegen hätte, da „dem Organmitglied einerseits nach § 93 Abs. 1 Satz 2 AktG ein haftungsfreier Handlungs- und Beurteilungsspielraum zukommt, andererseits bei Überschreiten dieses Spielraums oftmals eine wissentliche Pflichtverletzung vorliegt."[797] Denn wenn eine Managerpflichtverletzung überhaupt erst bei Überschreitung des unternehmerischen Handlungsspielraumes vorliegt, also ohnehin eine erhebliche unternehmerische Fehlleistung voraussetzt, dann wird nach der Rechtsprechung die Wissentlichkeit leicht gegeben sein und der

790 ähnlich *Schweitzer*, Zulässigkeit der Ausschlussklauseln, S. 229, 231.

791 BGH, Urt. v. 04.02.1980 – IV a ZR 32/80 = VersR 1981, 173, 174.

792 BGH, Urt. v. 26.09.1990 – IV ZR 147/89 = NJW-RR 1991, 145, 147.

793 Abschn. C I 2 a) dd) (1).

794 Hierauf hat schon *Koch*, WM 2007, 2173, 2180 zutreffend hingewiesen.

795 so schon *Koch*, WM 2007, 2173, 2180.

796 *Koch*, WM 2007, 2173, 2180; vgl. hierzu auch *Pfeiffer* in: Wolf/Lindacher/Pfeiffer, AGB-Recht, § 307 Rz. 97: „Die Rspr. trennt häufig nicht klar zwischen den verschiedenen Absätzen, was in der Regel unschädlich ist, wenn die Unwirksamkeit auf jeden Fall festzustellen ist."

797 *Koch*, WM 2007, 2173, 2180; vgl. auch *Schweitzer*, Zulässigkeit der Ausschlussklauseln, S. 232; *Lange*, DStR 2002, 1674, 1676 f.; *Notthoff*, NJW 2003, 1351, 1353; *Seibt/Saame*, AG 2006, 901, 906.

Deckungsschutz durch die D&O-Versicherung entfallen.[798] So zieht *Koch* auch die Schlussfolgerung: „M.a.W., gerade in den Fällen, in denen das Organmitglied Versicherungsschutz benötigt, wird es ihn [aufgrund der Ausschlussklausel für wissentliche Pflichtverletzungen] nicht erhalten."[799] Daher besteht die Gefahr, dass der Risikoausschluss für wissentliche Pflichtverletzung dazu führt, dass der Versicherer gerade nicht vollen Versicherungsschutz leisten muss, dieser damit ausgehöhlt wird und somit der Vertragszweck i. S. v. § 307 Abs. 2 Nr. 2 BGB gefährdet wird.[800]

Die D&O-Versicherung wird abgeschlossen, um im Versicherungsfall deren Abwehr- und Schadensausgleichsfunktion in Anspruch nehmen zu können (s. o.).[801] Hierdurch soll die in den Versicherungsvertrag einbezogene versicherte Person von den Folgen einer persönlichen Haftung befreit werden. Wesentliche Vertragspflicht ist damit die Befreiung des Organs von der persönlichen Haftung gegenüber der Gesellschaft im Rahmen der Deckungssumme.[802] Eine Voraussetzung dieser persönlichen Haftung ist eine pflichtwidrige Handlung des Organs. Genau diese Pflichtwidrigkeit ist aber auch Voraussetzung für das Ein-

798 *Lange*, DStR 2002, 1674, 1677; ähnlich *Seibt/Saame*, AG 2006, 901, 906; vgl. auch *Notthoff*, NJW 2003, 1350, 1353: „Eine Pflichtverletzung, die den Aufsichtsrat oder Vorstand zum Schadenersatz verpflichtet, soll erst bei Überschreitung des unternehmerischen Ermessens vorliegen, also ein einigermaßen drastisches Fehlverhalten erfordern. Dann aber ist mit der Bejahung der Pflichtverletzung die Abgrenzung zur Überschreitung der Schwelle zur Wissentlichkeit sorgfältig zu prüfen."

799 *Koch*, WM 2007, 2173, 2180; ähnlich *Steinkühler*, VW 2003, 1734: „Spätestens im Schadensfall zeigt sich, dass der Vorsatzausschluss keineswegs unproblematisch und für den Versicherer oftmals ein Argument ist, schnell die Deckungszusage zu verweigern. Bedenkt man die Einzelschicksale der versicherten Personen, die hinter diesen Fällen stehen, können zu Recht Zweifel an dem Sinn und Zweck einer D&O-Police als Schutzmodul für das Privatvermögen von Organmitgliedern aufkommen."; so auch *Rohde-Liebenau*, ZfV 1998, 288, 289 zu Ziff. 5.1 der GDV-Musterbedingungen: „Bemerkenswert ist aber, daß auch alle Haftpflichtansprüche ausgeschlossen werden sollen, die „durch wissentliches Abweichen von Gesetz, Vorschrift, Beschluß, Vollmacht oder Weisung oder durch sonstige wissentliche Pflichtverletzung" entstehen. Es wird kaum einen Fall der Haftung von Vorständen (oder Aufsichtsräten) geben, bei dem nicht eines dieser Merkmale zutrifft. [...] Wenn dieser Ausschluß (Ziffer 5.1) bestehen bleibt, ist an dem Wert der Deckung zu zweifeln."

800 anders *Koch*, WM 2007, 2173, 2180: „Gleichwohl wird man von einer Aushöhlung des Versicherungsschutzes noch nicht sprechen können."

801 Abschn. B VI 3.

802 ähnlich *Schweitzer*, Zulässigkeit der Ausschlussklauseln, S. 221, 227, 231.

greifen des Risikoausschlusses für wissentliche Pflichtverletzungen. Laut *Vothknecht* ist denn auch „Anknüpfungspunkt für die wissentliche Pflichtverletzung nicht ein den Zweck des Versicherungsvertrags unterstützendes weiteres bzw. zusätzliches Verhalten des Versicherungsnehmers, sondern ein und dasselbe tatsächliche Verhalten, das an sich den Gegenstand der Vermögensschaden-Haftpflichtversicherung selbst darstellt, wenn es als Verstoß gegen Verhaltenspflichten bzw. als Pflichtverletzung zu werten ist."[803]

Dieselbe Pflichtwidrigkeit ist damit nicht nur Voraussetzung für eine Haftung des Organs und damit eine Einstandspflicht des Versicherers, sondern gleichzeitig auch eine Voraussetzung für die Befreiung des Versicherers von dieser Einstandspflicht im Rahmen des Risikoausschlusses für wissentliche Pflichtverletzungen. Damit der Risikoausschluss greift, muss (nur noch) die Wissentlichkeit hinzukommen.

Hieraus folgt, dass in objektiver Hinsicht die Voraussetzungen für eine Einstandspflicht des Versicherers und die Voraussetzungen für eine Befreiung von dieser Einstandspflicht absolut gleichlaufen. Dieselbe Pflichtwidrigkeit führt demnach sowohl zum Deckungsfall wie auch zum Deckungsausschluss.

Zu einer Haftung des Versicherers kommt es folglich nur dann, wenn diese Pflichtwidrigkeit lediglich in subjektiver Hinsicht nicht wissentlich begangen wurde. Abgedeckt bliebe damit nur (grob) fahrlässiges Handeln. Dieser „Rest" soll ausreichen, um im Fall des Ausschlusses für wissentliche Pflichtverletzungen nicht von einer Vertragszweckgefährdung i. S. d. § 307 Abs. 2 Nr. 2 BGB ausgehen zu müssen.[804]

Fraglich ist jedoch, ob die Erfassung lediglich fahrlässiger Pflichtverletzungen tatsächlich eine Aushöhlung der Vertragspflichten verhindert.

In Betracht kommt hier, dass es sich entweder um fahrlässig pflichtwidrige gebundene Entscheidungen handelt, in denen die Business Judgment Rule von vornherein nicht greift oder um fahrlässig pflichtwidrige unternehmerische Entscheidungen.

*(1) Fahrlässig pflichtwidrige gebundene Entscheidungen*

Gebundene Entscheidungen sind solche, die sich für das Leitungsorgan verbindlich aus dem Gesetz, der Satzung, dem Anstellungsvertrag, der Geschäftsordnung oder einer Weisung ergeben (s. o.).[805] Ein Handlungsspielraum besteht

803 *Vothknecht*, PHi 2006, 52, 54.

804 *Gruber/Mitterlechner/Wax*, D&O-Versicherung, § 7 Rz. 71; *Koch*, WM 2007, 2173, 2180.

805 Abschn. B VI 2 c) ee) (1).

hier nicht, „weil es schlicht an einer Handlungsalternative fehlt" (s. o.).[806] Zwar erscheint im Bereich der gebundenen Entscheidungen ein fahrlässiger Pflichtverstoß ohne weiteres möglich. So besteht auch grundsätzlich immer die Möglichkeit für ein Organ, einzuwenden, eine bestimmte aus dem Gesetz oder der Satzung folgende Pflicht nicht gekannt zu haben. Jedenfalls für Verstöße gegen die Satzung, den Anstellungsvertrag, die Geschäftsordnung oder eine Weisung erscheint es aber sehr zweifelhaft, ob ein solcher Einwand auch erfolgreich sein wird, da von einem Organ angenommen wird, dass es die Satzung der Gesellschaft und deren Geschäftsordnung ebenso kennt wie den eigenen Anstellungsvertrag und es selbstverständlich auch die erteilten Weisungen zur Kenntnis nimmt.[807] In diesem Bereich der gebundenen Entscheidungen werden Pflichtverstöße damit aller Voraussicht nach grundsätzlich als wissentlich eingeordnet werden.[808] Damit blieben Gesetzesverstöße übrig. Doch auch hier neigt die Rechtsprechung dazu, davon auszugehen, dass dem Organ grundlegende Gebote, die aus Gesetzen folgen und zu denen es keine Handlungsalternative gibt,

806 Abschn. B VI 2 c) ee) (1); *Zöllner/Noack* in: Baumbach/Hueck, GmbHG, § 43 Rz. 17, 22b.

807 vgl. *Lange*, D&O-Versicherung und Managerhaftung, § 11 Rz. 35, 36 ff.

808 so auch *Vorrath*, VW 2006, 151 f.; *Schilling*, D&O-Versicherung und Managerhaftung, S. 38: „Aufgrund der Vielzahl von Gesellschafterbeschlüssen und auch Zustimmungskatalogen, die in Satzungen oder Anstellungsverträgen vereinbart sind, kann der Manager schnell eine wissentliche Pflichtverletzung begehen."; *Jula*, FS Baumann, S. 119, 125: „In Anbetracht der Vielzahl von Gesellschafterbeschlüssen oder auch von Zustimmungskatalogen, die in Satzungen oder Anstellungsverträgen verankert sind, kann häufig eine wissentliche Pflichtverletzung bestehen. So etwa, wenn der Geschäftsführer ein Geschäft tätigt, für das er zuvor die Zustimmung der Gesellschafterversammlung hätte einholen müssen, weil ein einschlägiger Gesellschafterbeschluß oder der Zustimmungskatalog in der Satzung dies vorschreibt. Regelmäßg dürfte sich der Geschäftsführer wohl nicht damit verteidigen können, dass ihm der Pflichtverstoß nicht gegenwärtig gewesen war. Es steht zu befürchten, daß er mit dieser Argumentation in einem etwaigen Prozeß unterlegen ist. Der Geschäftsführer hat sich über die bestehende Satzungs- und Beschlusslage zu informieren." und *Olbrich*, D&O-Versicherung, S. 180: „In der überwiegenden Zahl der Haftungsfälle wird nämlich eine der genannten Konstellationen vorliegen. Gerade in Anbetracht der Vielzahl von Gesellschafterbeschlüssen oder Zustimmungskatalogen, die in Satzungen oder Anstellungsverträgen verankert sein können, wird häufig auch eine wissentliche Pflichtverletzung bestehen."; *Schweitzer*, Zulässigkeit der Ausschlussklauseln, S. 60, 95 f., 100, 232.

auch bekannt sind (s. o.).[809] Dies gilt erst recht, wenn aus einem solchen Pflichtverstoß ein schwerer Schaden resultieren sollte.

Im Ergebnis bedeutet dies, dass jedenfalls sämtliche Pflichtverletzungen, die aus Verstößen gegen berufliche Pflichten resultieren, aus dem Versicherungsschutz herausfallen dürften.[810] Und wenn originär fahrlässiges Verhalten, nämlich das Kennenmüssen bestimmter Regeln, zur Begründung der Wissentlichkeit herangezogen wird, dann ist der Risikoausschluss für wissentliche Pflichtverletzungen gänzlich ad absurdum geführt.[811] Ob daher tatsächlich im Bereich der gebundenen Entscheidungen ein bedeutender Rest für fahrlässig begangene Pflichtverletzungen verbleibt, erscheint daher sehr zweifelhaft.[812]

*(2) Fahrlässig pflichtwidrige unternehmerische Entscheidungen*

Als fahrlässig pflichtwidrige unternehmerische Entscheidungen kommen vor allem solche Entscheidungen in Betracht, die nicht auf der Grundlage angemessener Informationen getroffen worden sind.[813] So erscheint es ohne Weiteres denkbar, dass ein Leitungsorgan „im Eifer des Gefechts" eine unternehmerische Entscheidung nicht sorgfältig genug plant und der Gesellschaft ein Schaden entsteht. Aber immer dann, wenn im Haftungsprozess die Pflichtverletzung auch bei der mangelnden Vorbereitung einer unternehmerischen Entscheidung verortet werden sollte, besteht wegen der bestehenden Bindungswirkung für den Deckungsprozess (s. o.)[814] die Gefahr, dass diese „Pflichtverletzung" auch Gegenstand des Deckungsprozesses wird. Dann aber wird es dem Versicherer ein Leichtes sein, darauf abzustellen, dass das Organ selbstverständlich weiß, dass unternehmerische Entscheidungen „nach den anerkannten betriebswirtschaftlichen Grundsätzen"[815] sorgfältig vorzubereiten sind und die Wissentlichkeit ist damit etabliert (s. o.).[816]

---

809 Abschn. C I 2 a dd) (3) (b); vgl. auch die Rechtsprechungshinweise bei *Seibt/Saame*, AG 2006, 901, 908 f.; *Schweitzer*, Zulässigkeit der Ausschlussklauseln, S. 96, 232.

810 i. E. auch *Schweitzer*, Zulässigkeit der Ausschlussklauseln, S. 232.

811 ähnlich *Schweitzer*, Zulässigkeit der Ausschlussklauseln, S. 234.

812 so auch *Seibt/Saame*, AG 2006, 901, 906: „In einem solchen Fall muss wiederum damit gerechnet werden, dass auch die D&O-Versicherung dem Organmitglied keinen Deckungsschutz leistet, weil es dem Versicherer gelingt, den Ausschlusstatbestand der wissentlichen Pflichtverletzung nachzuweisen."

813 vgl. *Koch*, WM 2007, 2173, 2180; *Ulmer*, FS Canaris, 451, 465.

814 Abschn. B V 6.

815 vgl. BGH NJW 2008, 3361, 3362.

816 vgl. *Lutter*, GmbHR 2000, 301, 308: „Auch das alles ist heute Standard der Betriebswirtschaftslehre, Abteilung Entscheidungslehre, und gehört damit zum

Aber selbst wenn eine selbstständige, von der Vorbereitung der Entscheidung losgelöste Pflichtwidrigkeit Gegenstand des Deckungsprozesses sein sollte, besteht aus den bereits zu § 307 Abs. 2 Nr. 1 BGB genannten Gründen die Gefahr, dass die Pflichtwidrigkeit als wissentlich beurteilt wird.[817] Grund hierfür ist die bereits beschriebene Wechselwirkung zwischen Pflichtwidrigkeit und Wissentlichkeit.[818] Da nur schwere unvertretbare oder unverantwortliche – Pflichtverletzungen die Business Judgment Rule passieren und die Wissentlichkeit anhand objektiver Kriterien festgestellt wird, besteht auch hier eine hohe Wahrscheinlichkeit, dass das Gericht die Wissentlichkeit einer Pflichtverletzung annehmen wird.[819] Zwar muss der Versicherer beweisen, dass das Organmitglied gewusst hat, wie es sich hätte verhalten müssen. Dabei gelten jedoch die bereits beschriebenen Beweiserleichterungen aus den Grundsätzen des Indizienbeweises (s. o.).[820] Ob die Ausschlussklausel für wissentliche Pflichtverletzungen den Deckungsschutz für fahrlässige Pflichtverletzungen im Bereich unternehmerischer Entscheidungen Deckungsschutz bestehen lässt, erscheint daher ebenfalls sehr zweifelhaft.

*(3) Verletzung von Organisations-, Planungs- und Risikoüberwachungspflichten*

Als denkbare Schadensfälle, die zu einer Versicherungsleistung berechtigen, sollen schließlich noch die Fälle der Haftung wegen der (fahrlässigen) Verletzung von Organisations-, Planungs- und Risikoüberwachungspflichten verbleiben.[821]

Auch in diesem Bereich ist festzustellen, dass Rechtsprechung und Gesetzgebung zunehmend höhere Anforderungen an die Pflicht der Unternehmensleitung zur ordnungsgemäßen Organisation des Unternehmens und zur sorgfältigen Überwachung der Aufsichtsorgane stellen.[822] „Unklar" soll hier allerdings sein, inwieweit der Unternehmensführung bei der Erfüllung dieser Aufgaben ein unternehmerischer Handlungsspielraum zukommt.[823]

---

professionellen Rüstzeug jedenfalls in größeren und großen Unternehmen – sei es des Geschäftsführers, sei es seiner Mitarbeiter."

817 Abschn. C I 2 a) dd) (3) (b).

818 Abschn. C I 2 a) dd) (3) (b); vgl. hierzu auch *Lange*, DStR 2002, 1674, 1676.

819 i. E. auch *Schweitzer*, Zulässigkeit der Ausschlussklauseln, S. 60, 97 f., 232.

820 Abschn. C I 2 a) dd) (3) (b).

821 *Seibt/Saame*, AG 2006, 901, 906; *Koch*, WM 2007, 2173, 2180; vgl. hierzu auch *Schweitzer*, Zulässigkeit der Ausschlussklauseln, S. 99, 232.

822 vgl. *Seibt/Saame*, AG 2006, 901, 906 m. w. N.

823 *Seibt/Saame*, AG 2006, 901, 906 m. w. N.

Zu Recht ist jedoch auch in diesem Bereich darauf hingewiesen worden, dass kein unternehmerischer Handlungsspielraum der Leitungsorgane besteht, für eine ordnungsgemäße Organisation und Überwachung des Unternehmens zu sorgen, vgl. § 91 Abs. 2 AktG („ob"), für das „wie" einer solchen Überwachung dagegen schon ein Handlungsspielraum der Unternehmensführung anzunehmen ist.[824] Organisationsregeln, die für alle Unternehmen gleichermaßen Geltung beanspruchen können, gibt es ohnehin nicht.[825] Sofern bezüglich der näheren Ausgestaltung der Organisation der Überwachung ein Handlungsspielraum besteht, ist es ohne weiteres denkbar, dass das Leitungsorgan die Grenzen des ihm zustehenden Handlungsspielraumes „in unverantwortlicher Weise" überschreitet und außerhalb der Business Judgment Rule deshalb aufgrund der beschriebenen Wechselwirkung zwischen Schwere des Pflichtverstoßes und Wissentlichkeit auch ein wissentlicher Pflichtverstoß naheliegt. Für das „Ob" der Einrichtung eines solchen Überwachungssystems gilt dies erst recht, da Gesetz und womöglich auch die Satzung genau dies von dem Organmitglied verlangen. In der Regierungsbegründung zu § 91 Abs. 2 AktG heißt es ausdrücklich, dass dieser Norm eine Ausstrahlungswirkung im Hinblick auf andere Rechtsformen und insbesondere die GmbH beizumessen ist.[826] Auch im Bereich der Überwachungs- und Organisationspflichten muss ein Organ bei Pflichtverletzungen

---

824 *Dauner-Lieb* in: Henssler/Strohn, AktG, § 91 Rz. 8; *Krieger/Sailer-Coceani* in: Karsten Schmidt/Lutter, AktG, § 91 Rz. 12; *Fleischer* in: MünchKommGmbHG, § 43 Rz. 83; *ders.*, AG 2003, 291, 298; *ders.*, NJW 2005, 3525, 3528; *Paefgen* in: Ulmer/Habersack/Winter, GmbHG, § 43 Rz. 68; *Schweitzer*, Zulässigkeit der Ausschlusklauseln, S. 51, 99; vgl. auch *Zöllner/Noack* in: Baumbach/Hueck, GmbHG, § 43 Rz. 17, 22b; *Goette*, FS 50 Jahre Bundesgerichtshof, 123, 131; i. E. auch *Lutter*, GmbHR 2000, 301, 307.

825 *Spindler* in: MünchKommAktG, § 93 Rz. 51 m. w. N.; *Krieger/Sailer-Coceani* in: Karsten Schmidt/Lutter, AktG, § 91 Rz. 12; *Paefgen* in: Ulmer/Habersack/Winter, GmbHG, § 43 Rz. 19; *Fleischer* in: MünchKommGmbHG, § 43 Rz. 61; *ders.*, AG 2003, 291, 298: „Allerdings hängt die konkrete Ausformung des Überwachungssystems von der Größe, Branche, Struktur und dem Kapitalmarktzugang des jeweiligen Unternehmens ab. Infolgedessen verfügt der Vorstand über ein breites Ermessen, das ihn nach der Rechtsprechung des Bundesgerichtshofs regelmäßig vor haftungsrechtlicher Inanspruchnahme abschirmt."; *Habersack*, ZHR 177 (2013), 782, 795: „… zumal klare Vorgaben hinsichtlich der Ausgestaltung des jeweiligen Überwachungssystems nicht bestehen;"

826 BR-Drs. 892/37, S. 37; BT-Drs. 13/9721, S. 15; vgl. hierzu *Fleischer* in: MünchKommGmbHG, § 43 Rz. 61.

daher befürchten, dass diese (zu Unrecht) als wissentlich eingeordnet werden und der Versicherungsschutz damit entfällt.

*(4) Abschließende Stellungnahme*

Dass die Ausschlussklausel für wissentliche Pflichtverletzungen den Versicherungsschutz aushöhlt, ergibt sich aus zweierlei Aspekten, die sich teilweise überschneiden. Zum einen ist der außerhalb der Business Judgment Rule liegende Bereich, in dem die D&O-Versicherung zum tragen kommt, derjenige, in dem in der Praxis auch bei grober Fahrlässigkeit nach den Kriterien der Rechtsprechung wissentliche Pflichtverletzungen angenommen werden. Zum anderen gibt der Risikoausschluss für wissentliche Pflichtverletzungen den Versicherern hierdurch die Möglichkeit, erhebliche Einbußen des Versicherungsschutzes auszuhandeln.

*(a) D&O-Versicherungen decken einen Bereich ab, in dem Pflichtverletzungen als wissentlich eingeordnet werden*

Die Business Judgment Rule bietet dem Unternehmensleiter bereits einen Schutz für all diejenigen Verhaltensweisen, die im Sinne von § 93 Abs. 1 S. 2 AktG (analog) nicht als pflichtwidrig eingeordnet werden. *Paefgen* hat hinsichtlich der Ziele der Business Judgment Rule darauf hingewiesen, dass insofern „ein direkter Zusammenhang zwischen der D&O-Versicherung und der Haftungsfreistellung des Geschäftsführers bei unternehmerischen Entscheidungen nach der Business Judgment Rule" besteht (s. o.).[827] Daher ergibt der Abschluss einer D&O-Versicherung nur für diejenigen Verhaltensweisen Sinn, die nicht bereits durch die Business Judgment Rule abgedeckt sind.[828] Dies ist aber genau der Bereich, in dem die Pflichtverstöße auf der Haftungsebene als schwerwiegend und auf der Deckungsebene damit häufig genug nach den Kriterien der Rechtsprechung als wissentlich eingeordnet werden.[829] So handelt es sich bei diesem außerhalb der Reichweite der Business Judgment Rule liegenden Bereich regelmäßig um gravierende Pflichtverletzungen, die ohne weiteres als grob fahrlässig eingeordnet werden können.[830] Von der groben Fahrlässigkeit bis zur Wissentlichkeit ist es

827 Abschn. B VI 2 c) aa) (1); *Paefgen* in: Ulmer/Habersack/Winter, GmbHG, § 43 Rz. 257; vgl. hierzu auch *Lange*, VW 2004, 968, 971.

828 i. E. auch *Schweitzer*, Zulässigkeit der Ausschlussklauseln, S. 2, 229.

829 i. E. auch *Schweitzer*, Zulässigkeit der Ausschlussklauseln, S. 97 f., 229, 232; ähnlich *Seibt/Saame*, AG 2006, 901, 906.

830 Abschn. B VI 2 d); *Gruber/Mitterlechner/Wax*, D&O-Versicherung, § 7 Rz. 70; *Habersack*, FS Ulmer, S. 151, 168 f.; vgl. hierzu auch *Ulmer*, DB 2004, 859, 862; *Koch*, WM 2007, 2173, 2180.

aber jedenfalls in der Praxis nicht weit (s. o.).[831] Trennscharfe, praxistaugliche Kriterien existieren in diesem Bereich nicht. Abzusehen ist, dass die Ausschlussklausel für wissentliche Pflichtverletzungen den Zweck der D&O-Versicherung, Versicherungsschutz für „außerhalb" der Business Judgment Rule liegende unternehmerische Entscheidungen zu gewähren, damit durchkreuzt.[832]

Die D&O-Versicherung kann ihren Zweck, die unternehmerische Risikobereitschaft außerhalb der Reichweite der Business Judgment Rule zu stärken, aber nur dann erfüllen, wenn ihr Schutz nicht bereits dann entfällt, wenn sich ein unternehmerisches Risiko verwirklicht und das bewusste Eingehen eines solchen Risikos als wissentlicher Pflichtverstoß bewertet wird. Denn die Verwirklichung von Risiken gehört nicht nur zum Wesen der unternehmerischen Tätigkeit, sondern auch zum Wesen dieser Versicherung.[833] Die Folge ist unweigerlich die Aushöhlung des Versicherungsschutzes. Die hier bestehende Grauzone haben sich die Versicherer selbst zuzuschreiben, indem sie genau in diesem Bereich Versicherungsschutz anbieten. Man kann den D&O-Versicherern daher eine gewisse Doppelzüngigkeit vorwerfen, soweit sie vorgeben, die Risikobereitschaft der Organe fördern zu wollen, um dann zu „kneifen", wenn diese Risiken sich verwirklichen und von ihnen als wissentliche Pflichtverletzungen eingeordnet werden.

Zwar besteht der Zweck der D&O-Versicherung sicherlich nicht darin, die Organe zu Pflichtverstößen anzuhalten. Diese Gefahr besteht auch nicht per se, da die Begehung von Pflichtverstößen für die Organe kein Selbstzweck ist. Aber wenn die D&O-Versicherung tatsächlich Verhaltensweisen abdecken soll, die außerhalb der Business Judgment Rule liegen und die D&O-Versicherung damit ggf. sogar einen Anreiz bieten soll, unternehmerische Risiken in diesem Bereich einzugehen, dann kann die D&O-Versicherung dieses Verhalten nicht vom Versicherungsschutz ausschließen, nur weil es regelmäßig und ohne Weiteres nach den Kriterien der Rechtsprechung als wissentliche Pflichtverletzung eingeordnet wird oder eingeordnet werden kann. Die Einschätzung von *Koch*, dass" gerade in den Fällen, in denen das Organmitglied Versicherungsschutz benötigt, es ihn nicht erhalten wird", trifft daher zu.[834]

---

831 Abschn. C I 2 a) dd) (3) (b).

832 ähnlich *Schweitzer*, Zulässigkeit der Ausschlussklauseln, S. 2, 232 ff., 234.

833 vgl. *Kuntz*, GmbHR 2008, 121, 122.

834 *Koch*, WM 2007, 2173, 2180; ähnlich *Steinkühler*, VW 2003, 1734: „Spätestens im Schadensfall zeigt sich, dass der Vorsatzausschluss keineswegs unproblematisch und für den Versicherer oftmals ein Argument ist, schnell die Deckungszusage zu verweigern. Bedenkt man die Einzelschicksale der versicherten Personen, die

Zudem sind neben den Interessen der Versicherer auch diejenigen des Versicherungsnehmers und diejenigen weiterer Geschädigter einzubeziehen, sog. Opferschutzgedanke (s. o.).[835] Da § 103 VVG anders als § 81 VVG den Versicherungsschutz erst bei Vorsatz entfallen lässt, dürfen diese darauf vertrauen, dass der durch eine D&O-Versicherung gewährleistete Versicherungsschutz auch bei grober Fahrlässigkeit bestehen bleibt.[836] So wird die Versicherung eben auch im Interesse des Unternehmens abgeschlossen, das hierdurch das im Falle einer Inanspruchnahme des Organs bestehende Ausfallrisiko abdecken will (s. o.).[837] Denn regelmäßig werden die Schadenssummen die finanziellen Möglichkeiten der Organe übersteigen (s. o.).[838] Dass aber der Versicherungsschutz tatsächlich auch bei grob fahrlässigem Verhalten des Organs bestehen bleibt, ist im Rahmen der Ausschlussklausel für wissentliche Pflichtverletzungen keineswegs gewährleistet.

Den Versicherern ist zwar zuzugestehen, dass es für sie nicht zumutbar ist, dass sich die versicherte Person im Hinblick auf das versicherte Risiko mutwillig verhält. Hiervon ist aus den bereits genannten Gründen jedoch nicht ohne weiteres auszugehen.[839] Manager haben ein erhebliches Eigeninteresse, zum Wohle des Unternehmens zu handeln, das auch eine D&O-Versicherung nicht aufzuheben vermag. Neben der Gefahr einer strafrechtlichen Verfolgung fürchten die Manager um ihren Arbeitsplatz und ihren Ruf. Zudem besteht der Dek-

---

hinter diesen Fällen stehen, können zu Recht Zweifel an dem Sinn und Zweck einer D&O-Police als Schutzmodul für das Privatvermögen von Organmitgliedern aufkommen."; so auch *Rohde-Liebenau*, ZfV 1998, 288, 289 zu Ziff. 5.1 der GDV-Musterbedingungen: „Bemerkenswert ist aber, daß auch alle Haftpflichtansprüche ausgeschlossen werden sollen, die „durch wissentliches Abweichen von Gesetz, Vorschrift, Beschluß, Vollmacht oder Weisung oder durch sonstige wissentliche Pflichtverletzung" entstehen. Es wird kaum einen Fall der Haftung von Vorständen (oder Aufsichtsräten) geben, bei dem nicht eines dieser Merkmale zutrifft. […] Wenn dieser Ausschluß (Ziffer 5.1) bestehen bleibt, ist an dem Wert der Deckung zu zweifeln."; im Ergebnis auch *Jula*, FS Baumann, 119, 125: „Besonders nachteilig und nicht akzeptabel sind die Bedingungswerke, die generell wissentliche Pflichtverletzungen vom Versicherungsschutz ausklammern."; vgl. auch *Jahn*, FAZ v. 24.09.2014, S. 16: „Neubürger diskutierte selbst auf der Juristentagung mit. „Die D&O-Versicherung tritt nicht ein, wenn man sie braucht", war sein bitteres Credo."

835 Abschn. C I 2 a) cc) (1) (b).

836 vgl. *Schulze Schwienhorst* in: Looschelders/Pohlmann, VVG, § 103 Rz. 1.

837 Abschn. B II 2.

838 Abschn. B II 2.

839 Abschn. C I 2 a) dd) (3) (d) (aa).

kungsschutz nur im Rahmen des § 103 VVG und in Höhe der Deckungssumme (s. o.).[840]

Die Versicherer stehen ohne den Ausschluss für wissentliche Pflichtverletzungen daher nicht schutzlos da. Den Versicherern ist es auch weder unmöglich noch unzumutbar, den nach § 103 VVG geforderten bedingten Schädigungsvorsatz nachzuweisen (s. o.).[841] Des Weiteren wird sich ein Unternehmer, der einen solchen Schädigungsvorsatz hat, auch durch die Ausschlussklausel für wissentliche Pflichtverletzungen nicht von der den Schaden begründenden Pflichtverletzung abhalten lassen (s. o.).[842]

#### (b) *Empfindliche Einbußen des Versicherungsschutzes im Rahmen „einvernehmlicher" Verhandlungen*

Die meisten D&O-Haftungsfälle werden, sofern die Versicherer das Deckungsbegehren nicht von vornherein als offensichtlich unbegründet ablehnen, im Vergleichswege erledigt (laut *Ihlas* „weit über 90 Prozent"[843] laut *Hopt* „95 %"[844]);[845] dies soll sogar „wirtschaftlich vernünftig" geschehen.[846] Auch *Baumann* weist darauf hin:" Entscheidungen der Gerichte im Deckungsverhältnis

840 Abschn. B VI 4 a).

841 Abschn. C I 2 a) dd) (3) (e).

842 Abschn. C I 2 a) dd) (3) (d) (cc).

843 *Ihlas*, VW 2007, 660, 665; vgl. auch *Hendricks*, AR 2012, 108, 109: „Nach wie vor endet der überwiegende Teil von D&O-Versicherungsfällen im Vergleich."; *Tödtmann*, wiwo v. 17.03.2011: „So läuft das meiste Geschäft hinter verschlossenen Türen ab: 90 Prozent aller Managerhaftungs-Fälle enden mit einem Vergleich, schätzt Hendricks…", in: http://blog.wiwo.de/management/2011/03/17/managerhaft pflicht-auf-versicherer-rollt-klagewelle-zu/, gesehen am 04.01.2014.

844 *Hopt*, ZIP 2013, 1793, 1794.

845 *Baumann* in: Bruck/Möller, VVG, AVB-AVG 2011/2013 Einf Rz. 59; *Sieg* in: Münchener Anwaltshandbuch Versicherungsrecht, § 17 Rz. 18; *ders.* in: Krieger/Schneider, Handbuch Managerhaftung, § 15 Rz. 31, 60 ff.; *Schweitzer*, Zulässigkeit der Ausschlussklauseln, S. 15; *Lange*, r+s 2010, 92, 94; vgl. auch Ihlas, D&O-Versicherung, S. 52; ein aktuelles und prominentes Beispiel für einen solchen Vergleich mit dem D&O-Versicherer kann der Entscheidung *Neubürger* des LG München I entnommen werden: LG München I, Urt. v. 10.12.2013 – 5 HK O 1387/10 = AG 2014, 332, 333; vgl. auch *Jahn*, FAZ v. 24.09.2014, S. 16: „Neubürger diskutierte selbst auf der Juristentagung mit. „Die D&O-Versicherung tritt nicht ein, wenn man sie braucht", war sein bitteres Credo."

846 *Sieg* in: Münchener Anwaltshandbuch Versicherungsrecht, § 17 Rz. 18.

zur D&O-Versicherung sind verhältnismäßig selten."[847] Hierdurch könnte der Eindruck entstehen, dass die Risikoausschlüsse in der Praxis daher gar nicht so gefährlich für die Organe sind und diese von dem Versicherer, dem im Rahmen der Vergleichsverhandlungen tatsächlich die Rolle eines „Mediators"[848] zukommen soll, „wirtschaftlich vernünftig" angewendet werden. Die Vertragspflichten des Versicherers würden dann gerade nicht ausgehöhlt.

Ebenfalls wurde aber auch zu Recht darauf hingewiesen, dass die Business Judgment Rule für die Frage, ob eine Pflichtverletzung vorliegt, „in einem erheblichem Umfang eine Grauzone errichtet hat."[849] Es gibt in diesem Bereich im Grunde keine eindeutigen Fälle.[850] *Grunewald* weist zu Recht darauf hin: „Schwierig zu beantworten ist die Frage, *welches Verhalten ordnungsgemäß* i. S. v § 93 Abs. 1 AktG ist."[851] Exemplarisch für diese allein in rechtlicher Hinsicht bestehende Grauzone dürfte die immer noch umstrittene und praxisrelevante Streitfrage sein, ob das Leitungsorgan tatsächlich „alle" verfügbaren Informationsquellen zur Vorbereitung einer unternehmerischen Entscheidung auszu-

---

847 *Baumann* in: Bruck/Möller, VVG, AVB-AVG 2011/2013 Einf Rz. 59; vgl. auch *Wagner*, ZHR 178 (2014), 227, 245: „Soll die praktische Wirkung der Organhaftung quantitativ eingeschätzt werden, so kommt es selbstverständlich nicht auf die Zahl der veröffentlichten Urteile an, denn der Großteil der Schäden wird nach Verhandlungen mit dem D&O-Versicherer außergerichtlich reguliert." und *Wilhelm*, Ass Compact 2014, 118, 119: „In der Regel enden D&O-Fälle in einem Vergleich."

848 *Lange*, r+s 2010, 92, 93 f.

849 *Sieg* in: Münchener Anwaltshandbuch Versicherungsrecht, § 17 Rz. 23; vgl. auch *Hopt/Roth* in: GroßKomm, AktG, § 93 Abs 1 Satz 2, 4 nF Rz. 51: „Unternehmerisches Ermessen im Graubereich der business Judgment rule"; *Fleischer*, ZIP 2004, 685, 690: „Bei genauem Hinsehen schimmert sie [die Business Judgment Rule] auch in der ARAG/Garmenbeck-Entscheidung durch, die eine Schadenersatzpflicht der Organmitglieder erst bei einer „deutlichen" Überschreitung ihres Pflichtenrahmens bejaht und damit eine Grauzone zwischen Pflichtverletzung und Haftung anzunehmen scheint."; *Spindler*, NZG 2005, 865, 871 f.; *Louven/Ernst*, VersR 2014, 151: „Welche Maßstäbe für ein solches sorgfaltsgerechtes Verhalten heranzuziehen sind, lässt sich nicht eindeutig festlegen."

850 so auch *Ihlas*, D&O-Versicherung, S. 121: „...Unsicherheit der Prognose"; *Schmitt*, Organhaftung und D&O-Versicherung, S. 115: „Die Grenzen zwischen noch akzeptablem Risiko und pflichtwidrigem Handeln sind an ihrer Nahtstelle naturgemäß fließend."; *Schilling*, VW 1999, 1074; *Habersack*, ZHR 177 (2013), 782, 797: „Lässt man die zahlreichen Streitfragen, die sich mit den einzelnen Tatbestandsmerkmalen des § 93 Abs. 1 S. 2 AktG verbinden, außer Betracht,..."

851 *Grunewald*, Gesellschaftsrecht, § 10 Rz. 59; vgl. auch *Druey*, FS Goette, 57, 68: „Kann man die Sorgfaltspflicht überhaupt regeln?"

schöpfen hat (s. o.).[852] Immerhin der Bundesgerichtshof selbst scheint dies zu verlangen.[853] Kann man dann das Organ guten Gewissens damit beruhigen, dass gewichtige Stimmen in der Literatur dies einschränkend verstehen wollen, wofür immerhin gute Gründe sprechen?[854] So ist beispielsweise *Arnold* uneingeschränkt darin zuzustimmen, dass „die Anforderungen an eine informierte Entscheidung nicht überspannt werden dürfen, da andernfalls das Ziel, für Vorstände einen" safe harbour „bei unternehmerischen Entscheidungen zu schaffen, verfehlt würde."[855] Wie detailliert und „angemessen" das Organ seine Entscheidung aber tatsächlich im Einzelfall vorzubereiten hat, um den für es verbindlichen Anforderungen der Rechtsprechung zu genügen, kann auf dieser Grundlage kaum verlässlich beantwortet werden.[856] Hieraus folgt, dass ein Organ bei unternehmerischen Entscheidungen von vornherein kaum je wird ausschließen können, eine Pflichtverletzung zu begehen. Und genau das kann dem Organ dann im Nachhinein vorgehalten werden, wenn ein Schaden eintritt, denn auch eine noch so gründliche Vorbereitung einer unternehmerischen

---

852 Abschn. B VI 2 c) ee) (2); vgl. hierzu auch: *Spindler*, NZG 2005, 865, 872; *Bachmann*, ZHR 177 (2013), 1, 3.

853 BGH NJW 2008, 3361, 3362 f.; spätere Entscheidungen des BGH verwenden diese Formel nicht mehr, ohne sich allerdings ausdrücklich von dieser Entscheidung zu distanzieren vgl. BGH NJW-RR 2009, 332; BGH AG 2011, 378, 379; zuletzt jedoch wieder BGH NJW 2013, 3636, 3638 Rz. 30.

854 *Krieger/Sailer-Coceani* in: Karsten Schmidt/Lutter, AktG, § 93 Rz. 13; *Fleischer* in: MünchKommGmbHG, § 43 Rz. 86, 88; *Redeke*, NZG 2009, 496, 497; *Bachmann*, ZHR 177 (2013), 1, 3; vgl. auch *Koch*, ZGR 2006, 769, 789; *Fleischer*, NJW 2005, 3525, 3528.

855 *Arnold*, Die Steuerung des Vorstandshandelns, S. 208 f.

856 *Dauner*-Lieb, FS Röhricht, 83, 85 m. w. N.; *dies.*, BOARD 2014, 182, 184: „Unsicherheiten im Hinblick auf Entwicklungen in der Zukunft, insbesondere die Reaktion von Märkten, lassen sich durch noch so breite und gründliche Informationen nicht beseitigen, weil es letztlich nicht um Informationen über Fakten geht, sondern um Prognosen über die zukünftige Entwicklung von Fakten."; *Druey*, FS Goette, 57, 64: „Was heißt das angesichts dessen, dass jede Relevanzenkette ins Unendliche geht und das Wichtige oft das nicht unmittelbar Sichtbare ist?"; *ders.*, FS Goette, 57, 72: „Auch und namentlich Informationsbeschaffung unterliegt, als „Katze im Sack", immer der Ungewissheit; vgl. auch *Hommelhoff*, Die Konzernleitungspflicht, S. 174; *Bachmann*, ZHR 177 (2013), 1, 7: „Schon heute ist die Frage, wie viel Information „angemessen" i.S.v. § 93 Abs. 1 S. 2 AktG ist, eine Wanderung auf dem Grat, den man deshalb nicht zuspitzen sollte."; *Louven/Ernst*, VersR 2014, 151, 157: „Inwiefern der zeitliche Aspekt dazu führen kann, dass die Entscheidung nur auf einer sehr vagen Tatsachengrundlage getroffen werden darf, ist ungeklärt."

Entscheidung kann das (immanente) Risiko eines Fehlschlags nicht verhindern.[857] *Schmitt* stellt hierzu fest: „Sobald der Schaden eingetreten ist, wird man ex post, ungeachtet aller ergriffenen Maßnahmen, stets Argumente finden können, die belegen, daß der Schaden auch durch Fehler des Vorstandes bedingt war, und sei es durch die unzureichende Überwachung der implementierten Kontrollmaßnahmen."[858] Ähnlich äußert sich *Wagner*: „Zudem sind die betroffenen Entscheidungsträger nicht dazu in der Lage, *ex ante* vorauszusehen, wie eine bestimmte Entscheidungssituation *ex post* von einem Gericht beurteilt werden wird. § 93 Abs. 1 S. 2 AktG nennt keine objektiven Kriterien, die einen klar umrissenen sicheren Hafen ergäben, sondern konkretisiert im Grunde lediglich den Sorgfaltsmaßstab. Kommt das Gericht zu dem Schluss, dass ein vernünftiges Vorstandsmitglied nicht angenommen hätte, auf der Grundlage angemessener Informationen zum Wohle der Gesellschaft zu handeln, ist die Haftung begründet. Angesichts dieses weichen und wertungsoffenen Standards kann von einem verlässlichen Haftungsschutz keine Rede sein. Wegen der praktischen Unsicherheiten, die die Anwendung des § 93 Abs. 2 AktG im jeweiligen Einzelfall umgehen, lässt sich die persönliche Haftung von den betroffenen Geschäftsleitern nicht sicher vermeiden."[859] *Spindler* weist darauf hin: „Gerade hier besteht die Gefahr der hindsight bias, da ein (langwieriger) Prozess immer zu einer besseren Informationssituation führen wird als dies bei einer in die Zukunft gerichteten, unter Umständen auch unter Zeitdruck zu fällenden Entscheidung eines Vorstandes möglich sein wird."[860] Der safe haven „schrumpft" dann, um es mit *Hopt* zu sagen, „auf eine kleine Anlegestelle zusammen."[861]

---

857 *Hommelhoff*, Die Konzernleitungspflicht, S. 174: „Vor allem aber: Jede noch so sorgfältig vorbereitete Entscheidung vermag nicht gänzlich das Fehlschlagsrisiko auszuschließen, das in der Wettbewerbswirtschaft angelegt ist und das diese gerade will: Sorgfalt schützt vor Fehlschlag nicht."; *Dauner*-Lieb, FS Röhricht, 83, 95.

858 *Schmitt*, Organhaftung und D&O-Versicherung, S. 115 f.; so auch *Dauner-Lieb*, BOARD 2014, 182, 183: „Auch wenn ihm [dem Juristen] theoretisch die Gefahr einer *hindsight bias* bekannt ist, neigt er doch dazu, im Hinblick auf Krisen und Verluste *ex post* zu erklären, dass man es *ex ante* hätte besser wissen müssen und dementsprechend vom Schaden auf die Pflichtverletzung zurück zu schließen."; eine insofern bestehende „Indizwirkung" des Schadens für die Pflichtverletzung beobachtet auch *Fischer*, StGB, § 266 Rz. 64.

859 *Wagner*, ZHR 178 (2014), 227, 258 f.; ähnlich *Schweitzer*, Zulässigkeit der Ausschlussklauseln, S. 194.

860 *Spindler*, AG 2013, 889, 892; ähnlich *Dauner-Lieb*, BOARD 2014, 182, 183.

861 *Hopt*, ZIP 2013, 1793, 1801; ähnlich *Habersack*, ZHR 177 (2013), 782, 799: „Einstweilen mag die Feststellung genügen, dass die Sicherheit, die der Hafen des § 93

Hinzu kommt, dass die Sachverhalte bei Organhaftungsfällen komplex sind und deren tatsächliche und juristische Aufbereitung häufig mit erheblichen Schwierigkeiten verbunden ist.[862] Für den eingetretenen Schaden kommen häufig mehrere Verhaltensweisen als schadensauslösende Ereignisse und damit als potentielle Pflichtverletzungen in Betracht.[863] *Dauner-Lieb* weist in diesem Zusammenhang darauf hin: „Für die Mehrzahl der Schieflagen und Insolvenzen erweist sich die haftungsrechtliche Beurteilung freilich als deutlich komplizierter. Es lässt sich nämlich nicht ohne weiteres feststellen, ob sich das typische, eben nicht beherrschbare unternehmerische Risiko realisiert hat oder ob der Einbruch zu vermeiden gewesen wäre. Selbst wenn eine Gesamtschau den Schluss nahe legt, dass im Unternehmen etwas schief gelaufen ist, sind die Ursachen häufig schwer präzise zu greifen, eben weil sie vielfältig und in ihrer Vernetzung komplex sind."[864]

---

Abs. 1 S. 2 AktG bietet, doch begrenzter Natur ist und allenfalls marginal über derjenigen liegt, die das Organmitglied im Rahmen des § 93 Abs. 1 S. 1 AktG genießt."

862 *Ihlas*, D&O-Versicherung, S. 121, 401: „Das Hauptproblem liegt in der Komplexität der haftungsbegründenden Sachverhalte…"; *Sieg* in: Münchener Anwaltshandbuch Versicherungsrecht, § 17 Rz. 18, 128: „Dies geht vor allem auf die Komplexität solcher Schadensersatzansprüche gegen Organmitglieder sowohl in tatsächlicher als auch rechtlicher Hinsicht zurück."; *Bachmann*, Reform der Organhaftung, E 23: „durchweg sehr komplexen Organhaftungsfällen"; *Schilling*, VW 1999, 1074; *Wilhelm*, AssCompact 2014, 118, 119: „Komplexe Sachverhalte und hohe Schadenssummen prägen den Versicherungsfall in der Managerhaftpflicht. Die Schadensregulierung ist anspruchsvoll."; *Hendricks*, AR 2012, 108, 109: „Die Haftungslage ist zumeist undeutlich."; vgl. auch *Ihlas*, VW 2007, 660, 665; *Dreher*, AG 2008, 429, 432: „Die Hauptfunktion der D&O-Versicherung besteht […] vielmehr darin, in einer immer komplexeren unternehmerischen Welt und damit auch immer komplexeren Haftungswelt ein Gegengewicht zu der sich ständig verschärfenden Haftungssituation für Organmitglieder aufgrund entsprechender Tendenzen in der Gesetzgebung sowie in der Rechtsprechung zu schaffen."; vgl. hierzu auch *Ulmer*, DB 2004, 859, 860; *Dauner-Lieb*, BOARD 2014, 182, 183.

863 vgl. *Ihlas*, D&O-Versicherung, S. 121: „Die Sachverhalte sind sehr komplex und vielschichtig. Bei einem D&O-Schaden sind oft mehrere Sachverhalte miteinander verknüpft. Dies führt zu einer erheblichen Unsicherheit hinsichtlich der Prognose des Ausgangs des Rechtsstreits."; *Schilling*, VW 1999, 1074; *Wilhelm*, AssCompact 2014, 118, 119.

864 *Dauner-Lieb*, FS Röhricht, 83, 98; *dies.*, BOARD 2014, 182, 183: „Die meisten Entscheidungen sind außerdem von hoher Komplexität, die sich aus der Unübersichtlichkeit der Problemstruktur, der Vielzahl der Problemvariablen und ihrer Verknüpfung, vor allem aber aus der begrenzten Aussagekraft von Prognosen ergibt."; vgl. hierzu auch *Arnold*, Die Steuerung des Vorstandshandelns, S. 180: „Konkrete Handlungen oder Unterlassungen, die sich als Ursache des eingetretenen Schadens

Diese in rechtlicher und tatsächlicher Hinsicht bestehenden Grauzonen im Bereich der Managerhaftung geben den „Anspruchstellern gegenüber den Unternehmensleitern ein erhebliches Druck-, um nicht zu sagen Erpressungspotential."[865] Dieser Effekt wird auch in den sog. „Generalabrechnungsfällen" genutzt, wenn aus taktischen Gründen eine Vielzahl von Vorwürfen erhoben wird, um den ausgeschiedenen Unternehmensleiter so zu einem möglichst günstigen Vergleichsabschluss bewegen zu können.[866]

Es liegt jedoch auf der Hand, dass dieses „Erpressungspotential" gegenüber den Unternehmensleitern nicht nur von Seiten der Anspruchssteller, sondern auch von Seiten der Versicherer ausgeübt werden kann. Und ein Hebel ist dabei nicht nur die „graue" und unscharfe Business Judgment Rule, sondern auch der Ausschluss für wissentliche Pflichtverletzungen, der mit seinem einem Element „Pflichtverletzung", im Bereich unternehmerischer Entscheidungen nicht nur auf dieser unscharfen Business Judgment Rule basiert, sondern mit der Wissentlichkeit noch eine weitere Verhandlungsmöglichkeiten eröffnende „Grauzone" hinzufügt. Die Wissentlichkeit beruht dabei sogar auf der Pflichtverletzung. Denn je mehr Argumente für einen schwerwiegenden Pflichtverstoß außerhalb der Business Judgment Rule sprechen, desto eher lassen sich auch „Indizien" für die Wissentlichkeit des Pflichtverstoßes anführen.[867]

Zwar beanstandet *Vothknecht*, dass grundsätzlich und theoretisch „aus Art und Schwere einer Pflichtverletzung allein der Nachweis der Wissentlichkeit kaum erbracht werden" kann.[868] Doch auch er bezweifelt, ob die Schadenspraxis der Versicherer dies berücksichtigt.[869] Vielmehr sei „erkennbar, dass genau bei dieser erhebliche Sorgfalt erforderlichen Feststellung in der Praxis die größten

---

identifizieren ließen, sind jedoch häufig nicht festzustellen; es ist eher die „Summe des Schlendrians" etwa in Form von mangelnder Reaktion auf Marktveränderungen oder fehlender Pflege der Kundenverbindungen oder der Personalentwicklung, die zur Krise geführt hat."

865 *Sieg* in: Anwaltshandbuch Versicherungsrecht, § 17 Rz. 23.

866 vgl. hierzu: *Ihlas*, VW 2007, 660, 661: „Die Lage soll bewusst unübersichtlich gestaltet werden, um die Vergleichsbereitschaft zu erhöhen."

867 vgl. die Argumentation eines D&O-Versicherers in der Angelegenheit OLG Köln, Urt. v. 02.09.2008 – 9 U 151/07, BeckRS 2008, 19925: „Die Vorstände hätten – wenn man dem Klagevortrag folge – Elementarpflichten verletzt, so dass Ausschlussgründe, insbesondere wegen Wissentlichkeit vorlägen."; i. E. auch *Schweitzer*, Zulässigkeit der Ausschlussklauseln, S. 232.

868 *Vothknecht*, PHi 2006, 52, 63; so auch *Lange*, DStR 2002, 1674, 1676; *Kiethe*, BB 2003, 537, 541; *Sack*, NJW 2006, 945, 947.

869 *Vothknecht*, PHi 2006, 52, 63.

Schwierigkeiten und zugleich Gefahren begründet sind."[870] So weist *Vothknecht* in diesem Zusammenhang darauf hin, „dass selbst bei sorgfältiger Ermittlung des Sachverhaltes ein weiter Graubereich unsicherer Bewertungsfragen verbleibt, der erheblichen Verhandlungsspielraum eröffnet und auch nicht ausgeschlossen werden kann, dass gerade darin für Versicherer eine besondere, Bedeutung des Ausschlusstatbestandes der wissentlichen Pflichtverletzung liegt."[871]

Aus dem Vorgesagten ergibt sich zwanglos, dass der Versicherer im Rahmen der offensichtlich flächendeckend stattfindenden „einvernehmlichen Regelungen" immer darauf hinweisen kann, dass für das Leitungsorgan im Deckungsprozess ein erhebliches Prozessrisiko besteht, diesen zu verlieren, insbesondere dann – was bei D&O-Fällen häufig der Fall sein wird –, wenn der Schaden groß ist und damit zumindest „aus der Rückschau"[872] eine schwere und damit nach den Kriterien der Rechtsprechung auch wissentliche Pflichtverletzung naheliegt oder aber wenn sich ein Verstoß gegen irgendeine Bestimmung finden lässt, der von dem Versicherer als „sonstige wissentliche Pflichtverletzung" eingeordnet werden kann – und sei es, dass sie hierfür „nur" unternehmensinternes Recht wie die Satzung, die Geschäftsordnung, einen Gesellschafterbeschluss, eine Weisung oder den Anstellungsvertrag bemüht. Hierauf weist u. a. *Jula* zutreffend hin: „In Anbetracht der Vielzahl von Gesellschafterbeschlüssen oder auch von Zustimmungskatalogen, die in Satzungen oder Anstellungsverträgen verankert sind, kann häufig eine wissentliche Pflichtverletzung bestehen. So etwa, wenn der Geschäftsführer ein Geschäft tätigt, für das er zuvor die Zustimmung der Gesellschafterversammlung hätte einholen müssen, weil ein einschlägiger Gesellschafterbeschluß oder der Zustimmungskatalog in der Satzung dies vorschreibt. Regelmäßig dürfte sich der Geschäftsführer wohl nicht damit verteidigen können, daß ihm der Pflichtverstoß nicht gegenwärtig gewesen

870 *Vothknecht*, PHi 2006, 52, 63; vgl. auch *Notthoff*, NJW 2003, 1350, 1353: „Eine Pflichtverletzung, die den Aufsichtsrat oder Vorstand zum Schadenersatz verpflichtet, soll erst bei Überschreitung des unternehmerischen Ermessens vorliegen, also ein einigermaßen drastisches Fehlverhalten erfordern. Dann aber ist mit der Bejahung der Pflichtverletzung die Abgrenzung zur Überschreitung der Schwelle zur Wissentlichkeit sorgfältig zu prüfen."

871 *Vothknecht*, PHi 2006, 52, 63.

872 *Lange*, D&O-Versicherung und Managerhaftung, § 2 Rz. 73: „Insbesondere darf aus dem letztlich eingetreteten Schaden nicht auf ein anfängliches Informationsdefizit geschlossen werden. Das wäre ein unzulässiger Rückschaufehler. Nicht nur Rückschlüsse aus dem Schadenseintritt dem Grunde nach, sondern auch aus der Schadenshöhe sind ausnahmslos unzulässig. Selbst ein besonders hoher Schaden ist kein Indiz für irgendeine Pflichtwidrigkeit."

war. Es steht zu befürchten, daß er mit dieser Argumentation in einem etwaigen Prozess unterlegen ist. Der Geschäftsführer hat sich über die bestehende Satzungs- und Beschlusslage zu informieren."[873] Auch *Steinkühler* stellt darauf ab, dass der Ausschluss für wissentliche Pflichtverletzungen „sehr weitgehend ist, da ein bewusstes Abweichen von den umfangreichen Bestimmungen der Unternehmenspraxis niemals ausgeschlossen werden kann."[874] *Ihlas* gibt ebenfalls zu bedenken, dass „damit der Bogen sehr weit gespannt wird."[875]

Zwar soll nach den AVB einiger Versicherer bei Verstößen gegen unternehmensinternes Recht der Versicherungsschutz bestehen bleiben. Doch dann hat das Organ aber die Business Judgment Rule einzuhalten, sofern in den AVB dieser Versicherer verlangt wird, dass" die versicherte Person im Zeitpunkt der Pflichtverletzung vernünftigerweise annehmen durfte, auf der Grundlage angemessener Informationen zum Wohle der Gesellschaft zu handeln."[876] Speziell die Business Judgment Rule eröffnet dem Versicherer aber stets die Möglichkeit, doch einen schwerwiegenden Pflichtverstoß begründen zu können, indem behauptet wird, dass die versicherte Person bei dem eingetretenen Schaden und

---

873 *Jula*, FS Baumann, 119, 125; ihm folgend *Olbrich*, D&O-Versicherung, S. 180: „In der überwiegenden Zahl der Haftungsfälle wird nämlich eine der genannten Konstellationen vorliegen. Gerade in Anbetracht der Vielzahl von Gesellschafterbeschlüssen oder Zustimmungskatalogen, die in Satzungen oder Anstellungsverträgen verankert sein können, wird häufig auch eine wissentliche Pflichtverletzung bestehen."; *Seibt/Saame*, AG 2006, 901, 909: „Dieser Ausschlusstatbestand ist für die versicherte Person besonders gefährlich, weil er bereits bei einem Verstoß z.B. gegen formale Satzungsbestimmungen eingreifen kann, auch wenn das Organmitglied keinen Schaden für die Gesellschaft vorausgesehen oder billigend in Kauf genommen hat."; vgl. auch *Schweitzer*, Zulässigkeit der Ausschlussklauseln, S. 95.

874 *Steinkühler*, VW 2003, 1734; ihm folgend *Vorrath*, VW 2006, 151 f.; *Schilling*, D&O-Versicherung und Managerhaftung, S. 38: „Aufgrund der Vielzahl von Gesellschafterbeschlüssen und auch Zustimmungskatalogen, die in Satzungen oder Anstellungsverträgen vereinbart sind, kann der Manager schnell eine wissentliche Pflichtverletzung begehen."; *Rohde-Liebenau*, ZfV 1998, 288, 289 zu Ziff. 5.1 der GDV-Musterbedingungen: „Bemerkenswert ist aber, daß auch alle Haftpflichtansprüche ausgeschlossen werden sollen, die „durch wissentliches Abweichen von Gesetz, Vorschrift, Beschluß, Vollmacht oder Weisung oder durch sonstige wissentliche Pflichtverletzung" entstehen. Es wird kaum einen Fall der Haftung von Vorständen (oder Aufsichtsräten) geben, bei dem nicht eines dieser Merkmale zutrifft. [...] Wenn dieser Ausschluß (Ziffer 5.1) bestehen bleibt, ist an dem Wert der Deckung zu zweifeln." und *Jula*, FS Baumann, S. 119, 125.

875 *Ihlas*, D&O-Versicherung, S. 459.

876 vgl. hierzu auch *Schweitzer*, Zulässigkeit der Ausschlussklauseln, S. 7.

dem diesen Schaden zugrundeliegenden wirtschaftlichem Risiko gerade nicht vernünftigerweise annehmen durfte, zum Wohle der Gesellschaft zu handeln, schon gar nicht auf Grundlage der eingeholten Informationen. Aufgrund der beschriebenen Wechselwirkung zwischen Schwere der Pflichtverletzung einerseits und Wissentlichkeit andererseits ist es in einem solchen Fall zur Wissentlichkeit und damit auch zum Deckungsausschluss nicht mehr weit. Die Begründung einer wissentlichen Pflichtverletzung ist für die Versicherer daher im Grundsatz ein simpler Dreisatz.

Vor dem Hintergrund der immer noch aktuellen „Wechselwirkungs-Rechtsprechung" wäre es zwar wünschenswert, hiergegen von anwaltlicher Seite vorzugehen, zumal alle hiergegen vorgebrachten Argumente durchweg überzeugen (s. o.).[877] Aber ob dies tatsächlich gelingen kann erscheint zweifelhaft, zumal der Rechtsprechung zuzugestehen ist, dass sie schlechterdings objektive Anhaltspunkte und Indizien benötigt, um die Wissentlichkeit als sog. innere Tatsache feststellen zu können. Und da liegt es eben nahe, an die Schwere der Pflichtverletzung anzuknüpfen, da andere Anhaltspunkte kaum zu erkennen sind. Das eigentliche Problem ist damit nicht die Rechtsprechung, sondern eine Klausel, welche sich jedenfalls in Fällen der Managerhaftung nicht in geeigneter Weise anwenden und ausfüllen lässt. Solange es diese Klauseln aber gibt und solange sich alle darin einig sind, dass diese wirksam und deren Inhalt „völlig klar konturiert" ist, ist jeder Anwalt gut beraten, einen von ihm vertretenen und in Regress genommenen Unternehmensleiter darauf hinzuweisen, dass allein wegen des Risikoausschlusses für wissentliche Pflichtverletzungen die erhebliche Gefahr besteht, einen Deckungsprozess zu verlieren. Solcherlei beratene Unternehmensleiter werden sich schwer damit tun, ihre Rechte streitig auszufechten und angesichts der „erheblichen Unsicherheit hinsichtlich der Prognose des Ausgangs des Rechtstreits" eher dazu neigen, die Deckungsfrage „einvernehmlich und wirtschaftlich vernünftig" zu regeln.[878]

Dies gilt umso mehr als anscheinend die allermeisten, laut *Ihlas* sogar „alle"[879], bisher geführten Deckungsprozesse von den D&O-Versicherern gewonnen

877 Abschn. C I 2 a) dd) (3) (b).

878 *Ihlas*, D&O-Versicherung, S. 121: „Die Komplexität der Sachverhalte und die Unsicherheit bei der Prognose ermöglichen gerade im außergerichtlichen Stadium die Möglichkeit eines Vergleichs."

879 *Ihlas*, D&O-Versicherung, S. 52, 400, 645; vgl. auch insoweit *Jula*, FS Baumann, 119, 125: „Regelmäßig dürfte sich der Geschäftsführer wohl nicht damit verteidigen können, daß ihm der Pflichtverstoß nicht gegenwärtig war. Es steht zu befürchten, daß er mit dieser Argumentation in einem Prozeß unterlegen ist."

wurden.[880] Auch gebe es in diesem Bereich kaum qualifizierte Rechtsanwälte.[881] Dass der Großteil der Deckungsstreitigkeiten nicht streitig ausgefochten wird, verwundert daher nicht.[882] Es ist klar, dass der Versicherer in einer solchen Auseinandersetzung alle Trümpfe in der Hand hält und der finanziell existentiell bedrohte Unternehmensleiter, der bereits eine juristische Auseinandersetzung um den Deckungsschutz häufig kaum wird finanzieren können, „das schwächste Glied in der Kette" ist.[883] Strafrechtliche Ermittlungsverfahren, welche auch gezielt genutzt werden, um weitere belastende Informationen zu erhalten, üben zusätzlichen Druck auf den Manager aus.[884] Der Unternehmensleiter muss sich so gegen seinen ehemaligen Arbeitgeber, die Staatsanwaltschaft, den Versicherer und nicht zuletzt auch „gegen" die eigene Familie behaupten, deren (finanzielle) Existenz er zu sichern hat.[885] Einmal mehr erscheint das Organ als bloßer Spielball zwischen den Fronten des eigentlich auf die „Fleischtöpfe" des D&O-Versicherers abzielenden Anspruchsstellers einerseits[886] und des „bis zur letzten

---

880 OLG München VersR 2005, 540; OLG Düsseldorf ZIP 2006, 1677; LG München, VersR 2005, 543; LG Wiesbaden, VersR 2005, 545; LG Marburg, DB 2005, 437; LG Köln, Urt. v. 05.06.2007 - 85 O 177/05 = BeckRS 2007, 11278.

881 *Hendricks*, VW 2006, 1813: „Die im D&O-Verfahren Versicherten sind oft schlecht beraten. Das liegt daran, dass die für die Haftungsfrage auf der Klägerseite eingebundenen Anwälte die Deckungsseite kaum kennen. [...] kaum gute Anwälte im Bereich des D&O-Versicherungsrechtes."; vgl. auch *Ihlas*, D&O-Versicherung, S. 121, der zwar einräumt, dass die beteiligten Rechtsanwälte „i.d.R. sehr qualifiziert" sind, aber auch feststellen muss: „Wirtschaftsanwälte sind keine Prozessanwälte.", sowie auf S. 651: „Eine Deckungsablehnung des Versicherers kann auch auf eine schlechte Beratung des Versicherten zurückzuführen sein."

882 vgl. *Lier*, VW 2006, 1531, 1532: „Die Klagen gegen Versicherer wegen der Verweigerung des Schutzes sind nach Einschätzung der Experten jedoch selten. „Wie ein Zuckerstück im Bodensee", meint Bernhard Budde von Chubb."

883 so *Schilling*, VW 1999, 1074, 1075; vgl. auch *Ihlas*, D&O-Versicherung, S. 121; *Hendricks*, VW 2006, 1813.

884 *Schilling*, D&O-Versicherung und Managerhaftung, S. 20: „Aber auch allein die psychische Belastung eines Strafverfahrens ist enorm. Gerade bei Wirtschaftsstrafsachen ist auf Grund der erforderlichen Spezialkenntnisse der Strafverteidiger und Gutachter zusätzlich mit hohen Verfahrenskosten zu rechnen."; *Schilling*, VW 1999, 1074; *Ihlas*, VW 2007, 660, 662.

885 *Schilling*, VW 1999, 1074, 1075; vgl. auch *Ihlas*, VW 2007, 660, 661: „Parallel können Trennungen vom Arbeitgeber und Ehepartner die Lage weiter eintrüben."

886 vgl. *Jahn*, FAZ v. 24.09.2014, S. 16: „Noch schlimmer: „Ohnehin mutiert die D&O-Versicherung in der Praxis schnell von der Wohltat zum Danaergeschenk." Die Chance, auf die „Fleischtöpfe" des Versicherers zuzugreifen, führe nämlich vielfach

Patrone“[887] eine solche Inanspruchnahme abwehrenden D&O-Versicherers andererseits. In einer solchen Situation bedarf das Organ vor allem qualifizierter juristischer Hilfe, um seine Rechte und Interessen wahren zu können.[888]

Dass der Versicherer in dieser Situation tatsächlich die Rolle eines unabhängigen Mediators wahrnimmt, ist eher unwahrscheinlich.[889] Naheliegend ist viel eher, dass der Versicherer allein im Interesse des eigenen „shareholder value“ die Belange der versicherten Person mit einer gewissen Zurückhaltung betrachtet, dürfte doch schon die Bereitstellung von Abwehrkostenschutz einen erheblichen Teil der Prämieneinnahmen aufzehren oder sogar übersteigen.[890] So sollen beispielsweise in der Angelegenheit Philipp Holzmann allein die Gerichts- und Anwaltskosten mehr als 12 Mio. € betragen haben.[891]

Die Versicherer können deshalb das durch den Risikoausschluss für wissentliche Pflichtverletzungen eröffnete „Nadelöhr“ dazu nutzen, um

überhaupt erst dazu, dass der Aufsichtsrat sich für eine Verfolgung von Ansprüchen gegen Vorstände entscheide – und dies sogar tun müsse.“

887 treffend *Fassbach*, AR 2013, 26, 28.

888 *Schilling*, VW 1999, 1074, 1075; vgl. hierzu auch *Fassbach*, AR 2013, 142, 143: „5. Monitoring im D&O-Schadensfall“; i. E. auch *Baumann* in: Bruck/Möller, VVG, AVB-AVG 2011/2013 Einf Rz. 57.

889 skeptisch auch *Baumann* in: Bruck/Möller, VVG, AVB-AVG 2011/2013 Einf Rz. 57: „Ihm allgemein eine Mediationsfunktion zuzusprechen, ist problematisch, da der VR die Interessen der versicherten Person (im Haftpflichtprozess) wie ein Anwalt wahrzunehmen hat und Interessenkonflikte vorprogrammiert sind. Der VR kann schwerlich „als unabhängige und neutrale Person“ betrachtet werden, die „allen Parteien gleichermaßen verpflichtet“ ist (so jetzt § 1 Abs. 2 und § 2 Abs. 3 MediationsG).“ und *Hendricks*, VW 2006, 1813: „Die Versicherer behaupten, dass die Policen klar und eindeutig seien und im Interesse der Kunden Schäden reguliert würden. Dem kann ich nur widersprechen!“.

890 vgl. *Schilling*, VW 2000, 788, 790; *Ihlas*, VW 2007, 660, 665; vgl. auch *Tödtmann*, wiwo v. 17.03.2011: „Zwar sind die Deckungssummen seit 2009 um 50% gestiegen. Das ergab eine Umfrage von Hendricks und Co., bei der 120 Unternehmen Auskunft gaben. Dennoch warnt der Anwalt: „Das D&O-Prämienvolumen in Deutschland von 500 Millionen Euro jährlich kann durch zwei bis drei Großschäden verbraucht werden. Versichert sind aber gut 30.000 Unternehmen.““, in: http://blog.wiwo.de/management/2011/03/17/managerhaftpflicht-auf-versicherer-rollt-klagewelle-zu/, gesehen am 04.01.2014; *Beier-Thomas*, VP 2003, 214, 216: „Mehrere bereits gemeldete Schäden sind geeignet, das derzeit auf 250 Mio EUR bis 300 Mio EUR geschätzte jährliche D&O-Prämiensvolumen zu verbrauchen.“

891 *Hansen*, AG-Report 2002, R50.

ihrer Einstandspflicht zu entgehen.[892] Dies macht die „überragende", „große praktische"[893] oder „zentrale"[894] Bedeutung des Wissentlichkeitsausschlusses aus. Ein prominentes Beispiel hierfür ist der jüngst von der TU Dresden veröffentlichte Deckungsvergleich in der Angelegenheit Siemens, in welchem die Versicherer, was zu erwarten war, wissentliche Pflichtverletzungen bemüht haben, um ihre Einstandspflicht zu relativieren.[895] *Hendricks* schätzt, dass „gut zwei Drittel der D&O-Versicherungsfälle dem Einwand der vorsätzlichen und wissentlichen Pflichtverletzung begegnen."[896] Gemäß der TP/IK-Studie aus dem

---

892 vgl. *Lange*, DStR 2002, 1674, 1676; zuletzt *Hopt*, ZIP 2013, 1793, 1801; vgl. auch *Steinkühler*, VW 2003, 1734; *Olbrich*, D&O-Versicherung, S. 181: „Erfahrungsgemäß werfen die Anspruchssteller den Organmitgliedern bei Eintritt eines Vermögensschadens häufig zunächst eine vorsätzliche Verursachung oder eine wissentliche Pflichtverletzung vor."; *Wilhelm*, AssCompact 2014, 118, 119: „Die Schadensregulierung ist anspruchsvoll. Versicherer lehnen die Deckung häufig zunächst ab."; vgl. auch *Sieg* in: Krieger/Schneider, Handbuch Managerhaftung, § 15 Rz. 33; vgl. auch *Jahn*, FAZ v. 24.09.2014, S. 16: „Auch sei es [laut der Münchner Rechtsanwältin Viola Sailer-Coceani] möglich, dass die Assekuranz wegen eines Risikoausschlusses nicht zahle. […] Auch führt es - was Sailer-Coceani nicht ansprach - dazu, dass die Assekuranz ein Interesse daran hat, Betroffenen schweres Verschulden anzulasten, weil sie dann gar nicht zahlen muss."; dies ebenfalls hervorhebend: *Schweitzer*, Zulässigkeit der Ausschlussklauseln, S. 94.

893 *Paefgen* in: Ulmer/Habersack/Winter, GmbHG, § 43 Rz. 259; ähnlich *Lange*, DStR 2002, 1674, 1676; vgl. auch vgl. *Wilhelm*, AssCompact 2014, 118, 119: „So versuchen Führungskräfte insbesondere in Krisensituationen häufig, das Unternehmen durch riskante, kurzfristige Einzelentscheidungen zu retten – im Wissen, dass sie damit Pflichten verletzen."

894 *Klinkhammer*, VP 2006, 22, 27: „Der Ausschluß für Haftpflichtansprüche wegen vorsätzlicher Schädigung und wissentlicher bzw. vorsätzlicher Pflichtverletzung ist ein zentraler Deckungsausschluß in der D&O-Versicherung."

895 http://tu-dresden.de/die_tu_dresden/fakultaeten/juristische_fakultaet/jzivil3/lv_pdf_ dateien/10.pdf, S. 92: „Die Versicherer sehen Indizien dafür, dass die Deckung sowohl bezüglich des unter Abs. 2 aufgeführten Schadenskomplexes als auch bezüglich der unter Abs. 3 und 4 genannten Sachverhalte u.a. wegen vorvertraglicher Kenntnis und/oder wissentlichen/absichtlichen Pflichtverletzungen möglicherweise dem Grunde nach abgelehnt werden kann und/oder dass Gestaltungsrechte ausgeübt werden können, die zur rückwirkenden Beseitigung der D&O-Versicherung führen würden.", gesehen am 07.10.2014.

896 *Hendricks*, VW 2006, 229; dies ebenfalls hervorhebend: *Schweitzer*, Zulässigkeit der Ausschlussklauseln, S. 94; die praktische Erfahrung von *Lange* soll diese Zahl nicht bestätigen, vgl. *Lange*, D&O-Versicherung und Managerhaftung, § 11 Rz. 12.

Jahr 2007 sind es sogar 75%.[897] In der Praxis läuft dies demnach darauf hinaus, dass der Versicherer im Rahmen der „einvernehmlichen Verhandlungen" nur einen Teil Haftpflichtschadens übernimmt, auf dem Rest bleibt der von der Gesellschaft in Anspruch genommene Unternehmensleiter sitzen – mit für ihn häufig genug ruinösen Folgen.[898] Brancheninternen Schätzungen zufolge zahlen die Versicherer durchschnittlich nur 30 % der Schadenssummen[899] – Tendenz laut Branchenkennern sinkend.[900] Wenn aber bisher tatsächlich alle Deckungs-

---

897 Nachweis bei *Ihlas*, D&O-Versicherung, S. 648; vgl. auch *Hopt*, ZIP 2013, 1793, 1801: „Aus der Praxis ist zu hören, dass die D&O-Versicherungen nur in rund 25 % der Fälle zahlen."; vgl. hierzu auch *Schweitzer*, Zulässigkeit der Ausschlussklauseln, S. 14.

898 Dass die zu berücksichtigende verbleibende „wirtschaftliche Bewegungsfreiheit" des Managers hierdurch stark eingeschränkt wird, ist ein weiterer Aspekt, der gegen die Wirksamkeit der Klausel angeführt werden kann; vgl. BGH NJW 1998, 671, 673, 675; *A. Fuchs* in: Ulmer/Brandner/Hensen, § 307 Rz. 263; *Coester* in: Staudinger, BGB, § 307 Rz. 280.

899 *Tödtmann*, wiwo v. 17.03.2011: „90 Prozent aller Manager-Haftungsfälle enden mit einem Vergleich, schätzt Hendricks, und von der geforderten Summe zahlten die Versicherer laut seiner Studie im Schnitt nur 30 %.", in: http://blog.wiwo.de/management/2011/03/17/managerhaftpflicht-auf-versicherer-rollt-klagewelle-zu/, gesehen am 04.01.2014.

900 *Tödtmann*, wiwo v. 09.01.2012: „Welche Trends bei der Schadenregulierung oder in der Prämienentwicklung gibt es bei den D&O-Versicherungen? *Hendricks*: Die Versicherer verzögern die Schadenersatzzahlungen und treiben die Manager in Haftungsprozesse. So viel Öffentlichkeit wünscht sich natürlich keiner für seine Karriere, das nutzt die Assekuranz für sich aus und nötigt Unternehmen als ihren Versicherungsnehmern billige Vergleiche auf. Hinzukommt: Die Unternehmen sind seit Jahren im Sparwahn und drücken die Versicherer bei den Prämien. Die Folge: es bleibt kaum Geld da zur Schadenregulierung.", in: http://blog.wiwo.de/management/2012/01/09/exklusiv-interview-managerhaftungs-experte-michael-hendricks-aufsichtsrat-und-vorstand-als-unkalkulierbares-risiko/, gesehen am 21.02.2014; vgl. auch *Hendricks*, AR 2012, 108, 109: „In jüngster Zeit allerdings erreichen die Vergleichsangebote ein Niveau, das nicht akzeptiert werden kann. Werden mit einem Klageentwurf 50 Mio. Euro gefordert und bietet der Versicherer 5 Mio. Euro an, dann scheitern die Verhandlungen."; *Fassbach*, AR 2013, 26, 28: „Leider ist festzustellen, dass das Regulierungsverhalten der D&O-Versicherer zunehmend dadurch geprägt ist, dass in der Abwehr begründeter Schadenersatzansprüche „bis zur letzten Patrone geschossen wird", Druck auf die Anwaltshonorare ausgeübt wird und nur eine deutlich reduzierte Vergleichsbereitschaft besteht."; *ders.*, AR 2013, 142, 143: „Da sich das Prämienniveau im Jahr 2013 auf einem historischen Tiefstand bewegt, sind die D&O-Prämien de facto auf Basis einer

streitigkeiten gegen die Versicherer verloren wurden und im Übrigen sich die Parteien „einvernehmlich" einigen, liegt mangels allgemein zugänglicher Statistiken in diesem Bereich die Vermutung nahe, dass die Versicherer bisher nur in vergleichsweise wenigen Schadensfällen die volle vertraglich vereinbarte Deckungssumme gezahlt haben werden.

Die Versicherer können die Ausschlussklausel für wissentliche Pflichtverletzungen demnach dazu nutzen, die Erreichung des Vertragszwecks dadurch zu vereiteln, dass sie erhebliche Einbußen des vertraglich vereinbarten Versicherungsschutzes in der zuvor beschriebenen Weise „aushandeln". Eine Rechtfertigung ist hierfür nicht ersichtlich. Die Ausschlussklausel für wissentliche Pflichtverletzung in der D&O-Versicherung erreicht hierdurch eine schädliche und atypische Risikoverlagerung. Im Rahmen der gesetzlichen Regelung des § 103 VVG verliert der gutgläubig in Bezug auf einen Schaden handelnde Manager die Deckung fast nie, im Rahmen der Ausschlussklausel für wissentliche Pflichtverletzungen muss derselbe gutgläubige Manager dagegen fast immer schwerwiegende Einbußen des Deckungsschutzes hinnehmen.[901] Aus dieser atypischen Risikoverlagerung ergibt sich eine Aushöhlung und eine Gefährdung des Vertragszweckes und damit ein Verstoß gegen § 307 Abs. 2 Nr. 2 BGB, denn dem berechtigten Interesse des Versicherungsnehmers bzw. der versicherten Person, im Schadensfall vollen Versicherungsschutz zu erlangen, entspricht dies ersichtlich nicht.[902]

Abschließend ist daher festzuhalten, dass die Ausschlussklausel für wissentliche Pflichtverletzungen den Versicherungsschutz einer D&O-Versicherung insbesondere deshalb aushöhlt, weil außerhalb des sicheren Hafens der Business Judgment Rule, wo diese Versicherung eigentlich schützen soll, Verhaltensweisen leicht als bewusst pflichtwidrig eingeordnet werden können.[903] Die Versicherer können sich diesen Effekt und die damit verbundenen rechtlichen Grauzonen im Bereich der Managerhaftung im Rahmen der Verhandlungen mit den Versicherungsnehmern und versicherten Personen zu Nutze machen, um über die Konstruktion wissentlicher Pflichtverletzungen erhebliche Einbußen des Versicherungsschutzes auszuhandeln. Die wesentlichen Rechte der versicherten Personen aus der D&O-Versicherung werden hierdurch ausgehöhlt.

---

reinen Rechtsschutzdeckung kalkuliert. Der Versicherer wehrt die Ansprüche in der Regel ab."

901 i. E. auch *Schweitzer*, Zulässigkeit der Ausschlussklauseln, S. 98, 195 f., 197: „der hierdurch bewirkte Deckungsverlust eher den Regelfall als die Ausnahme darstellt."

902 vgl. BGH VersR 1981, 173, 174; BGH NJW 1993, 2442, 2444.

903 vgl. hierzu auch *Schweitzer*, Zulässigkeit der Ausschlussklauseln, S. 232 ff.

Damit ist auch das zweite Regelbeispiel des § 307 Abs. 2 BGB erfüllt,[904] womit eine weitere Vermutung für die Unwirksamkeit der Ausschlussklausel für wissentliche Pflichtverletzungen besteht. Auch an dieser Stelle sind keine Anhaltspunkte dafür erkennbar, welche diese Vermutung widerlegen könnten, sodass sich auch aus § 307 Abs. 2 Nr. 2 BGB ergibt, dass diese Klausel die versicherten Personen unangemessen i. S. v. § 307 Abs. 1 S. 1 BGB benachteiligt, woraus ebenfalls die Unwirksamkeit dieser Klausel folgt.

### *c) Verstoß gegen das Transparenzgebot, § 307 Abs. 1 S. 2 BGB*

Die Ausschlussklausel für wissentliche Pflichtverletzungen muss auch dem Transparenzgebot gemäß § 307 Abs. 1 S. 2 BGB entsprechen. Diese Vorschrift setzt Art. 5 S. 1 der Richtlinie über missbräuchliche Klauseln in Verbraucherverträgen[905] um, welche wiederum das Transparenzgebot europarechtlich vorgibt.[906] Auch bei den §§ 305 Abs. 2, 305c Abs. 1, 2 BGB handelt es sich um Ausprägungen des Transparenzgebotes.[907] Schon vor der Kodifizierung des Transparenzgebotes in § 307 Abs. 1 S. 2 BGB durch das SMG im Jahre 2001 war anerkannt, dass Klauseln um nicht gegen § 9 Abs. 1 AGBG zu verstoßen, klar und verständlich zu sein und dem Transparenzgebot zu genügen haben.[908]

---

904 *Schweitzer*, Zulässigkeit der Ausschlussklauseln, S. 254 nimmt nur einen Verstoß der hier nicht gesondert untersuchten und von *Schweitzer* so bezeichneten Kombinationsklausel für vorsätzliche Schadensherbeiführung oder (sonstige) wissentliche Pflichtverletzung (vgl. hier: Fn. 7) gegen § 307 Abs. 2 Nr. 2 BGB an.

905 Richtlinie 93/13 EWG v. 05.04.1993.

906 *A. Fuchs* in: Ulmer/Brandner/Hensen, § 307 Rz. 323; *Pfeiffer* in: Wolf/Lindacher/Pfeiffer, AGB-Recht, § 307 Rz. 234; *Coester* in: Staudinger, BGB, § 307 Rz. 170; *Beckmann* in: Beckmann/Matusche-Beckmann, Versicherungsrechts-Handbuch, § 10 Rz. 230; *Schweitzer*, Zulässigkeit der Ausschlussklauseln, S. 172; *Basedow*, VersR 1999, 1045.

907 *A. Fuchs* in: Ulmer/Brandner/Hensen, § 307 Rz. 323; *Coester* in: Staudinger, BGB, § 307 Rz. 171 f.; *Prölss* in: Prölss/Martin, VVG, Vorbem I, Rz. 80; *Beckmann* in: Beckmann/Matusche-Beckmann, Versicherungsrechts-Handbuch, § 10 Rz. 230.

908 erstmals BGH Urt. v. 24.11.1988 - III ZR 188/87 = BGHZ 106, 42, 49; BGHZ 106, 259, 264; BGHZ 112, 115, 116 f.; BGHZ 118, 126, 131; BGH NJW 1989, 222; BGH NJW 1989, 224; BGH NJW 1993, 2052, 2054; *A. Fuchs* in: Ulmer/Brandner/Hensen, § 307 Rz. 323; *Pfeiffer* in: Wolf/Lindacher/Pfeiffer, AGB-Recht, § 307 Rz. 234; *Coester* in: Staudinger, BGB, § 307 Rz. 170; *Schweitzer*, Zulässigkeit der Ausschlussklauseln, S. 173.

### aa) Anwendbarkeit des Transparenzgebotes auf die Ausschlussklause für wissentliche Pflichtverletzungen

Da AVB und damit auch D&O-Versicherungsbedingungen unproblematisch als Allgemeine Geschäftsbedingungen i. S. v. § 305 Abs. 1 S. 1 BGB einzuordnen sind,[909] ist die Ausschlussklausel für wissentliche Pflichtverletzungen am Transparenzgebot gemäß § 307 Abs. 1 S. 2 BGB zu messen. Eine spezielle versicherungsvertragsrechtliche Grundlage des Transparenzgebotes findet sich zudem in § 7 Abs. 1 S. 2 i. V. m. § 7 Abs. 1 S. 1 VVG; auch hieraus folgt, dass AVB und folglich auch die Ausschlussklausel für wissentliche Pflichtverletzungen dem Transparenzgebot unterliegen.[910]

### bb) Sinn und Zweck des Transparenzgebotes

Sinn und Zweck des Transparenzgebotes bestehen darin, den Kunden bereits bei Vertragsschluss über seine aus dem Vertrag folgenden Rechte und Pflichten zu informieren und ihm die Möglichkeit zu geben, das Preis-Leistungsverhältnis zu beurteilen.[911]

### cc) Inhalt des Transparenzgebotes

Aus dem Transparenzgebot folgt, dass eine Klausel, die nicht klar und verständlich ist, den Vertragspartner des Verwenders ebenfalls unangemessen benachteiligen kann, § 307 Abs. 1 S. 2 BGB, und die Klausel in diesem Fall gemäß § 307 Abs. 1 S. 1 BGB unwirksam ist.[912] Treu und Glauben erfordern es, „dass die Klausel die wirtschaftlichen Nachteile und Belastungen so weit erkennen lässt, wie dies nach den

---

909 vgl. BGH NJW 1998, 454; BGH NJW 1999, 2279, 2280; *Beckmann* in: Beckmann/Matusche-Beckmann, Versicherungsrechts-Handbuch, § 10 Rz. 1, 232; *Basedow*, VersR 1999, 1045 ff.; *Schirmer*, DAR 1993, 321, 330.

910 *Beckmann* in: Beckmann/Matusche-Beckmann, Versicherungsrechts-Handbuch, § 10 Rz. 232.

911 BGH NJW-RR 2011, 1144, 1145; BGH NJW-RR 2012, 1333, 1334; BGH NJW 2013, 291, 295; *A. Fuchs* in: Ulmer/Brandner/Hensen, § 307 Rz. 326, 335, 338; *Beckmann* in: Beckmann/Matusche-Beckmann, Versicherungsrechts-Handbuch, § 10 Rz. 231; *Schweitzer*, Zulässigkeit der Ausschlussklauseln, S. 172; *Basedow*, VersR 1999, 1045, 1046.

912 BGH NJW-RR 2008, 189, 190 f.; *Pfeiffer* in: Wolf/Lindacher/Pfeiffer, AGB-Recht, § 307 Rz. 240; *Kollmann* in: NK-BGB, § 307 Rz. 16, 19; *Beckmann* in: Beckmann/Matusche-Beckmann, Versicherungsrechts-Handbuch, § 10 Rz. 233; *Schirmer*, DAR 1993, 321, 330.

Umständen des Vertragsverhältnisses gefordert werden kann."[913] Soweit die Klausel Beurteilungsspielräume eröffnet, müssen diese gerechtfertigt werden können.[914]

Eine unangemessene Benachteiligung i. S. v. § 307 Abs. 1 S. 2 BGB ist dann anzunehmen, wenn der Verwender eine die Rechtslage falsch, ungenau oder missverständlich darstellende Klausel dazu benutzen kann, den Vertragspartner unter Hinweis auf diese Klausel davon abzuhalten, seine begründeten Ansprüche zu verfolgen.[915] Das BAG hat zusammenfassend in einer jüngeren Entscheidung formuliert, dass der Vertragspartner bereits bei Vertragsschluss der Klausel entnehmen können muss, „welche Belastungen auf ihn zukommen."[916]

Speziell für Ausschlussklauseln in Versicherungsverträgen wurde entschieden, dass der durchschnittliche Versicherungsnehmer ohne versicherungsrechtliche Spezialkenntnisse die verwendeten AVB verstehen und seine Rechtsposition daraus ersehen können muss.[917] Insbesondere muss er erkennen

---

913 BGH NJW 1999, 2279, 2280; BGH NJW 2004, 2589, 2591; BGH NJW-RR 2005, 902, 903; BGH NJW-RR 2008, 189, 191; BGH NJW 2011, 1801, 1802; BGH NJW-RR 2011, 1144, 1145; BGH NJW-RR 2011, 1618, 1621; BGH NJW 2012, 3023, 3028; BGH NJW 2013, 2739, 2740; BGH VersR 2008, 1056, 1057; *A. Fuchs* in: Ulmer/Brandner/Hensen, § 307 Rz. 325; *Kollmann* in: NK- BGB, § 307 Rz. 16 f.; *Gädtke* in: Bruck/Möller, VVG, AVB-AVG 2011/2013 Ziff. 5 Rz. 26; *Beckmann* in: Beckmann/Matusche-Beckmann, Versicherungsrechts-Handbuch, § 10 Rz. 233; *Schweitzer*, Zulässigkeit der Ausschlussklauseln, S. 172, 177, 195; *Koch*, WM 2007, 2173, 2179; *Berger/Kleine*, NJW 2007, 3526, 3527 f.; vgl. auch *Schweitzer*, Zulässigkeit der Ausschlussklauseln, S. 171, 195.

914 BGH NJW 1990, 3197, 3198; BGH NJW-RR 2011, 1144, 1145; BGH NJW-RR 2011, 1618, 1621; *Pfeiffer* in: Wolf/Lindacher/Pfeiffer, AGB-Recht, § 307 Rz. 258; *Kollmann* in: NK-BGB, § 307 Rz. 16; *Beckmann* in: Beckmann/Matusche-Beckmann, Versicherungsrechts-Handbuch, § 10 Rz. 234; *Graf von Westphalen*, VersR 2011, 145, 151.

915 BGH NJW 2005, 3567, 3569; BGH NJW 2006, 211, 213; BGH NJW-RR 2010, 1205, 1207; BGH NJW 2013, 291, 296; *Pfeiffer* in: Wolf/Lindacher/Pfeiffer, AGB-Recht, § 307 Rz. 75, 253; *Coester* in: Staudinger, BGB, § 307 Rz. 178; *Kollmann* in: NK-BGB, § 307 Rz. 16; *Schweitzer*, Zulässigkeit der Ausschlussklauseln, S. 172; vgl. auch zum sog. Verbot der Verschleierung kundenbelastender Folgen *Berger/Kleine*, NJW 2007, 3526, 3528.

916 BAG Urt. v. 21.08.2012 - 3 AZR 698/10 = NJW 2013, 410, 411; vgl. hierzu auch: *Coester* in: Staudinger, BGB, § 307 Rz. 194.

917 BGHZ 123, 83, 85; BGH VersR 2003, 581, 584; BGH VersR 2008, 1056, 1057; BGH r+s 2012, 490, 491; BGH NJW-RR 2013, 228, 229; BGH VersR 2013, 354, 355; *H. Schmidt* in: Ulmer/Brandner/Hensen, AGB-Recht, Teil 4 Spez. AGB-Werke (7) Versicherungsbedingungen, Rz. 4; *Beckmann* in: Beckmann/Matusche-Beckmann,

können, wann die Leistungspflicht des Versicherers entfällt.[918] Der durchschnittliche Versicherungsnehmer muss insofern nicht davon ausgehen, dass der Versicherungsschutz Lücken aufweist, wenn dies nicht aus den AVB hinreichend deutlich hervorgeht.[919]

Die Klausel muss die Rechte und Pflichten der Parteien klar, deutlich und überschaubar abbilden, sog. Bestimmheitgebot.[920] Unbestimmt und damit intransparent ist die Klausel dann, wenn sie es dem durchschnittlichen Versicherungsnehmer nicht ermöglicht, den Kern der Fälle zu erkennen, in denen sie eingreift.[921]

### dd) Durchschnittlicher Versicherungsnehmer

Ob das Transparenzgebot im Rahmen von AVB eingehalten wurde, richtet sich nach den Verständnismöglichkeiten eines durchschnittlichen und verständigen Versicherungsnehmers.[922] Maßgeblich sind hierbei die „Verständ-

---

Versicherungsrechts-Handbuch, § 10 Rz. 232 f.; *Basedow*, VersR 1999, 1045, 1046; *Looschelders*, JR 2001, 397, 400; vgl. hierzu auch *Pfeiffer* in: Wolf/Lindacher/Pfeiffer, AGB-Recht, § 307 Rz. 250; *Coester* in: Staudinger, BGB, § 307 Rz. 187; *Stoffels*, AGB-Recht, § 17 Rz. 567; *Schweitzer*, Zulässigkeit der Ausschlussklauseln, S. 177 f., 179 ff.; vgl. zum Begriff des „durchschnittlichen Versicherungsnehmers" auch die Glosse von *Lorenz*, VersR 1998, 1086.

918 BGH VersR 1996, 651; BGH NJW 2001, 1132, 1133; BGH NJW 2001, 2012, 2013; BGH NJW 2013, 2739, 2740; *Schweitzer*, Zulässigkeit der Ausschlussklauseln, S. 179, 181; vgl. auch *Beckmann* in: Beckmann/Matusche-Beckmann, Versicherungsrechts-Handbuch, § 10 Rz. 233.

919 BGH VersR 2003, 236, 237; BGH VersR 2007, 939, 940; *Gädtke* in: Bruck/Möller, VVG, AVB-AVG 2011/2013 Ziff. 5 Rz. 7; *Schweitzer*, Zulässigkeit der Ausschlusklauseln, S. 167.

920 BGHZ 164, 11, 16; BGH NJW 2007, 1198, 1202; *A. Fuchs* in: Ulmer/Brandner/Hensen, § 307 Rz. 340; *Pfeiffer* in: Wolf/Lindacher/Pfeiffer, AGB-Recht, § 307 Rz. 258; *Coester* in: Staudinger, BGB, § 307 Rz. 180; *Kollmann* in: NK-BGB, § 307 Rz. 16; *Beckmann* in: Beckmann/Matusche-Beckmann, Versicherungsrechts-Handbuch, § 10 Rz. 234; *Schweitzer*, Zulässigkeit der Ausschlussklauseln, S. 173; *Graf von Westphalen*, VersR 2011, 145, 151.

921 BGH NJW 2001, 1132, 1133; *Beckmann* in: Beckmann/Matusche-Beckmann, Versicherungsrechts-Handbuch, § 10 Rz. 234; *Schweitzer*, Zulässigkeit der Ausschlussklauseln, S. 173, 183.

922 BGH VersR 1989, 81; BGH NJW 1992, 2369; BGH NJW-RR 2005, 902, 903; BGH NJW-RR 2008, 189, 190; BGH NJW 2014, 630, 635; BGH NJW 2014, 2038, 2040; *Beckmann* in: Beckmann/Matusche-Beckmann, Versicherungsrechts-Handbuch, § 10 Rz. 232; vgl. auch BGH NJW 2013, 291, 295; *A. Fuchs* in: Ulmer/Brandner/

nismöglichkeiten eines Versicherungsnehmers ohne versicherungsrechtliche Spezialkenntnisse."[923] Der durchschnittliche Versicherungsnehmer muss die Klausel verstehen können, ohne hierzu Rechtsrat hinzuziehen zu müssen.[924] Eine Klausel ist dementsprechend unbestimmt, wenn sie auch an Verbraucher adressiert ist und es einem rechtlichen Laien schwer fallen wird, diese nachzuvollziehen.[925] Ein verständiger Versicherungsnehmer orientiert sich dabei an dem Wortlaut der Klausel.[926]

Sofern der durchschnittliche Versicherungsnehmer in der jeweiligen Sparte aber über solche Spezialkenntnisse verfügt, soll dies zu berücksichtigen sein.[927] Handelt es sich bei der Versicherung um eine Fremdversicherung, ist insofern auf die Verständnismöglichkeiten des durchschnittlichen Versicherten abzustellen.[928] Speziell für die D&O-Versicherung wird vertreten, dass auf die Verständnismöglichkeiten einer durchschnittlich versicherten Person abzustellen ist, die keinerlei Kenntnisse eines Versicherungsvertrages besitzt.[929] Nach anderer Auffassung soll dagegen der ggf. erweiterte Kenntnisstand des Versicherungsneh-

---

Hensen, § 307 Rz. 11, 344; *Stoffels*, AGB-Recht, § 17 Rz. 567; *Schweitzer*, Zulässigkeit der Ausschlussklauseln, S. 148 f., 173 f.

923 st. Rspr. BGH NJW 1993, 2369, 2370; BGH NJW-RR 2004, 1394, 1395; BGH NJW 2004, 2589, 2590; BGH NJW 2006, 2545, 2546; BGH NJW-RR 2008, 189, 190; BGH r+s 2012, 490, 491; BGH NJW 2014, 2038, 2040; OLG Düsseldorf r+s 2014, 122, 123; *Gädtke* in: Bruck/Möller, VVG, AVB-AVG 2011/2013 Ziff. 5 Rz. 5; *Schweitzer*, Zulässigkeit der Ausschlussklauseln, S. 149, 173 f.; *Graf von Westphalen*, VersR 2011, 145, 150 f.

924 BGH NJW 1989, 222, 224; OLG Hamburg NJW-RR 1999, 1631; vgl. auch BGH NJW 1990, 2383, 2384; BGH NJW 1999, 276, 278; *Beckmann* in: Beckmann/Matusche-Beckmann, Versicherungsrechts-Handbuch, § 10 Rz. 232; *Schweitzer*, Zulässigkeit der Ausschlussklauseln, S. 174; *Graf von Westphalen*, VersR 2011, 145, 151; vgl. auch *A. Fuchs* in: Ulmer/Brandner/Hensen, § 307 Rz. 344.

925 BGH NJW 2001, 292, 302; *Kollmann* in: NK- BGB, § 307 Rz. 18.

926 BGH NJW 1993, 2369, 2370; *Beckmann* in: Beckmann/Matusche-Beckmann, Versicherungsrechts-Handbuch, § 10 Rz. 167.

927 BGH r+s 2011, 295, 296; *Gädtke* in: Bruck/Möller, VVG, AVB-AVG 2011/2013 Ziff. 5 Rz. 5 m. w. N.; *Beckmann* in: Beckmann/Matusche-Beckmann, Versicherungsrechts-Handbuch, § 10 Rz. 167; vgl. hierzu auch *Schweitzer*, Zulässigkeit der Ausschlussklauseln, S. 149 f.

928 *Reiff* in: Wolf/Lindacher/Pfeiffer, AGB Recht, Klauseln (V), Versicherungsbedingungen (AVB), V 123; *Gädtke* in: Bruck/Möller, VVG, AVB-AVG 2011/2013 Ziff. 5 Rz. 8; *Schweitzer*, Zulässigkeit der Ausschlussklauseln, S. 154.

929 *Graf von Westphalen*, VersR 2011, 145, 151; vgl. hierzu auch *Schweitzer*, Zulässigkeit der Ausschlussklauseln, S. 150 ff.

mers bzw. der versicherten Person einbezogen werden, wenn es sich bei ihm bzw. bei ihr um einen Kaufmann oder Unternehmer handelt.[930]

#### ee) Verwendung von Fachtermini

Der Wortlaut der Klausel stellt auf die „wissentliche Pflichtverletzung" und damit einen juristischen Fachbegriff ab.[931] Die Verwendung von Fachtermini ist allerdings nicht per se unzulässig.[932] Dies gilt auch für juristische Fachbegriffe, sofern diese „fest umrissen" sind.[933] Allerdings ist eine Klausel dann intransparent, wenn vertieftes juristisches Fachwissen erforderlich ist, um deren Sinngehalt zu verstehen.[934] Nach aktueller Rechtsprechung des Bundesgerichtshofes sind solche juristischen Fachbegriffe intransparent, deren Bedeutung sich nur durch Kenntnis höchstrichterlicher Rechtsprechung erschließen lässt.[935] Die Verwendung von Fachbegriffen ist auch dann mit dem Transparenzgebot unvereinbar, wenn diese dazu führt, dass die Regelung unverständlich wird und der Versicherungsnehmer deshalb davon absieht, seine Rechte geltend zu machen und durchzusetzen.[936]

#### ff) Grenzen des Transparenzgebotes

Andererseits dürfen an das Transparenzgebot keine überzogenen Anforderungen gestellt werden.[937] Die Verpflichtung für den AGB-Verwender, nur klare

---

930 BGH r+s 2011, 295, 296; *Lange*, D&O-Versicherung und Managerhaftung, § 3 Rz. 89; *Beckmann* in: Beckmann/Matusche-Beckmann, Versicherungsrechts-Handbuch, § 10 Rz. 232; vgl. auch *Stoffels*, AGB-Recht, § 17 Rz. 567; *Schweitzer*, Zulässigkeit der Ausschlussklauseln, S. 150 ff., 174 f.; *Berger/Kleine*, NJW 2007, 3526, 3527 f.

931 vgl. hierzu auch *Schweitzer*, Zulässigkeit der Ausschlussklauseln, S. 156 ff.

932 *Beckmann* in: Beckmann/Matusche-Beckmann, Versicherungsrechts-Handbuch, § 10 Rz. 233; *Schweitzer*, Zulässigkeit der Ausschlussklauseln, S. 189.

933 BGH VersR 2007, 939, 940; BGH VersR 2009, 216, 217; BGH NJW 2013, 2739, 2741; *Reiff* in: Wolf/Lindacher/Pfeiffer, AGB Recht, Klauseln (V), Versicherungsbedingungen (AVB), V 126.

934 OLG Köln NJW-RR 1989, 1266, 1268; OLG Schleswig NJW 1995, 2858, 2859; *Pfeiffer* in: Wolf/Lindacher/Pfeiffer, AGB-Recht, § 307 Rz. 254.

935 BGH NJW 2013, 291, 296.

936 *Kollmann* in: NK-BGB, § 307 Rz. 16 ff.; *Beckmann* in: Beckmann/Matusche-Beckmann, Versicherungsrechts-Handbuch, § 10 Rz. 233.

937 BGHZ 112, 115, 119; *Pfeiffer* in: Wolf/Lindacher/Pfeiffer, AGB-Recht, § 307 Rz. 253; *Coester* in: Staudinger, BGB, § 307 Rz. 195; *Beckmann* in: Beckmann/Matusche-Beckmann, Versicherungsrechts-Handbuch, § 10 Rz. 232; *Lenz*, D&O-Versicherung, § 26 Rz. 103.

und durchschaubare Formulierungen zu verwenden, besteht „nur im Rahmen des Möglichen".[938] Fachtermini in AGB verstoßen nicht zwangsläufig gegen das Transparenzgebot (s. o.). Zudem ist es nicht immer möglich, AGB so zu formulieren, „dass dem Vertragspartner jedes eigene Nachdenken erspart bleibt."[939]

### gg) Abschließende Stellungnahme

Da die Ausschlussklausel für wissentliche Pflichtverletzungen den Versicherungsschutz ausschließt, muss der durchschnittliche Versicherungsnehmer erkennen können, wann der Versicherer von seiner Leistungspflicht befreit wird. Da es sich hierbei um eine für den Versicherungsnehmer bzw. die versicherte Person besonders nachteilige Folge handelt, muss die Klausel auch dem Bestimmtheitsgebot genügen. Gemessen an den Verständnismöglichkeiten des durchschnittlichen Versicherungsnehmers entspricht die Klausel nur dann dem Transparenzgebot gemäß § 307 Abs. 1 S. 2 BGB, wenn dieser dazu in der Lage ist, die Klausel zu verstehen, ohne hierfür Rechtsrat einholen zu müssen.

Dass der Risikoausschluss auf die wissentliche Pflichtverletzung und damit auf einen juristischen Fachbegriff abstellt, genügt für sich noch nicht, um von der Unverständlichkeit der Klausel für den durchschnittlichen Versicherungsnehmer auszugehen.[940] Auch dass der Versicherungsnehmer darüber nachdenken muss, was mit einer wissentlichen Pflichtverletzung gemeint ist und was diese zur Folge hat, lässt die Klausel noch nicht intransparent erscheinen. Schließlich wird der durchschnittliche Manager wohl erkennen können, dass er nicht bewusst etwas „Unrechtes" tun darf, will er nicht riskieren, den Versicherungsschutz zu verlieren. Damit dürfte zumindest vordergründig in etwa der Kern der Klausel umschrieben sein. *Gädtke* ist deshalb auch der Auffassung, dass ein Manager „Gesetz und/oder Rechtsgeschäften (wie etwa Beschlüsse) oder

---

938 BGH NJW 1990, 2383, 2384; BGH NJW 1998, 3114, 3116; BGH NJW-RR 2005, 1496, 1498; BGH NJW-RR 2011, 1618, 1621; vgl. auch BGH NJW 2013, 291, 295; *A. Fuchs* in: Ulmer/Brandner/Hensen, § 307 Rz. 348; *Pfeiffer* in: Wolf/Lindacher/Pfeiffer, AGB-Recht, § 307 Rz. 247; *Coester* in: Staudinger, BGB, § 307 Rz. 194; *Kollmann* in: NK-BGB, § 307 Rz. 17; *Beckmann* in: Beckmann/Matusche-Beckmann, Versicherungsrechts-Handbuch, § 10 Rz. 232; *Schweitzer*, Zulässigkeit der Ausschlussklauseln, S. 184.

939 BGH NJW 1990, 2383, 2384; BGH NJW 1993, 2052, 2054; BGH NJW-RR 2005, 902, 903; *Beckmann* in: Beckmann/Matusche-Beckmann, Versicherungsrechts-Handbuch, § 10 Rz. 232; vgl. auch *A. Fuchs* in: Ulmer/Brandner/Hensen, § 307 Rz. 349; *Coester* in: Staudinger, BGB, § 307 Rz. 196; *Schweitzer*, Zulässigkeit der Ausschlussklauseln, S. 182.

940 so auch *Schweitzer*, Zulässigkeit der Ausschlussklauseln, S. 181.

Einzelakten (z. B. Weisungen)" einen „konkret gesteckten Kompetenzrahmen" entnehmen kann, den er nicht wissentlich überschreiten dürfe.[941] Hieraus folge, dass die Klausel „trotz dieser Offenheit" nicht unbestimmt sei.[942]

Problematisch ist jedoch, dass der Versicherungsnehmer oder der versicherte Manager auch dann nicht die geforderte Gewissheit über seine Rechte in Bezug auf das Vertragsverhältnis erfährt, wenn er über die Klausel nachdenkt, jedenfalls nicht ohne Einholung von Rechtsrat.[943] Denn was „recht" und was „unrecht" im Bereich der Organhaftung ist, wird der Manager im Bereich unternehmerischer Entscheidungen schon wegen der Business Judgment Rule ohne qualifizierte rechtliche Beratung nicht beurteilen können. So wurde bereits darauf hingewiesen, dass die Business Judgment Rule mit ihren nicht weniger als fünf Tatbestandsmerkmalen eine erhebliche „Grauzone" bei der Beurteilung der Frage eröffnet, ob überhaupt eine Pflichtverletzung vorliegt.[944] Präzise formuliert lautet die Frage auch, ob wegen der Business Judgment Rule gerade *keine* Pflichtverletzung vorliegt, vgl. § 93 Abs. 1 S. 2 AktG. Allein diese Unterscheidung dürfte den juristisch nicht vorgebildeten Manager schon überfordern. Er wird daher in vielen Fällen gar nicht einschätzen können, ob sein Verhalten überhaupt als Pflichtverletzung einzuordnen ist.[945] Die aktuelle Debatte über die

---

941 *Gädtke* in: Bruck/Möller, VVG, AVB-AVG 2011/2013 Ziff. 5 Rz. 54.

942 *Gädtke* in: Bruck/Möller, VVG, AVB-AVG 2011/2013 Ziff. 5 Rz. 54; so im Ergebnis auch *Schweitzer*, Zulässigkeit der Ausschlussklauseln, S. 192.

943 so im Ergebnis auch *Wagner*, ZHR 178 (2014), 227, 250: „Der Deckungsausschluss für bewusste Gesetzesverstöße und Pflichtverletzungen ist unproblematisch, soweit der Betroffene sein Verhalten darauf einstellen und die Haftung durch rechtstreues Verhalten sicher vermeiden kann. In der Praxis ist dies jedoch häufig nicht gewährleistet, sodass das Vorstandsmitglied mit der vollen persönlichen Haftung rechnen muss.".

944 Abschn. C I 2 b) cc) (4) (b); vgl. auch *Habersack*, ZHR 177 (2013), 782, 797: „Lässt man die zahlreichen Streitfragen, die sich mit den einzelnen Tatbestandsmerkmalen des § 93 Abs. 1 S. 2 AktG verbinden, außer Betracht,…"; vgl. auch *Dauner-Lieb*, BOARD 2014, 182, 184: „Fundament, Funktion und Reichweite der Business Judgment Rule sind freilich keineswegs endgültig und rechtssicher geklärt."

945 vgl. auch *Küpper-Dirks*, Managerhaftung und D&O-Versicherung, S. 124: „So werden Organmitglieder oftmals nicht in der Lage sein, den durch die Gerichte geforderten Sorgfaltsmaßstab ex ante korrekt einzuschätzen."; *Wagner*, ZHR 178 (2014), 227, 258: „Die sichere Vermeidung der Verschuldenshaftung setzt voraus, dass die Gerichte dazu in der Lage sind, den gesetzlichen Sorgfaltsstandard zutreffend auf Einzelfälle anzuwenden, und überdies, dass die Adressaten der Haftungsandrohung dazu in der Lage sind, die Entscheidungen der Gerichte vorauszusehen. Beide

Reichweite der Business Judgment Rule bestätigt dies.[946] Einen „konkret gesteckten Kompetenzrahmen“ gibt es im Bereich der Managerhaftung gerade nicht. Bereits der Fachbegriff der Pflichtverletzung ist damit keinesfalls „fest umrissen“, wie die Rechtsprechung dies im Rahmen von § 307 Abs. 1 S. 2 BGB verlangt, sondern dürfte die Kenntnis höchstrichterlicher Rechtsprechung - hier: *ARAG/Garmenbeck* - erfordern, weshalb die Intransparenz der Klausel bereits an dieser Stelle naheliegt.[947] Im Übrigen wird selbst Rechtsrat hier nur wenig helfen, da es speziell zu der Frage der Organhaftung nur wenig höchst- und obergerichtliche Rechtsprechung als Orientierungshilfe gibt und auch spezialisierte Juristen sich daher schwer damit tun werden, ein bestimmtes Organhandeln eindeutig als Pflichtverletzung einzuordnen,[948] noch dazu als wissentliche.

---

Bedingungen sind in der Realität nicht, bzw. nicht vollständig erfüllt.“; vgl. auch *Schweitzer*, Zulässigkeit der Ausschlussklauseln, S. 194.

946 vgl. hierzu u. a. *Druey*, FS Goette, 57 ff.; *von Falkenhausen*, NZG 2012, 644 ff.; *Hopt*, ZIP 2013, 1793 ff.; *Spindler*, AG 2013, 889 ff.; *Habersack*, ZHR 177 (2013), 782, 799: „Einstweilen mag die Feststellung genügen, dass die Sicherheit, die der Hafen des § 93 Abs. 1 S. 2 AktG bietet, doch begrenzter Natur ist und allenfalls marginal über derjenigen liegt, die das Organmitglied im Rahmen des § 93 Abs. 1 S. 1 AktG genießt.“; *Wagner*, ZHR 178 (2014), 227, 258: „Angesichts dieses weichen und wertungsoffenen Standards kann von einem verlässlichen Haftungsschutz keine Rede sein. Wegen der praktischen Unsicherheiten, die die Anwendung des § 93 Abs. 2 AktG im jeweiligen Einzelfall umgehen, lässt sich die persönliche Haftung von den betroffenen Geschäftsleitern nicht sicher vermeiden.“; *Dauner-Lieb*, BOARD 2014, 182 ff.

947 a. A. *Schweitzer*, Zulässigkeit der Ausschlussklauseln, S. 164, 192.

948 *Cahn*, Aufsichtsrat und Business Judgment Rule, S. 5: „Eine abschließende Klärung der Rechtslage kann für die Praxis in solchen Fällen nur durch eine höchstrichterlicher Entscheidung herbeigeführt werden, deren Inhalt sich nicht sicher prognostizieren lässt. Insofern kann es nur um Wahrscheinlichkeitseinschätzungen unter Berücksichtigung des jeweiligen juristischen Disskussionsstandes gehen, die nicht selten zu wenig gesichert erscheinen, um unternehmerische Entscheidungen allein davon abhängig zu machen.“; *Heermann*, ZIP 1998, 761, 765: „Die bisherigen Überlegungen haben gezeigt, dass sich der Leitungsorganen einzuräumende unternehmerische Ermessensspielraum nur annäherungsweise bestimmen lässt. Damit kann auch die Frage, ob eine konkrete Entscheidung den Sorgfaltsmaßstäben des § 93 Abs. 1 Satz 1 AktG, § 43 Abs. 1 GmbHG oder § 34 Abs. 1 GenG genügt, im Voraus kaum mit endgültiger Sicherheit beantwortet werden. Der Verlauf der Grenze zwischen pflichtgemäßen und pflichtwidrigem Leitungshandeln ist in Ermangelung einschlägiger Vorgaben durch die Judikatur oftmals unklar.“ vgl. auch *Dauner-Lieb*, BOARD 2014, 182, 183: „Warum ist das Thema Organhaftung nach jahrzehntelanger Diskussion und zahllosen Beiträgen kluger Köpfe immer noch so

Denn was für die Einordnung des Sinngehaltes der Pflichtwidrigkeit bei der Organhaftung gilt, trifft leider auf das zweite Merkmal dieses Risikoausschlusses, die Wissentlichkeit, erst recht zu.[949] In einer ganzen Reihe von Publikationen geht es ausschließlich um die kontrovers diskutierte Frage, welche der Ausschlussklauseln, d. h. „vorsätzliche“ oder „wissentliche“ Pflichtverletzung für den Versicherungsnehmer bzw. für die versicherte Person in der D&O-Versicherung günstiger ist.[950] Die Autoren dieser Publikationen dürften sämtlich Volljuristen und Branchenexperten sein. Zwar ist *Vothknecht* der Auffassung, dass es „wohl zu weit führen“ würde, die Klausel wegen der von diesen Volljuristen angestifteten Verwirrung als unklar und damit unwirksam zu beurteilen.[951] Dem ist insofern zuzugeben, dass diese Verwirrung im Wesentlichen auf eine weitgehend vereinzelt gebliebene und nahezu einhellig abgelehnte Auffassung zurückzuführen ist.[952] Doch auch *Vothknecht* muss unter Hinweis auf eine ganze Reihe weiterer Publikationen mit konkretem Bezug zu den Risikoausschlüssen für wissentliche und vorsätzliche Pflichtverletzungen einräumen, wie bemerkenswert es ist, „mit welcher Zähigkeit gerade in der Literatur zur D&O-Versicherung ein Nebel aus irreführenden und zum Teil unzutreffenden Aussagen manchmal den Blick auf die tatsächlichen Gegebenheiten verstellt“.[953] Auch *Hendricks* weist darauf hin, dass die Ausschlusstatbestände der vorsätzlichen und wissentlichen Pflichtverletzung „in ihrer praktischen Bedeutung unterschiedlichsten Ansichten unterliegen, die naturgemäß zur Verwirrung und vor allem zur Verunsicherung aufseiten der versicherten Vorstände, Geschäftsführer und Aufsichtsräte führen.“[954] Zudem kommt den wenn auch angreifbaren Ausführungen von *Vorrath* immerhin der Verdienst[955] zu, darauf hingewiesen zu haben, dass der Ausschlusstatbestand der wissentlichen Pflichtverletzung keineswegs klar konturiert ist, auch von ihr befragte Versicherer sich in diesem Punkt uneins sind und ausgehend von ihrem

---

sperrig und unübersichtlich, dass nicht nur juristisch nicht vorgebildete Geschäftsleiter eine große Rechtsunsicherheit wahrnehmen?“

949 a. A. *Schweitzer*, Zulässigkeit der Ausschlussklauseln, S. 164, 191 f.

950 *Penner*, VersR 2006, 1359 ff.; *Vorrath*, VW 2006, 151 f., *dies.*, VW 2006, 575 f.; *Hansen*, VW 2006, 313; *Mahncke*, ZfV 2005, 540 ff.; *Hendricks*, VW 2006, 229 f.; *Seitz*, VersR 2007, 1476 ff., dessen Aufsatz bezeichnenderweise heißt: „Vorsatzausschluss in der D&O-Versicherung – endlich Licht im Dunkeln!“.

951 *Vothknecht*, PHi 2006, 52, 61.

952 *Gädtke* in: Bruck/Möller, VVG, AVB-AVG 2011/2013 Ziff. 5 Rz. 41 weist deshalb zu Recht darauf hin, dass dieser Streit mittlerweile „überholt“ ist.

953 *Vothknecht*, VW 2006, 488.

954 *Hendricks*, VW 2006, 229.

955 vgl. auch *Hansen*, VW 2006, 313.

jeweiligen Verständnis der Ausschlusstatbestände ein und denselben Beispielsfall unterschiedlich beurteilen.[956] Auch *Baumann* kommt zu dem Ergebnis, dass die Ausschlussklausel für wissentliche Pflichtverletzung „in ihrer weiten, nicht sehr transparenten Abweichung von § 152 VVG heute AGB-rechtliche Probleme aufwerfen könnte".[957] *Fleischer* bestätigt ebenfalls, dass die in den D&O-AVB enthaltenen Risikoausschlüsse „für die Vorstandsmitglieder wegen ihrer tatbestandlichen Unschärfe ein gewisses Restrisiko bergen."[958] Die „klare Aussage zu diesem Thema", welche *Vothknecht*[959] von der Versicherungswirtschaft zu diesem Thema fordert, ist diese bisher jedenfalls schuldig geblieben.

Wenn es aber nicht einmal aus der Branche stammenden Experten und auch den Versicherern selbst nicht gelingt, die Reichweite dieser Klauseln einwandfrei zu bestimmen, dann dürfte dies von einem branchenfremden Leitungsorgan erst recht nicht zu erwarten sein, schon gar nicht ohne die Einholung von Rechtsrat. Dies gilt umso mehr als der durchschnittliche Verbraucher und rechtliche Laie nicht zwischen einer vorsätzlichen und einer wissentlichen Pflichtverletzung zu differenzieren vermag. Er dürfte diese Begriffe synonym verwenden. So wurde bereits eingeräumt, dass der Ausschluss für vorsätzliche Pflichtverletzungen gegenüber dem Ausschluss für wissentliche Pflichtverletzungen „auf den ersten Blick nur als sprachlich leicht modifizierte Ausprägung mit gleichem Sinngehalt erscheinen mag."[960] Dies gilt umso mehr, als die zivilrechtliche Dogmatik in Sachen Vorsatz „beklagenswert unscharf" ist und daher auf die im Strafrecht geläufigen Unterscheidungsformen zurückgegriffen werden muss.[961] Erst recht dürfte dem durchschnittlichen Versicherungsnehmer daher die Differenzierung zwischen dolus eventualis für eine vorsätzliche Pflichtverletzung und dolus directus für eine wissentliche Pflichtverletzung nicht geläufig sein, wenn er überhaupt dazu in der Lage sein sollte, sie nachzuvollziehen, zumal sich Wissen und Wollen „schon psychologisch niemals vollständig voneinander trennen lassen."[962]

---

956 *Vorrath*, VW 2006, 575, 576; vgl. auch *Seibt/Saame*, AG 2006, 901, 909: „...ist Gegenstand kontroverser Diskussionen und hängt in der Praxis letztlich von der – offenbar uneinheitlichen – Auslegung durch die Versicherer ab."

957 *Baumann*, VersR 2006, 455, 460.

958 *Fleischer*, WM 2005, 909, 919.

959 *Vothknecht*, VW 2006, 488.

960 *Vothknecht*, PHi 2006, 52, 53; vgl. hierzu auch *Beckmann* in: Beckmann/Matusche-Beckmann, Versicherungsrechts-Handbuch, § 28 Rz. 117; *Schweitzer*, Zulässigkeit der Ausschlussklauseln, S. 181.

961 *Vothknecht*, PHi 2006, 52, 59.

962 *Vothknecht*, VW 2006, 488; ihm folgend *Mahncke*, ZfV 2006, 540, 542.

Darauf hinzuweisen ist, dass es sich hierbei um subjektive, abstrakte und nicht zuletzt juristische Fachbegriffe handelt, deren Sinngehalt der durchschnittliche Versicherungsnehmer nicht fehlerfrei zu bestimmen vermag. Auch der Fachbegriff der Wissentlichkeit ist daher keinesfalls „fest umrissen".[963]

Zwar wird der durchschnittliche Versicherungsnehmer wohl verstehen, dass er nicht mutwillig seine Pflichten verletzen darf. Ganz so einfach ist es aber nicht, denn es ist eben schon ein Unterschied, ob eine pflichtwidrige und potentiell schadensgeneigte Handlung bewusst vorgenommen oder lediglich billigend in Kauf genommen wird. In der Praxis ergeben sich deshalb zwischen bedingtem und direktem Vorsatz ganz „erhebliche Unterschiede"[964] zumindest aber „nicht unerhebliche Unterschiede"[965] auf den Umfang des Deckungsausschlusses.[966] Und so hat jeder ausgebildete Jurist sicherlich eine Vielzahl von Abgrenzungsbeispielen für die verschiedenen Vorsatzformen im Kopf, der durchschnittliche Versicherungsnehmer hingegen kaum. Und auch Manager dürften in diesem Zusammenhang kaum über zu berücksichtigende versicherungsrechtliche Spezialkenntnisse verfügen, zumal diese, worauf eingangs hingewiesen wurde, häufig nicht einmal wissen, wie die D&O-Versicherung überhaupt funktioniert.[967] Auch das zweite Merkmal des Risikoausschlusses, die Wissentlichkeit, sorgt also für Unverständnis.[968]

Zu fragen ist dann, ob diese Intransparenz dadurch beseitigt wird, dass manche Bedingungswerke Erläuterungen und Definitionen für die Begriffe vorsätzlich und wissentlich bereithalten. Auch hier ist jedoch Skepsis angebracht.[969] Die AVB einiger D&O-Versicherer muten der versicherten Person sogar zu, die

---

963 anders *Schweitzer*, Zulässigkeit der Ausschlussklauseln, S. 164, 191 f.

964 *Beckmann* in: Beckmann/Matusche-Beckmann, Versicherungsrechts-Handbuch, § 28 Rz. 117; *Penner*, VersR 2005, 1359, 1360.

965 *Seitz*, VersR 2007, 1476, 1477; i. E. auch *Schweitzer*, Zulässigkeit der Ausschlussklauseln, S. 39, 87.

966 so auch *Olbrich*, D&O-Versicherung, S. 178: „Die sprachlichen Abweichungen zwischen den einzelnen Klauseln mögen dabei auf den ersten Blick marginal erscheinen, können aber eine erhebliche rechtliche Wirkung haben."; vgl. auch *Sieg* in: Münchener Anwaltshandbuch Versicherungsrecht, § 17 Rz. 148: „Die Abgrenzung zwischen vorsätzlicher und wissentlicher Pflichtverletzung kann insbesondere im Zusammenhang mit dem versicherungsrechtlichen Trennungsprinzip, auf das später noch unter Ziffer III näher eingegangen wird, von Bedeutung sein.".

967 anders OLG München NZG 2009, 214; kritisch zu dieser Entscheidung *Gädtke* in: Bruck/Möller, VVG, AVB-AVG 2011/2013 Ziff. 5 Rz. 8.

968 anders *Schweitzer*, Zulässigkeit der Ausschlussklauseln, S. 164, 191 f.

969 vgl. hierzu auch *Schweitzer*, Zulässigkeit der Ausschlussklauseln, S. 183 f.

Anwendung der Business Judgment Rule einschließlich ihrer teilweise höchst umstrittenen Voraussetzungen zu antizipieren, indem der Ausschluss für wissentliche Pflichtverletzungen dann nicht gelten soll, wenn die versicherte Person im Zeitpunkt der Pflichtverletzung vernünftigerweise annehmen durfte, auf der Grundlage angemessener Informationen zum Wohle der Gesellschaft zu handeln.[970] Was die versicherte Person vernünftigerweise annehmen durfte, was angemessene Informationen sind und was das Wohl der Gesellschaft ist, ist in dieser Kombination im Vorhinein wohl kaum vorauszusagen[971] und wird an dieser Stelle ebenfalls wieder die Kenntnis höchstrichterlicher Rechtsprechung erfordern (s. o.). Es mag sein, dass diese Klausel der versicherten Person im Deckungsprozess einmal helfen kann. Verlässlich einschätzen kann sie dies jedoch nicht. Es ist für die versicherte Person mithin nicht ohne weiteres erkennbar, wann sie Versicherungsschutz erwarten kann und wann dieser ausgeschlossen sein soll. Schon hieraus folgt die Intransparenz der Klausel. Soweit festgestellt wurde, dass die marktüblichen D&O-AVB „kaum immer" das Transparenzgebot gemäß § 307 Abs. 1 S. 2 BGB einhalten,[972] gilt dies jedenfalls in Bezug auf die uneingeschränkt marktgängige Ausschlussklausel für wissentliche Pflichtverletzungen.

Darauf hingewiesen wurde zudem, dass es gängige Praxis ist, dass D&O-Deckungsstreitigkeiten in der Regel im Rahmen von Verhandlungen „einvernehmlich" beigelegt werden aber auch auf das dabei bestehende „Erpressungspotential",[973] das wegen der Grauzonen von der Business Judgment Rule und dem Ausschluss für wissentliche Pflichtverletzungen ausgeht (s. o.).[974] Die Versicherer machen sich diese Grauzonen zu Nutze, um die Versicherungsnehmer bzw. die versicherten Personen im Rahmen der flächendeckend stattfindenden Verhandlungen unter Hinweis auf das mögliche

970 § 3 Ziff. 6.1 Abs. 2 AVB-VOV 2012; § 4 Abs. 1 Allianz AVB zur Vermögensschaden-Haftpflichtversicherung für Organe juristischer Personen – AVB-O HV 40/11; ähnlich auch Ziff. VI.1 b) ZURICH D&O Plus Entscheiderhaftpflicht Ausgabe 05.2013.

971 i. E. auch *Schweitzer*, Zulässigkeit der Ausschlussklauseln, S. 194.

972 *Graf von Westphalen*, VersR 2011, 145, 151; so auch *Steinkühler*, VW 2003, 1734, 1735: „Wie einleitend erwähnt, öffnet eine Vielzahl von Begriffen in der D&O-Versicherung, die scheinbar eindeutig mit Leichtigkeit lesbar sind, Regelungslücken und Unsicherheiten, die mit empfindlichen Folgen für die Versicherten verbunden sein können. Nicht nur die Sprache, sondern auch das geschriebene Wort wird so zur Quelle der Missverständnisse."

973 vgl. hierzu im Zusammenhang mit der Business Judgment Rule: *Sieg* in: Anwaltshandbuch Versicherungsrecht, § 17 Rz. 23.

974 Abschn. C I 2 b) cc) (4) (b).

Vorliegen einer wissentlichen Pflichtverletzung davon abzuhalten, die Durchsetzung ihrer Rechte zu verfolgen, da schlechthin vorab kaum abzusehen ist, ob die Deckungsausschlüsse greifen oder nicht.[975] Dass sich die Parteien dabei einigen und die Versicherer auch zu finanziellen Zugeständnissen bereit sind, rettet die Klausel nicht, da diese Zugeständnisse in der Unsicherheit und Intransparenz gründen, die die D&O-Versicherer durch die Verwendung dieser Klausel selbst zu verantworten haben. Dass „weit über 90 Prozent"[976] der Fälle im Vergleich geregelt werden, ist ein weiteres Indiz dafür, dass die Ausschlussklausel für wissentliche Pflichtverletzungen in der D&O-Versicherung es den Parteien gerade nicht erlaubt, ihre Rechte klar zu erkennen, so wie das Transparenzgebot dies verlangt. Vielmehr eröffnet die Klausel dem Versicherer durch die durch ihre beiden Merkmale, d. h. die Wissentlichkeit einerseits und die Pflichtverletzung andererseits, vermittelten Grauzonen die Möglichkeit, auch begründete Ansprüche abzuwehren. Hieraus ergibt sich zwanglos, dass die Klausel infolge dieser Intransparenz den durchschnittlichen Versicherungsnehmer gemäß § 307 Abs. 1 S. 2 BGB unangemessen benachteiligt und deshalb unwirksam ist.[977]

## II. Wirksamkeit des Risikoausschlusses für vorsätzliche Pflichtverletzungen

Wie der Risikoausschluss für wissentliche Pflichtverletzung, ist auch der Risikoausschluss für vorsätzliche Pflichtverletzung in der D&O-Versicherung

975 *Wagner*, ZHR 178 (2014), 227, 250; vgl. auch *Ihlas*, D&O-Versicherung, S. 121: „Die Komplexität der Sachverhalte und die Unsicherheit bei der Prognose ermöglichen gerade im außergerichtlichen Stadium die Möglichkeit eines Vergleichs."

976 *Ihlas*, VW 2007, 660, 665; *Hopt*, ZIP 2013, 1793, 1794: „Aus der Praxis ist zu hören, dass 95 % aller D&O-Fälle außergrichtlich erledigt werden."; vgl. auch *Tödtmann*, wiwo v. 17.03.2011: „So läuft das meiste Geschäft hinter verschlossenen Türen ab: 90 Prozent aller Managerhaftungs-Fälle enden mit einem Vergleich, schätzt Hendricks…", in: http://blog.wiwo.de/management/2011/03/17/manager haftpflicht-auf- versicherer-rollt-klagewelle-zu/, gesehen am 04.01.2014.

977 vgl. hierzu auch *Schweitzer*, Zulässigkeit der Ausschlussklauseln, S. 193 ff., 197, 259, die zwar der Auffassung ist, dass die Verwendung des Begriffpaares „wissentliche Pflichtverletzung „an sich nicht intransparent" ist, es jedoch im Sinne des Transparenzgebotes für wünschenswert und auch erforderlich hält, klarstellende Hinweise in die Klausel aufzunehmen, insbesondere im Hinblick darauf, dass der durch die Klausel bewirkte Deckungsverlust „eher den Regelfall als die Ausnahme darstellt" (S. 197). Zudem bejaht *Schweitzer* generell die Intransparenz von Klauseln, welche die ergänzende Bezugnahme auf „sonstige wissentliche Pflichtverletzungen" enthalten (S. 192 f., 197).

darauf hin zu überprüfen, ob er die versicherten Personen unangemessen benachteiligt, § 307 Abs. 1, 2 BGB.

## 1. Nicht zu vereinbarende Abweichung mit dem wesentlichen Grundgedanken der gesetzlichen Regelung, § 307 Abs. 2 Nr. 1 BGB

Fraglich ist, ob der Risikoausschluss für vorsätzliche Pflichtverletzungen in der D&O-Versicherung die versicherte Person unangemessen benachteiligt, indem diese Klausel von den wesentlichen Grundgedanken der gesetzlichen Regel, von der abgewichen wird, nicht zu vereinbaren ist, § 307 Abs. 2 Nr. 1 BGB. Ab den 90er Jahren findet sich der Risikoausschluss für vorsätzliche Pflichtverletzungen häufiger in den D&O AVB.[978]

Anders als bei § 103 VVG braucht der Vorsatz den Schaden und die Schadensfolgen nicht zum umfassen, sondern muss sich nur auf die Pflichtverletzung beziehen.[979] Für den Risikoausschluss für wissentliche Pflichtverletzungen wurde ein Verstoß gegen § 307 Abs. 2 Nr. 1 BGB im Wesentlichen damit bejaht, dass das Merkmal der Wissentlichkeit keine hinreichende Kompensation für den Wegfall des Schädigungsvorsatzes herzustellen vermag.[980] Dies ist mit den wesentlichen Grundgedanken von § 103 VVG nicht zu vereinbaren.[981]

Wenn aber schon die Ausschlussklausel für wissentliche Pflichtverletzungen mit dem Grundgedanken des § 307 Abs. 2 Nr. 1 BGB nicht zu vereinbaren ist, dann liegt es nahe, dass dies für die für den Versicherungsnehmer bzw. die versicherte Person noch ungünstigere Regelung, die Ausschlussklausel für vorsätzliche Pflichtverletzungen erst recht gilt. Ungünstiger ist diese Klausel deshalb, weil sie in Bezug auf die Pflichtverletzung nicht Wissentlichkeit (dolus directus 2. Grades), sondern schon bedingten Vorsatz (dolus eventualis) genügen lässt (s. o.).[982] Soweit die h. M. für die Wirksamkeit der Klausel für wissentliche Pflichtverletzungen den Kompensationsgedanken anführt, wonach die Ausschlussklausel für wissentliche Pflichtverletzungen durch die im Vergleich zur gesetzlichen Regelung strengere Wissentlichkeit einen Ausgleich dafür schafft, dass auf den in § 103 VVG vorgesehenen Schädigungsvorsatz verzichtet wird, greift dieser Kompensationsgedanke bei der Ausschlussklausel für

---

978 vgl. *Ihlas* in: MünchKommVVG, D&O. Rz. 392; *ders.*, D&O-Versicherung, S. 466.

979 OLG Koblenz r+s 2000, 192, 193; *Ihlas*, D&O-Versicherung, S. 467 f.; *Seitz*, VersR 2007, 1476.

980 Abschn. C I 2 a) dd) (3) (b).

981 Abschn. C I 2 a) dd) (3) (j).

982 Abschn. B VI 4 e) cc).

vorsätzliche Pflichtverletzungen erkennbar nicht.[983] Eine Pflichtverletzung kann selbstverständlich genauso bedingt vorsätzlich verwirklicht werden wie die Herbeiführung des Schadens gemäß § 103 VVG.[984] Im Vergleich zu § 103 VVG fällt bei der Ausschlussklausel für vorsätzliche Pflichtverletzungen der Schädigungsvorsatz also ersatz- bzw. „kompensationslos" weg.

### a) *Beurteilung des Risikoausschlusses für vorsätzliche Pflichtverletzungen durch die Rechtsprechung*

Der Bundesgerichtshof hatte bisher noch keine Gelegenheit, sich mit der Ausschlussklausel für vorsätzliche Pflichtverletzungen auseinanderzusetzen. Soweit ersichtlich, gibt es hierzu erst zwei obergerichtliche Entscheidungen.

Die erste Entscheidung vom Oberlandesgericht Koblenz datiert vom 15.01.1999.[985] Der klagende Versicherungsnehmer hatte beim Befüllen eines Tanks einen Schaden erlitten und nahm hierfür seine Haftpflichtversicherung in Anspruch. Diese brachte vor, dass der Kläger vorsätzlich gegen wasserrechtliche Vorschriften verstoßen habe. Gemäß der in den AVB enthaltenen Ausschlussklausel für vorsätzliche Pflichtverletzungen entfalle deshalb ihre Leistungspflicht.

Das Oberlandesgericht Koblenz vergleicht die Klausel für vorsätzliche Pflichtverletzungen zunächst mit der Klausel für wissentliche Pflichtverletzungen und verweist dabei auf die grundlegende Entscheidung des Bundesgerichtshofes vom 26.09.1990, welcher letztere Klausel als wirksam erachtet hat (s. o.),[986] um dann festzustellen, dass der Wortlaut der Klauseln insofern voneinander abweicht, als nicht auf einen „wissentlichen" oder „bewussten", sondern „bloß" auf einen vorsätzlichen Verstoß abgestellt wird.[987] Das OLG Koblenz stellt in derselben Entscheidung fest, dass „bloß vorsätzlich" eben auch „bedingt vorsätzlich" heißen und ausreichen kann, jedenfalls dann, wenn es um die Schadensverursachung in § 152 VVG a. F. (§ 103 VVG n. F.) geht.[988] Das OLG Koblenz muss sodann erkannt haben, dass bei dem Risikoausschluss für vorsätzliche Pflichtverletzungen anders als bei der Wissentlichkeitsklausel keinerlei Kompensation

---

983 so auch *Gädtke* in: Bruck/Möller, VVG, AVB-AVG 2011/2013 Ziff. 5 Rz. 43; *Schweitzer*, Zulässigkeit der Ausschlussklauseln, S. 215.

984 so auch *Beckmann* in: Beckmann/Matusche-Beckmann, Versicherungsrechts-Handbuch, § 28 Rz. 117; *Seitz*, VersR 2007, 1476.

985 OLG Koblenz, Urt. v. 15.01.1999 – 10 U 1802/97 = r+s 2000, 192.

986 Abschn. C I 2 a) dd) (1).

987 OLG Koblenz r+s 2000, 192, 193.

988 OLG Koblenz r+s 2000, 192, 193.

zugunsten des Versicherungsnehmers eintritt und dass hieraus wegen der „geringeren Anforderungen an den Haftungsausschluss“[989] eine Form der Benachteiligung für den Versicherungsnehmer bzw. die versicherte Person folgt, auch wenn das OLG Koblenz es tunlichst vermeidet, von einer unangemessenen Benachteiligung zu sprechen. Diese Form der Benachteiligung „verbiete“ es aber in der Konsequenz, dass Vorsatz im Sinne der Ausschlussklausel auch bedingter Vorsatz bedeuten könne.[990] Dementsprechend genüge es nicht, dass der Versicherungsnehmer den Pflichtverstoß nur billigend in Kauf nehme.[991] Vielmehr verstünde der durchschnittliche Versicherungsnehmer unter Vorsatz „Wissen und Wollen“.[992] Dies aber bedeute, dass dem Versicherungsnehmer der Pflichtverstoß bewusst gewesen sein muss, damit die Ausschlussklausel greift.[993]

Das Oberlandesgericht Frankfurt am Main hatte sich in einer jüngeren Entscheidung ebenfalls mit dem Risikoausschluss für vorsätzliche Pflichtverletzungen zu befassen.[994] Klagende Versicherungsnehmerin war eine Gesellschaft, deren ehemaliger Vorstand im vorherigen Haftpflichtprozess rechtskräftig auf Schadenersatz wegen einer ungesicherten Kreditvergabe verurteilt worden war und der seine Deckungsansprüche gegen den D&O-Versicherer an die Gesellschaft abgetreten hatte. Der beklagte D&O-Versicherer war der Auffassung, nicht zur Leistung verpflichtet zu sein, da der Vorstand bei der Kreditvergabe vorsätzlich gehandelt habe und in ihren AVB insofern ein Ausschluss für „vorsätzlich begangene Verstöße“ wirksam vereinbart worden sei.[995]

Das Oberlandesgericht Frankfurt am Main erkennt, dass Vorsatz auch den bedingten Vorsatz umfasst, um dann weiter festzustellen, dass bei der D&O-Versicherung wie bei jeder Haftpflichtversicherung auch „eine an den Interessen der Vertragsparteien orientierte Auslegung des Versicherungsvertrages ergibt, dass der zur Leistungsfreiheit des Versicherers führende Vorsatz des Versicherungsnehmers bzw. Versicherten bei der Herbeiführung des Versicherungsfalls auch die haftungsausfüllende Kausalität umfassen“ müsse.[996] Nach diesen Maßstäben lasse sich aber nicht feststellen, dass die versicherten Personen

989 OLG Koblenz r+s 2000, 192, 193.
990 OLG Koblenz r+s 2000, 192, 193.
991 OLG Koblenz r+s 2000, 192, 193.
992 OLG Koblenz r+s 2000, 192, 193.
993 OLG Koblenz r+s 2000, 192, 193.
994 OLG Frankfurt/M., Urt. v. 09.06.2011 – 7 U 127/09 = VersR 2012, 432 ff.
995 OLG Frankfurt/M. VersR 2012, 432, 434.
996 OLG Frankfurt/M. VersR 2012, 432, 434.

Schädigungsvorsatz gehabt hätten.[997] Der Ausschlusstatbestand sei nicht erfüllt, weshalb der Versicherer zu leisten habe.[998]

Eine weitere Entscheidung, die sich mit dem Risikoausschluss für vorsätzliche Pflichtverletzungen auseinanderzusetzen hatte, ist die des Landgerichts Wiesbaden vom 14.12.2004.[999] Der Kläger ist ein Insolvenzverwalter einer börsennotierten Aktiengesellschaft, deren ehemalige Vorstände mehrere ungesicherte Darlehen in Höhe von knapp 80 Mio. DM an die Mehrheitsaktionäre der Gesellschaft gewährt hatten, welche diese zumindest teilweise nicht zurückzahlen konnten. Der Kläger nahm daraufhin die Vorstände auf Schadenersatz in Anspruch, welche wiederum ihre Ansprüche gegen die D&O-Versicherung an den Kläger abtraten. Die beklagte D&O-Versicherung brachte gegen ihre Einstandspflicht u. a. vor, dass die Vorstände vorsätzlich gegen ihre Pflichten verstoßen hätten. Da in den Versicherungsbedingungen eine Ausschlussklausel für vorsätzliche Pflichtverletzungen enthalten sei, entfalle der Deckungsschutz.

Das Landgericht Wiesbaden geht ohne Weiteres von der Wirksamkeit dieser Klausel in einer D&O-Versicherung aus, auch wenn es andere Klauseltypen in dieser Entscheidung auf ihre Wirksamkeit gemäß § 307 BGB überprüft.[1000] Es nimmt im Übrigen eine vorsätzliche Pflichtverletzung der versicherten Personen an und begründet diese damit, dass die ungesicherte Darlehensgewährung in der konkreten Situation eine verdeckte Einlagenrückgewähr gemäß § 57 AktG dargestellt hätte. Da die handelnden versicherten Personen Vorstandsmitglieder waren, sei „davon auszugehen, dass diese – jedenfalls im allgemeinen – über die geltenden Gesetze informiert waren."[1001] Zumindest liege aber ein vermeidbarer und damit unbeachtlicher Verbotsirrtum vor.[1002] Auch hätten sie gewusst, dass mit einer Rückzahlung der Darlehen von vornherein nicht zu rechnen war, was für die Annahme eines bedingten Vorsatzes hinsichtlich der Verletzung von § 57 Abs. 1 AktG ausreiche.[1003] Selbst wenn den Vorständen der Wortlaut dieser Vorschrift nicht geläufig gewesen sei, hätten sie im Sinne einer Parallelwertung in der Laiensphäre die sachliche Bedeutung und das Ausmaß ihres Handelns erkannt.[1004]

---

997 OLG Frankfurt/M. VersR 2012, 432, 434.

998 OLG Frankfurt/M. VersR 2012, 432, 434.

999 LG Wiesbaden, Urt. v. 14.12.2004 – 1 O 180/03 = VersR 2005, 545 f; vgl. hierzu auch *Koch*, WM 2007, 2173, 2174.

1000 LG Wiesbaden VersR 2005, 545, 546.

1001 LG Wiesbaden VersR 2005, 545, 546.

1002 LG Wiesbaden VersR 2005, 545, 546.

1003 LG Wiesbaden VersR 2005, 545, 546.

1004 LG Wiesbaden VersR 2005, 545, 546.

### b) *Kritische Würdigung der Rechtsprechung*

Das Oberlandesgericht Koblenz verlangt für einen vorsätzlichen Pflichtverstoß mindestens direkten Vorsatz und versteht diese Klausel folglich genauso wie die Ausschlussklausel für wissentliche Pflichtverletzungen. Dem Oberlandesgericht Koblenz ist zunächst darin zuzustimmen, dass es das Problem der Benachteiligung des Versicherungsnehmers durch den Risikoausschluss für vorsätzliche Pflichtverletzungen gesehen und auch zu Recht erkannt hat, dass die zur Ausschlussklausel für wissentliche Pflichtverletzungen ergangene BGH-Entscheidung nicht unmittelbar einschlägig ist, da bei der Ausschlussklausel für vorsätzliche Pflichtverletzung im Vergleich zur gesetzlichen Regelung des § 152 VVG a. F. keinerlei Kompensation für den Verzicht auf das Schadenserfordernis eintritt. Um sich jedoch ein eigenes Urteil über die Wirksamkeit der Ausschlusssklausel für vorsätzliche Pflichtverletzungen zu ersparen, hat das Oberlandesgericht Koblenz sodann diese Klausel „passend gemacht" und der engeren Ausschlussklausel für wissentliche Pflichtverletzungen angeglichen, von deren Wirksamkeit das Oberlandesgericht Koblenz unter Hinweis auf die BGH-Rechtsprechung ganz offensichtlich ausgeht.

Der Begründungsweg hierfür kann allerdings durchweg nicht überzeugen. Zum einen leuchtet es nicht ein, warum Vorsatz im Rahmen des § 152 VVG a. F. bedingten Vorsatz erfassen soll, im Rahmen der Ausschlussklausel für vorsätzliche Pflichtverletzungen dagegen nicht. Um dieses erkennbar falsche Ergebnis zu rechtfertigen, muss dann der durchschnittliche Versicherungsnehmer herhalten. Für diesen soll Vorsatz doch tatsächlich bedeuten, dass mit „Wissen und Wollen" gegen eine Gesetzesbestimmung verstoßen wird, worunter aber nur bewusste Pflichtverstöße zu verstehen seien. Dies entbehrt jeder Grundlage. So dürfte der durchschnittliche Versicherungsnehmer kaum ein solch verrechtlichtes Vorsatzverständnis haben, sondern nur derjenige Versicherungsnehmer, der sich mit dem Vorsatzbegriff schon einmal auseinandergesetzt hat. Das dürfte auf den durchschnittlichen Versicherungsnehmer aber gerade nicht zutreffen. Und sollte er sich tatsächlich rechtlich orientiert oder gar Rechtsrat eingeholt haben, dann dürfte er auch wissen, dass Vorsatz den bedingten Vorsatz mit einschließt.

Letztendlich möchte das Oberlandesgericht Koblenz es hier vermeiden, offen auszusprechen, dass eine Benachteiligung des Versicherungsnehmers vorliegt, noch dazu eine, die so unangemessen ist, dass es sich „verbietet", dem Ausdruck „Vorsatz" in der Klausel die Bedeutung beizumessen, „die ihm in der

Rechtssprache allgemein beigelegt wird", und daher auch den bedingten Vorsatz umfasst.[1005] Indem das Oberlandesgericht Koblenz den Risikoausschluss für vorsätzliche Pflichtverletzungen einengend als Wissentlichkeitsklausel interpretiert, nimmt es in der Sache eine unzulässige geltungserhaltende Reduktion vor, worauf *Vothknecht* schon zu Recht hingewiesen hat.[1006] Wenn das OLG Koblenz aber der Auffassung ist, dass die Klausel den Versicherungsnehmer so stark benachteiligt, dass es sich „verbietet" sie ihrem Wortsinn gemäß anzuwenden, dann wäre es doch nur konsequent gewesen, auch eine unangemessene Benachteiligung i. S. v. § 307 Abs. 2 Nr. 1 BGB anzunehmen, jedenfalls aber eine solche zu prüfen.

Auch die Entscheidung des Oberlandesgerichts Frankfurt am Main vermag nicht zu überzeugen, da es im Rahmen einer Ausschlussklausel für vorsätzliche Pflichtverletzungen entgegen dem Oberlandesgericht Frankfurt am Main gerade nicht darauf ankommt, ob der Versicherungsnehmer bzw. die versicherte Person Schädigungsvorsatz gehabt hat. Im Rahmen dieser Klausel muss sich der Vorsatz nur auf den Pflichtverstoß nicht aber auch auf den Schaden beziehen. Das Oberlandesgericht Frankfurt am Main hätte dementsprechend nicht zu untersuchen gehabt, ob die versicherten Personen bedingten Schädigungsvorsatz gehabt haben, sondern allenfalls, ob bedingter Vorsatz hinsichtlich des Pflichtverstoßes vorlag.[1007] In der Sache hat das Oberlandesgericht Frankfurt am Main damit nicht die in den AVB enthaltene Ausschlussklausel geprüft, sondern § 152 VVG a. F. (§ 103 VVG n. F.). Genauso wie das Oberlandesgericht Koblenz in seiner Entscheidung vom 15.01.1999 eine inhaltliche Auseinandersetzung mit dem Risikoausschluss für vorsätzliche Pflichtverletzungen dadurch vermeidet, dass es diese als Klausel für wissentliche Pflichtverletzungen interpretiert, „unterschlägt" das Oberlandesgericht Frankfurt am Main bei dem von ihm zu prüfenden Risikoausschluss für vorsätzliche Pflichtverletzungen den darin vorgesehenen Verzicht auf den Schädigungsvorsatz, prüft den Schädigungsvorsatz also trotzdem und erreicht so denselben Effekt wie das Oberlandesgericht Koblenz. Über eine Benachteiligung zu Lasten des Versicherungsnehmers bzw. der versicherten Person muss man dann natürlich nicht mehr diskutieren. Überzeugen kann dies freilich nicht.

Dem Landgericht Wiesbaden ist zuzugestehen, dass es auch tatsächlich einen vorsätzlichen Pflichtverstoß daraufhin überprüft, ob die versicherten Personen

---

1005 vgl. OLG Frankfurt/M. VersR 2012, 432, 434.

1006 *Vothknecht*, PHi 2006, 52, 62, Fn. 72.

1007 vgl. auch *Ihlas*, D&O-Versicherung, S. 468: „Das Wort „Vorsatz" beinhaltet keinesfalls automatisch den Bezugspunkt „Schaden"; so auch *Beckmann* in: Beckmann/Matusche-Beckmann, Versicherungsrechts-Handbuch, § 28 Rz. 117.

die sachliche Bedeutung und das Ausmaß ihres Handelns im Sinne einer „Parallelwertung in der Laiensphäre“ erkannt haben. Entgegen der Annahme des Landgerichts Wiesbaden gibt es jedoch keinen Erfahrungssatz, dass ein Vorstand – auch nicht im allgemeinen – über die geltenden Gesetze informiert ist. Dass er sie kennen müsste, bedeutet nicht, dass er sie auch tatsächlich kennt. Auch kann dies nicht einfach unterstellt werden.

Damit leitet auch diese Entscheidung den bedingten Vorsatz aus dem Kennenmüssen bestimmter Gesetze ab. Damit setzt diese Entscheidung das fort, was schon zuvor bei der Wissentlichkeitsklausel beanstandet wurde. Wenn jemand etwas nicht kennt, obwohl er es kennen muss, dann hat er sich vielleicht fahrlässig verhalten, aber noch nicht wissentlich oder vorsätzlich gehandelt. Kennenmüssen kann auch im Rahmen des Risikoausschlusses für vorsätzliche Pflichtverletzungen nicht mit Kenntnis gleichgesetzt werden.[1008] Erst recht überzeugt es hier nicht, einen Verbotsirrtum zu bemühen, der, auch dann, wenn er vermeidbar war, nichts dazu beitragen kann, ob der Schädiger das Verbot tatsächlich gekannt hat oder nicht.

Letztendlich lassen alle drei Entscheidungen eine inhaltliche Auseinandersetzung mit dem Risikoausschluss für vorsätzliche Pflichtverletzungen vermissen, das Oberlandesgericht Koblenz vermeidet sie im Ergebnis durch eine unzulässige geltungserhaltende Reduktion, das Oberlandesgericht Frankfurt am Main passt die Klausel dem gesetzlichen Wortlaut an und das Landgericht Wiesbaden entwickelt in seiner Entscheidung erst überhaupt kein Problembewusstsein. Aber gerade die Art und Weise wie sich hier vor allem das Oberlandesgericht Koblenz aber auch das Oberlandesgericht Frankfurt am Main buchstäblich davor winden, Stellung zu beziehen, lässt darauf schließen, dass das Problem einer unangemessenen Benachteiligung i. S. v. § 307 Abs. 2 Nr. 1 BGB auch gesehen wurde. Denn anders ist es nicht zu erklären, dass beide Gerichte die Klausel nicht ihrem Wortlaut entsprechend anwenden, sondern eine daraus zwangsläufig folgende Benachteiligung des Versicherungsnehmers dadurch zu umgehen versuchen, der Klausel einen anderen (vermeintlich) gültigen Inhalt zu geben. Der Rechtsprechung lässt sich damit jedenfalls nicht entnehmen, dass sie den Risikoausschluss für vorsätzliche Pflichtverletzungen bei wortlautgetreuer Auslegung, was bedingten Vorsatz in Bezug auf die Pflichtverletzung einschließt, für wirksam hält. Der Umgang der Rechtsprechung mit dieser Klausel spricht damit mehr gegen deren Wirksamkeit als für sie.

1008 vgl. auch BGH NJW-RR 2012, 404; BGH NJW 2002, 1123, 1125.

### c) *Die Bewertung des Risikoausschlusses für vorsätzliche Pflichtverletzungen durch die Literatur*

*Vothknecht* ist der Auffassung, dass die Ausschlussklausel für vorsätzliche Pflichtverletzung trotz kompensationslosen Wegfalls des Schädigungsvorsatzes den Versicherungsnehmer bzw. die versicherte Person nicht unangemessen benachteiligt.[1009] Gegenstand des Versicherungsschutzes einer D&O-Versicherung sei allein die Pflichtverletzung, ohne dass es zunächst auf den schädigenden Erfolg ankomme.[1010] Der Zweck des Versicherungsvertrages bestehe darin, „Schutz vor Vermögensschäden infolge von Panne, Versehen oder Irrtum" zu bieten.[1011] Dies entspräche, so *Vothknecht*, der Erwartungshaltung desjenigen, der eine D&O-Versicherung abschließt.[1012] Da solcherlei Verhalten nach Ansicht von *Vothknecht* auch bei der Ausschlussklausel für vorsätzliche Pflichtverletzungen versichert bleibe, kommt er zu dem Schluss, dass eine unangemessene Benachteiligung nicht anzunehmen sei.[1013] Dies folge auch aus dem Rechtsgedanken des § 276 Abs. 3 BGB, da nicht erwartet werden, dass der Versicherer für vorsätzliche Pflichtverletzungen Deckung bereit hält.[1014] Allerdings räumt auch *Vothknecht* ein, dass eine gerichtliche Klärung noch aussteht und damit jedenfalls derzeit „eine gewisse Rechtsunsicherheit verbleiben" dürfte.[1015]

*Koch* weist demgegenüber darauf hin, dass „sich der Ausschluss vorsätzlicher Pflichtverletzungen im Hinblick auf die schwierige Abgrenzung zwischen grober Fahrlässigkeit und bedingtem Vorsatz als nicht unproblematisch" erweise.[1016] Wiederum *Koch* ist allerdings der Auffassung, dass wegen der Gefahr

---

1009 *Vothknecht*, PHi 2006, 52, 62; i. E. auch *Lange*, D&O-Versicherung und Managerhaftung, § 11 Rz. 62: „Durchgreifende AGB-rechtliche Bedenken gegen den Vorsatzausschluss bestehen nicht." und *Schweitzer*, Zulässigkeit der Ausschlussklauseln, die einen Verstoß der Ausschlussklausel für vorsätzliche Pflichtverletzungen gegen § 307 Abs. 2 Nr. 1 BGB verneint (S. 215, 243), allerdings (gestalterisch zu überwindende) Bedenken hinsichtlich der Transparenz der Klausel gemäß § 307 Abs. 1 S. 2 BGB geltend macht (S. 194 ff., 197).

1010 *Vothknecht*, PHi 2006, 52, 62.

1011 *Vothknecht*, PHi 2006, 52, 62; dies ebenfalls hervorhebend: *Schweitzer*, Zulässigkeit der Ausschlussklauseln, S. 236.

1012 *Vothknecht*, PHi 2006, 52, 62.

1013 *Vothknecht*, PHi 2006, 52, 62.

1014 *Vothknecht*, PHi 2006, 52, 62.

1015 *Vothknecht*, PHi 2006, 52, 62.

1016 *Koch*, WM 2007, 2173, 2180; vgl. hierzu auch BGH VersR 1954, 591; *Gädtke* in: Bruck/Möller, VVG, AVB-AVG 2011/2013 Ziff. 5 Rz. 46; *Littbarski* in: MünchKommVVG,

wohlkalkulierter Pflichtverletzungen der Manager zu ihren eigenen Gunsten speziell bei der D&O-Versicherung schon die Ausschlussklausel für vorsätzliche Pflichtverletzungen durch die höherrangigen Interessen der Versicherer gerechtfertigt sei.[1017] Da die Manager üblicherweise keinen Schädigungsvorsatz haben, bestehe insofern ein zusätzlicher Bedarf an Verhaltenssteuerung durch die Ausschlussklausel für vorsätzliche Pflichtverletzungen.[1018]

Hiergegen wendet *Gädtke* ein, dieses Argument stütze nur den Ausschluss vorsätzlich herbeigeführter Schäden, nicht aber den vorsätzlich begangener Pflichtverletzungen.[1019] Laut *Gädtke* ist es daher „mehr als zweifelhaft, ob wohlkalkulierte Pflichtverletzungen als Beispiel dafür dienen können, das Interesse des VR und der Gemeinschaft der Versicherten an der Wirksamkeit des Ausschlusses bedingt vorsätzlicher Pflichtverletzungen zu rechtfertigen.“[1020] *Gädtke* gibt ebenfalls zu bedenken, dass bei der Ausschlussklausel für vorsätzliche Pflichtverletzungen im Vergleich zur gesetzlichen Regelung keinerlei Kompensation erfolgt.[1021] Zudem spreche gegen die Klausel, dass der Versicherer „auch in Fällen grober Fahrlässigkeit häufiger versuchen wird, der versicherten Person bedingt vorsätzliches Verhalten zu attestieren.“[1022] Laut *Gädtke* ist „die Gefahr, das sich der Ausschluss auf diese Weise in den Bereich des versicherten Risikos – nämlich den der groben Fahrlässigkeit – erstreckt, der in der Haftpflichtversicherung nach dem gesetzlichen Leitbild des § 103 VVG nicht antastbar ist, ein wesentlicher Aspekt, der gegen die Rechtfertigung des Ausschlusses für bedingt vorsätzliche Pflichtverletzungen spricht.“[1023]

#### *d) Kritische Würdigung der Literatur*

*Vothknecht* ist zunächst darin zu widersprechen, dass Gegenstand der D&O-Versicherung eine Pflichtverletzung allein sei, ohne dass es zunächst auf den schädigenden Erfolg ankomme. Richtig ist vielmehr, dass der Schaden genauso wie die Pflichtverletzung Gegenstand der Versicherung ist, vgl. nur Ziff. 1.1 GDV-Musterbedingungen 2013. Deshalb stellt *Vothknecht* auch zu Recht darauf

§ 103 Rz. 25 ff.; *Schimikowski* in: NK-VVG, § 103 Rz. 4 f.; *Heinrichs* in: FAKomm-VersR, § 103 Rz. 3.

1017 *Koch* in: Bruck/Möller, VVG, § 103 Rz. 105.

1018 *Koch* in: Bruck/Möller, VVG, § 103 Rz. 105.

1019 *Gädtke* in: Bruck/Möller, VVG, AVB-AVG 2011/2013 Ziff. 5 Rz. 45.

1020 *Gädtke* in: Bruck/Möller, VVG, AVB-AVG 2011/2013 Ziff. 5 Rz. 45.

1021 *Gädtke* in: Bruck/Möller, VVG, AVB-AVG 2011/2013 Ziff. 5 Rz. 43.

1022 *Gädtke* in: Bruck/Möller, VVG, AVB-AVG 2011/2013 Ziff. 5 Rz. 46.

1023 *Gädtke* in: Bruck/Möller, VVG, AVB-AVG 2011/2013 Ziff. 5 Rz. 46.

ab, dass der Zweck des Versicherungsvertrages darin besteht, „Schutz vor Vermögensschäden infolge von Panne, Versehen oder Irrtum“[1024] zu bieten und nicht etwa Schutz vor Panne, Versehen oder Irrtum. Dementsprechend ist das Schadenserfordernis völlig unproblematisch ein ganz zentraler Punkt in der D&O-Versicherung. Auch *Vothknecht* muss daher einräumen, dass es „für den Versicherer erkennbar von Vorteil ist, wenn sich der Nachweis subjektiver Gesichtspunkte abweichend von § 152 VVG nicht auch auf den schädigenden Erfolg erstrecken muss.“[1025]

Was die Erwartungshaltung des Unternehmensleiters angeht, der eine D&O-Versicherung abschließt, ist *Vothknecht* ebenfalls darin zuzustimmen, dass dieser davon ausgehen darf, dass solcherlei Versehen, mithin fahrlässiges Verhalten, versichert ist. Wenn die Rechtsprechung jedoch schon aus fahrlässigem Verhalten eine wissentliche Pflichtverletzung zu konstruieren vermag, dann dürfte ihr dies für den darunter liegenden bedingten Vorsatz erst recht gelingen. Dementsprechend geht der Versicherungsnehmer bzw. die versicherte Person nicht davon aus, dass solcherlei ggf. auch grob fahrlässiges Verhalten der Rechtsprechung genügt, um die Voraussetzungen der Ausschlussklausel für vorsätzliche Pflichtverletzungen zu bejahen. Zu Recht weist u. a. *Koch* daher auf die auch in diesem Zusammenhang schwierige Abgrenzung von bedingtem Vorsatz und grober Fahrlässigkeit hin. Soweit *Koch* allerdings der Auffassung ist, speziell bei Managern bestünde die Gefahr wohlkalkulierter Pflichtverletzungen, ist dem aus den zur Ausschlussklausel für wissentliche Pflichtverletzungen genannten Gründen zu widersprechen.[1026] Manager nehmen im Vergleich zu Rechtsanwälten und Steuerberatern in dieser Hinsicht keine Sonderstellung ein; in jeder dieser Berufsgruppen mag es wohlkalkulierte Pflichtverletzungen ebenso geben, wie eine Vielzahl von Pflichtverletzungen, von denen die Handelnden gerade nicht persönlich profitieren.[1027] Und was bei einer wohlkalkulierten Pflichtverletzung das „Wohl“ des Managers ist, dürfte einem äquivalenten Schaden auf Seiten des Unternehmens entsprechen, sodass hier § 103 VVG ohne Weiteres einschlägig ist.

Richtig ist weiter, dass dem Schuldner gemäß § 276 Abs. 3 BGB die Haftung wegen Vorsatz im Vorhinein nicht erlassen werden darf. Aber zum einen setzt Haftung eben einen Schaden voraus und zum anderen kann keine Rede davon sein, dass die Haftung im Vorhinein wegen Vorsatz erlassen wird, wenn die

---

1024 *Vothknecht*, PHi 2006, 52, 62.

1025 *Vothknecht*, PHi 2006, 52, 62.

1026 s. o. Abschnitt C I 2 a) dd) (3) (d) (aa).

1027 s. o. Abschnitt C I 2 a) dd) (3) (d) (aa).

Ausschlussklausel auch auf den Schaden und nicht allein auf die Pflichtverletzung abstellt.

Im Ergebnis findet daher auch die Literatur keine überzeugenden Argumente, welche für die Wirksamkeit der Ausschlussklausel für vorsätzliche Pflichtverletzungen sprechen könnten.

### e) *Abschließende Stellungnahme*

Der wesentliche Grundgedanke der gesetzlichen Regelung des § 103 VVG besteht darin, den Versicherer davor zu bewahren, auch bei bedingt vorsätzlich herbeigeführten Schäden leisten zu müssen. Dass der Versicherer dagegen auch schon bei einer bedingt vorsätzlichen Pflichtverletzung nicht mehr zu leisten braucht, ist vom Grundgedanken der gesetzlichen Regelung weit entfernt. Das, was bereits zur weitaus engeren Ausschlussklausel für wissentliche Pflichtverletzungen festgestellt wurde, gilt hier mangels irgendeiner Kompensation erst recht. Insbesondere ist *Gädtke* darin zuzustimmen, dass durch diese Klausel die Gefahr besteht, dass bereits grob fahrlässiges Handeln zum Deckungsausschluss führen kann, was dem Leitbild des § 103 VVG widerspricht. Damit ist davon auszugehen, dass auch die Ausschlussklausel für vorsätzliche Pflichtverletzungen in D&O-Versicherungen die versicherte Person i. S. v. § 307 Abs. 2 Nr. 1 BGB benachteiligt und die Klausel, da Anhaltspunkte, die diese Vermutung widerlegen könnten, nicht ersichtlich sind, daher gemäß § 307 Abs. 1 S. 1 BGB unwirksam ist.[1028]

## 2. Gefährung des Vertragszweckes, § 307 Abs. 2 Nr. 2 BGB

Fraglich ist, ob auch bei der Ausschlussklausel für vorsätzliche Pflichtverletzungen die Gefahr einer Aushöhlung des Versicherungsschutzes einer D&O-Versicherung besteht, womit diese Klausel den Versicherungsnehmer bzw. die versicherte Person ggf. gemäß § 307 Abs. 2 Nr. 2 BGB unangemessen benachteiligen würde.[1029] Zu einer Aushöhlung des Versicherungsschutzes würde es dann kommen, wenn die Klausel in tatsächlicher Hinsicht entgegen ihrem Wortlaut tatsächlich bereits (grob) fahrlässige Verhaltensweisen erfassen würde.

*Vothknecht* ist zunächst darin zuzustimmen, dass die Erwartungshaltung desjenigen, der eine D&O-Versicherung abschließt, darin bestehen dürfte, fahrlässiges Verhalten abzudecken.[1030] Fraglich ist, ob dies durch die Ausschlussklausel

---

1028 a. A. *Schweitzer*, Zulässigkeit der Ausschlussklauseln, S. 213, 215.
1029 vgl. hierzu auch *Schweitzer*, Zulässigkeit der Ausschlussklauseln, S. 216 ff.
1030 vgl. *Vothknecht*, PHi 2006, 52, 62.

für vorsätzliche Pflichtverletzungen gewährleistet ist. Vordergründig ist das der Fall, da fahrlässiges Handeln eben keine vorsätzliche Pflichtverletzung darstellt. Schon in der Theorie verschwimmen allerdings die Grenzen bei der Abgrenzung zwischen bedingtem Vorsatz und grober Fahrlässigkeit und Leichtfertigkeit.[1031] Während dort auf das billigende Inkaufnehmen des Erfolges abgestellt wird, soll es hier auf ein besonders schweres Außerachtlassen der erforderlichen Sorgfalt[1032] bzw. im Falle der Leichtfertigkeit um einen bewussten und krassen Verstoß gegen grundlegende, auf der Hand liegende Sorgfaltspflichten handeln.[1033] Entscheidend für die Abgrenzung ist die innere Haltung des Versicherungsnehmers.[1034] Fraglich ist daher, wie die Rechtsprechung diese innere Haltung ermittelt und anhand derer ggf. den Vorsatz feststellt.

### *a) Ermittlung des Vorsatzes im Zivilprozess*

Der Bundesgerichtshof leitet in Zivilsachen in ständiger Rechtsprechung den bedingten Vorsatz ganz offen aus leichtfertigem Handeln und grober Fahrlässigkeit ab.[1035] Diese Rechtsprechung ist im Wesentlichen zu § 826 BGB ergangen, da diese Norm vorsätzliches Handeln im Tatbestand voraussetzt.

Das Reichsgericht weist zwar noch darauf hin, dass grobe Fahrlässigkeit (Gewissenlosigkeit) unter Umständen die Annahme eines Sittenverstoßes rechtfertige, aber den Vorsatz „niemals ersetzen" könne.[1036] In einer Entscheidung vom 06.07.1970 stellt der Bundesgerichtshof aber bereits darauf ab, dass aus der Art und Weise, wie sich ein sittenwidriges Verhalten kundgibt, z. B. durch grobe Leichtfertigkeit oder Verantwortungslosigkeit, „nicht selten zu folgern sein wird, daß mit bedingtem Vorsatz der Schadenszufügung gehandelt" wurde.[1037] Laut einem Urteil des Bundesgerichtshofes vom 14.04.1986 soll es möglich

1031 vgl. hierzu: *Gädtke* in: Bruck/Möller, VVG, AVB-AVG 2011/2013 Ziff. 5 Rz. 46; *Herber* in: MünchKommHGB, § 435 Rz. 12; *Schimikowski* in: NK-VVG, § 103 Rz. 4 f.; *Koch*, WM 2007, 2173, 2180; vgl. auch *Grunewald*, AG 2013, 813, 815.

1032 BGH VersR 1970, 568, 569; BGH NJW-RR 1995, 659; BGH NJW 2007, 2988, 2989; BGH NJW 2010, 1195, 1197; *Grüneberg* in: Palandt, BGB, § 277 Rz. 5.

1033 BGH NJW 2004, 2445; BGH NJW 2011, 1181; *Herber* in: MünchKommHGB, § 435 Rz. 12; *Grüneberg* in: Palandt, BGB, § 277 Rz. 4.

1034 *Koch* in: Bruck/Möller, VVG, § 103 Rz. 27.

1035 BGH NJW 1970, 1737, 1738; BGH WM 1975, 559, 560; BGH NJW-RR 1986, 1158, 1159; BGH NJW 1991, 3282, 3283; BGH NJW 1995, 1739, 1749; BGH NJW 2008, 2245, 2249;BGH NJW-RR 2012, 404; OLG Düsseldorf NJW-RR 1998, 1717.

1036 RGZ 143, 48, 51; vgl. auch BGH NJW 1962, 1766.

1037 BGH, Urt. v. 06.07.1970 - II ZR 85/68 = NJW 1970, 1737, 1738.

sein, von einem grob leichtfertigen Handeln auf einen zumindest bedingten Vorsatz zu schließen.[1038] Nach einem weiteren Urteil des Bundesgerichtshofes vom 24.09.1991 lässt ein leichtfertiges und gewissenloses Verhalten vor allem dann auf bedingten Vorsatz schließen, wenn der potentielle Schädiger erkannt hat, dass er sich so verhält.[1039] Auch aus grob fahrlässigen (leichtfertigen) Verhalten soll der Vorsatz abgeleitet werden können.[1040] Nach einem BGH-Urteil vom 06.05.2008 ist von „vorsätzlichem Handeln auszugehen, wenn der Schädiger so leichtfertig gehandelt hat, dass er eine Schädigung des anderen Teils in Kauf genommen haben muss."[1041] Auch das Oberlandesgericht Düsseldorf stellt unter Hinweis auf Teile der zuvor zitierten Rechtsprechung fest, dass anerkannt sei, „daß der Nachweis des bedingten Vorsatzes sich in Fällen der vorliegenden Art oftmals nur durch den Schluss erbringen läßt, der Schädiger habe so leichtfertig gehandelt, daß er eine Schädigung des anderen Teils in Kauf genommen haben muß."[1042]

Zwar stellt der Bundesgerichtshof in einer jüngeren Entscheidung vom 20.12.2011 darauf ab, dass es nicht genügt, dass „die relevanten Tatumstände objektiv erkennbar waren und der Handelnde sie hätte erkennen müssen."[1043] In einem solchen Fall sei lediglich ein Fahrlässigkeitsvorwurf gerechtfertigt.[1044] Allerdings seien die materiellen Voraussetzungen des bedingten Vorsatzes von den Anforderungen, die an seinen Beweis zu stellen sind, zu unterscheiden.[1045] Und daher könne sich insbesondere aus „dem Grad der Leichtfertigkeit des Schädigers die Schlussfolgerung ergeben, dass mit Schädigungsvorsatz gehandelt" wurde.[1046]

### *b) Bewertung der Vorsatzermittlung im Zivilprozess*

Soweit die vorzitierten Entscheidungen den bedingten Vorsatz aus dem Grad der Sittenwidrigkeit ableiten, sind sie sicherlich nicht einschlägig, da es hierauf im Rahmen der Organhaftung grundsätzlich nicht ankommt. Wenn der bedingte

---

1038 BGH, Urt. v. 14.04.1986 - II ZR 123/85 = NJW-RR 1986, 1158, 1159.

1039 BGH, Urt. v. 24.09.1991 - VI ZR 293/90 = NJW 1991, 3282, 3283.

1040 BGH, Urt. v. 20.03.1995 - II ZR 205/94 = NJW 1995, 1739, 1749; BGH, Urt. v. 05.03.1975 - VIII ZR 230/73 = WM 1975, 559, 560; vgl. auch OLG Köln, Urt. v. 04.02.1997 - 9 U 227/95 = VersR 1997, 1527, 1528.

1041 BGH, Urt. v. 06.05.2008 - XI ZR 56/07 = NJW 2008, 2245, 2249.

1042 OLG Düsseldorf, Urt. v. 24.10.1997 - 22 U 79–97 = NJW-RR 1998, 1717.

1043 BGH, Urt. v. 20.12.2011 – VI ZR 309/10 = NJW-RR 2012, 404.

1044 BGH NJW-RR 2012, 404.

1045 BGH NJW-RR 2012, 404.

1046 BGH NJW-RR 2012, 404 f.

Vorsatz aber anhand von Leichtfertigkeit bzw. grober Fahrlässigkeit ermittelt wird, sind diese Entscheidungen dagegen schon einschlägig, da leichtfertiges oder grob fahrlässiges Organhandeln ohne Weiteres denkbar sind.

Zunächst einmal ist es zu begrüßen, dass der Bundesgerichtshof in der zuletzt zitierten Entscheidung vom 20.12.2011 selbst darauf hingewiesen hat, dass das Kennenmüssen bestimmter Umstände materiell rechtlich keinen Vorsatz-, sondern einen Fahrlässigkeitsvorwurf begründet.[1047] Allerdings soll auch nach dieser Entscheidung jedenfalls auf der Beweisebene leichtfertiges Handeln zum Anlass genommen werden können, den bedingten Vorsatz zu begründen.

Dies ist jedoch bedenklich. Zunächst sind Leichtfertigkeit und grobe Fahrlässigkeit keine Tatsachen, sondern Bewertungen von solchen Tatsachen und schon deshalb ungeeignet, einen Tatsachenbeweis zu führen. Zwar ist nicht auszuschließen, dass die diesen Wertungen zugrunde liegenden Tatsachen darüber hinausgehend im Einzelfall auch bedingten Vorsatz begründen können. Sofern dies aber nicht der Fall ist, die fraglichen Tatsachen also ausschließlich etwas für grobe Fahrlässigkeit oder Leichtfertigkeit hergeben, dann können diese Tatsachen kein Indiz für einen wie auch immer gearteten Vorsatz sein und sei der Grad der Leichtfertigkeit auch noch so hoch. Denn über ein billigendes Inkaufnehmen einer Pflichtverletzung oder eines Schädigungserfolges sagt die Leichtfertigkeit nichts aus. Aus der Leichtfertigkeit ergibt sich für den Vorsatz somit gar nichts. Dieser kann und muss ggf. aus den die Leichtfertigkeit begründenden Tatsachen ermittelt werden, aber nicht aus der Leichtfertigkeit selbst.

*Canaris* ist daher uneingeschränkt darin zuzustimmen, soweit er feststellt: „Aus einer besonderen Leichtfertigkeit des Schädigers wird sowohl auf die Sittenwidrigkeit seines Verhaltens hergeleitet als auch auf (bedingten) Vorsatz geschlossen. […] Zum einen droht nämlich bei Annahme von Vorsatz […] nach § 152 VVG der Verlust des Schutzes einer etwaigen Haftpflichtversicherung […] und zum anderen besteht die Gefahr, daß die subjektive Schwelle von § 826 BGB im praktischen Ergebnis auf grobe Fahrlässigkeit abgesenkt wird, was m. E. auf ein unzulässiges Contra-legem-Judizieren hinausliefe.“[1048] Ähnlich und mit spe-

---

1047 vgl. BGH NJW-RR 2012, 404.

1048 *Canaris*, ZHR 163 (1999), 206, 214; ihm zustimmend *Henssler* in: Henze/Hoffmann-Becking, Gesellschaftsrecht 2001, S. 148: „Berücksichtigt man die weitherzige Rechtsprechung des Bundesgerichtshofs zum Vorsatzbegriff in § 826 BGB, die auch das bewusste Verschließen der Augen und damit faktisch Bereiche der groben Fahrlässigkeit einbezieht,…“; kritisch auch: *Grunewald*, AcP 187 (1987), 285, 306 f.: „Gerade im Bereich der Haftung von Experten gegenüber Dritten ist immer wieder bedauert worden, daß die Rechtsprechung schon dann

ziellem Bezug zur D&O-Versicherung äußert sich *Wagner*: „Wie die Erfahrung gezeigt hat, reicht die Deckungssumme in manchen Fällen bei weitem nicht aus, um den entstandenen Schaden auszugleichen, und das Konzept des bedingten Vorsatzes ist derart elastisch, dass die Abgrenzung zur bewussten Fahrlässigkeit letztlich auf richterlicher Dezision beruht. Jedenfalls kann ein Vorstandsmitglied wenig tun, um ein Gericht daran zu hindern, ex post festzustellen, dass es die Möglichkeit der Schädigung „billigend in Kauf genommen" und nicht darauf vertraut hat, es „werde schon gutgehen."[1049] Mithin werden auch von dem Risikoausschluss für vorsätzliche Pflichtverletzungen regelmäßig (grob) fahrlässige Verhaltensweisen erfasst.

### c) *Ermittlung des Vorsatzes im Strafprozess*

Auch die Ermittlung des Vorsatzes durch Strafgerichte kann im Zivil- und damit auch im Deckungsprozess bedeutsam sein. Gemäß § 149 ZPO besteht die Möglichkeit für das Zivilgericht, die Verhandlung bis zur Erledigung des Strafverfahrens auszusetzen, wenn das Ergebnis der strafrechtlichen Ermittlungen auf die Entscheidung des Zivilprozesses von Einfluss ist. Die besseren Erkenntnismöglichkeiten im Strafverfahren, die dort aus dem Amtsermittlungsgrundsatz folgen, sollen so für den der Verhandlungsmaxime unterliegenden Zivilprozess genutzt werden.[1050] Grundsätzlich entfaltet ein Strafurteil keine Bindungswirkung im Zivilverfahren.[1051] Der Zivilrichter muss daher in eigener Verantwortung Beweis erheben und die Beweise würdigen.[1052]

---

eine sittenwidrige Schädigung feststellt, wenn im Grunde nur grob sorgfaltswidrig gehandelt wurde. Denn schließlich kann auch die Rechtsprechung nicht darüber hinweg, daß § 826 BGB eine *vorsätzliche* Schädigung erfordert."; *Sack*, NJW 2006, 945, 947: „Außerdem ist das *Kennenmüssen* nicht identisch mit der nach der Vorsatztheorie erforderlichen *Kenntnis*."

1049 *Wagner*, ZHR 178 (2014), 227, 275.

1050 OLG Frankfurt/M. NJW-RR 2001, 1649; OLG Stuttgart NJW 1991, 1556; OLG Köln NJW 1990, 778; *Roth* in: Stein/Jonas, ZPO, § 149 Rz. 4; Baumbach/Lauterbach/Albers/Hartmann, ZPO, § 149 Rz. 1; vgl. auch OLG Frankfurt/M. NJW-RR 2013, 184; OLG München NJW-RR 2008, 1091, 1092.

1051 vgl. *Roth* in: Stein/Jonas, ZPO, § 149 Rz. 1; *Wagner* in: MünchKommZPO, § 149 Rz. 2; *Greger* in: Zöller, ZPO, § 149 Rz. 1; *Koch* in: Bruck/Möller, VVG, § 103 Rz. 97; vgl. auch § 14 Abs. 2 Nr. 1 EGZPO a.F.; *Schweitzer*, Zulässigkeit der Ausschlussklauseln, S. 71.

1052 *Roth* in: Stein/Jonas, ZPO, § 149 Rz. 1; *Wagner* in: MünchKommZPO, § 149 Rz. 2.

Zu berücksichtigen ist dabei, dass sich wegen des Grundsatzes *in dubio pro reo* im Strafverfahren Wertungen ergeben können, die sich von denen im Zivilverfahren unterscheiden.[1053] Zudem gibt es ein zu beachtendes Spannungsfeld zwischen der zivilprozessualen Wahrheitspflicht (vgl. § 138 Abs. 1 ZPO) einerseits und dem strafprozessualen Selbstbelastungsverbot andererseits.[1054] Dennoch können die Erkenntnisse des Strafverfahrens für die Tatsachenfeststellung im Zivilverfahren sehr wohl von Bedeutung sein.[1055] Die Unabhängigkeit des Zivilverfahrens vom Strafverfahren steht dem nicht entgegen, weil sich hieraus für das Zivilgericht kein Verbot ergibt, ein Strafverfahren oder ein Strafurteil in die ihm obliegende freie Beweiswürdigung gemäß § 286 ZPO einzubeziehen.[1056]

Eine Aussetzung des Zivilverfahrens kommt insbesondere dann in Betracht, wenn die Ansprüche, die mit der Klage geltend gemacht werden, auf strafbare Handlungen gestützt werden, die Gegenstand eines Strafverfahrens sind.[1057] So können bestimmte Punkte, auf die es im Zivilverfahren ankommt und die dort streitig sind, im Strafverfahren aufgrund des dort geltenden Untersuchungsgrundsatzes gründlicher aufgeklärt werden, wodurch vermieden wird, diese Umstände im Zivilverfahren zu klären.[1058] Dies kann auch den Vorsatz betreffen.

Der Bundesgerichtshof hat u. a. in der *Kinowelt*-Entscheidung herausgestellt, dass bei der Überschreitung der Grenzen unternehmerischer Entscheidungsfreiheit gegenüber dem Unternehmen eine Pflichtverletzung vorliegt, die, wenn sie eine Hauptpflicht ist, „so gravierend ist, dass damit zugleich eine Pflichtwidrigkeit i. S. v. § 266 StGB begründet" ist.[1059] Dasselbe pflichtwidrige Verhalten kann daher nicht nur zivilrechtliche Haftungsansprüche gemäß § 93 Abs. 2 S. 1 AktG und § 43 Abs. 2 GmbH begründen, sondern auch den Straftatbestand der Untreue gemäß § 266 StGB. In Betracht kommt daher die Aussetzung des Zivilprozesses gemäß § 149 ZPO, um im Strafverfahren im Rahmen der Ermittlung der Untreue Anhaltspunkte über die Pflichtwidrigkeit und den Vorsatz zu gewinnen.

Da es im Untreuetatbestand auf dieselbe „gravierende" Pflichtverletzung ankommt, können die im Strafverfahren diesbezüglich gewonnenen Erkenntnisse

---

1053 BGH NJW 1983, 230, 231; *Smid* in: Wieczorek/Schütze, ZPO, § 149 Rz. 1.

1054 OLG Frankfurt/M. NJW-RR 2001, 1649 m. w. N.

1055 *Wagner* in: MünchKommZPO, § 149 Rz. 5; *Smid* in: Wieczorek/Schütze, ZPO, § 149 Rz. 1.

1056 *Roth* in: Stein/Jonas, ZPO, § 149 Rz. 4; vgl. auch *Greger* in: Zöller, ZPO, § 149 Rz. 1.

1057 BGH NJW-RR 2010, 423.

1058 BGH NJW-RR 2010, 423, 424.

1059 BGH, Urt. v. 22.11.2005 - 1 StR 571/04 = NJW 2006, 453, 454 f.; vgl. hierzu auch *Fleischer*, DB 2006, 542, 544; *Sieg/Schramm*, PHi 2006, 64.

folglich für die Beweiswürdigung im Rahmen des Zivilverfahrens von Bedeutung sein. Gleiches gilt für den Vorsatz, der sich im Rahmen des § 266 StGB auch auf die Pflichtverletzung beziehen muss.[1060] Die Frage der „vorsätzlichen Pflichtverletzung" wird bei der Ermittlung des Untreuetatbestandes somit auch im Strafverfahren relevant.

Fraglich ist deshalb, wie ein Strafgericht den Vorsatz ermittelt. Dieses ist dabei grundsätzlich denselben Schwierigkeiten ausgesetzt wie ein Zivilgericht, das den Vorsatz als innerpsychischen Vorgang nicht äußerlich betrachten kann.[1061] Innere Tatsachen können bei einem leugnenden Angeklagten daher auch im Strafprozess nur durch Rückschlüsse aus dem äußeren Tatgeschehen festgestellt werden.[1062] Ob der Täter gewusst hat, dass er eine Pflichtverletzung begeht, wird im Strafprozess ebenfalls nach Kriterien wie der Vorbildung[1063] oder der Berufserfahrung des Angeklagten ermittelt.[1064] *Hantschel* zieht die (bereits bekannte)[1065] Schlussfolgerung: „Je erfahrener der Täter im einschlägigen Tätigkeitskreis ist und je qualifizierter seine Vorbildung, desto leichter lässt sich der Nachweis führen, dass er zumindest die Möglichkeit der Pflichtwidrigkeit im konkreten Fall erkannt hat."[1066]

Auch die Schwere der Pflichtverletzung und die Art des geschaffenen Risikos sind im Strafprozess taugliche Indizien für die Vorsatzermittlung.[1067] Speziell bei der Untreue sind typische auf einen Vorsatz deutende gravierende Pflichtverletzungen die Genehmigung und Auszahlung von Krediten ohne hinreichende Bonitätsprüfung[1068] oder etwa die Missachtung mündlich oder schriftlich geäußerter Bedenken einer Wirtschaftsprüfungsgesellschaft, dass

---

1060 *Fischer*, StGB, § 266 Rz. 172 m. w. N.

1061 vgl. *Hantschel*, Untreuevorsatz, S. 197 m. w. N.

1062 Grundlegend: BGH StV 1984, 61; BGH NJW 1991, 2094; BGH NStZ 2008, 580; BGH NStZ 2008, 707; *Becker* in: Löwe-Rosenberg, StPO, § 244 Rz. 5, 99; *Krehl* in: KK, StPO, § 244 Rz. 3 ff.

1063 BGHSt 44, 376, 387.

1064 BGH wistra 2006, 309, 310: „Dass dem Angeklagten, einem geschäftserfahrenen Kaufmann, seine Pflichten als Gesellschafter-Geschäftsführer generell unbekannt waren, versteht sich auch keinesfalls von selbst." vgl. auch *Koch* in: Bruck/Möller, VVG, § 103 Rz. 30.

1065 Abschn. C I 2 a) dd) (3) (b).

1066 *Hantschel*, Untreuevorsatz, S. 266.

1067 vgl. *Hantschel*, Untreuevorsatz, S. 241, 271, 276 m. w. N.

1068 BGH NJW 1979, 1512; BGH wistra 1992, 26; BGHSt 47, 148, 157; OLG Karlsruhe, wistra 2005, 72, 75; vgl. auch BGH wistra 2008, 379, 382.

eine Verhaltensweise problematisch ist.[1069] Soweit die Rechtsprechung darauf abstellt, dass ein von § 266 StGB erfasstes Risikogeschäft vorliegt, „wenn der Täter bewußt und entgegen den Regeln kaufmännischer Sorgfalt eine äußerst gesteigerte Verlustgefahr auf sich nimmt“,[1070] sind auch hier die Grenzen zur groben Fahrlässigkeit fließend.

So gesehen werden im Strafprozess Indizien ermittelt, die denen entsprechen, die für die im Deckungsprozess relevante Frage einer vorsätzlichen Pflichtverletzung von Bedeutung sind.[1071] Ob das Strafgericht dagegen selbst eine gravierende und sogar vorsätzliche Pflichtverletzung und bei Bejahung der weiteren Voraussetzungen eine Untreuestrafbarkeit annimmt, hat für den Zivilprozess keine Bindungswirkung. Dies gilt sogar dann, wenn das Zivilgericht selbst den Untreuevorwurf zu prüfen hat. Dies ist etwa im Rahmen von § 823 Abs. 2 BGB i. V. m. § 266 StGB der Fall. Gemäß diesen Vorschriften haften etwa die Leitungsorgane einer Konzernmutter, wenn sie die Interessen einer abhängigen Tochtergesellschaft missachten.[1072]

Dennoch ist nicht auszuschließen, dass einzelne Wertungen eines Strafgerichtes ein Zivilgericht gänzlich unbeeindruckt lassen.[1073] So ist die Vermutung nicht fernliegend, dass wenn ein Strafgericht trotz *in dubio pro reo* eine Untreue annimmt, dann doch wohl an der vorsätzlichen Pflichtverletzung etwas dran sein muss, womit diese erst einmal Arbeitshypothese wird.

### *d) Auswirkungen des Untreuevorwurfs auf das Versicherungsverhältnis*

Der Untreuevorwurf kann auch unmittelbare Auswirkungen auf das Versicherungsverhältnis haben, wenn nämlich der D&O-Versicherer diesen zum Anlass nimmt, eine vorsätzliche oder gar wissentliche Pflichtverletzung des Versicherungsnehmers oder der versicherten Person zu bejahen und Abwehrkostenschutz zu verweigern. *Steinkühler* stellt hierzu fest: „Erfahrungsgemäß beinhalten mehr als die Hälfte aller D&O-Fälle einen Untreuevorwurf nach § 266 StGB. […] Solange der Vorwurf einer vorsätzlichen Pflichtverletzung im Raum steht, können die Versicherer – wie gezeigt – mit Leichtigkeit den

---

1069 BGH NJW 2006, 522, 527 (*Mannesmann*).

1070 BGH StV 2004, 424 f.; BGH NJW 1975, 1234, 1236; BGH NJW 1990, 3219, 3220; zum Begriff des Risikogeschäfts vgl. *Waßmer*, Untreue bei Risikogeschäften, S. 5 ff.

1071 Abschn. C I 2 a) dd) (3) (b).

1072 BGHZ 149, 10, 17 ff.

1073 i. E. auch *Schweitzer*, Zulässigkeit der Ausschlussklauseln, S. 71; *Johannsen*, r+s 2000, 133, 134.

Versicherungsschutz versagen."[1074] Das Organ ist dann dazu gezwungen, diesen über die Instanzen einzuklagen, und zwar auch dann, wenn zwar vorläufiger Abwehrschutz besteht, der Versicherer diesen aber aus einer Position der Stärke zu Unrecht verweigert.[1075] Zudem muss sich das Organ gegen die strafrechtliche Verfolgung zur Wehr setzen – und zwar ebenfalls auf eigene Kosten, wenn kein Strafrechtsschutz besteht oder (auch) dieser (zu Unrecht) verweigert wird.

Eine solche Verteidigung gegen einen Untreuevorwurf ist im Bereich der Managerhaftung keinesfalls leicht. Denn um es mit *Ransiek* zu sagen: „§ 266 StGB passt immer. Insbesondere im Wirtschaftsstrafrecht ist das die Norm, die ganz unabhängig davon greift, um welche Spezialmaterie es sich auch immer handelt. Es braucht nur ein Risiko für fremdes Vermögen mit dem Handeln oder Unterlassen einer Person verbunden zu sein."[1076]

---

1074 *Steinkühler*, VW 2003, 1734, 1735; vgl. exemplarisch hierzu auch Ziff. IV.1 Abs. 2 Markel Pro D&O 04.2013 SME: „Gedeckt bleiben jedoch Ansprüche wegen bedingt vorsätzlicher Pflichtverletzung (dolus eventualis), wenn und soweit die Handlung, auf der die Pflichtverletzung beruht, nicht zugleich einen Straftatbestand oder eine Ordnungswidrigkeit darstellt."; vgl. hierzu auch *Ihlas* in: MünchKommVVG, D&O, Rz. 366: „a) Warum der Vorsatzvorwurf so häufig erhoben wird. Der Vorwurf des Vorsatzes impliziert bei den für die D&O-Versicherung relevanten Vermögensschäden regelmäßig den Vorwurf einer Straftat. Solche Vorwürfe gegenüber Organmitgliedern werden häufig erhoben."; dies ebenfalls hervorhebend: *Schweitzer*, Zulässigkeit der Ausschlussklauseln, S. 95.

1075 vgl. hierzu auch: *Olbrich*, D&O-Versicherung, S. 181: „Lehnt der Versicherer den Deckungsschutz unter Berufung auf den behaupteten Vorsatz ab, müssen die versicherten Personen die – unter Umständen erheblichen – Abwehrkosten bis zur Feststellung, ob tatsächlich vorsätzliches Verhalten vorliegt, selbst vorstrecken."; *Ihlas*, D&O-Versicherung, S. 462: „Für die versicherte Person vergrößert sich im Falle einer Deckungsablehnung des Versicherers das Kostenrisiko, wenn sie neben der Abwehr des Haftpflichtanspruchs auch noch auf eigene Kosten einen vorweggenommenen Deckungsprozess führen will."; *Schweitzer*, Zulässigkeit der Ausschlussklauseln, S. 84 f.; *Steinkühler*, VW 2003, 1734, 1735: „Notwendige Deckungsklagen verzögern nicht nur die Schadenregulierung, sondern bürden den Versicherten ein zusätzliches persönliches Risiko mit erheblichen Kosten auf."; ausführlich zum vorläufigen Versicherungsschutz *Gädtke* in: Bruck/Möller, VVG, AVB-AVG 2011/2013 Ziff. 5 Rz. 58 ff.

1076 *Ransiek*, ZStW 116 (2004), 634; vgl. auch *Hopt/Roth* in: GroßKomm, AktG, § 93 Abs 1 Satz 2, 4 nF Rz. 64.

Problematisch am „noch“[1077] mit Art. 103 GG zu vereinbarendem Untreuetatbestand ist dabei insbesondere dessen Unschärfe.[1078] Laut *Nack* besteht „das Problem darin, die Risikoschwelle zu bestimmen, die erfolgloses Management strafbar macht.“[1079] Dies zu vertiefen und zu bewerten kann im Rahmen dieser Arbeit nicht geleistet werden. Soweit für die (gravierende) Pflichtwidrigkeit bei der Untreue aber auf § 93 Abs. 1 S. 1 AktG und § 43 Abs. 1 GmbHG abgestellt wird, handelt es sich hierbei jedoch um tatbestandlich weit gefasste Normen, die einen breiten Handlungs- und damit auch Bewertungsspielraum einräumen.[1080]

Die Strafgerichte wenden dabei ebenfalls „akzessorisch“ die Business Judgment Rule an.[1081] Ob ein Verhalten pflichtwidrig ist, kann deshalb auch im Strafprozess oft nur schwer zu ermitteln sein. Wird es aber nicht mehr von der Business Judgment Rule erfasst, kann wegen der dann naheliegenden gravierenden Pflichtverletzung als äußerem Indiz aber häufig auch ein Pflichtverletzungsvorsatz im Strafprozess begründet werden.

---

1077 vgl. hierzu *Fischer*, StGB, § 266 Rz. 5; *Krüger*, NStZ 2011, 369 ff.; *Knauer*, NStZ 2002, 399 m. w. N.

1078 vgl. hierzu nur *Fischer*, StGB, § 266 Rz. 66: „Die Mehrzahl der Fälle liegt im Zwischenbereich. Hier ist im Einzelfall festzustellen, welche Risiken in welchem Umfang von der Pflicht zur selbstständigen Vermögensbetreuung umfasst sind. In weiten Teilen des Wirtschaftslebens stellt das Eingehen von Risiken sich nicht als Pflichtwidrigkeit dar. Allgemeingültige Regeln lassen sich insoweit nicht aufstellen.“; *Knauer*, NStZ 2002, 399: „...der schwammige, äußerst nahe an der Grenze der Unbestimmtheit formulierte Tatbestand der Untreue klare Antworten erschweren scheint.“; *Fleischer*, NJW 2004, 2867: „... den notorisch unscharfen Untreuetatbestand“; und *Bernsmann*, GA 2009, 296, 297: „In Zusammenhang mit der Untreue kann nun aber von Standhaftigkeit oder Konstanz in der Rechtsprechung kaum noch die Rede sein: Ging es bei der untreuerelevanten Pflichtwidrigkeit mit Blick auf das Unternehmensstrafrecht soeben noch um „gravierende Verstöße“, soll kurze Zeit später bei unternehmerischen Risikoentscheidungen anderes gelten.“; *Hopt*, ZIP 2013, 1793, 1804: „Gummiparagraphen“.

1079 *Nack*, NJW 1980, 1599.

1080 vgl. auch *Wessing/Krawczyk*, NZG 2010, 1121, 1122.

1081 *Hopt/Roth* in: GroßKomm, AktG, § 93 Abs 1 Satz 2, 4 nF Rz. 63; *Schünemann* in: LK, StGB, § 266 Rz. 257; *Saliger* in: SSW, StGB, § 266 Rz. 91; *Spindler*, AG 2013, 889, 902: „Ohne hier auf Details eingehen zu können, kann jedoch festgehalten werden, dass das Zusammenspiel von Gesellschafts- und Strafrecht, insbesondere der Einfluss der Business Judgment Rule, nach wie vor nicht restlos geklärt ist, etwa hinsichtlich der Frage, welche Risiken ein Vorstand eingehen kann, bei der das Strafrecht zur Entwicklung eigener dogmatischer Figuren in Gestalt des Risikogeschäftes neigt.“

Problematisch ist des Weiteren, dass die Rechtsprechung und h. M. bei der Untreue wie beim Betrugstatbestand auch einen Gefährdungsschaden i. S. einer „schadensgleichen Vermögensgefährdung“ ausreichen lassen.[1082] „Das Risiko ist der Schaden.“[1083] Und der Vorsatz muss sich auf dieses Risiko beziehen.[1084] Da „Unternehmertum ohne Risiko undenkbar ist“[1085] und Manager diese unternehmerischen Risiken auch bewusst eingehen, kann der Schädigungsvorsatz speziell bei Risikogeschäften leicht zu bejahen sein – trotz aller berechtigten Hinweise, dass wegen der Weite des Untreuetatbestandes an den Vorsatz strenge Anforderungen zu stellen sind.[1086] Bedingter Vorsatz reicht aus. Und auch hier ergeben sich Probleme, ist die Rechtsprechung laut *Schünemann* in diesem Bereich doch „durch eine von Fall zu Fall taumelnde Kasuistik unter dem Dach der bald strenger, bald laxer gehandhabten Formel des Inkaufnehmens gekennzeichnet.“[1087]

Die vorstehende absolut unvollständige Skizze soll lediglich veranschaulichen, dass „die Grenzziehung zwischen erlaubter Ausnutzung unternehmerischer Entscheidungsspielräume und strafbewehrter Verletzung der Pflicht zur Betreuung des anvertrauten Vermögens in vielen Fällen umkämpft sein

---

1082 vgl. *Fischer*, StGB, § 266 Rz. 150 ff. m. w. N.; vgl. hierzu auch *Bernsmann*, GA 2009, 296, 297: „Und um den sog. „Gefährdungsschaden“ und dessen Restriktion „tobt“ eine – u.a. in obiter dicta und öffentlichen Vorträgen geführte „Schlacht“ zwischen BGH-Senaten, deren Ausgang – anders als bei Streitereien zwischen Strafrechtslehrern etwa über die Neubestimmung des Fahrlässigkeitsbegriffs – von ganz erheblicher Bedeutung für die Entscheidung von Strafrechtsfällen sein kann.“

1083 *Ransiek*, ZStW 116 (2004), 634, 638; so auch *Fischer*, StGB, § 266 Rz. 160 ff.; *Nack*, NJW 1980, 1599, 1601 f.; zwar hat das Bundesverfassungsgericht in seinem Beschluss vom 23.06.2010 eine zahlenmäßig zu belegende Schadenshöhe verlangt, um eine gemäß Art. 103 Abs. 2 GG verbotene Überdehnung des Tatbestandes zu vermeiden, sog. „Verschleifungsverbot“, BVerfG NZG 2010, 1143 Rz. 145 ff. Grundsätzlich hat es den Begriff des Gefährdungsschadens aber nicht angetastet, vgl. hierzu auch BVerfG NJW 2012, 907, 916 Rz. 175 zu § 263 StGB: „Es ist jedenfalls grundsätzlich mit dem verfassungsrechtlichen Bestimmtheitsgrundsatz vereinbar, bereits bei der konkreten Gefahr eines zukünftigen Verlusts einen gegenwärtigen Vermögensschaden anzunehmen.“; zweifelnd auch *Krüger*, NStZ 2011, 369, 370: „Viel spricht dafür, dass sich wenig bis nichts ändern wird.“

1084 *Ransiek*, ZStW 116 (2004), 634, 638; *Nack*, NJW 1980, 1599, 1602.

1085 *Hahn/Weber/Friedrich*, BB 2000, 2620, 2628.

1086 *Fischer*, StGB, § 266 Rz. 177: „der Tatbestand entfällt nicht deshalb, weil der Täter es „gut meint““, Rz. 178 m. w. N; vgl. auch *Spindler* in: MünchKommAktG, § 93 Rz. 51: „Fragwürdig ist daher auch die zu strenge strafrechtliche Rechtsprechung zu den Risikogeschäften.“

1087 *Schünemann* in: LK, StGB, § 266 Rz. 191.

wird."[1088] Auch hieran zeigt sich, wie gefährlich der Vorsatzvorwurf ist und wie sehr dieser letztendlich dazu beitragen kann, über das Strafrecht den Versicherungsschutz des Organs zu entwerten. Denn selbst wenn der D&O-Versicherer gemäß seinen AVB dazu verpflichtet ist, vorläufigen Abwehrschutz zu gewähren, kann ein wegen einer vorsätzlichen Pflichtverletzung erhobener Untreuevorwurf das ohnehin schon zugunsten der Versicherer bestehende Droh- und „Erpressungspotential"[1089] weiter erhöhen und damit dazu beitragen, den Versicherungsschutz auszuhöhlen.

### *e) Abschließende Stellungnahme*

Festzustellen ist, dass die Rechtsprechung bereits die die Leichtfertigkeit und/oder grobe Fahrlässigkeit begründenden Tatsachen als Indizien zum Anlass nimmt, um den bedingten Vorsatz festzustellen.[1090] Und das ist genau der Bereich, in dem die Organhaftung zum tragen kommt. Wie bereits dargestellt, hat die Business Judgment Rule zur Folge, dass nur schlechthin unverantwortliches Handeln als pflichtwidrig anzusehen ist, wobei nach höchstrichterlicher Rechtsprechung die Begriffe unverantwortlich und leichtfertig in einem Zusammenhang verwendet werden.[1091] Auch wurde bereits zutreffend darauf hingewiesen, dass der durch die Business Judgment Rule eröffnete „sichere Hafen", der noch Fälle leichterer Fahrlässigkeit erfassen dürfte, zwangsläufig zur Folge hat, dass Überschreitungen des unternehmerischen Handlungsspielraum regelmäßig den Vorwurf grober Fahrlässigkeit nach sich ziehen.[1092] Da die D&O-Versicherung nicht zum tragen kommt, soweit die Business Judgment Rule greift und die damit schon den Vorwurf der Pflichtwidrigkeit entfallen lässt, muss die D&O-Versicherung also dieses unverantwortliche und zumindest grob fahrlässige, wenn nicht sogar als leichtfertig einzuordnende Verhalten abdecken. Genau

---

1088 *Wessing/Krawczyk*, NZG 2010, 1121, 1124.

1089 Abschn. C I 2 b) cc) (4) (b); vgl. hierzu im Zusammenhang mit der Business Judgment Rule: *Sieg* in: Anwaltshandbuch Versicherungsrecht, § 17 Rz. 23.

1090 vgl. hierzu auch *Sprau* in: Palandt, BGB, § 826 Rz. 11a; *Henssler* in: Henze/Hoffmann-Becking, Gesellschaftsrecht 2001, S. 148: „Berücksichtigt man die weitherzige Rechtsprechung des Bundesgerichtshofs zum Vorsatzbegriff in § 826 BGB, die auch das bewusste Verschließen der Augen und damit faktisch Bereiche der groben Fahrlässigkeit einbezieht,…"

1091 BGH NJW 1982, 985, 987; BAG NZA 1998, 140; vgl. *Roth*, BB 2004, 1066, 1068.

1092 *Hopt/Roth* in: GroßKomm, AktG, § 93 Abs 1 Satz 2, 4 nF Rz. 58; *Gruber/Mitterlechner/Wax*, D&O-Versicherung, § 7 Rz. 70; *Habersack*, FS Ulmer, S. 151, 168 f.; vgl. hierzu auch *Ulmer*, DB 2004, 859, 862.

dieses Verhalten kann dann aber wiederum von dem Versicherer zum Anlass genommen werden, einen vorsätzlichen Pflichtverstoß zu begründen.

Wie bei der Ausschlussklausel für wissentliche Pflichtverletzungen kommt auch hier hinzu, dass die D&O-Versicherung im Gleichlauf mit der Business Judgment Rule die Entschlusskraft und Risikobereitschaft des Managers stärken soll. Dies ergibt aber nur Sinn, wenn dies außerhalb der Reichweite der Business Judgment Rule geschieht, wobei sich das Organ mitten in einem schwer einzuschätzenden Graubereich befindet, in dem vorsätzliche Pflichtverstöße jedenfalls naheliegen.[1093] Der Vertragszweck der D&O-Versicherung wird somit ad absurdum geführt, wenn jedes Verhalten außerhalb der Business Judgment Rule einen vorsätzlichen Pflichtverstoß und damit im Rahmen der Ausschlussklausel für vorsätzliche Pflichtverletzungen ggf. die Leistungsfreiheit des Versicherers begründen kann.[1094]

Dass der Klausel für vorsätzliche Pflichtverletzungen selbst irgendeine (legitime) verhaltenssteuernde Wirkung zukommt, darf ebenfalls bezweifelt werden (s. o.).[1095] Dass das Organ die Gesellschaft mit einem bedingt vorsätzlich begangenen Pflichtverstoß schädigen will, ist grundsätzlich ohnehin nicht anzunehmen (s. o.),[1096] dass das Organ auf dieser Ebene zwischen bedingtem Schädigungsvorsatz und bedingtem Pflichtverstoßvorsatz zu differenzieren vermag, die Klausel also einen verhaltenssteuernden Mehrwert im Hinblick auf die gesetzliche Regelung des § 103 VVG erreicht, erst recht nicht.

Besonders haftungsrelevant für einen Manager ist stets, wenn er eine unternehmerische Entscheidung nicht sorgfältig genug vorbereitet, was sogar einen ggf. nur schwer zu widerlegenden Untreuevorwurf begründen kann (s. o.).[1097] Diese fehlende Sorgfalt bei der Vorbereitung einer unternehmerischen Entscheidung ist zwar grundsätzlich ein Fahrlässigkeitsvorwurf. Nach dem Oberlandesgericht

---

1093 vgl. hierzu auch *Schweitzer*, Zulässigkeit der Ausschlussklauseln, S. 232 ff.

1094 ähnlich *Schweitzer*, Zulässigkeit der Ausschlussklauseln, S. 234; vgl. hierzu auch *Seibt/Saame*, AG 2006, 901, 906.

1095 vgl. insoweit das Ergebnis für die Ausschlussklausel für wissentliche Pflichtverletzungen unter Abschn. C I 2 a) dd) (3) (d) (bb); a. A. *Schweitzer*, Zulässigkeit der Ausschlussklauseln, S. 207: „denn hierdurch werden die versicherten Organmitglieder im Gegenteil zu sorgfältigerem Verhalten angehalten und die Steuerungswirkung damit keinesfalls unterlaufen, sondern gestärkt."

1096 Abschn. B VI 4 e) aa).

1097 Abschn. C II 2 d).

Koblenz schließen „Schlamperei und Schleifenlassen der zu erledigenden Arbeiten“ den bedingten Vorsatz jedoch mit ein.[1098]

Zwar mag auch an dieser Stelle darauf hingewiesen werden, dass dann auf eine Korrektur der Rechtsprechung hinzuwirken ist, nicht mehr schon grob fahrlässiges oder leichtfertiges Verhalten als Indizien für den bedingten Vorsatz ausreichen zu lassen. Genauso wie bei der Wissentlichkeit auch, handelt es sich bei dem bedingten Vorsatz um eine sog. innere Tatsache, bei der die Rechtsprechung schlechthin auf Indizien angewiesen ist, um diese begründen zu können (s. o.).[1099] Und hier muss sich die Rechtsprechung zwangsläufig an dem äußeren Geschehenslauf orientieren, dessen Interpretation auf subjektiver Ebene denknotwendig besonders fehleranfällig ist und stets Anlass zu Zweifeln geben wird. Deshalb lässt die Rechtsprechung auf der Haftungsebene die Vorsatzfrage ja nicht ohne Not regelmäßig offen.

Anders als im Strafprozess gibt es im Zivilprozess aber kein *in dubio pro reo*, sondern nur die Beweislast, die zwar bei dem Versicherer liegt. Wollte man den äußeren Geschehensablauf als Indiz nicht mehr zulassen, würde dies in der Konsequenz bedeuten, dass der Versicherer grundsätzlich beweisfällig bliebe und die Ausschlussklausel für vorsätzliche Pflichtverletzungen ihren praktischen Nutzen weitgehend verloren hätte. Also muss die Rechtsprechung weiter mit „objektiven“ Indizien arbeiten können, was zu den genannten Schwierigkeiten führt.

Auch hieran zeigt sich, wie wenig handhabbar eine solche Klausel in der Praxis ist. Wenn man sie anwendet, führt dies schon wegen der Business Judgment Rule aber auch wegen der nicht leichter zu beantwortenden Vorsatzfrage zu erheblichen Rechtsanwendungsschwierigkeiten und daraus folgender Rechtsunsicherheit, die kaum einer Seite gerecht wird.[1100] Am besten ist es, man wendet diese Klausel daher gar nicht an, eine Notwendigkeit hierfür besteht auch an

---

1098 OLG Koblenz VersR 1990, 41.

1099 Abschn. C I 2 a) dd) (3) (d) bb).

1100 *Kahlert*, Veröffentlichungen des Deutschen Vereins für Versicherungs-Wissenschaft, Heft VIII (März 1906), 30, 34, hat schon im Jahre 1906 auf dieses Problem bei der Unterscheidung von leichter und grober Fahrlässigkeit hingewiesen: „… halte ich die Einführung dieser Unterscheidung in die Aufsichtsrat – Haftpflichtversicherung um deswillen für bedenklich, weil sie in das Versicherungsverhältnis eine Unsicherheit dadurch hineinbringt, daß sie die Entschädigungspflicht von einem Momente abhängig macht, dessen Feststellung subjektiven Erwägungen in weitem Maße zugänglich ist. Sie würde dadurch den Wert der Versicherung wesentlich verringern.“ Dies lässt sich auf den subjektiven Risikoausschluss der vorsätzlichen Pflichtverletzung ohne weiteres übertragen.

dieser Stelle nicht. Sofern das Organ die Gesellschaft tatsächlich bedingt vorsätzlich schädigen wollte, hilft den Versicherern immer noch § 103 VVG. Der Nachweis des bedingten Schädigungsvorsatzes ist ihnen ohne Weiteres zuzumuten (s. o.).[1101] Auch an dieser Stelle können die Versicherer sich damit behelfen, entweder die Prämien zu erhöhen oder einen Selbstbehalt zu vereinbaren. Prämienreduzierend dürfte in diesem Zusammenhang wirken, dass dann die langwierigen und kostenintensiven Verhandlungen mit der Gesellschaft und den versicherten Personen wegfallen, ob der Ausschlusstatbestand überhaupt greift und wie hoch die daraus folgenden Risiken für die Parteien zu bemessen sind. Das Insolvenzrisiko der ggf. in Regress zu nehmenden versicherten Person sparen sich die D&O-Versicherer ohnehin.

Erschwerend kommt hinzu, dass eine vorsätzliche Pflichtverletzung im Bereich der Managerhaftung immer auch Untreuevorwürfe zulässt, wodurch der angeblich bestehende Verhandlungsspielraum der Manager weiter eingeschränkt wird. *Wagner* weist in diesem Zusammenhang darauf hin: „Angesichts der Weite und Unbestimmtheit von Strafnormen nach Art des § 266 StGB aber auch im Hinblick auf die Massen regulatorischen Verwaltungsrechts, das in großen Teilen von der Rechtsprechung kaum konkretisiert worden ist, kommt es in der Unternehmenspraxis einem Kunststück gleich, stets ausreichenden Abstand von einer mit Eventualvorsatz begangenen Gesetzes- oder Pflichtverletzung zu wahren."[1102]

Abschließend ist daher festzustellen, dass es keinesfalls so ist, dass in der Praxis fahrlässiges Verhalten durch die D&O-Versicherung abgedeckt bleibt, wenn die Ausschlussklausel für vorsätzliche Pflichtverletzungen anwendbar ist. Auch hier gilt: Innerhalb der Business Judgment Rule wird der Versicherungsschutz nicht benötigt, außerhalb der Business Judgment Rule entfällt er regelmäßig, weil der Ausschlusstatbestand für vorsätzliche Pflichtverletzungen in der praktischen Anwendung auch grob fahrlässige Verhaltensweisen erfasst. Auf die Gefahr, dass die Versicherer sich diesen Effekt zu Nutze machen werden, hatte *Gädtke* bereits zutreffend hingewiesen.[1103] Dass der Versicherungsschutz hierdurch ausgehöhlt und die Versicherungsnehmer bzw. versicherten Personen i. S. v. § 307 Abs. 2 Nr. 2 BGB unangemessen benachteiligt werden, ist damit nicht mehr von der Hand zu weisen.[1104]

---

1101 Abschn. C I 2 a) dd) (3) (e).

1102 *Wagner*, ZHR 178 (2014), 227, 250.

1103 *Gädtke* in: Bruck/Möller, VVG, AVB-AVG 2011/2013 Ziff. 5 Rz. 46.

1104 *Schweitzer*, Zulässigkeit der Ausschlussklauseln, S. 254 nimmt nur einen Verstoß der hier nicht gesondert untersuchten und von *Schweitzer* so bezeichneten

Da Anhaltspunkte, welche die Vermutung des § 307 Abs. 2 Nr. 2 BGB widerlegen könnten, nicht vorliegen, ist die Ausschlussklausel für vorsätzliche Pflichtverletzungen gemäß § 307 Abs. 1 S. 1 BGB unwirksam.

### 3. Verstoß gegen das Transparenzgebot, § 307 Abs. 1 S. 2 BGB

Fraglich ist, ob die Ausschlussklausel für vorsätzliche Pflichtverletzungen auch intransparent i. S. v. § 307 Abs. 1 S. 2 BGB ist. Da dies für die Ausschlussklausel für wissentliche Pflichtverletzungen bereits bejaht wurde, liegt dies für den Risikoausschluss für vorsätzliche Pflichtverletzungen ebenfalls nahe. Bei dieser Klausel kommt ebenfalls zum tragen, dass „die zivilrechtliche Dogmatik in Sachen Vorsatz beklagenswert unscharf" ist, worauf wiederum *Vothknecht* bereits hingewiesen hat.[1105] Zu Recht ist zwar daran erinnert worden, dass AGB auch nicht verständlicher sein können als die gesetzliche Regelung, von der abgewichen wird.[1106] § 103 VVG stellt insoweit ebenfalls auf den Vorsatz ab. Maßstab des Transparenzgebotes ist aber nicht die gesetzliche Regelung, sondern die Klausel selbst. Und soweit der Verwender wenig verständliche Teile einer gesetzlichen Regelung übernimmt, ist dies sein Risiko, zumal der Gesetzgeber nicht in gleichem Maße durch das Transparenzgebot gebunden ist wie ein Verwender von AGB.[1107]

Das OLG Frankfurt am Main stellt in der bereits zitierten Entscheidung darauf ab, dass der Ausdruck „Vorsatz" „mangels gegenteiliger Anhaltspunkte die Bedeutung hat, die ihm in der Rechtssprache allgemein beigelegt wird, und daher auch den bedingten Vorsatz umfasst."[1108] Wie aber soll der durchschnittliche Versicherungsnehmer bzw. Versicherte ohne Einholung von Rechtsrat wissen, welche Bedeutung die Rechtssprache dem Begriff Vorsatz allgemein beilegt und, noch dazu, was hiervon abgegrenzt die Wissentlichkeit bedeutet? Der versicherten Person wird es so kaum gelingen, zum eigentlichen Kern der Klausel vorzudringen, weshalb bereits ein Verstoß gegen das Bestimmtheitsgebot naheliegt.

Dies wird durch die Rechtsprechung des Oberlandesgerichtes Koblenz bestätigt. Das Oberlandesgericht Koblenz stellt bei dem Risikoausschluss für vorsätzliche Pflichtverletzungen auf das Vorsatzverständnis des durchschnittlichen

Kombinationsklausel für vorsätzliche Schadensherbeiführung oder (sonstige) wissentliche Pflichtverletzung (vgl. hier: Fn. 7) gegen § 307 Abs. 2 Nr. 2 BGB an.

1105 *Vothknecht*, PHi 2006, 52, 59.

1106 *Schirmer*, DAR 1993, 321, 331.

1107 hierzu ausführlich *Coester* in: Staudinger, BGB, § 307 Rz. 198; *Beckmann* in: Beckmann/Matusche-Beckmann, Versicherungsrechts-Handbuch, § 10 Rz. 233; *Schweitzer*, Zulässigkeit der Ausschlussklauseln, S. 190.

1108 OLG Frankfurt/M. VersR 2012, 432, 434.

Versicherungsnehmers ab.[1109] Einem solch durchschnittlichen Versicherungsnehmer sei aber nicht bekannt, dass ein vorsätzlicher Pflichtverstoß auch bedingt vorsätzlich verwirklicht werden könne.[1110] Damit spricht das Oberlandesgericht Koblenz offen aus, dass der durchschnittliche Versicherungsnehmer die Ausschlussklausel für vorsätzliche Pflichtverletzungen nicht versteht, schon gar nicht richtig. Daraus kann nur deren Intransparenz folgen. Soweit *Schilling* darauf abstellt, dass der Begriff Vorsatz „jedenfalls für Juristen eindeutig belegt ist",[1111] ist dem zumindest insoweit zuzustimmen, dass dies auf den durchschnittlichen Versicherungsnehmer, der eben kein Jurist ist, gerade nicht zutrifft.

Aber auch ohne die Ausführungen des Oberlandesgerichtes Koblenz gilt das bereits für die Ausschlussklausel für wissentliche Pflichtverletzungen gesagte. Insbesondere wird der durchschnittliche Versicherungsnehmer nicht die „nicht unerhebliche" Abgrenzung zu dieser gebräuchlicheren Klausel vornehmen und daher auch nicht einschätzen können, welches Verhalten den Versicherungsschutz ggf. entfallen lässt. Der Risikoausschluss für vorsätzliche Pflichtverletzungen ist daher ebenfalls intransparent,[1112] woraus dessen Unwirksamkeit gemäß § 307 Abs. 1 S. 1 BGB folgt.

---

1109 OLG Koblenz r+s 2000, 192, 193.

1110 OLG Koblenz r+s 2000, 192, 193.

1111 *Schilling*, VW 2000, 788, 789; ähnlich *Schweitzer*, Zulässigkeit der Ausschlussklauseln, S. 163.

1112 vgl. hierzu auch *Schweitzer*, Zulässigkeit der Ausschlussklauseln, S. 191, 197, 259, die zwar der Auffassung ist, dass die Verwendung des Begriffpaares „vorsätzliche Pflichtverletzung „an sich nicht intransparent" ist, es jedoch im Sinne des Transparenzgebotes für wünschenswert und auch erforderlich hält, klarstellende Hinweise in die Klausel aufzunehmen, insbesondere im Hinblick darauf, dass der durch die Klausel bewirkte Deckungsverlust „eher den Regelfall als die Ausnahme darstellt" (S. 197).

# D. Wesentliche Ergebnisse

Zusammenfassend lässt sich feststellen, dass die Risikoausschlüsse für wissentliche und vorsätzliche Pflichtverletzungen in der D&O-Versicherung einem rechtlich und tatsächlich so schwierig zu erfassenden Bereich wie der Managerhaftung nicht gerecht werden und dabei insbesondere die Interessen der Manager als versicherten Personen nicht hinreichend berücksichtigen.

1. Sowohl der Risikoausschluss für wissentliche Pflichtverletzungen als auch der Risikoausschluss für vorsätzliche Pflichtverletzungen sind in der D&O-Versicherung unwirksam, weil sie den Versicherungsnehmer bzw. die versicherten Personen unangemessen benachteiligen i. S. v. § 307 Abs. 1 S. 1 BGB. Die unangemessene Benachteiligung ergibt sich jeweils für beide Klauseln daraus, dass sie mit dem wesentlichen Grundgedanken des § 103 VVG nicht zu vereinbaren sind, den Vertragszweck der D&O-Versicherung aushöhlen und schließlich auch gegen das Transparenzgebot verstoßen.

2. Dass der Risikoausschluss für wissentliche Pflichtverletzungen gemäß § 307 Abs. 2 Nr. 1 BGB mit den wesentlichen Grundgedanken der gesetzlichen Regelung des § 103 VVG, von der er abweicht, nicht zu vereinbaren ist, folgt ganz wesentlich daraus, dass die auf dolus directus 2. Grades abstellende Wissentlichkeit keine zum gesetzlichen Leitbild der vorsätzlichen Schadensherbeiführung geeignete Kompensation herbeizuführen vermag.

   Dies liegt vor allem daran, dass die Rechtsprechung die Wissentlichkeit an Merkmalen festmacht, die ohne weiteres als fahrlässiges Handeln eingeordnet werden können. Besonders misslich für Manager erweist sich dabei die beschriebene Wechselwirkung zwischen Schwere der Pflichtverletzung einerseits und deren wissentlicher Begehung andererseits. Da den Test der Business Judgment Rule nur besonders schwerwiegende Pflichtverletzungen nicht bestehen, wird die Wissentlichkeit anhand der von der Rechtsprechung verwendeten Kriterien häufig leicht zu begründen sein. Zu Recht wurde darauf hingewiesen, dass die Schwere einer Pflichtverletzung allenfalls etwas über den Grad der Fahrlässigkeit jedoch nichts für die Wissentlichkeit hergibt, jedenfalls nicht zwingend. In der Praxis findet durch den Risikoausschluss für wissentliche Pflichtverletzungen eine Kompensation somit gerade nicht statt.

   Die auf innere Tatsachen abstellende und damit auch Fehlurteile begünstigende Klausel ist insgesamt zu unsicher, um das bei den erheblichen

Schadenssummen bestehende Risiko der Vernichtung der wirtschaftlichen Existenz der Manager verlässlich aufzufangen. Dies gilt umso mehr, weil die Klausel die versicherten Personen in ihrer Eigenschaft als Verbraucher trifft. Mit dem Gerechtigkeitskern von § 103 VVG ist diese Abweichung daher nicht zu vereinbaren.

3. Der Risikoausschluss für wissentliche Pflichtverletzungen gefährdet auch den Vertragszweck i. S. v. § 307 Abs. 2 Nr. 2 BGB, da diese Klausel den von den D&O-Versicherern versprochenen Versicherungsschutz aushöhlt. Der Zweck der D&O-Versicherung besteht darin, Versicherungsschutz für unternehmerische Risiken zu bieten, die nicht mehr von der Business Judgment Rule abgedeckt sind. Die außerhalb der Reichweite der Business Judgment Rule liegenden (grob) fahrlässigen Verhaltensweisen werden jedoch nach den Kriterien der Rechtsprechung häufig als wissentliche Pflichtverletzungen eingeordnet, womit der Ausschlusstatbestand greift und die D&O-Versicherung zwecklos wird.

   Der Risikoausschluss für wissentliche Pflichtverletzungen führt so im Vergleich zur gesetzlichen Regelung zu einer atypischen Risikoverlagerung, da Manager üblicherweise keinen Schädigungsvorsatz haben und daher auch bei einer gravierenden, außerhalb der Business Judgment Rule liegenden Pflichtverletzung im Rahmen der gesetzlichen Regelung des § 103 VVG den Deckungsschutz fast immer behalten dürften, im Rahmen der Ausschlussklausel für wissentliche Pflichtverletzungen dagegen fast nie, jedenfalls nicht ohne signifikante Einbußen.

   Die Versicherer können sich im Rahmen der „einvernehmlichen" Verhandlungen mit den Managern die bestehenden rechtlichen Grauzonen und Unwägbarkeiten im Bereich der Managerhaftung und der Ausschlussklausel für wissentliche Pflichtverletzungen zu Nutze machen und so die Manager davon abhalten, den ihnen vertraglich zustehenden Versicherungsschutz vollständig in Anspruch zu nehmen, woraus ebenfalls eine unzulässige Aushöhlung des Vertragszweckes folgt.

4. Der Risikoausschluss für wissentliche Pflichtverletzungen ist auch intransparent i. S. v. § 307 Abs. 1 S. 2 BGB, da es schon Branchenexperten nicht gelingt, deren Merkmale Wissentlichkeit einerseits und Pflichtverletzung andererseits eindeutig zu bestimmen und noch dazu diese Klausel von dem Risikoausschluss für vorsätzliche Pflichtverletzungen zutreffend abzugrenzen. Von dem durchschnittlichen, juristisch nicht vorgebildeten Versicherungsnehmer dürfte dies erst recht nicht zu erwarten sein.

5. Aus dem Risikoausschluss für vorsätzliche Pflichtverletzungen folgt für die versicherten Personen ebenfalls eine unangemessene Benachteiligung i. S. v. § 307 Abs. 2 Nr. 1 BGB, da diese Klausel von vornherein ohne irgendeine Kompensation auskommen muss und bei ihr der Verzicht auf die bedingt vorsätzliche Schadensherbeiführung also ersatzlos weggefallen ist. Dass dies nicht hinzunehmen ist, legt auch eine Analyse der zu dieser Klausel ergangenen obergerichtlichen Rechtsprechung nahe, welche diese Klausel dann entweder im Sinne des Risikoausschlusses für wissentliche Pflichtverletzungen interpretiert, also Wissentlichkeit verlangt oder aber in sie die gesetzlichen Regelung des § 103 VVG hineinliest und damit doch auf den bedingten Schädigungsvorsatz abstellt.

6. Der Risikoausschluss für vorsätzliche Pflichtverletzungen gefährdet ebenfalls den Vertragszweck einer D&O-Versicherung i. S. v. § 307 Abs. 2 Nr. 2 BGB, da sämtliche Verhaltensweisen, die außerhalb der Business Judgment Rule liegen, von der Rechtsprechung ohne weiteres als vorsätzliche Pflichtverletzungen eingeordnet werden können. Das gilt insbesondere auch für grob fahrlässige oder leichtfertige Verhaltensweisen, mit denen die Rechtsprechung regelmäßig den Vorsatz begründet. Hinzu kommt, dass eine vorsätzliche Pflichtverletzung auch einen Untreuevorwurf begründen kann, der speziell im Bereich des Wirtschaftsstrafrechts oft nur schwer widerlegt werden kann und den der Versicherer damit ebenfalls zum Anlass nehmen kann, die Deckung zu Unrecht zu verweigern und damit den Versicherungsschutz auszuhöhlen.

7. Der der Risikoausschluss für vorsätzliche Pflichtverletzungen verstößt aus den zum Risikoausschluss für wissentliche Pflichtverletzungen genannten Gründen auch gegen das Transparenzgebot gemäß § 307 Abs. 1 S. 2 BGB. Pflichtverletzung, Vorsatz, Wissentlichkeit und ihre Ausdifferenzierungen sind nicht nur schwer zu erfassende innere Vorgänge, sondern auch juristische Fachbegriffe. Diese sauber von einander abzugrenzen, dürfte jedenfalls ohne die Einholung von Rechtsrat den durchschnittlichen Versicherungsnehmer unzumutbar überfordern.

8. Zur Verhaltenssteuerung der Organe werden diese Klauseln auch nicht benötigt, da weder erkennbar noch vorstellbar ist, dass Manager sich in ihrem Handeln von diesen diffusen Klauseln leiten lassen und auch empirische Nachweise darüber fehlen, dass diesen Klauseln irgendeine verhaltenssteuernde Wirkung zukommt. Sofern man überhaupt daran glaubt, dass

Organhandeln sich durch Versicherungsbedingungen steuern lässt, liegt es eher nahe, einen Selbstbehalt der versicherten Person zu vereinbaren. Auf diese Weise wird von vornherein das vereinbart, was andernfalls später „einvernehmlich und wirtschaftlich vernünftig“ aber auch langwierig und damit kostenträchtig ausgehandelt wird: Eine Beteiligung der versicherten Person an dem eingetretenen Schaden mit ihrem Privatvermögen.[1113]

9. Der in seiner verhaltenssteuernden Wirkung sicherlich nicht überzubewertende Selbstbehalt ist damit jedenfalls „ehrlicher“ als ein Risikoausschluss, der sich erst „hinterrücks“ bemerkbar macht und zum Nachteil aller Beteiligten Deckungsschutz vorgaukelt, der nach Auffassung der Versicherer in 75 % aller Fälle jedenfalls nicht vorbehaltslos besteht. Gerade die so vernünftigen und einvernehmlichen Verhandlungen „im Graubereich“ sind es, welche die Unternehmensleiter und auch deren Familien häufig genug zermürben, da zum einen vollkommen unklar ist, wie diese ausgehen aber zum anderen wiederum vollkommen klar ist, dass im Falle deren Scheiterns die wirtschaftliche Existenz des Organs mit großer Wahrscheinlichkeit ruiniert sein wird.

   Auch hier sind die Versicherer in der Pflicht, denen es aus vertrieblichen Gründen sicherlich leichter fallen wird, Produkte ohne Selbstbehalt zu vermarkten. Wenn es den Versicherern dann beliebt, eine mögliche verhaltenssteuernde Wirkung des Selbstbehaltes dadurch ein Stück weit aufzugeben, dass sie den Selbstbehalt selbst versichern, dann ist das ihr Risiko, das sie sich durch die Prämien einer Selbstbehaltsversicherung bezahlen lassen. Nichts anderes gilt für die D&O-Versicherung auch.

10. Wenn diesen Klauseln überhaupt eine Verhaltenssteuerung zukommt, führt diese bestenfalls dazu, dass die Unternehmer von vornherein davon Abstand nehmen, unternehmerische Risiken einzugehen, wenn sie sich gewahr werden, dass sie sich mit diesen Klauseln in die Hand der Versicherer begeben haben. Dies läuft jedoch dem Sinn einer D&O-Versicherung erkennbar zuwider, der gerade auch darin besteht, Manager dazu zu ermuntern, unternehmerische Risiken einzugehen.

---

1113 vgl. hierzu auch *Fassbach*, BOARD 2014, 156, 158: „Da ein rechtskräftiges Urteil gegen den Vorstand selten vorkommt, sind die weit verbreiteten „privaten“ Selbstbehaltsversicherungen kaum schadenbelastet. In der Praxis relevanter sind die zunehmend von den Vorständen – teilweise in Millionenhöhe – verlangten „vertraglichen“ Eigenbeteiligungen im Rahmen von Haftungsvergleichen.“

Die einzige Funktion, die den Risikoausschlüssen für wissentliche und vorsätzliche Pflichtverletzungen tatsächlich zukommt, ist daher die vielfach beschriebene „Nadelöhr-Funktion", welche es den Versicherern erlaubt, der Deckung, zu der sie sich vertraglich verpflichtet haben, nachträglich doch noch zu entgehen. Diese Funktion allein vermag die Wirksamkeit dieser Klauseln jedoch nicht zu begründen.

11. Diesen Ergebnissen kann nicht entgegen gehalten werden, dass die Manager dann ja „wissentlich" oder „vorsätzlich" ihre Pflichten verletzen dürften. Das dürfen sie nicht, denn selbstverständlich gilt für sie das Legalitätsprinzip. Nur hat ein solcher wissentlicher oder vorsätzlicher Pflichtverstoß dann keine versicherungsrechtlichen Konsequenzen, sondern ggf. arbeitsrechtliche und/oder gesellschaftsrechtliche. Ohne einen Schädigungsvorsatz sind solcherlei Handlungen in dem komplexen und was mögliche Schadensursachen angeht vielschichtigen „long tail business" Managerhaftung jedoch zu weit von § 103 VVG entfernt.

# Literaturverzeichnis


Aktiengesetz, Großkommentar, Dritter Band, §§ 76-94, Hrsg. v. Klaus J. Hopt und Herbert Wiedemann, 4. Auflage, Berlin 2008, (zitiert: *Bearbeiter* in: GroßKomm)

*Armbrüster*, Christian: Verteilung nicht ausreichender Versicherungssummen in D&O-Innenhaftungsfällen, VersR 2014, S. 1 ff.

*Arnold*, Arnd: Die Steuerung des Vorstandshandelns, München 2007, (zitiert: *Arnold*, Die Steuerung des Vorstandshandelns)

*Bach*, Peter und *Geiger*, Martin: Die Entwicklung der Rechtsprechung bei der Anwendung des AGBG auf AVB, VersR 1993, S. 659 ff.

*Bachmann*, Gregor: Reform der Organhaftung? – Materielles Haftungsrecht und seine Durchsetzung in privaten und öffentlichen Unternehmen, Gutachten E zum 70. Deutschen Juristentag, München, 2014 (zit.: *Bachmann*, Reform der Organhaftung)

– Reformbedarf bei der Business Judgment Rule, ZHR 177 (2013), S. 1 ff.

*Bamberger*, Heinz Georg und *Roth*, Herbert: Kommentar zum Bürgerlichen Gesetzbuch, Band 1 §§ 1–610 CISG, 3. Auflage, München 2012, (zitiert: *Bearbeiter* in: Bamberger/Roth)

*Basedow*, Jürgen: Transparenz als Prinzip des (Versicherungs-)Vertragsrechts, VersR 1999, S. 1045 ff.

*Baumann*, Horst: Aktienrechtliche Managerhaftung, D&O-Versicherung und „angemessener Selbstbehalt“, VersR 2006, S. 455 ff.

*Baumbach*, Adolf und *Hueck*, Alfred: GmbHG, Kommentar, 20. Auflage, München 2013, (zitiert: *Bearbeiter* in: Baumbach/Hueck)

*Baumbach*, Adolf und *Hopt*, Klaus: Handelsgesetzbuch, Kommentar, 36. Auflage, München 2014, (zitiert: *Bearbeiter* in: Baumbach/Hopt)

*Baumbach*, Adolf; *Lauterbach*, Wolfgang; *Albers*, Jan und *Hartmann*, Peter: Zivilprozessordnung mit FamFG, GVG und anderen Nebengesetzen, Kommentar, 72. Auflage, München 2014, (zitiert: Baumbach/Lauterbach/Albers/Hartmann, ZPO)

*Bayer*, Walter: Vorstandshaftung in der AG de lege lata und de lege ferenda, NJW 2014, S. 2546 ff.

*Beckmann*, Roland Michael und *Matusche-Beckmann*, Annemarie (Hrsg.): Versicherungsrechts-Handbuch, 2. Auflage, München 2009 (zitiert: *Bearbeiter* in: Beckmann/Matusche-Beckmann)

*Beier-Thomas*, Armin: D&O-Versicherung in der Krise? - Beobachtungen zum derzeitigen Marktgeschehen, VP 2003, S. 214 ff.

*Berger*, Klaus Peter und *Kleine*, Lucas: AGB-Kontrolle im unternehmerischen Geschäftsverkehr, BB 2007, S. 2137 ff.

– AGB-Gestaltung und Transparenzgebot – Beispiele aus der jüngeren BGH-Rechtsprechung zum unternehmerischen Geschäftsverkehr, NJW 2007, S. 3526 ff.

Berliner Kommentar zum Versicherungsvertragsgesetz, Hrsg. Heinrich Honsell, Berlin/Heidelberg/ New York, 1999 (zitiert: *Bearbeiter* in: BK)

*Bernsmann*, Klaus: Untreue und Korruption – der BGH auf Abwegen, GA 2009, S. 296 ff.

*Binder*, Jens-Hinrich: Anforderungen an Organentscheidungsprozesse in der neueren höchstrichterlichen Rechtsprechung – Grundlagen einer körperschaftsrechlichen Entscheidungslehre?, AG 2012, S. 885 ff.

*Brömmelmeyer*, Christoph: Neue Regeln für die Binnenhaftung des Vorstands – Ein Beitrag zur Konkretisierung der Business Judgment Rule, WM 2005, S. 2065 ff.

Bruck/Möller, Versicherungsvertragsgesetz, Großkommentar, Vierter Band, Haftpflichtversicherung, §§ 100-124 VVG, Allgemeine Versicherungsbedingungen zur Haftpflichtversicherung D&O-Versicherung Produkthaftpflichtversicherung Umwelthaftpflichtversicherung Umweltschadenversicherung, Hrsg. v. Horst Baumann, Roland Michael Beckmann, Katharina Johannsen, Ralf Johannsen, Robert Koch, 9. Auflage, Berlin/Boston 2013, (zit.: *Bearbeiter* in: Bruck/Möller)

*Cahn*, Andreas: Aufsichtsrat und Business Judgment Rule, Institute for Law and Finance, Working Paper Series 141/2014 (zitiert: *Cahn*, Aufsichtsrat und Business Judgment Rule)

*Canaris*, Claus-Wilhelm: Die Reichweite der Expertenhaftung gegenüber Dritten, ZHR 163 (1999), S. 206 ff.

*Daftari*, Bijan und *Franzen*, Nicole: Ex-Vorstände am Pranger – Unterschätzte Risiken in der D&O-Versicherung, VW 2011, S. 340 ff.

*Dauner-Lieb*, Barbara: Unternehmen in Sondervermögen – Haftung und Haftungsbeschränkung, Tübingen 1998 (zit.: *Dauner-Lieb*, Unternehmen in Sondervermögen)

- Unternehmerische Tätigkeit zwischen Kontrolle und Kreativität, Festschrift für Volker Röhricht zum 65. Geburtstag, Hrsg. v. Georg Crezelius, Heribert Hirte und Klaus Vieweg, Köln 2005, S. 83 ff., (zitiert: *Dauner-Lieb*, FS Röhricht)
- Die Existenzvernichtungshaftung – Schluss der Debatte?, DStR 2006, S. 2034 ff.
- Die Existenzvernichtungshaftung als deliktische Innenhaftung gemäß § 826 BGB – Besprechung der Entscheidung BGH DStR 2007, 1586 (TRIHOTEL), ZGR 2008, S. 34 ff.
- Organhaftung – Bemerkungen im Vorfeld des 70. DJT, BOARD 2014, S. 182 ff.

*Dauner-Lieb*, Barbara und *Tettinger*, Peter W.: Vorstandshaftung, D&O-Versicherung, Selbstbehalt, ZIP 2009, S. 1555 ff.

*Dauner-Lieb*, Barbara und *Axer*, Constantin: Quo vadis AGB-Kontrolle im unternehmerischen Geschäftsverkehr, ZIP 2010, S. 309 ff.

*Dauner-Lieb*, Barbara; *von Preen*, Alexander und *Simon*, Stefan: Das VorstAG – Ein Schritt auf dem Weg zum Board-System? – Thesen zu einem aktienrechtskonformen Verständnis des VorstAG –, DB 2010, S. 377 ff.

*Derleder*, Peter und *Fauser*, Florian N.: Der Regress bei gesamtschuldnerischer Haftung juristischer Personen und ihrer Organe und seine Auswirkungen auf die Organtätigkeit – Praxisfolgen des Kirch-Urteils, BB 2006, S. 949 ff.

*Dreher*, Meinrad: Der Abschluss von D&O-Versicherungen und die aktienrechtliche Zuordnung, ZHR 165 (2001), S. 293 ff.

- Die selbstbeteiligungslose D&O-Versicherung in der Aktiengesellschaft, AG 2008, S. 429 ff.

*Dreher*, Meinrad und *Görner*, André: Der angemessene Selbstbehalt in der D&O-Versicherung, ZIP 2003, S. 2321 ff.

*Dreher*, Meinrad und *Thomas*, Stefan: Die D&O-Versicherung nach der VVG-Novelle 2008, ZGR 2009, S. 31 ff.

*Druey*, Jean Nicolas: Standardisierung der Sorgfaltspflicht? Fragen zur Business Judgment Rule, in: Festschrift für Wulf Goette zum 65. Geburtstag, Hrsg. v. Matthias Habersack und Peter Hommelhoff, München 2011, S. 57 ff. (zitiert: *Druey*, FS Goette)

*Erman*, Walter: Bürgerliches Gesetzbuch, Handkommentar mit AGG, EGBGB (Auszug), ErbbauRG, LPartG, ProdHaftG, UKlaG, VBVG, VersausglG und

WEG, Band I, Hrsg. v. Harm Peter Westermann, Barbara Grunewald und Georg Maier-Reimer, 14. Auflage, Köln 2014, (zitiert: *Bearbeiter* in: Erman)

*Fassbach*, Burkhard: Deckungskonzepte für eine Aufsichtsrats-D&O-Versicherung, Der Aufsichtsrat 2013, S. 26 ff.

– Die „D&O-Verschaffungsklausel“ für Aufsichtsräte, Der Aufsichtsrat 2013, S. 142 f.

– Die D&O-Versicherung in der Aufsichtsratspraxis, BOARD 2014, S. 156 ff.

*Fiedler*, Björn: Der Pflichtselbstbehalt nach § 93 Abs. 2 Satz 3 AktG und seine Auswirkung auf Vorstandshaftung und D&O Versicherung, MDR 2009, S. 1077 ff.

*Fischer*, Thomas: Strafgesetzbuch mit Nebengesetzen, 61. Auflage, München 2014, (zitiert: *Fischer*, StGB)

*Fleischer*, Holger: Vorstandsverantwortlichkeit und Fehlverhalten von Unternehmensangehörigen – Von der Einzelüberwachung zur Errichtung einer Compliance-Organisation, AG 2003, S. 291 ff.

– Die „Business Judgment Rule“: Vom Richterrecht zur Kodifizierung, ZIP 2004, S. 685 ff.

– Konzernuntreue zwischen Straf- und Gesellschaftsrecht: Das Bremer Vulkan-Urteil, NJW 2004, S. 2867 ff.

– Das Gesetz zur Unternehmensintegrität und Modernisierung des Anfechtungsrechts, NJW 2005, S. 3525 ff.

– Haftungsfreistellung, Prozesskostenersatz und Versicherung für Vorstandsmitglieder – eine rechtsvergleichende Bestandsanalyse zur Enthaftung des Managements –, WM 2005, S. 909 ff.

– Das Mannesmann-Urteil des Bundesgerichtshofes: Eine aktienrechtliche Nachlese, DB 2006, S. 542 ff.

– Aktuelle Entwicklungen der Managerhaftung, NJW 2009, S. 2337 ff.

– Das unternehmerische Ermessen des GmbH-Geschäftsführers und seine GmbH-spezifischen Grenzen, NZG 2011, S. 521 ff.

– Ruinöse Managerhaftung: Reaktionsmöglichkeiten de lege lata und de lege ferenda, ZIP 2014, S. 1305 ff.

*Gädtke*, Thomas: Implizites Verbot der D&O-Selbstbehaltsversicherung, VersR 2009, S. 1565 ff.

*Gädtke*, Thomas und *Wax*, Thomas: Konzepte zur Versicherung des D&O-Selbstbehalts Eine kritische Bestandsaufnahme, AG 2010, S. 851 ff.

*Georgii*, Max: Aufsichtsrat-Haftpflichtversicherung und Versicherungsrecht, Veröffentlichungen des deutschen Vereins für Versicherungs-Wissenschaft, Heft VIII (März) 1906, zum Thema: „Die Versicherung der Aufsichtsrathaftpflicht", S. 17 ff.

*Goette*, Wulf: Leitung, Aufsicht, Haftung – Zur Rolle der Rechtsprechung bei der Sicherung einer modernen Unternehmensführung, in: Festschrift aus Anlaß des fünfzigjährigen Bestehens von Bundesgerichtshof, Bundesanwaltschaft und Rechtsanwaltschaft beim Bundesgerichtshof, Hrsg. v. Karlmann Geiß, Kay Nehm, Hans Erich Brandner und Horst Hagen, Köln/Berlin/Bonn/München 2002, S. 123 ff. (zitiert: *Goette*, FS 50 Jahre Bundesgerichtshof)

*Graf von Westphalen*, Friedrich: Ausgewähltere neuere Entwicklungen in der D&O-Versicherung, VersR 2006, S. 17 ff.

– Wirksamkeit des Claims-made-Prinzips in der D&O-Versicherung, VersR 2011, S. 145 ff.

*Gräfe*, Jürgen und *Brügge*; Michael: Vermögensschaden-Haftpflichtversicherung / Die Berufshaftpflichtversicherung für Rechtsanwälte, Steuerberater, Wirtschaftsprüfer und Notare, 2. Auflage, München 2013, (zitiert: *Bearbeiter* in: Gräfe/Brügge, Vermögensschaden-Haftpflichtversicherung)

*Gruber*, Michael; *Mitterlechner*, Hermann und *Wax*, Thomas: D&O-Versicherung mit internationalen Bezügen, München 2012, (zitiert: *Gruber/Mitterlechner/Wax*, D&O-Versicherung)

*Grunewald*, Barbara: Gesellschaftsrecht, 9. Auflage, Köln 2014, (zitiert: *Grunewald*, Gesellschaftsrecht)

– Haftung für fehlerhafte Geschäftsführung in der GmbH & Co. KG – Abhandlung zu BGHZ 75 S. 21 = BB 1980 S. 120, BB 1980, S. 581 ff.

– Die Haftung des Experten für seine Expertise gegenüber Dritten, AcP 187 (1987), S. 285 ff.

– Geschäftsführerhaftung wegen Konkursverschleppung und Neugläubigerschäden – Anmerkung zu dem Urteil des BGH vom 6.6.1994 – II ZR 292/91, GmbHR 1994, S. 665 f.

– Haftungsvereinbarungen zwischen Aktiengesellschaft und Vorstandsmitgliedern, AG 2013, S. 813 ff.

*Guthrie*, Chris; *Rachlinski*, Jeffrey J. und *Wistrich*, Andrew J: Inside the Judicial Mind, 86 Cornell Law Review (2000/01), S. 777 ff.

*Habersack*, Mathias: Die Freistellung des Organwalters von seiner Haftung gegenüber der Gesellschaft, in: Festschrift für Peter Ulmer zum 70. Geburtstag, Hrsg. v. Mathias Habersack, Peter Hommelhoff, Uwe Hüffer und Karsten Schmidt, Berlin 2003, S. 151 ff. (zitiert: *Habersack*, FS Ulmer)

- Perspektiven der aktienrechtlichen Organhaftung, ZHR 177 (2013), S. 782 ff

*Hahn*, Klaus; *Weber*, Stefan C. und *Friedrich*, Jörg: Ausgestaltung des Risikomanagementsystems in mittelständischen Unternehmen, BB 2000, S. 2620 ff.

*Hansen*, Herbert: Der Holzmann-Vergleich mit den Altvorständen, AG Report 2002, R 50 f.

*Hansen*, Stefan: Wissentliche Pflichtverletzung in der D&O, VW 2006, S. 313

*Hantschel*, Ulrike: Untreuevorsatz / Eine Untersuchung zu Begriff und Beweis des Vorsatzes bei § 266 StGB, Berlin 2010, (zitiert: *Hantschel*, Untreuevorsatz).

*Harzenetter*, Tobias: Der Selbstbehalt in der D&O-Versicherung nach dem VorstAG und der Neufassung des Deutschen Corporate Governance Kodex (DCGK), DStR 2010, S. 653 ff.

*Hauschka*, Christoph E.: Ermessensentscheidungen bei der Unternehmensführung, GmbHR 2007, S. 11 ff.

*Heermann*, Peter W.: Unternehmerisches Ermessen, Organhaftung und Beweislastverteilung, ZIP 1998, S. 761 ff.

*Heitmann*, Lars: Neueste Entwicklungen der Managerhaftung und die D&O-Versicherung, VW 1999, S. 1076 f.

*Hendricks*, Michael: Kein D&O-Schutz für Hasardeure, VW 2006, S. 229 f.

- Betr.: D&O Deckungsklagen / Eine Zuschrift zu „D&O wird oft falsch verstanden“ in VW 18/2006 S. 1531, VW 2006, S. 1813
- D&O-Versicherungen auf dem Prüfstand, AR 2012, S. 108 f.

*Henssler*, Martin und *Strohn*, Lutz: Gesellschaftsrecht, 2. Auflage, München 2014, (zitiert: *Bearbeiter* in: Henssler/Strohn)

*Henssler*, Martin: D&O-Versicherung in Deutschland, S. 131 ff., in: Gesellschaftsrecht 2001, Hrsg. von Hartwig Henze und Michael Hoffmann-Becking, RWS-Forum 20, Köln 2001, (zitiert: *Henssler* in: Henze/Hoffmann-Becking, Gesellschaftsrecht 2001)

*Hirte*, Heribert: Stellungnahme zum Fraktionsentwurf eines Gesetzes zur Angemessenheit der Vorstandsvergütung (VorstAG) für den Deutschen Bundestag, zuletzt abgerufen am 27.10.2013 unter http://webarchiv.bundestag.

de/cgi/ show.php?fileToLoad= 1373&id =1136, (zitiert: *Hirte*, Stellungnahme VorstAG)

*Hoffmann*, Gunter M.: Existenzvernichtende Haftung von Vorständen und Aufsichtsräten?, NJW 2012, S. 1393 ff.

*Hommelhoff*, Peter: Die Konzernleitungspflicht, Zentrale Aspekte eines Konzernverfassungsrechts, 1. Auflage, Köln 1982, (zitiert: *Hommelhoff*, Die Konzernleitungspflicht)

*Hopt*, Klaus J.: Die Verantwortlichkeit von Vorstand und Aufsichtsrat: Grundsatz und Praxisprobleme – unter besonderer Berücksichtigung der Banken, ZIP 2013, S. 1793 ff.

*Hüffer*, Uwe: Aktiengesetz, Kommentar, bearbeitet von Jens Koch, 11. Auflage, München 2014, (zitiert: *Hüffer/Koch*, AktG)

*Ihlas*, Horst: D&O Directors & Officers Liability, 2. Auflage, Berlin 2009, (zitiert: *Ihlas*, D&O Versicherung)

– Regulierung von D&O-Schäden: Vertrauliche Öffentlichkeitsarbeit?, VW 2007, S. 770 ff.

*Ihrig*, Hans-Christoph: Reformbedarf beim Haftungstatbestand des § 93 AktG, WM 2004, S. 2098 ff.

*Jahn*, Joachim: Manager in Existenzangst, FAZ v. 24.09.2014, Nr. 222, S. 16

*Jackson*, Joe: Atlantikfieber / Lindbergh, seine Rivalen und der Wettflug über den Ozean, 1. Auflage, Hamburg 2013 (zitiert: *Jackson*, Atlantikfieber)

*Johannsen*, Ralf: Vorsatz und grobe Fahrlässigkeit in der Haftpflichtversicherung, r+s 2000, S. 133 ff.

*Jula*, Rocco: Gedanken zur Reichweite des Versicherungsschutzes der D & O Police am Beispiel des GmbH-Geschäftsführers, in: Festschrift für Horst Baumann zum 65. Geburtstag, Hrsg. v. Verein zur Förderung der Versicherungswissenschaft an den drei Berliner Universitäten, Karlsruhe 1999, S. 119 ff. (zitiert: *Jula*, FS Baumann)

*Kahlert*, Justus: Aufsichtsrat-Haftpflichtversicherung und Versicherungstechnik, Veröffentlichungen des deutschen Vereins für Versicherungs-Wissenschaft, Heft VIII (März) 1906, zum Thema: „Die Versicherung der Aufsichtsrathaftpflicht“, S. 30 ff.

Karlsruher Kommentar zur Strafprozessordnung mit GVG, EGGVG und EMRK, Hrsg. v. Rolf Hannich, 7. Auflage, München 2013, (zitiert: *Bearbeiter* in: KK)

*Kästner*, Karin: Aktienrechtliche Probleme der D&O-Versicherung, AG 2000, S. 113 ff.

*Kerst*, Andreas: Haftungsmanagement durch die D&O-Versicherung nach Einführung des aktienrechtlichen Selbstbehaltes in § 93 Abs. 2 Satz 3 AktG, WM 2010, S. 594 ff.

*Kiethe*, Kurt: Persönliche Haftung von Organen der AG und der GmbH - Risikovermeidung durch D&O-Versicherung?, BB 2003, S. 537 ff.

*Klinkhammer*, Georg: Die neuen D&O- Musterbedingungen 2005 des GDV im Marktvergleich, VP 2006, S. 22 ff.

*Knauer*, Christoph: Die Strafbarkeit der Bankvorstände für missbräuchliche Kreditgewährung, NStZ 2002, S. 399 ff.

*Koch*, Jens: Das Gesetz zur Unternehmensintegrität und Modernisierung des Anfechtungsrechts (UMAG), ZGR 2006, S. 769 ff.

- Beschränkungen des gesellschaftsrechtlichen Innenregress bei Bußgeldzahlungen, Liber Amicorum für Martin Winter, Hrsg. v. Michael Hoffmann-Becking, Uwe Hüffer und Jochem Reichert, Köln 2011, S. 327 ff., (zitiert: *Koch*, Liber Amicorum M. Winter)
- Beschränkung der Regressfolgen im Kapitalgesellschaftsrecht, AG 2012, S. 429 ff.

*Koch*, Robert: Die Rechtsstellung der Gesellschaft und des Organmitglieds in der D&O-Versicherung (I) / Teil 1: Rechtsstellung der Gesellschaft gegenüber dem D&O-Versicherer, GmbHR 2004, S. 18 ff.

- Die Rechtsstellung der Gesellschaft und des Organmitglieds in der D&O-Versicherung (II) / Teil 2: Rechtsstellung des Organmitglieds gegenüber der Gesellschaft, GmbHR 2004, S. 160 ff.
- Aktuelle und zukünftige Entwicklungen in der D&O-Versicherung, WM 2007, S. 2173 ff.
- Einführung eines obligatorischen Selbstbehalts in der D&O-Versicherung durch das VorstAG, AG 2009, S. 637 ff.
- Das Claims-made-Prinzip in der D&O-Versicherung auf dem Prüfstand der AGB-Inhaltskontrolle, VersR 2011, S. 295 ff.

Kölner Kommentar zum Aktiengesetz, Band 2/1, §§ 76-94 AktG, Hrsg. v. Wolfgang Zöllner und Ulrich Noack, 3. Auflage, Köln 2010, (zitiert: *Bearbeiter* in: KölnKomm)

*Krieger*, Gerd und *Schneider*, Uwe H.:Handbuch Managerhaftung, 2. Auflage, Köln 2010, (zitiert: *Bearbeiter* in: Krieger/Schneider)

*Krüger*, Matthias: Neues aus Karlsruhe zu Art. 103 II GG und § 266 StGB, Bespr. von BVerfG, Beschl. vom 23. 6. 2010 – 2 BVR 2559/08, NStZ 2010, 626, NStZ 2011, S. 369 ff.

*Küpper-Dirks*, Monika: Managerhaftung und D&O-Versicherung, Karlsruhe 2002, (zitiert: *Küpper-Dirks*, Managerhaftung und D&O-Versicherung)

*Kuntz*, Thilo: Geltung und Reichweite der Business Judgment Rule in der GmbH, GmbHR 2008, S. 121 ff.

*Lange*, Oliver: D&O-Versicherung und Managerhaftung, 1. Auflage, München 2014 (zitiert: Lange, D&O-Versicherung)

- Praxisfragen der D&O-Versicherung (Teil I), DStR 2002, S. 1626 ff.
- Praxisfragen der D&O-Versicherung (Teil II), DStR 2002, S. 1674 ff.
- Die Eigenschadenklausel in der D&O-Versicherung, ZIP 2003, S. 466 ff.
- D&O-Versicherung: Innenhaftung und Selbstbehalt, DB 2003, S. 1833 ff.
- Die Auswirkungen des UMAG auf die D&O-Versicherung / Erhöhung oder Verringerung des versicherungswirtschaftlichen Risikos?, VW 2004, S. 968 ff.
- Auswirkungen eines Kontrollwechsels (change of control) auf die D&O-Versicherung, AG 2005, S. 459 ff.
- Die Selbstbehaltsvereinbarungspflicht gem. § 93 Abs. 2 S. 3 AktG n. F., VersR 2009, 1011 ff.
- Die D&O-Selbstbehalt-Versicherung, r+s 2010, S. 92 ff.

*Lattwein*, Alois und *Dettler*, Heike: D&O: Das Selbstbehalts-Modell des GDV, VW 2010, S. 1352 ff.

*Lattwein*, Alois und *Krüger*, Burkhard: D&O-Versicherung – Das Ende der Goldgräberstimmung?, NVersZ 2000, S. 365 ff.

Leipziger Kommentar: Strafgesetzbuch, Großkommentar, Neunter Band, §§ 263 bis 283d, 1. Teilband, §§ 263-266b, Hrsg. v. Heinrich Wilhelm Laufhütte, Ruth Rissing-van Saan und Klaus Tiedemann, 12. Auflage, Berlin/Boston 2012, (zitiert: *Bearbeiter* in: LK)

Löwe-Rosenberg: Die Strafprozessordnung und das Gerichtsverfassungsgesetz, Großkommentar, Sechster Band, §§ 213-295, Erster Teilband, §§ 213-255a, Hrsg. v. Volker Erb, Robert Esser, Ulrich Franke, Kirsten Graalmann-Scheerer,

Hans Hilger und Alexander Ignor, Stand der Bearbeitung: August 2009, 26. Auflage, Berlin 2010, (zitiert: *Bearbeiter* in: Löwe-Rosenberg)

*Lenz*, Tobias: D&O-Versicherung, Sonderdruck aus van Bühren, Handbuch Versicherungsrecht, 5. Auflage, Bonn 2012, (zitiert: *Lenz*, D&O-Versicherung).

*Lichter*, Jörg und *Tödtmann*, Claudia: Haftpflicht light für Manager, Handelsblatt Nr. 050 vom 11.03.2005, S. k01

*Lier*, Monika: Eile ohne Weile, VW 1999, S. 1362 f.

– D&O wird oft falsch verstanden, VW 2006, S. 1531 f.

*Looschelders*, Dirk und *Pohlmann*, Petra: VVG-Kommentar, 2. Auflage, Köln 2011, (zitiert: *Bearbeiter* in: Looschelders/Pohlmann)

*Looschelders*, Dirk: Die Kontrolle Allgemeiner Geschäftsbedingungen nach dem AGBG, Jura 2001, S. 397 ff.

*Lorenz*, Egon: Glosse - Die Transparenz des durchschnittlichen VN, VersR 1998, S. 1066 f.

– Der subjektive Risikoausschluss durch § 61 VVG und die Sonderregelung in § 152 VVG, VersR 2000, S. 2 ff.

*Loritz*, Karl-Georg und *Hecker*, Michael: Das Claims-made-Prinzip in der D&O-Versicherung und das deutsche AGB-Recht, VersR 2012, S. 385 ff.

*Louven*, Christoph und *Ernst*, Sabine: Fit, Proper and „Compliant“: Gesteigerte Sorgfaltsanforderungen an Vorstände und Aufsichtsräte in der Versicherungswirtschaft, VersR 2014, S. 151 ff.

Lutter/Hommelhoff, GmbH-Gesetz Kommentar, 18. Auflage, Köln 2012, (zitiert: *Bearbeiter* in: Lutter/Hommelhoff)

*Lutter*, Marcus: Haftung und Haftungsfreiräume des GmbH-Geschäftsführers / 10 Gebote an den GmbH-Geschäftsführer, GmbHR 2000, S. 301 ff.

*Mahncke*, Alexander: Der Ausschluss vorsätzlichen Verhaltens versicherter Personen in der D&O-Versicherung, ZfV 2006, S. 540 ff.

*Mertens*, Hans-Joachim: Bedarf der Abschluß einer D&O-Versicherung durch die Aktiengesellschaft der Zustimmung der Hauptversammlung?, AG 2000, S. 447 ff.

*Messmer*, Daniel: Corporate Governance und D&O-Versicherung, VW 2002, S. 1384 ff.

*Michalski*, Lutz: Kommentar zum Gesetz betreffend die Gesellschaften mit beschränkter Haftung (GmbH-Gesetz), Band II, §§ 35-85 GmbHG, §§ 1-4 EGGmbHG, 2. Auflage, München 2010, (zitiert: *Bearbeiter* in: Michalski)

Münchener Anwaltshandbuch Versicherungsrecht, Hrsg. v. Knut Höra, 3. Auflage, München 2013, (zitiert: *Bearbeiter* in: Münchener Anwaltshandbuch Versicherungsrecht)

Münchener Handbuch des Gesellschaftsrechts, Band 3 Gesellschaft mit beschränkter Haftung, Hrsg. v. Hans-Joachim Priester, Dieter Mayer und Hartmut Wicke, 4. Auflage, München 2012, (zitiert: *Bearbeiter* in: Münch. Hdb. GesR III)

Münchener Handbuch des Gesellschaftsrechts, Band 4 Aktiengesellschaft, Hrsg. v. Michael Hoffmann-Becking, 3. Auflage, München 2007, (zitiert: *Bearbeiter* in: Münch. Hdb. GesR IV)

Münchener Kommentar zum Aktiengesetz: Band 2 §§ 76-117, Hrsg. v. Wulf Goette und Mathias Habersack, 3. Auflage, München 2008, (zitiert: *Bearbeiter* in: MünchKommAktG)

– Band 3 §§ 118-178, Hrsg. v. Wulf Goette und Mathias Habersack, 3. Auflage, München 2013, (zitiert: *Bearbeiter* in: MünchKommAktG)

Münchener Kommentar zum Bürgerlichen Gesetzbuch: Band 1 Allgemeiner Teil §§ 1-240 ProstG AGG, Hrsg. v. Jürgen Säcker und Jürgen Rixecker, 6. Auflage, München 2012, (zitiert: *Bearbeiter* in: MünchKommBGB)

– Band 2 Schuldrecht Allgemeiner Teil §§ 241–432, Hrsg. v. Jürgen Säcker, Roland Rixecker und Hartmut Oetker, 6. Auflage, München 2012, (zitiert: *Bearbeiter* in: MünchKommBGB)

Münchener Kommentar zum Gesetz betreffend Gesellschaften mit beschränkter Haftung – GmbHG: Band 2 §§ 35-52, Hrsg. v. Holger Fleischer und Wulf Goette, 1. Auflage, München 2012, (zitiert: *Bearbeiter* in: MünchKommGmbHG)

Münchener Kommentar zum Handelsgesetzbuch: Band 7, §§ 407-475h, Transportrecht, Hrsg. v. Karsten Schmidt, 2. Auflage, München 2009, (zitiert: *Bearbeiter* in: MünchKommHGB)

Münchener Kommentar zum Versicherungsvertragsgesetz: VVG Band 2, Hrsg. v. Theo Langheid und Manfred Wandt, 1. Auflage, München 2011, (zitiert: *Bearbeiter* in: MünchKommVVG)

Münchener Kommentar zur Zivilprozessordnung mit Gerichtsverfassungsgesetz und Nebengesetzen: Band 1, §§ 1-354, Hrsg. v. Wolfgang Krüger und Thomas Rauscher, 4. Auflage, München 2013, (zitiert: *Bearbeiter* in: MünchKommZPO)

*Nack*, Armin: Untreue im Bankbereich durch Vergabe von Großkrediten, NJW 1980, S. 1599 ff.

Nomos Kommentar BGB Allgemeiner Teil / EGBGB, Band 1, Hrsg. v. Thomas Heidel, Rainer Hüßtege, Heinz-Peter Mansel und Ulrich Noack, 2. Auflage, Baden Baden 2012, (zitiert: *Bearbeiter* in: NK-BGB)

Nomos Kommentar BGB Schuldrecht, Band 2, Hrsg. v. Barbara Dauner-Lieb und Werner Langen, 2. Auflage, Baden Baden 2012, (zitiert: *Bearbeiter* in: NK-BGB)

Nomos Kommentar Versicherungsvertragsgesetz, Handkommentar, Hrsg. v. Wilfried Rüffer, Dirk Halbach und Peter Schimikowski, 2. Auflage, Baden Baden 2011, (zitiert: *Bearbeiter* in: NK-VVG)

*Notthoff*, Martin: Rechtliche Fragestellungen im Zusammenhang mit dem Abschluss einer Director's & Officer's-Versicherung, NJW 2003, S. 1350 ff.

*Olbrich*, Carola: Die D&O-Versicherung, 2. Auflage, Karlsruhe 2007, (zitiert: *Olbrich*, D&O-Versicherung)

*Olbrich*, Carola und *Kassing*, Daniel: Der Selbstbehalt in der D&O-Versicherung: Gesetzliche Neuregelung lässt viele Fragen offen, BB 2009, S. 1659 ff.

*Paefgen*, Walter G.: Unternehmerische Entscheidungen und Rechtsbindung der Organe in der AG, 1. Auflage, Köln 2002, (zitiert: *Paefgen*, Unternehmerische Entscheidungen)

– Dogmatische Grundlagen, Anwendungsbereich und Formulierung einer Business Judgment Rule im künftigen UMAG, AG 2004, S. 245 ff.

*Palandt*, Otto: Bürgerliches Gesetzbuch, Kommentar, 73. Auflage, München 2014, (zitiert: *Bearbeiter* in: Palandt)

*Pammler*, Sebastian: Die gesellschaftsfinanzierte D&O-Versicherung im Spannungsfeld des Aktienrechts, Berlin 2006, (zitiert: *Pammler*, Gesellschaftsfinanzierte D&O-Versicherung)

*Penner*, Eduard, Tod eines Widergängers? „Vorsätzliche“ contra „wissentliche“ Pflichtverletzung in der D&O-Versicherung, VersR 2005, S. 1359 ff.

*Prölss*, Jürgen und *Martin*, Anton: Versicherungsvertragsgesetz, Kommentar, 28. Auflage, München 2010, (zitiert: *Bearbeiter* in: Prölss/Martin)

*Ransiek*, Andreas: Risiko, Pflichtwidrigkeit und Vermögensnachteil bei der Untreue, ZStW 116 (2004), S. 634 ff.

*Redeke*, Julian: Zu den Voraussetzungen unternehmerischer Ermessensentscheidungen, NZG 2009, S. 496 ff.

*Rohde-Liebenau*, Wolfram: Große Schäden – kleine Deckung? / D&O-Versicherung – Anmerkungen zum neuen Modell des GDV, ZfV 1998, S. 288 ff.

*Röhricht*, Volker: Das Gesellschaftsrecht in der jüngsten Rechtsprechung des Bundesgerichtshofs, S. 101 ff., in: Gesellschaftsrecht 1997, Hrsg. von Peter Hommelhoff und Volker Röhricht, RWS-Forum 10, Köln 1997 (1998), (zitiert: *Röhricht* in: Hommelhoff/Röhricht, Gesellschaftsrecht 1997)

*Römer*, Wolfgang; *Langheid*, Theo und *Rixecker*, Roland: Versicherungsvertragsgesetz mit VVG-Informationspflichtenverordnung, Kommentar, 4. Auflage, München 2014, (zitiert: *Bearbeiter* in: Römer/Langheid)

*Roth*, Markus: Das unternehmerische Ermessen des Vorstands, BB 2004, S. 1066 ff.

*Ruffner*, Markus: Sorgfalts- und Treuepflichten und die Versicherbarkeit von Haftungsrisiken in Publikumsgesellschaften – Eine ökonomische Analyse, ZSR 119 (2000), S. 195 ff.

*Säcker*, Franz Jürgen: Streitfragen zur D&O-Versicherung, VersR 2005, S. 10 ff.

*Sack*, Rolf: Der subjektive Tatbestand des § 826 BGB, NJW 2006, S. 945 ff.

*Satzger*, Helmut; *Schluckebier*, Wilhelm und *Widmaier*, Gunter: StGB Strafgesetzbuch, Kommentar, 2. Auflage, Köln 2014, (zitiert: *Bearbeiter* in: SSW)

*Scharpf*, Paul: Die Sorgfaltspflichten des Geschäftsführers einer GmbH – Pflicht zur Einrichtung eines Risikomanagement- und Überwachungssystems aufgrund der geplanten Änderung des AktG auch für den GmbH-Geschäftsführer –, DB 2004, S. 737 ff.

*Schilling*, Joseph: D&O-Versicherung und Managerhaftung für Unternehmensleiter und Aufsichtsräte, 3. Auflage, Karlsruhe 2013, (zitiert: *Schilling*, D&O-Versicherung und Managerhaftung)

– Die Regulierung von Haftungsfällen in der D&O-Versicherung, VW 1999, S. 1074 f.

– Ende der Schonzeit für Manager? / Die D&O-Versicherung im Jahr 2000, VW 2000, S. 788 ff.

*Schillinger*, Julia: Die Entwicklung der D&O-Versicherung und der Managerhaftung in Deutschland – von der „Versicherungsutopie" zu den Auswirkungen des UMAG, VersR 2005, S. 1484 ff.

*Schimikoswki*, Peter: Anmerkung zu OLG Düsseldorf, Urteil vom 31.01.2014 – 4 U 176/11, r+s 2014, S. 125 f.

*Schirmer*, Helmut: Aktuelle Fragen bei der Anwendung des AGB-Gesetzes auf AVB, DAR 1993, S. 321 ff.

*Schmidt*, Karsten und *Lutter*, Markus: Aktiengesetz, Kommentar, I. Band, §§ 1 - 149, 2. Auflage, Köln 2010, (zitiert: *Bearbeiter* in: Karsten Schmidt/Lutter)

*Schmitt*, Stefan Martin: Organhaftung und D&O-Versicherung, München 2007, (zitiert: *Schmitt*, Organhaftung und D&O-Versicherung)

Scholz, Kommentar zum GmbH-Gesetz, II. Band, §§ 35 - 52, 11. Auflage, Köln 2014, (zitiert: *Bearbeiter* in: Scholz)

*Schulz*, Philipp K.: Zwangs-Selbstbehalt für Vorstände verfehlt Zweck, VW 2009, S. 1410 ff.

*Schweitzer*, Eva Maria: Zulässigkeit der Ausschlussklauseln für Vorsatz und wissentliches Handeln in der D&O-Versicherung, Hamburg 2013, (zitiert: *Schweitzer*, Zulässigkeit der Ausschlussklauseln)

*Seibt*, Christoph H. und *Saame*, Carola: Geschäftsleiterpflichten bei der Entscheidung über D&O-Versicherungsschutz, AG 2006, S. 901 ff.

*Seitz*, Björn: Vorsatzausschluss in der D&O-Versicherung – endlich Licht im Dunkeln!, VersR 2007, S. 1476 ff.

*Sieg*, Oliver und *Schramm*, Tanja: D&O/Berufshaftpflicht, PHi 2006, S. 64 f.

- D&O/Berufshaftpflicht, PHi 2007, S. 216 f.
- D&O/Berufshaftpflicht, PHi 2010, S. 202 f.

*Späth*, Wolfgang: Probleme der wissentlichen Pflichtverletzung in der Berufshaftpflichtversicherung nach § 4 Nr. 6 AVB WB, VersR 2000, S. 825 f.

- Anmerkung zu OLG Frankurt/M., Urt. v. 26.05.1977 – 16 U 185/76, VersR 1977, S. 829 f.
- Anmerkung zu OLG Hamm, Urt. v. 24.02.1988 – 20 U 255/87, VersR 1988, S. 1123 f.
- Anmerkung zu OLG Koblenz, Beschl. v. 28.02.1989 – 12 W 96/89, VersR 1990, S. 42

*Spindler*, Gerald und *Stilz*, Eberhard: Kommentar zum Aktiengesetz, Band 1, §§ 1-149, 2. Auflage, München 2010, (zitiert: *Bearbeiter* in: Spindler/Stilz)

*Spindler*, Gerald: Haftung und Aktionärsklage nach dem neuen UMAG, NZG 2005, S. 865 ff.

- Organhaftung in der AG – Reformbedarf aus wissenschaftlicher Perspektive, AG 2013, S. 889 ff.

*Staudinger*, Ansgar; *Halm*, Wolfgang und *Wendt*, Domenik Henning: Fachanwaltskommentar Versicherungsrecht, 1. Auflage, Köln 2013, (zitiert: *Bearbeiter* in: FAKomm-VersR)

*Staudinger*, Julius von: Kommentar zum Bürgerlichen Gesetzbuch mit Einführungsgesetz und Nebengesetzen, Einleitung zum Bürgerlichen Gesetzbuch, Buch 1, Allgemeiner Teil, §§ 1-14, Verschollenheitsgesetz (Einleitung zum BGB und Allgemeiner Teil 1), Neubearbeitung, Berlin 2013, (zitiert: *Bearbeiter* in: Staudinger)

- Kommentar zum Bürgerlichen Gesetzbuch mit Einführungsgesetz und Nebengesetzen, Buch 2, Recht der Schuldverhältnisse, §§ 305-310, UKlaG (Recht der Allgemeinen Geschäftsbedingungen), Neubearbeitung, Berlin 2013, (zitiert: *Bearbeiter* in: Staudinger)

*Stein/Jonas*, Kommentar zur Zivilprozessordnung, Band 3, §§ 128-252, 22. Auflage, Tübingen 2005 (zitiert: *Bearbeiter* in: Stein/Jonas)

- Band 4, §§ 253-327, 22. Auflage, Tübingen 2008 (zitiert: *Bearbeiter* in: Stein/Jonas)

*Steinkühler*, Stefan: D&O – ad absurdum? Das Problem mit dem Vorsatz und dem Wissen, VW 2003, S. 1734 f.

*Stoffels*, Markus: AGB-Recht, 2. Auflage, München 2009, (zitiert: *Stoffels*, AGB-Recht)

*Terno*, Wilfried: Strukturen und Probleme der D&O-Versicherung, SpV 2014, S. 2 ff.

*Thüsing*, Gregor: Das Gesetz zur Angemessenheit der Vorstandsvergütung, AG 2009, S. 517 ff.

- Stellungnahme zum Entwurf eines Gesetzes zur Angemessenheit der Vorstandsvergütung (VorstAG) (BT-Drucks. 16/12778), zuletzt abgerufen am 27.10.2013 unter http://webarchiv.bundestag.de/cgi/show.php?fileToLoad=1373&id=1136, (zitiert: *Thüsing*, Stellungnahme VorstAG)

*Thüsing*, Gregor und *Traut*, Johannes: Angemessener Selbstbehalt bei D&O-Versicherungen / Ein Blick auf die Neuerungen nach dem VorstAG, NZA 2010, S. 140 ff.

*Tödtmann*, Claudia: Zehn Ausreden der D&O-Versicherer, um nicht zahlen zu müssen, Handelsblatt Nr. 190 vom 30.09.2008, S. 18

- Managerhaftpflicht: Auf Versicherer rollt Klagewelle zu, Wirtschaftswoche vom 17.03.2011, zuletzt abgerufen am 04.01.2014 unter http://blog.wiwo.de/management/2011/03/17/managerhaftpflicht-auf-versicherer-rollt-klagewelle-zu/

– Exklusiv-Interview Managerhaftungs-Experte Michael Hendricks: Aufsichtsrat und Vorstand als unkalkulierbares Risiko?, Wirtschaftswoche vom 09.01.2012, zuletzt abgerufen am 21.02.2014 unter http://blog.wiwo.de/management/2012/01/09/exklusiv-interview-managerhaftungs-experte-ichael-hendricks-aufsichtsrat-und-vorstand-als-unkalkulierbares-risiko/

*Ulmer*, Peter: Haftungsfreistellung bis zur Grenze grober Fahrlässigkeit bei unternehmerischen Fehlentscheidungen von Vorstand und Aufsichtsrat? – Kritische Bemerkungen zur geplanten Kodifizierung der business judgment rule im UMAG-Entwurf (§ 93 Abs. 1 Satz 2 AktG) -, DB 2994, S. 859 ff.

– Strikte aktienrechtliche Organhaftung und D&O-Versicherung – zwei getrennte Welten?, in: Festschrift für Claus-Wilhelm Canaris zum 70. Geburtstag, Band II, Hrsg. v. Andreas Heldrich, Jürgen Prölss, Ingo Koller u.a., München 2007, S. 451 ff. (zitiert: *Ulmer*, FS Canaris)

*Ulmer*, Peter; *Brandner*, Hans Erich und *Hensen*, Horst-Dieter: AGB-Recht, Kommentar, 11. Auflage, Köln 2011, (zitiert: *Bearbeiter* in: Ulmer/Brandner/Hensen)

*Ulmer*, Peter; *Habersack*, Mathias und *Winter*, Martin: Gesetz betreffend die Gesellschaften mit beschränkter Haftung, Großkommentar, Band II, § 29 bis 52, 1. Auflage, Tübingen 2008, (zitiert: *Bearbeiter* in: Ulmer/Habersack/Winter)

*von Falkenhausen*, Joachim Freiherr: Die Haftung außerhalb der Business Judgment Rule?, NZG 2012, S. 644 ff.

*van Kann*, Jürgen: Zwingender Selbstbehalt bei der D&O-Versicherung – Gut gemeint, aber auch gut gemacht?, NZG 2009, S. 1010 ff.

*Vetter*, Eberhard: Aktienrechtliche Probleme der D&O-Versicherung, AG 2000, S. 453 ff.

*Vogler*, Matthias und *Gundert*, Martin: Einführung von Risikomanagementsystemen – Hinweise zur praktischen Ausgestaltung –, DB 1998, S. 2377 ff.

*Vorrath*, Brigitte: „Wissentliche Pflichtverletzung" in D&O-Versicherungsbedingungen, VW 2006, S. 151 f.

– Wissentliche Pflichtverletzung in der D&O-Versicherung – Ein Ausschlusstatbestand „sui generis"?, VW 2006, S. 575 f.

*Vothknecht*, Michael: Die „wissentliche Pflichtverletzung" in der Vermögensschaden-Haftpflicht-/D&O-Versicherung, PHi 2006, S. 52 ff.

– Wishful Thinking in der D&O, VW 2006, S. 488 f.

*Wagner*, Gerhard: Haftung und Versicherung als Instrumente der Techniksteuerung, VersR 2009, S. 1441 ff.

– Organhaftung im Interesse der Verhaltenssteuerung – Skizze eines Haftungsregimes, ZHR 178 (2014), 227 ff.

*Waßmer*, Martin Paul: Untreue bei Risikogeschäften, Heidelberg 1997, (zitiert: *Waßmer*, Untreue bei Risikogeschäften)

*Weiß*, Matthias M.: D&O-Versicherung: Grundzüge und aktuelle Fragen, GmbHR 2014, S. 574 ff.

*Wessing*, Jürgen und *Krawczyk*, Lucian: Der Untreueparagraf auf dem verfassungsrechtlichen Prüfstand, NZG 2010, S. 1121 ff.

*Wieczorek*, Bernhard und *Schütze*, Adolf: Zivilprozessordnung und Nebengesetze, Großkommentar, Dritter Band, §§ 128-252, 4. Auflage, Berlin/Boston 2013, (zitiert: *Bearbeiter* in: Wieczorek/Schütze)

*Wiedemann*, Herbert: Gesellschaftsrecht, Band I, Grundlagen, 1. Auflage, München 1980, (zitiert: *Wiedemann*, Gesellschaftsrecht, Band I)

*Wilhelm*, Mark: D&O-Versicherung – Vertragsgestaltung ist entscheidend, AssCompact 2014, S. 118 f.

*Wilsing*, Hans-Ulrich: Deutscher Corporate Governance Kodex, Kommentar, 1. Auflage, München 2012, (zitiert: *Bearbeiter* in: Wilsing, DCGK)

*Wolf*, Manfred; *Lindacher*, Walter F. und *Pfeiffer*, Thomas: AGB-Recht, Kommentar, 6. Auflage, München 2013, (zitiert: *Bearbeiter* in: Wolf/Lindacher/Pfeiffer)

*Wollny*, Paul: Die directors' and officers' liability insurance in den Vereinigten Staaten von Amerika, Frankfurt am Main 1992, (zitiert: *Wollny*, D&O-Versicherung)

*Zöller*, Richard: Zivilprozessordnung mit FamFG (§§ 1-185, 200-270, 433-484) und Gerichtsverfassungsgesetz, den Einführungsgesetzen, mit Internationalem Zivilprozessrecht, EU-Verordnungen, Kostenanmerkungen, Kommentar, 30. Auflage, Köln 2014, (zitiert: *Bearbeiter* in: Zöller)

www.ingramcontent.com/pod-product-compliance
Ingram Content Group UK Ltd.
Pitfield, Milton Keynes, MK11 3LW, UK
UKHW021910290926
8980IPUK00015B/1168

9 783631 655238